Guide de Charme

W0348891

VILLAGES DE CHARME

FRANCE

Guide écrit et réalisé par
Nathalie Mouriès

Rivages

Retrouvez l'ensemble des parutions
des Éditions Payot & Rivages sur :
www.payot-rivages.fr

© 2010, Éditions Payot & Rivages
106, boulevard Saint-Germain – 75006 Paris (France)

ISBN : 978-2-7436-2071-4
ISSN : 0991-4781

Conception graphique : Marie Donzelli et Marie Gastaut

Cette nouvelle édition du *Guide des villages de charme en France* présente 416 villages que nous avons sélectionnés avec le plus grand soin pour leur architecture préservée, leur authenticité et leur caractère bien affirmé. Ces villages sont les témoins de la richesse de notre patrimoine et de notre Histoire. Vous découvrirez des bourgs encore secrets, comme Aurel en Provence ou Moudeyres en Auvergne, et des petites cités plus connues mais incontournables, peut-on ignorer Uzès ou Saint-Émilion ? Bourg montagnard des Pyrénées, petit port breton, village perché de Provence, bastide royale d'Aquitaine ou paisible bourgade du Val de Loire, ces trésors de pierre vous séduiront par leur beauté intacte, leur charme et leur remarquable intégration dans le paysage. Un texte descriptif, une photo couleurs et des informations pratiques – hôtels et maisons d'hôtes de charme, restaurants, jours de marchés, festivités, itinéraire d'accès, musées, lieux à voir aux alentours – vous permettront d'organiser au mieux votre visite. "Suivez le guide", délaissez les grands axes encombrés, empruntez avec nous les chemins campagnards pour découvrir ces coins charmants de la douce France, ces villages surgis, intacts, du passé.

REMERCIEMENTS

Nous remercions les mairies, les offices de tourisme et les maisons régionales qui nous ont aidés, ainsi que nos lecteurs pour les nouveaux villages qu'ils nous ont indiqués.

PHOTOS

Les photos de ce guide sont de Christian Sarramon et de : R. Arbios/Photononstop p. 131, B. Barbier/Photononstop p. 143, P. Bertrand/CDT Tarn p. 271, P. Bosshardt p. 29, G. Bouchet p. 106, 140, 278, 324, 343, 363, W. Buss/Hoa-Qui p.16, J.-S. Canaux/OT Monflanquin p. 58, R. Caracchioli p. 381, P. Cartier p. 209, CDT Gard p. 206, 208, CDT Jura p. 127, CDT Orne p. 298, H. Champollion/Top p. 107, 109, 115, 405, C.-H. Chouard p. 118, L. Collinet p. 426, D. Cry/CDT Somme p. 283, J. Damase/ Photononstop p. 35, 64, C. Der Grosse/Photononstop p. 110, A. Deren p. 263, P. Escudero/Hoa-Qui p. 44, Ph. Fournier/CDT 07 p. 395, A. Franceschin/CDT Gers p. 248, 255, T. Gamaleeff p. 182, 188, 394, J.-P. Garcin/Diaf p. 24, 33, 72, 101, 198, 226, 227, 241, 397, P. Gleizes/Explorer p. 176, Goyhenex/OT Collioure p. 217, B. Grilly p. 351, G. Gsell/Photononstop p. 126, 190, 193, 221, 327, G. Guittot/Photononstop p. 92, J. Guyon p. 157, B. Henry p. 139, 145, 148, 149, 152, 155, Jalain/Explorer p. 323, Jarry-Tripelon/Top p. 425, Jean-Lou p. 189, A. Kumurdjian/Explorer p. 47, G. Labriet/Photononstop p. 56, 96, 258, 365, 380, Y. Lamanour/ Photononstop p. 393, J.-P. Langeland/Diaf p. 160, B. Laurent p. 408, L. Laurent p. 144, F. Lechenet/CDT Cher p. 166, F. Le Divenah/Photononstop p. 133, 151, 154, D. Lerault/Diaf p. 162, JP. Lescourret/Hoa-Qui p. 135, J. Loïc/Photononstop p.39, Mairie Pont-Aven p. 140, Maison Vassivière p. 103, C. Martin/Photononstop p. 415, H. et D.-J. Martins p. 177, A. Mastrojanni/Diaf p. 20, Maureille/CDT Lot p. 260, Mauritius/Photononstop p. 132, R. Mazin/Photononstop p 294, B. Merle/Photononstop p. 253, 306, C. Moirenc p. 320, 339, 341, 342, 344, 346, 348, 349, 368, 369, 371, 374, 377, 378, 382, 383, M. Mouriès p. 175, N. Mouriès p. 116, 358, 422, OT Cagnes-sur-Mer p. 330, OT Jura-Monts Rivières p. 128, OT Pays d'Aubazine-Beynat p. 93, OT du Saumurois p. 157, Ph. Plisson/Hoa-Qui p. 134, J.-C. & D. Pratt/Photononstop p. 235, E. Quéméré/ Photononstop p. 138, D. Repérant/ Explorer p. 34, 63, 122, 167, 205, 232, 270, 322, 407, P. Roy/Hoa-Qui p. 52, Scheitler p. 164, Sierpinski/Diaf p. 197, 266, P. Soissons/ OT Entraygues p. 230, Somelet/Diaf p. 37, 46, D. Sudres/Diaf p. 89, 251, N. Thibaut/ Photononstop p. 74, 142, D. Thierry/Photononstop p. 119, 129, G. Tordjman/CDT Aveyron p. 229, 231, P. Tourenne/Photononstop p. 295, M. Troncy/Hoa-Qui p. 111, C. Vaisse/Hoa-Qui p. 420, De Vos/CDT Lot-et-Garonne p. 61. Wysocki/Explorer p. 165.

Conformément à une jurisprudence constante (Toulouse, 14.01.1887), les erreurs ou omissions involontaires qui auraient pu subsister dans ce guide, malgré nos soins et les contrôles de l'équipe de rédaction, ne sauraient engager la responsabilité de l'éditeur.

MODE D'EMPLOI DU GUIDE

Les villages sont classés par région et, à l'intérieur de chaque région, par département et par ordre alphabétique. Sur les cartes, les chiffres encadrés indiquent le numéro de la page du village.

Lorsque nous mentionnons pour les hôtels, "hôtel de charme" et pour les maisons d'hôtes, "maison d'hôtes de charme", ce sont des hôtels et maisons d'hôtes que nous vous recommandons, car ils ont été visités et sélectionnés par nos soins et font partie du *Guide des hôtels et auberges de charme en France* et du *Guide des maisons d'hôtes de charme en France* publiés par les Éditions Rivages.

Les prix mentionnés pour les hôtels et maisons d'hôtes vous indiquent le prix minimum d'une chambre pour une personne et le prix maximum d'une chambre pour deux personnes. Ces prix nous ont été communiqués fin 2009 pour l'année 2010 (mais les hôteliers et propriétaires de maisons d'hôtes peuvent toujours les modifier en cours d'année). Pour avoir des prix actualisés, vous pouvez consulter notre site : www.guidesdecharme.com

Les restaurants que nous mentionnons proposent en général des menus à prix modérés excepté, bien sûr, les restaurants gastronomiques.

Nous avons utilisé des abréviations : S. I. pour syndicat d'initiative, O. T. pour office de tourisme et tél. pour téléphone.

Nous avons apporté toute notre attention pour sélectionner nos villages. Malgré tout, il peut arriver que vous constatiez, au cours de vos visites, des constructions ou des rénovations qui ne respectent pas le site ou l'architecture du village, ayez alors la gentillesse de nous le signaler.

Nous attendons également vos suggestions pour enrichir notre sélection de villages de charme, faites-nous part de vos découvertes. Adressez votre courrier à :

Nathalie Mouriès
Éditions Rivages
GUIDE DES VILLAGES DE CHARME EN FRANCE
106, boulevard Saint-Germain - 75006 Paris.

Partez plus loin avec guidesdecharme.com

Plus de **2 000 adresses** en ligne
(France, Italie, Espagne, Portugal)

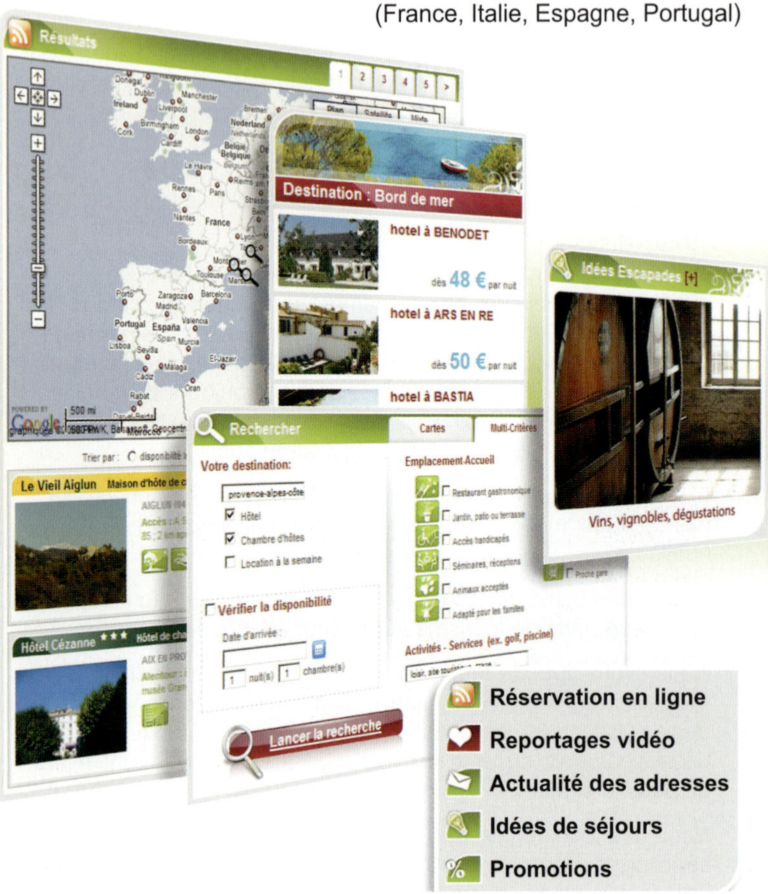

- **Réservation en ligne**
- **Reportages vidéo**
- **Actualité des adresses**
- **Idées de séjours**
- **Promotions**

Réservez en ligne votre séjour dans l'une de nos sélections.

Visitez en ligne les sites Web des hôtels et maisons d'hôtes de charme.

Découvrez les événements et les lieux remarquables autour de chaque adresse.

Téléchargez les plans d'accès.

Recevez la newsletter gratuite des Guides de Charme.

Guides de Charme
Editions Payot & Rivages

guidesdecharme.com

SOMMAIRE

ALSACE-LORRAINE

AQUITAINE

AUVERGNE-LIMOUSIN

CENTRE-VAL-DE-LOIRE-ÎLE-DE-FRANCE

MIDI-PYRÉNÉES

NORMANDIE

POITOU-CHARENTES

CHARENTE-MARITIME (17)

DEUX-SÈVRES (79)

VIENNE (86)

PROVENCE-ALPES-CÔTE D'AZUR

ALPES-DE-HAUTE-PROVENCE (04)

HAUTES-ALPES (05)

ALPES-MARITIMES (06)

BOUCHES-DU-RHÔNE (13)

VAR (83)

CARTES

1
Boulogne-s.-Mer
4
5
6
7
8
14
15
16
22
23
28
29
30
36
Brest
Quimper
Lorient
Vannes
St-Brieuc
St-Malo
Cherbourg-Octeville
Caen
Le Havre
Rouen
Lisieux
Dreux
Alençon
Chartres
Rennes
Le Mans
Angers
Tours
Blois
St-Nazaire
Nantes
Poitiers
Niort
La Rochelle
Saintes
Angoulême
Limoges
Périgueux
Brive-la-Gaillarde
Bordeaux
Cahors
Agen
Montauban
Mont-de-Marsan
Toulouse
Auch
Bayonne
Biarritz
Pau
Tarbes
Bastia
Ajaccio
A 29
A 28
A 13
A 83
A 81
A 11
A 85
A 10
A 837
A 20
A 89
A 63
A 62
A 64

Dunkerque
Lille
Abbeville
Amiens
Cambrai
2
3
Charleville-Mézières
Laon
Compiègne
Reims
Meaux
9
PARIS
10
Châlons-en-Champagne
11
St-Dizier
Metz
Sarreguemines
12
13
Nancy
Strasbourg
Troyes
Sens
Chaumont
Épinal
Colmar
Orléans
Auxerre
Belfort
Mulhouse
Montbéliard
Cosne-s.-L.
Dijon
Besançon
17
18
19
20
21
Dole
Bourges
Nevers
Chalon-s.-Saône
hâteauroux
Montceau-les-Mines
Moulins
Montluçon
Genève
Mâcon
Vichy
Roanne
Villefranche-s.-S.
Annecy
Clermont-Ferrand
Lyon
24
25
26
27
St-Etienne
Grenoble
St-Flour
Le Puy-en-Velay
Aurillac
Valence
Briançon
Montélimar
Gap
Orange
Carpentras
Sisteron
Alès
Nîmes
Avignon
Albi
32
33
34
35
Menton
Castres
Aix-en-P.
31
Béziers
Montpellier
Martigues
Fréjus
Cannes
Marseille
Carcassonne
Narbonne
Hyères
Toulon
Perpignan

LÉGENDE DES CARTES

Échelle : 1/1 000 000

Cartes 30 et 31 : Échelle 1/1 200 000

AUTOROUTES

En service — A9

En construction ou en projet

ROUTES

Voie express

Route à chaussées séparées

Route à 4 voies

Grande route

Route secondaire

TRAFIC

National

Régional

Local

ÉCHANGEURS

Complet

Partiel

BALISES DE KILOMÉTRAGE

Sur autoroute — 29

Sur route — 25

LIMITES

D'État

De région

De département

AGGLOMÉRATIONS

Métropole

Grande ville

Ville importante

Ville moyenne

Petite ville

AÉROPORTS

FORÊTS

PARCS

Parc national ou régional

Cartographie réalisée par

éditerra
90, rue Nationale
75013 Paris
Tél : +33 (0)1 45 84 30 84

1
Dover
Folkestone
Hythe
Tenterden
Biddenden
Hawkhurst
New Romney
Rye
Lydd
Dungeness
Hastings
PAS DE CALAIS
Calais
Sangatte
Escalles
Marck
Wissant
Audinghen
Ambleteuse
Wimereux
Guînes
Ardres
Audruicq
Marquise
Licques
Nabringhen
Boulogne-s.-Mer
Le Portel
Liane
Desvres
Hesdin-l'Abbé
Nielles
Hardelot-plage
Neufchâtel-Hardelot
Samer
Senlecques
Dannes
Camiers
Frencq
Hucqueliers
Maninghem
Le Touquet-Paris-Plage
Étaples
279
Cucq
Merlimont
MONTREUIL-SUR-MER
Marles-s.-Canche
Beaurainville
Canche
Berck
Verton
Campagne-lès-H.
Hesdin
Fort-Mahon-Plage
Authie
Argoules
Douriez
Quend
Labroye
Rue
Crécy-en-P.
283
Le Crotoy
ST-VALÉRY-S.-SOMME
Nouvion
2
Cayeux-s.-Mer
Canchy
Lanchères
Port-le-Grand
Abbeville
St-Riquier
Ault
Friville
Mers-les-Bains
Le Tréport
Moyenneville
Ailly
Eu
Criel-s.-Mer
Somme
Flixecourt
St-Maxent
Hallencourt
Gamaches
Citerne
Sept-Meules
Blangy-s.-Br.
Oisemont
Airaines
304
VARENGEVILLE-S.-MER
305
Dieppe
St-Nicolas
Envermeu
Grandcourt
Sénarpont
Molliens-Dreuil
St-Valery-en-Caux
VEULES-LES-ROSES
Bourg-Dun
Offranville
Liomer
Hornoy
Fontaine-le-D.
Londinières
Foucarmont
Quevauvillers
Ste-Colombe
Ermenouville
Longueville
Torcy-le-Pt
Clais
Cany-Barville
Bacqueville-en-C.
Osmoy
Béthune
Aumale
Poix
Mortemer
Thieulloy
St-Laurent-en-C.
Ardouval
Neufchâtel-en-B.
Doudeville
Héricourt
Seine-Maritime 76
Auffay
Bresle
Sarcus
Abancourt
Grandvilliers
Yerville
St-Saëns
St-Saire
Fauville
Tôtes
Feuquières
Bermonville
Limésy
300
Formerie
Crèvecœur-le-Gd
Yvetot
Pavilly
CLÈRES
Cailly
Buchy
Forges-les-Eaux
Trouville
Epte
Caudebec-en-Caux
Montville
Andelle
Marseille-en-B.
Barentin
Quincampoix
Argueil
Songeons
VILLEQUIER
Seine
303
GERBEROY
Juvignies
Duclair
Gournay-en-Bray
Troissereux
Le Trait
Mt-St-Aignan
RY
Croisy
La Feuillie
306
282
JUMIÈGES
Darnétal
291
Rouen
Beauvais
Bourneville
302
299
Sotteville-lès-Rouen
LYONS-LA-FORÊT
Neuf-Marché
Grand-Couronne
Boos
LA BOUILLE
Fleury-s.-And.
Morgny
Serifontaine
8
Bourg-Achard
Charleval
St-Denis-le-Ferment
9
Montfort-s.-Risle
Oissel
Elbeuf
Pont-de-l'Arche
Écouis
Étrepagny
Gisors

2
De Panne
Nieuwpoort
Ichtegem
Aalte
Bray-Dunes
Veurne
Torhout
Wingene
Ruiselede
Dunkerque
St-Pol
Diksmuide
Kortemark
Gravelines
Ardooie
Houthulst
Zarren
Hooglede
Tielt
Loon
Bergues
Merkem
Staden
Marck
Bourbourg
Beveren
Langemark
Roeselare
Meulebeke
St-Pierre-Brouck
Rexpoëde
Waregem
Audruicq
Ardres
Guînes
Wormhout
Poperinge
Kortrijk
Arnèke
Lepel
Watten
Steenvoorde
Menen
Licques
Cassel
Wijtschate
Halluin
Mouscron
Nabringhen
St-Omer
Arques
Bailleul
Tourcoing
Dottignies
Esquerdes
Hazebrouck
Roubaix
Wattrelos
Lumbres
Armentières
Nielles
Merville
Marcq-en-B.
Leers
Hem
Lomme
Lille
Aire
Estaires
Seninghem
Thérouanne
Isbergues
Haubourdin
V. d'Ascq
Bouvines
Tournai
Hucqueliers
Lillers
Wavrin
Péruwelz
Maninghem
62
Pas-de-Calais
Béthune
La Bassée
Seclin
Pont-à-M.
Fruges
Bruay-la-B.
Wingles
Carvin
Orchies
Rumegies
Ruisseauville
Heuchin
Noeux-les-Mines
Oignies
St-Amand-les-E.
Marles-s.-Canche
Azincourt
Anvin
Beaurainville
Blangy
Houdain
Hénin-B.
Nord
Humières
Liévin
Lens
Marchiennes
59
Campagne-lès-H.
St-Pol-s.-Ternoise
Vimy
Waziers
Wallers
Hesdin
Douai
Denain
Douriez
Aubigny
Aniche
Douchy-les-M.
Labroye
Fillièvres
Arras
Crécy-en-P.
Maizières
Duisans
Frévent
Avesnes
Beaumetz-lès-Loges
Achicourt
Bouchain
Auxi-le-Ch.
Haspres
Iwuy
Avesnes-les-A.
Marquion
Canchy
Maizicourt
Lucheux
Nord
Vaulx-Vraucourt
Cambrai
Carnières
Doullens
Bucquoy
59
Marcoing
St-Riquier
Bernaville
Caudry
Bapaume
Esnes
Clary
Ailly
Domart
Canaples
Hédauville
Gouzeaucourt
Somme
Berteaucourt
Albert
Le Catelet
Flixecourt
Contay
Hallencourt
Flesselles
Villers-Bocage
Fresnoy-le-
Riqueval
Airaines
Franvillers
Bray-s.-S.
Roisel
Picquigny
Péronne
Molliens-Dreuil
Amiens
Morlancourt
Corbie
Estrées-Mons
Vermand
St-Quentin
Hornoy
Salouël
Villers-B.
Fresnes-Mazancourt
Villers-C.
Boves
Omiécourt
Quevauvillers
Creuse
Démuin
Chaulnes
Gauchy
Neuville-St-Amand
Poix
Thieulloy
Conty
Ailly
Bouchoir
Nesle
Flavy-le-M.
Vendeuil
Sarcus
Flers
Croissy
Somme
80
Roye
Grandvilliers
Guiscard
Tergnier
La Fère
Montdidier
Crèvecœur-le-Grd
Breteuil
Chauny
St-Gobain
Lassigny
Ansauvillers
Maignelay-Montigny
Noyon
Marseille-en-B.
Luchy
Froissy
Cuvilly
Coucy-le-Ch.
Juvignies
Thieux
Ressons
Ribécourt-Dreslincourt
Oise
Cuts
Troissereux
St-Just-en-Chaussée
Blérancourt
Montreuil
Longueil-Annel
Bulles
Estrées-St-Denis
Terny-Sorny
Beauvais
Argenlieu
60
Oise
Cressonsacq
Compiègne
Vézaponin
Aisne
Vic-s.-A.
Pommiers
Soissons
Clermont
Arsy
Trosly-B.
Pierrefonds
Noailles
Mouy
Liancourt
Pont-Ste-Maxence
Morienval
Berzy-le-Sec
Rousseloy
Verberie

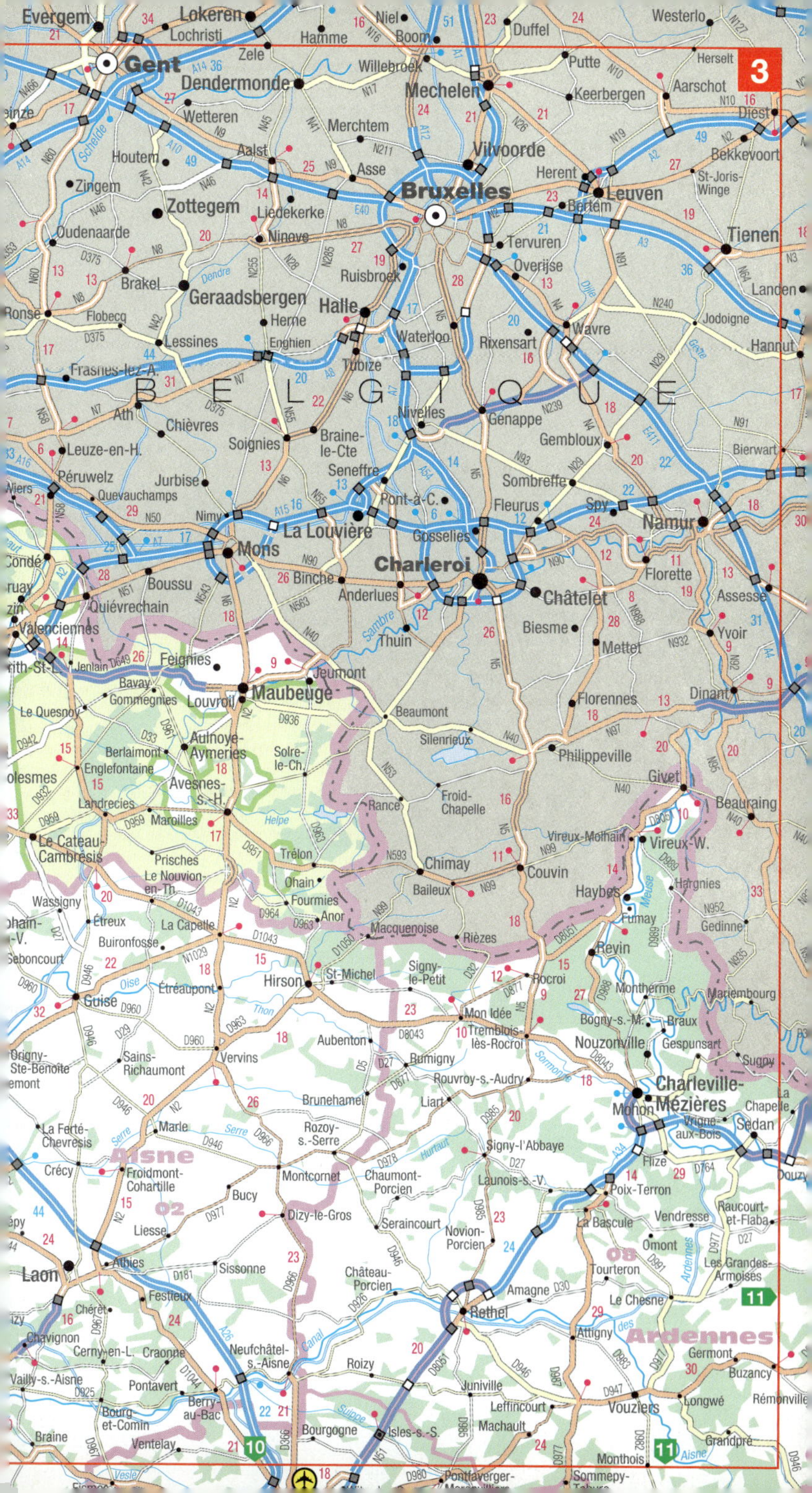
3
Evergem
Lokeren
Lochristi
Hamme
Niel
Boom
Duffel
Westerlo
Gent
Zele
Willebroek
Putte
Herselt
Dendermonde
Mechelen
Keerbergen
Aarschot
Wetteren
Merchtem
Diest
Vilvoorde
Houtem
Aalst
Asse
Bekkevoort
Herent
Zingem
Bruxelles
Leuven
St-Joris-Winge
Zottegem
Liedekerke
Bertem
Oudenaarde
Ninove
Tervuren
Tienen
Brakel
Ruisbroek
Overijse
Landen
Geraardsbergen
Halle
Ronse
Flobecq
Herne
Jodoigne
Lessines
Enghien
Waterloo
Rixensart
Wavre
Hannut
Frasnes-lez-A.
Tubize
BELGIQUE
Ath
Chièvres
Nivelles
Genappe
Soignies
Braine-le-Cte
Gembloux
Bierwart
Leuze-en-H.
Seneffe
Sombreffe
Péruwelz
Jurbise
Quevauchamps
Pont-à-C.
Fleurus
Spy
Namur
Nimy
La Louvière
Gosselies
Mons
Charleroi
Condé
Boussu
Binche
Florette
Anderlues
Châtelet
Assesse
Quiévrechain
Valenciennes
Thuin
Biesme
Yvoir
Mettet
Feignies
Jeumont
Bavay
Gommegnies
Louvroil
Maubeuge
Beaumont
Dinant
Le Quesnoy
Florennes
Aulnoye-Aymeries
Silenrieux
Berlaimont
Solre-le-Ch.
Philippeville
Englefontaine
Avesnes-s.-H.
Givet
Rance
Froid-Chapelle
Beauraing
Landrecies
Maroilles
Helpe
Le Cateau-Cambrésis
Trélon
Vireux-Molhain
Vireux-W.
Prisches
Chimay
Couvin
Le Nouvion-en-Th.
Ohain
Baileux
Haybes
Hargnies
Wassigny
Fourmies
Anor
Fumay
Gedinne
Étreux
La Capelle
Macquenoise
Rièzes
Buironfosse
Revin
Seboncourt
Signy-le-Petit
Rocroi
Hirson
St-Michel
Monthermé
Mariembourg
Guise
Étréaupont
Mon Idée
Bogny-s.-M.
Braux
Tremblois-lès-Rocroi
Aubenton
Nouzonville
Gespunsart
Origny-Ste-Benoite
Sains-Richaumont
Vervins
Rumigny
Rouvroy-s.-Audry
Sugny
Charleville-Mézières
Brunehamel
Liart
Mohon
Chapelle
La Ferté-Chevresis
Marle
Rozoy-s.-Serre
Signy-l'Abbaye
Vrigne-aux-Bois
Sedan
Aisne
Crécy
Froidmont-Cohartille
Montcornet
Chaumont-Porcien
Launois-s.-V.
Flize
Douzy
Poix-Terron
02
Bucy
Dizy-le-Gros
Raucourt-et-Flaba
Liesse
Seraincourt
Novion-Porcien
La Bascule
Vendresse
Omont
Athies
Sissonne
08
Laon
Château-Porcien
Tourteron
Les Grandes-Armoises
Festieux
Amagne
Le Chesne
Chérêt
Rethel
Chavignon
Attigny
Ardennes
Cerny-en-L.
Craonne
Neufchâtel-s.-Aisne
Germont
Roizy
Buzancy
Vailly-s.-Aisne
Pontavert
Juniville
Vouziers
Longwé
Rémonville
Berry-au-Bac
Leffincourt
Bourg-et-Comin
Machault
Bourgogne
Isles-s.-S.
Grandpré
Braine
Ventelay
Monthois
Pontfaverger-
Sommepy-

140
ILE D'OUESSANT
Lampaul
139
ILE MOLÈNE
Île Molène
Le Conquet
Porspoder
Plouguerneau
Portsall
Lannilis
Ploudalmézeau
Plouguin
Plourin
Brélès
Gouesnou
St-Renan
Brest
MER
D'IROISE
CAMARET-S.-MER
Lanvéoc
Crozon
Morgat
135
Baie de Douarnenez
143
ILE-DE-SEIN
Ile de Sein
142
PONT-CROIX
Plogoff
Audierne
Plouhinec
Plozevet

M A N C H E
134
Ile de Batz
ILE-DE-BATZ
131
BRÉHAT
133
TRÉGUIER
Tréguier
Trégastel-Pl.
Trégastel
Perros-Guirec
Plougrescant
Pleubian
Kerbors
Ploubazlanec
Paimpol
Pleumeur-Bodou
Trébeurden
Roscoff
St-Pol-de-Léon
Brignogan-Plage
Plouescat
Cléder
Carantec
Plougasnou
Locquirec
Lannion
La Roche-Derrien
Pommerit-Jaudy
Pontrieux
Ploumilliau
Plestin-les-G.
Lanmeur
Taulé
Trémel
Brélidy
Bégard
Pédernec
Plouaret
Guingamp
Goudelin
Lanvollon
Lesneven
Le Folgoët
Lanhouarneau
Croix-Neuve
Ploudaniel
Morlaix
Plouigneau
Landivisiau
Landerneau
Belle-Isle-en-Terre
Plougonven
Lanneanou
Coat-ar-Herno
Plougonver
St-Sauveur
Commana
Queff
Le Tréhou
Sizun
Scrignac
Calanhel
Bourbriac
St-Péver
Côtes-d'Armor
22
Berrien
Huelgoat
Callac
Kérien
Daoulas
Logonna-Daoulas
Roudouhir
Poullaouen
Lanrivain
Quimerch
Landévennec
LE FAOU
Brasparts
Pont-de-Buis
Loqueffret
Finistère
Locarn
Maël-Carhaix
Carhaix-Plouguer
Corlay
St-Nicolas-du-Pélem
136
Pleyben
Plonévez-du-F.
Port-Carhaix
Canal de Nantes à Brest
Rostrenen
St-Mayeux
Gouarec
Châteaulin
Plomodiern
Cast
Ste-Anne-la-Palud
Plonévez-Porzay
Châteauneuf-du-F.
Gourin
Plouray
Mûr-de-B.
Douarnenez
LOCRONAN
Plogonnec
Pouldergat
Trégourez
Coray
Briec
Roudouallec
Silfiac
Cléguérec
Neulliac
138
Croix-Menez-Bris
Landudec
Quimper
Tourch
Scaër
Morbihan
56
Ploërdut
Guémené-s.-S.
Pontivy
Le Faouët
St-Adrien
Craojou
Kernascléden
Guern
Rosporden
Bannalec
Querrien
Meslan
Melrand
Bubry
149
Plonéour-Lanvern
Fouesnant
Concarneau
Bénodet
Pont-l'Abbé
Locunel
Pluméliau
ILE-TUDY
Beg-Meil
Trégunc
PONT-AVEN
Arzano
Quimperlé
Plouay
LANVAUDAN
Inzinzac-Lochrist
Baud
Plobannalec
Guilvinec
137
Névez
141
Moëlan-s.-Mer
Clohars-Carnoët
Guidel
Pont-Scorff
Queven
Languidic
Hennebont
Lorient
Lanester
Landévant
Pluvigner
Ploemeur
Larmor-Plage
Merlevenez
Brech
Grand-Champ
Iles de Glénan
Port-Louis
Plouhinec
ST-CADO
Belz
Étel
Ste-Anne-d'Auray
Auray
Ploemel
150
Vannes
ILE DE GROIX
152
Plouharnel
La Trinité-s.-Mer
Carnac
ILE-AUX-MOINES
146
Locmariaquer
Port-Navalo
St-Pierre-Quiberon
Quiberon
St-Gildas-de-Rhuys
153
147
SAUZON
ILE DE HOUAT
Le Palais
14
Belle-Ile
Locmaria
Ile de Hoëdic
6

AUDERVILLE
Alderney
(Aurigny)
Jobourg
D901
Urville-
Nacqueville
Cherbou
Beaumont
292
Équeurdreville-H.
Octeville
Tourlav
Vasteville
12
D56
D37
Diélette
Guernsey
(Guernesey)
St-Sampson
Sark
St-Peter-Port
St-Martin-
le-Gréard
Les Pieux
Le Rozel
Grosville
Quettetot
Bricquebec
Négrevi
D904
D902
D900
Carteret
Barneville
St-Sauveur-
le-V.
D15
19
Portbail
D900
D650
La Haye-
du-Puits
St-Germain-s.-Ay
Jersey
St-Hélier
Lessay
21
D650
Montsurven
Iles Chausey
(Grande Ile)
Agon-Coutainville
Montmartin-
s.-Mer
Lingreville
26
Bréhal
Brév
s.-M
Donville-les-Bains
Granville
St-Pair-s.-Mer
Jullouville
294
Plouézec
Lanloup
Plouha
D786
St-Quay-
Portrieux
Pointe du Grouin
Carolles
Baie du Mont
St-Michel
Mont
St-Michel
GENÊTS
Les Sables-
d'Or
Paramé
St-Coulomb
Cancale
Baie de
St-Brieuc
Erquy
Fréhel
St-Malo
Dinard
Le Vivier-
s.-Mer
LE MONT-
ST-MICHEL
Tréguier
20
Pléneuf-
Val-André
D786
Matignon
La Gouesnière
D17
Hénanbihen
Ploubalay
Pleurtuit
22
St-Broladre
D797
295
Trémeloir
Plérin
St-Brieuc
Trégon
Créhen
18
N176
Planguenoual
Pleslin-
Trigavou
Ploüer-
Rance
Miniac-
Morvan
Dol-de-B.
Pontorson
15
10
Langueux
Plancoët
23
5
Ploufragan
D768
Pléven
D794
D795
La Boussac
D155
Cohiniac
12
11
Lamballe
Bourseul
Corseul
Lanhélin
D78
15
D700
D1
D765
Plélan-
le-Petit
Dinan
Antrain
Quessoy
D768
7
13
N176
Lanvallay
144
Cuguen
Calorguen
D7
La Malhoure
Langouëdre
Jugon-
les-Lacs
6
D794
Pleugueneuc
D796
Bazouges-
la-Pérouse
26
Ploeuc-
s.-Lié
D793
D766
St-André-des-Eaux
COMBOURG
MONCONTOUR
N12
Yvignac
D2
D137
D794
D44
L'Hermitage-
Lorge
Oust
Arguenon
Tinténiac
Dingé
132
32
23
Sens-de-B.
16
Uzel
30
D768
Plouguenast
Collinée
Broons
D82
D20
11
D175
D700
22
Éréac
D793
Caulnes
Bécherel
Hédé
D35
D792
St-Vran
Médréac
D27
Ille
St-Aubin-
d'Aubigné
Côtes-d'Armor
Rance
11
Ille-et-Vilaine
12
Loudéac
Plémet
14
Meu
Merdrignac
18
9
St-Méen-le-G.
Irodouer
D70
35
Montreuil
27
10
D768
D778
N164
Trémorel
8
N12
Gévezé
25
Melesse
15
Liffré
20
4
14
Ménéac
Illifaut
Montauban-
de-Bretagne
Bédée
32
La Chèze
Yvel
Gaël
14
14
St-Samson
La Trinité-
Porhoët
D793
D304
Muel
Meu
Iffendic
St-Gilles
Montfort
Rennes
Noyal-
s.-V.
D17
Rohan
D778
D2
Mauron
D773
D35
Crédin
Mohon
145
Mordelles
Oust
Les
Forges
Guilliers
8
St-Péran
30
St-Jacques-
de-la-L.
10
Vern-
s.-S.
Châteaugir
Naizin
Réguiny
148
Néant-s.-Y.
PAIMPONT
N24
D163
D764
12
Plélan-le-G.
14
Bruz
19
14
St-Allouestre
JOSSELIN
Campénéac
Ploërmel
Guégon
24
La Chapelle-
Bouëxic
34
Gulchen
N137
Janze
13
N24
9
15
Guéhenno
13
Augan
Guignen
Locminé
D772
Guer
Poligné

Baie de la Seine
293
BARFLEUR
Cosqueville
St-Pierre-Église
Quettehou
St-Vaast-la-Hougue
St-Germain-de-Tournebut
Valognes
Quinéville
Montebourg
Ravenoville
Fresville
Ste-Mère-Église
Grandcamp-Maisy
Géfosse-Fontenay
Asnières-en-Bessin
Vierville-s.-Mer
Port-en-Bessin
Arromanches
Courseulles
St-Aubin
St-Côme-du-Mont
Isigny-s.-M.
Longueville
Mosles
Sully
Carentan
Auvers
St-Jores
Trévières
Bayeux
Creully
Douvres-la-Délivrande
Ouistreham
289
HOULGATE
Dives
Cabourg
Villers
Deauville
Branville
Sainteny
St-Jean-de-Daye
Le Breuil-en-Bessin
Tournières
Manche
50
Périers
Airel
Cerisy-la-F.
285
BALLEROY
Ste-Croix-Grd-T.
Tilly-s.-S.
Caen
Hérouville-St-Clair
287
BEUVRON-EN-AUGE
Troarn
Argences
Ifs
Pont-Hébert
La Chapelle-en-Juger
Agneaux
St-Lô
Lingèvres
Caumont
Monts-en-Bessin
Evrecy
May-s.-O.
Moult
Mézidon
Crèvecœur
Marigny
Canisy
St-Jean-des-B.
Villers-Bocage
Coutances
Cerisy-la-Salle
Le Mesnil-Herman
Torigni-s.-V.
Jurques
Aunay
Thury-Harcourt
Barbery
Bretteville
St-Sylvain
St-Pierre-s.-Dives
Calvados
Hambye
Tessy-s.-V.
Villebaudon
Percy
Gavray
Le Plessis-Grimoult
Angoville
Clécy
Jort
Morteaux-Couliboeuf
Falaise
14
La Graverie
Estry
Vassy
Pont-d'Ouilly
Crocy
8
Trun
La Haye-Pesnel
Villedieu-les-Poêles
St-Sever
Vire
Viessoix
Condé-s.-Noireau
Fontenermont
Nécy
Ste-Pience
St-Pois
Tinchebray
Putanges
Chambois
Le Bourg-St-Léonard
Avranches
Brécey
Sourdeval
Flers
Messei
Fromentel
Écouché
Argentan
Juvigny-le-T.
Mortain
Ger
Lonlay-l'Abbaye
Briouze
61
Pontaubault
Montigny
Ducey
St-Bômer-les-Forges
La Sauvagère
Rânes
Boucé
Mortrée
Vergoncey
St-Hilaire-du-H.
Barenton
Domfront
Bagnoles-de-l'O.
La Ferté Macé
La Lande-de-G.
Carrouges
St-James
Buais
Le Teilleul
Juvigny-s/s-A.
Sept-Forges
Couterne
Landivy
Passais
Ceaucé
Louvigné-du-Désert
Couptrain
Livaie
St-Denis-s.-Sarthon
St-Brice-en-C.
Désertines
Levaré
Gorron
Lassay-les-Ch.
Javron-les-Chap.
Pré-en-Pail
Landéan
298
Fougères
Ambrières-les-Vallées
Le Horps
Montreuil-Poulay
St-Pierre-des-Nids
Gesvres
Alençon
ST-CÉNERI-LE-GEREI
Villaines-la-Juhel
Courcité
Billé
Dompierre-du-Ch.
Ernée
Vautorte
Mayenne
Moulay
Aron
La Hutte
St-Aubin-du-Cormier
St-Christophe-des-B.
Juvigné
Chailland
Alexain
Jublains
Bais
53
Fresnay-s.-S.
St-Germain-de-Coulamer
Val-d'Izé
La Croixille
La Baconnière
Andouillé
Martigné
Mayenne
Ségrie
Beaumont-s.-S.
Vitré
Évron
Montsûrs
Sillé-le-Guillaume
159
STE-SUZANNE
Argentré-du-P.
Argentré
Laval
Loiron
Vaiges
Conlie
Neuvy-en-Champagne
Bernay
15
St-Poix
Entrammes
St-Denis-d'Orques
Loué
Coulans-s.-Gée
Retiers
La Guerche-de-B.
Cossé-le-Vivien
Brûlon
Couesnon
Sée
Sélune
Vire
Orne
Dives
Mayenne
Vègre
Erve

8
Seine-Maritime
76
Eure-et-Loir
28
Orne
Sarthe
72
1
7
16
301
ÉTRETAT
YPORT
307
300
CLÈRES
303
RY
291
LYONS-LA-FORÊT
306
VILLEQUIER
JUMIÈGES
302
299
LA BOUILLE
HONFLEUR
288
BEAUMONT-EN-AUGE
286
LE BEC-HELLOUIN
290
297
LA PERRIÈRE
MOÛTIERS-AU-PERCHE
296
Fécamp
Senneville-s.-Fécamp
Valmont
Cany-Barville
Ourville
Doudeville
Héricourt
Bacqueville-en-C.
St-Laurent-en-C.
Yerville
Tôtes
Auffay
Ardouval
Longueville
Torcy-le-Pt
Osmoy
Neufchâtel-en-B.
St-Saëns
St-Saire
Épreville
Goderville
Bréauté
Heuqueville
Cauville
Angerville
Octeville-s.-Mer
Montivilliers
Ste-Adresse
Le Havre
Harfleur
Bolbec
Fauville
Bermonville
Yvetot
Limésy
Pavilly
Lillebonne
Trouville
Tancarville
Caudebec-en-Caux
Barentin
Montville
Cailly
Buchy
Quincampoix
Argueil
Quillebeuf
Seine
Le Trait
Duclair
Mt-St-Aignan
Rouen
Darnétal
Croisy
La Feuille
Sotteville-lès-Rouen
Grand-Couronne
Boos
Fleury-s.-And.
Charleval
Villerville
Trouville
Deauville
Foulbec
St-Maclou
Beuzeville
Bourneville
Pont-Audemer
Campigny
Bourg-Achard
Montfort-s.-Risle
Oissel
Pont-de-l'Arche
Écouis
Surville
Épaignes
Elbeuf
Léry
Connelles
Le Vaudreuil
Les Andelys
Blangy
Cormeilles
Pont-Authou
Risle
La Saussaye
Le Gros-Theil
Louviers
Heudebouville
Bonnebosq
St-Philibert-des-Champs
Lieurey
Brionne
Acquigny
Gaillon
Lisieux
Thiberville
Boisney
Thibouville
Le Neubourg
Vernon
Bernay
Serquigny
Crèvecœur
Touques
St-Clair-d'Arcey
Beaumont-le-R.
Eure
Iton
Houlbec-Cocherel
Giverny
Orbec
Broglie
Beaumesnil
Évreux
Ménilles
Douains
Boissey
Livarot
Landepéreuse
La Ferrière-s.-Risle
La Bonneville-s.-Iton
Prey
Vimoutiers
La Barre-en-Ouche
Conches-en-O.
Breuilpont
Crouttes
La Neuve-Lyre
Ivry-la-Bataille
Le Sap
Charentonne
Glos-la-Ferrière
Les Baux-de-B.
Damville
St-André-de-l'Eure
Survie
La Ferté-Frênel
Gouville
Chambois
Le Bourg-St-Léonard
Gacé
Rugles
Breteuil
Grandvilliers
Marcilly-s.-Eure
Droisy
Poissy
Argentan
Échauffour
L'Aigle
Bourth
Verneuil-s.-Avre
Nonancourt
Ste-Gauburge-Ste-Colombe
Aube
Crulai
Bâlines
Avre
Vernouillet
Dreux
Nonant-le-Pin
Le Merlerault
Brézolles
Laons
Mortrée
Moulins-la-M.
Randonnai
Nogent-le-Roi
Sées
Tourouvre
Ste-Anne
La Ferté-V.
Maillebois
Tremblay
Montchevrel
Bazoches-s.-H.
Moulicent
Senonches
Châteauneuf-en-Th.
Essay
Mortagne-au-Perche
Longny-au-P.
Neuilly-s.-Eure
Digny
Bouglainval
Radon
Le Mêle-s.-S.
Sarthe
St-Arnoult-des-Bois
Bailleau-l'Évêque
Hauterive
La Loupe
Courville-s.-E.
Chartres
Alençon
Blèves
Rémalard
Champrond-en-Gâtine
Lucé
Neufchâtel-en-Saosnois
Bellême
Noce
Condeau
Bailleau-le-Pin
Thivars
Mamers
Nogent-le-Rotrou
Thiron
Dammarie
La Hutte
Courgains
Monhoudou
Illiers-Combray
Marolles-les-B.
Peray
St-Cosme-en-Vairais
Le Theil
Chassant
Montainville
Beaumont-s.-S.
Luigny
Brou
Saumeray
Loir
Dangeau
Ballon
Bonnétable
La Ferté-Bernard
Authon-du-P.
Bonneval
Courcebœufs
Courgenard
La Bazoche-G.
Logron
La Bazoge
Tuffé
Montmirail
Le Gault-Perche
Marboué
Varize
Yerre
Connerré
Courtalain
Coulaines
Champagné
Montfort-le-Gesnois
Lavaré
Vibraye
Châteaudun
Le Mans
St-Agil
Droué
Berfay
Cloyes-s.-
La Ferté-

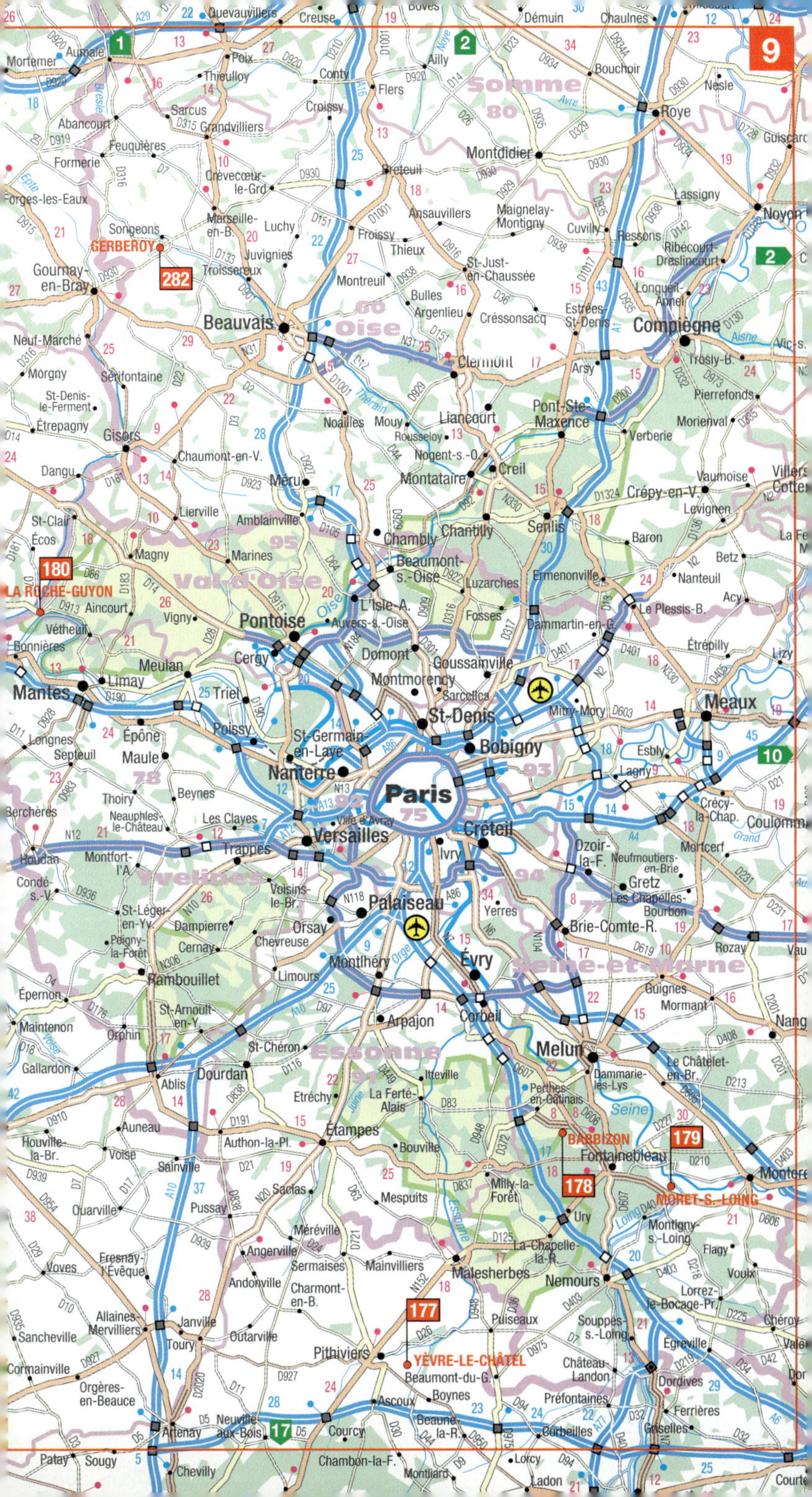

9
Somme
80
Oise
60
Val-d'Oise
95
Yvelines
78
Essonne
91
Seine-et-Marne
77
Paris
75
92
93
94
Aumale
Mortemer
Quevauvillers
Creuse
Boves
Démuin
Chaulnes
Poix
Thieulloy
Conty
Ailly
Flers
Bouchoir
Nesle
Roye
Sarcus
Grandvilliers
Croissy
Abancourt
Feuquières
Formerie
Forges-les-Eaux
Crèvecœur-le-Grd
Breteuil
Montdidier
Guiscard
Lassigny
Noyon
Songeons
Marseille-en-B.
Luchy
Froissy
Ansauvilliers
Maignelay-Montigny
Cuvilly
Ressons
Ribécourt-Dreslincourt
GERBEROY
282
Juvignies
Thieux
Troissereux
Gournay-en-Bray
Montreuil
St-Just-en-Chaussée
Bulles
Argenlieu
Crèssonsacq
Estrées-St-Denis
Longueil-Annel
Compiègne
Beauvais
Neuf-Marché
Clermont
Arsy
Trosly-B.
Vic-s.
Morgny
Sérifontaine
St-Denis-le-Ferment
Étrepagny
Gisors
Noailles
Mouy
Liancourt
Rousseloy
Pont-Ste-Maxence
Pierrefonds
Verberie
Morienval
Nogent-s.-O.
Dangu
Chaumont-en-V.
Méru
Montataire
Creil
Vaumoise
Crépy-en-V.
Villers-Cotte
Levignen
Lierville
Amblainville
Chambly
Chantilly
Senlis
St-Clair
Écos
Magny
Marines
Beaumont-s.-Oise
Baron
Betz
180
LA ROCHE-GUYON
Luzarches
Ermenonville
Nanteuil
Acy
Aincourt
Vigny
Pontoise
L'Isle-A.
Auvers-s.-Oise
Fosses
Dammartin-en-G.
Le Plessis-B.
Vétheuil
Bonnières
Cergy
Domont
Goussainville
Étrépilly
Lizy
Meulan
Limay
Mantes
Triel
Montmorency
Sarcelles
Mitry-Mory
Meaux
Longnes
Septeuil
Épône
Maule
Poissy
St-Germain-en-Laye
St-Denis
Bobigny
Esbly
Lagny
10
Nanterre
Thoiry
Beynes
Crécy-la-Chap.
Coulomm
Berchères
Neauphle-le-Château
Les Clayes
Ville d'Avray
Versailles
Créteil
Houdan
Montfort-l'A.
Trappes
Ivry
Ozoir-la-F.
Neufmoutiers-en-Brie
Mortcerf
Condé-s.-V.
St-Léger-en-Y.
Voisins-le-Br.
Palaiseau
Gretz
Les Chapelles-Bourbon
Poigny-la-Forêt
Dampierre
Orsay
Yerres
Brie-Comte-R.
Rozay
Vau
Cernay
Chevreuse
Rambouillet
Limours
Montlhéry
Évry
Épernon
Guignes
Mormant
Nang
St-Arnoult-en-Y.
Arpajon
Corbeil
Maintenon
Orphin
St-Chéron
Melun
Le Châtelet-en-Br.
Gallardon
Dourdan
Ablis
Itteville
Dammarie-les-Lys
Étréchy
La Ferté-Alais
Perthes-en-Gâtinais
Seine
Auneau
Authon-la-Pl.
Étampes
BARBIZON
179
Houville-la-Br.
Voise
Sainville
Bouville
Fontainebleau
Montere
Saclas
Milly-la-Forêt
178
MORET-S.-LOING
Ouarville
Pussay
Mespuits
Ury
Montigny-s.-Loing
Flagy
Méréville
Angerville
Sermaises
Mainvilliers
La Chapelle-la-R.
Voves
Fresnay-l'Évêque
Andonville
Malesherbes
Nemours
Voulx
Charmont-en-B.
Lorrez-le-Bocage-Pr.
Allaines-Mervilliers
Janville
177
Puiseaux
Souppes-s.-Loing
Chéroy
Sancheville
Outarville
Toury
Égreville
Pithiviers
YÈVRE-LE-CHÂTEL
Château-Landon
Cormainville
Beaumont-du-G.
Dordives
Orgères-en-Beauce
Ascoux
Boynes
Préfontaines
Ferrières
Artenay
Neuville-aux-Bois
Courcy
Beaune-la-R.
Corbeilles
Griselles
Patay
Sougy
Chevilly
Chambon-la-F.
Montliard
Lorcy
Ladon
Courte

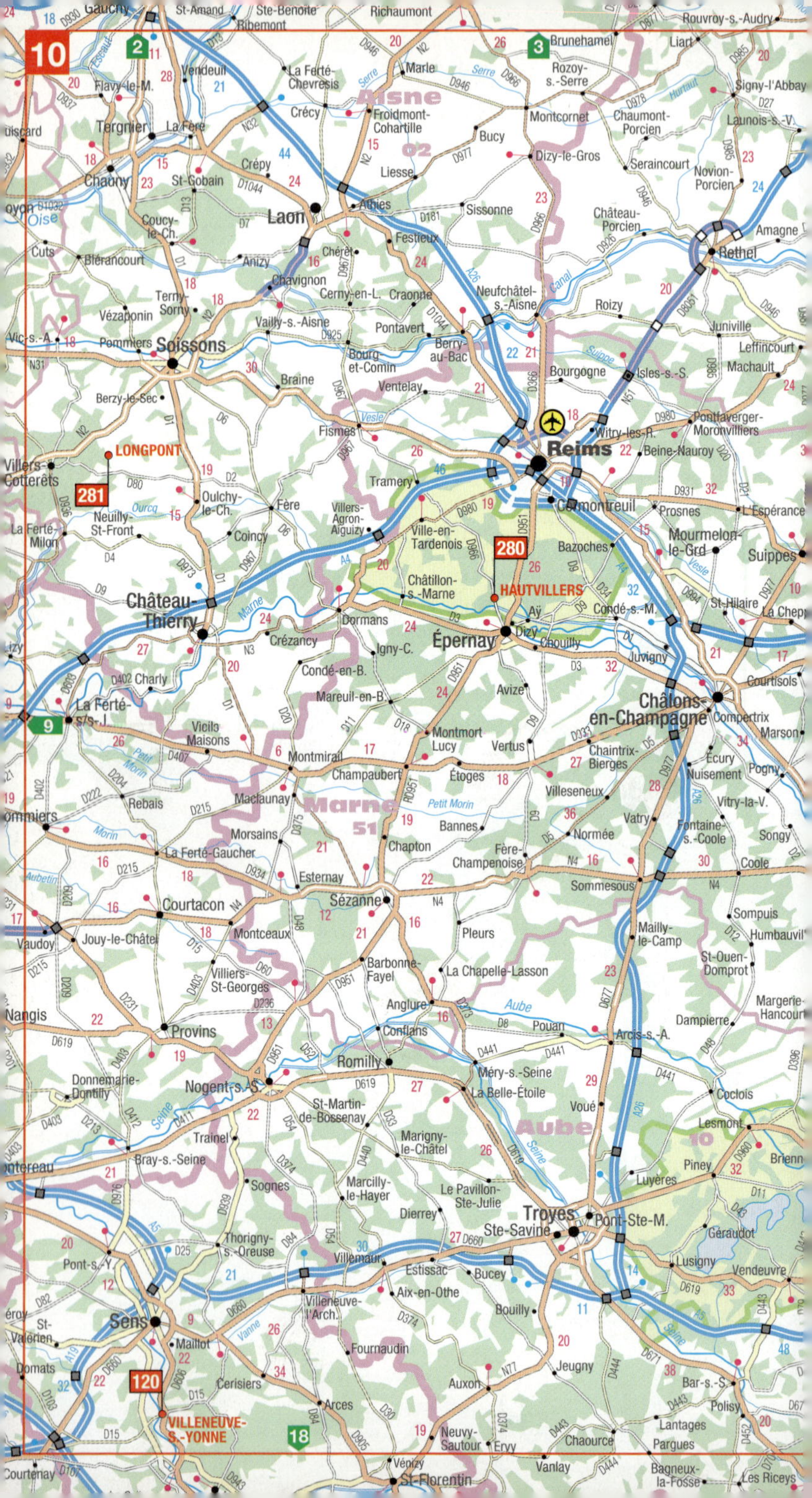
10
Gauchy
St-Amand
Ste-Benoite
Ribemont
Richaumont
Rouvroy-s.-Audry
Brunehamel
Liart
Vendeuil
La Ferté-Chevresis
Marle
Rozoy-s.-Serre
Signy-l'Abbaye
Flavy-le-M.
Aisne
02
Crécy
Froidmont-Cohartille
Montcornet
Chaumont-Porcien
Launois-s.-V.
Tergnier
La Fère
Bucy
Dizy-le-Gros
Seraincourt
Novion-Porcien
Chauny
St-Gobain
Crépy
Liesse
Laon
Athies
Sissonne
Château-Porcien
Amagne
Rethel
Oise
Coucy-le-Ch.
Festieux
Cuts
Blérancourt
Anizy
Chérêt
Chavignon
Cerny-en-L.
Craonne
Neufchâtel-s.-Aisne
Roizy
Juniville
Terny-Sorny
Vézaponin
Vailly-s.-Aisne
Pontavert
Berry-au-Bac
Leffincourt
Machault
Vic-s.-A.
Pommiers
Soissons
Bourg-et-Comin
Bourgogne
Isles-s.-S.
Braine
Ventelay
Berzy-le-Sec
Vesle
Fismes
Reims
Witry-les-R.
Pontfaverger-Moronvilliers
Beine-Nauroy
LONGPONT
281
Villers-Cotterêts
Oulchy-le-Ch.
Tramery
Cormontreuil
Prosnes
L'Espérance
Neuilly-St-Front
Ourcq
Fère
Villers-Agron-Aiguizy
Ville-en-Tardenois
280
Mourmelon-le-Grd
La Ferté-Milon
Coincy
Bazoches
Suippes
Châtillon-s.-Marne
HAUTVILLIERS
Château-Thierry
Marne
Dormans
Aÿ
Condé-s.-M.
St-Hilaire
La Cheppe
Crézancy
Épernay
Dizy
Chouilly
Juvigny
Igny-C.
Charly
Condé-en-B.
Avize
Châlons-en-Champagne
Courtisols
La Ferté-s/s-J.
Mareuil-en-B.
Compertrix
Vieils-Maisons
Montmort-Lucy
Vertus
Marson
Montmirail
Chaintrix-Bierges
Écury
Champaubert
Étoges
Nuisement
Pogny
Petit Morin
Rebais
Marne
51
Villeseneux
Vitry-la-V.
Maclaunay
Bannes
Vatry
Fontaine-s.-Coole
Songy
Morin
Morsains
Normée
La Ferté-Gaucher
Chapton
Fère-Champenoise
Coole
Aubetin
Esternay
Sommesous
Courtacon
Sézanne
Sompuis
Vaudoy
Jouy-le-Châtel
Montceaux
Pleurs
Mailly-le-Camp
Humbauville
Barbonne-Fayel
St-Ouen-Domprot
Villiers-St-Georges
La Chapelle-Lasson
Margerie-Hancourt
Anglure
Aube
Dampierre
Nangis
Provins
Conflans
Pouan
Arcis-s.-A.
Romilly
Méry-s.-Seine
Donnemarie-Dontilly
Nogent-s.-S.
La Belle-Étoile
Voué
Coclois
St-Martin-de-Bossenay
Lesmont
Seine
Marigny-le-Châtel
Aube
Piney
Brienne
Trainel
Bray-s.-Seine
Luyères
Montereau
Sognes
Marcilly-le-Hayer
Le Pavillon-Ste-Julie
Dierrey
Troyes
Pont-Ste-M.
Géraudot
Thorigny-s.-Oreuse
Ste-Savine
Pont-s.-Y.
Villemaur
Estissac
Bucey
Lusigny
Vendeuvre
Aix-en-Othe
Villeneuve-l'Arch.
Bouilly
Sens
St-Valérien
Maillot
Vanne
Fournaudin
Domats
Cerisiers
Jeugny
Auxon
Bar-s.-S.
120
VILLENEUVE-S.-YONNE
Arces
Polisy
Lantages
18
Neuvy-Sautour
Ervy
Chaource
Pargues
Courtenay
Vénizy
St-Florentin
Vanlay
Bagneux-la-Fosse
Les Riceys

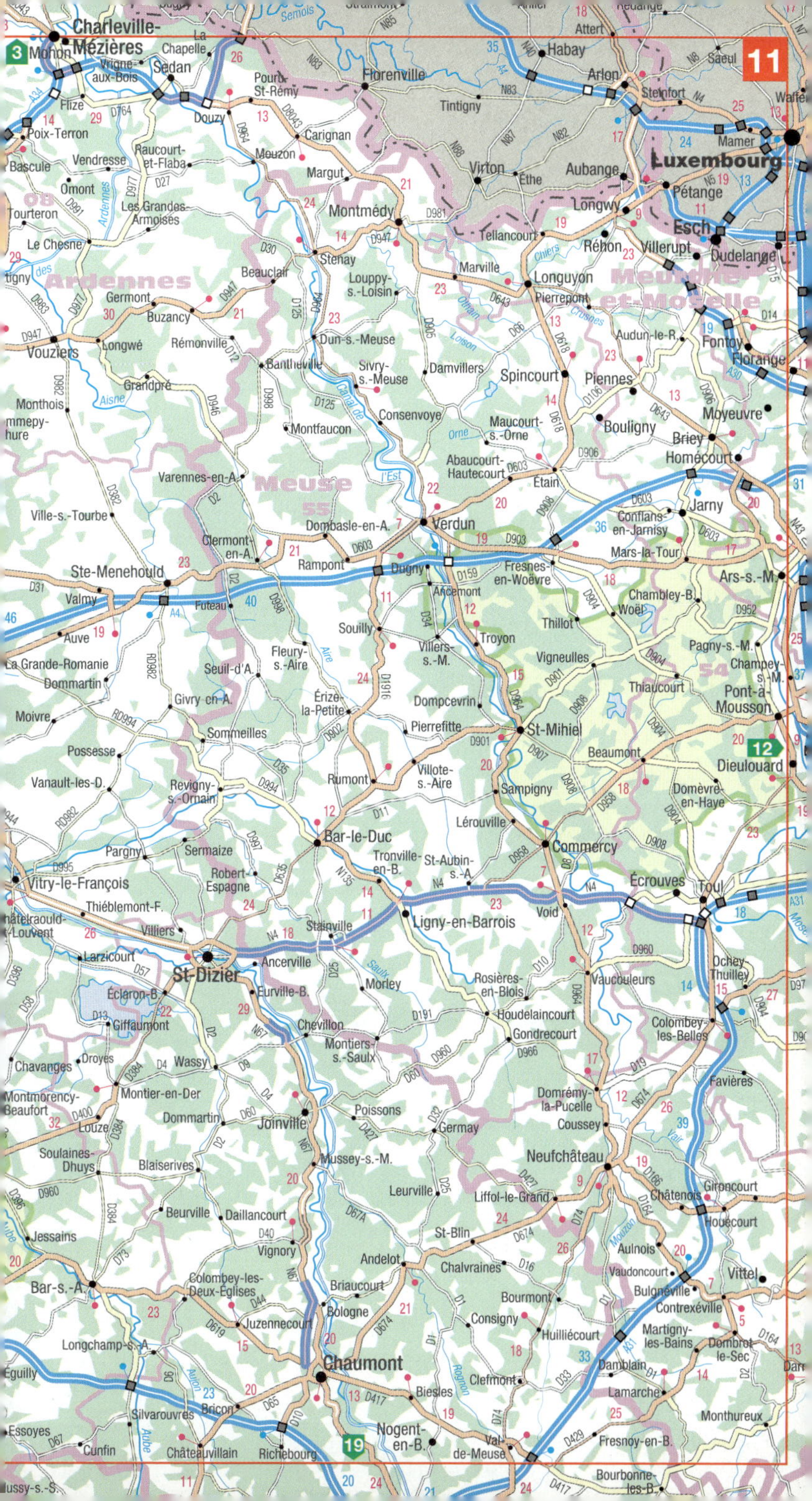

11
Charleville-Mézières
Mohon
Vrigne-aux-Bois
La Chapelle
Sedan
Semois
Florenville
Habay
Attert
Arlon
Saeul
Steinfort
Pouru-St-Rémy
Tintigny
Flize
Douzy
Carignan
Poix-Terron
Mamer
Luxembourg
Bascule
Vendresse
Raucourt-et-Flaba
Mouzon
Margut
Virton
Éthe
Aubange
Pétange
Omont
Les Grandes-Armoises
Tourteron
Montmédy
Longwy
Esch
Le Chesne
Tellancourt
Réhon
Villerupt
Dudelange
Stenay
Marville
Beauclair
Louppy-s.-Loisin
Longuyon
Ardennes
Meurthe-et-Moselle
Germont
Pierrepont
Buzancy
Rémonville
Dun-s.-Meuse
Audun-le-R.
Fontoy
Vouziers
Longwé
Florange
Bantheville
Sivry-s.-Meuse
Damvilliers
Spincourt
Piennes
Grandpré
Aisne
Monthois
Consenvoye
Maucourt-s.-Orne
Bouligny
Briey
Moyeuvre
Montfaucon
Canal de l'Est
Orne
Homécourt
Abaucourt-Hautecourt
Étain
Meuse
55
Varennes-en-A.
Jarny
Conflans-en-Jarnisy
Ville-s.-Tourbe
Dombasle-en-A.
Verdun
Mars-la-Tour
Clermont-en-A.
Rampont
Dugny
Fresnes-en-Woëvre
Ste-Menehould
Ancemont
Ars-s.-M.
Valmy
Futeau
Chambley-B.
Woël
Thillot
Auve
Souilly
Troyon
La Grande-Romanie
Villers-s.-M.
Vigneulles
Pagny-s.-M.
Dommartin
Fleury-s.-Aire
Seuil-d'A.
Champey-s.-M.
Aire
54
Thiaucourt
Pont-à-Mousson
Givry-en-A.
Érize-la-Petite
Dompcevrin
Moivre
Pierrefitte
St-Mihiel
Sommeilles
Possesse
Beaumont
12
Dieulouard
Vanault-les-D.
Rumont
Villote-s.-Aire
Revigny-s.-Ornain
Sampigny
Domèvre-en-Haye
Lérouville
Pargny
Sermaize
Bar-le-Duc
Commercy
Vitry-le-François
Robert-Espagne
Tronville-en-B.
St-Aubin-s.-A.
Écrouves
Toul
Thiéblemont-F.
Ligny-en-Barrois
Void
Châteauraould-Louvent
Villiers
Stainville
Larzicourt
St-Dizier
Ancerville
Ochey-Thuilley
Saulx
Vaucouleurs
Morley
Rosières-en-Blois
Éclaron-B.
Eurville-B.
Giffaumont
Houdelaincourt
Colombey-les-Belles
Chevillon
Gondrecourt
Droyes
Montiers-s.-Saulx
Chavanges
Wassy
Favières
Montmorency-Beaufort
Montier-en-Der
Domrémy-la-Pucelle
Poissons
Dommartin
Joinville
Louze
Germay
Coussey
Vair
Soulaines-Dhuys
Mussey-s.-M.
Neufchâteau
Blaiserives
Leurville
Gironcourt
Liffol-le-Grand
Châtenois
Houécourt
Beurville
Daillancourt
Jessains
St-Blin
Vignory
Aulnois
Andelot
Chalvraines
Vaudoncourt
Vittel
Bar-s.-A.
Briaucourt
Bulgnéville
Colombey-les-Deux-Églises
Bourmont
Contrexéville
Juzennecourt
Bologne
Consigny
Martigny-les-Bains
Longchamp-s.-A.
Huilliécourt
Dombrot-le-Sec
Éguilly
Chaumont
Clefmont
Damblain
Rognon
Aujon
Bricon
Biesles
Lamarche
Silvarouvres
Monthureux
Essoyes
Nogent-en-B.
Cunfin
Châteauvillain
Richebourg
19
Val-de-Meuse
Fresnoy-en-B.
Aube
Bourbonne-les-B.
Mussy-s.-S.

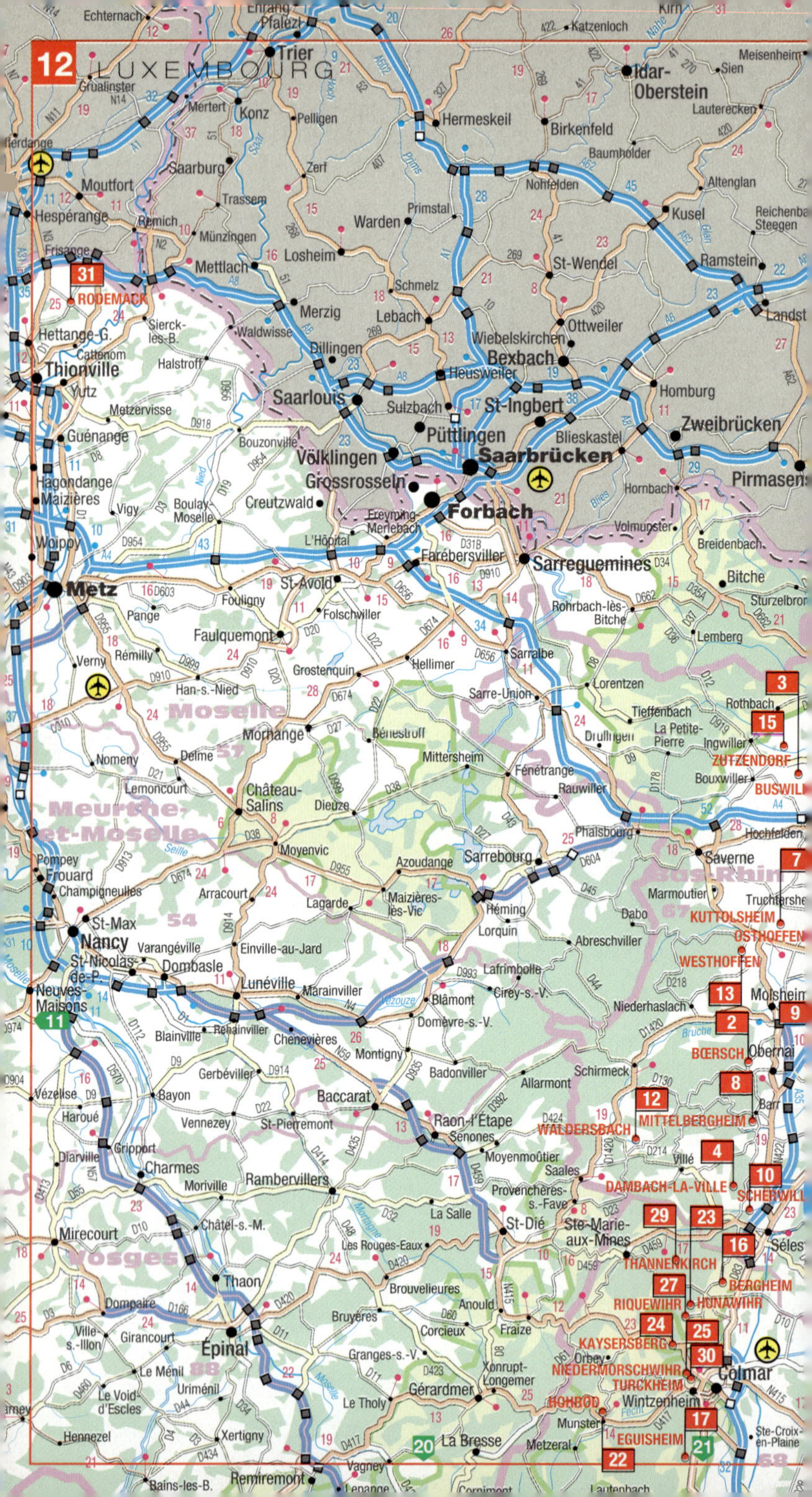
12
LUXEMBOURG
Echternach
Trier
Pfalzel
Katzenloch
Kirn
Meisenheim
Idar-Oberstein
Sien
Lauterecken
Grevenmacher
Mertert
Konz
Pellingen
Hermeskeil
Birkenfeld
Baumholder
Saarburg
Zerf
Trassem
Nohfelden
Altenglan
Moutfort
Hesperange
Remich
Münzingen
Primstal
Warden
Kusel
Reichenbach-Steegen
Frisange
Losheim
St-Wendel
Ramstein
Landstuhl
31
RODEMACK
Mettlach
Schmelz
Lebach
Merzig
Ottweiler
Sierck-les-B.
Hettange-G.
Cattenom
Waldwisse
Dillingen
Wiebelskirchen
Bexbach
Thionville
Halstroff
Heusweiler
Homburg
Yutz
Saarlouis
Sulzbach
St-Ingbert
Zweibrücken
Metzervisse
Püttlingen
Blieskastel
Guénange
Bouzonville
Völklingen
Saarbrücken
Pirmasens
Hagondange
Maizières
Grossrosseln
Hornbach
Vigy
Boulay-Moselle
Creutzwald
Forbach
Freyming-Merlebach
Volmunster
Woippy
L'Hôpital
Breidenbach
Farébersviller
Sarreguemines
Bitche
Metz
St-Avold
Fouligny
Pange
Folschviller
Rohrbach-lès-Bitche
Sturzelbronn
Faulquemont
Lemberg
Verny
Rémilly
Grostenquin
Hellimer
Sarralbe
Han-s.-Nied
Moselle
Sarre-Union
Lorentzen
3
Rothbach
15
Tieffenbach
Morhange
Bénestroff
Drulingen
La Petite-Pierre
Ingwiller
ZUTZENDORF
Nomeny
Delme
Mittersheim
Fénétrange
Bouxwiller
BUSWILLER
Lemoncourt
Meurthe-et-Moselle
Château-Salins
Dieuze
Rauwiller
Phalsbourg
Hochfelden
Moyenvic
Saverne
Pompey
Frouard
Azoudange
Sarrebourg
Bas-Rhin
7
Champigneulles
Arracourt
Lagarde
Maizières-lès-Vic
Marmoutier
Truchtersheim
St-Max
Nancy
Héming
Dabo
KUTTOLSHEIM
Lorquin
OSTHOFFEN
Varangéville
Einville-au-Jard
Abreschviller
St-Nicolas-de-P.
Dombasle
Lafrimbolle
WESTHOFFEN
Neuves-Maisons
Lunéville
Marainviller
Blâmont
Cirey-s.-V.
Niederhaslach
13
Molsheim
11
Domèvre-s.-V.
2
9
Blainville
Rehainviller
Chenevières
BŒRSCH
Obernai
Montigny
Badonviller
Schirmeck
8
Gerbéviller
Allarmont
Vézelise
Bayon
Baccarat
12
Barr
Haroué
Vennezey
St-Pierremont
Raon-l'Étape
Senones
WALDERSBACH
MITTELBERGHEIM
Gripport
Diarville
Moyenmoûtier
Villé
4
Charmes
Moriville
Rambervillers
Saales
10
DAMBACH-LA-VILLE
SCHERWILLER
Provenchères-s.-Fave
La Salle
29
23
Mirecourt
Châtel-s.-M.
St-Dié
Ste-Marie-aux-Mines
Vosges
Les Rouges-Eaux
16
Sélestat
THANNENKIRCH
Thaon
Brouvelieures
BERGHEIM
27
Dompaire
Anould
RIQUEWIHR
HUNAWIHR
Bruyères
Ville-s.-Illon
Girancourt
Corcieux
Fraize
24
25
Épinal
KAYSERSBERG
Orbey
30
Le Ménil
Granges-s.-V.
NIEDERMORSCHWIHR
Colmar
Uriménil
Xonrupt-Longemer
TURCKHEIM
Le Void-d'Escles
Gérardmer
Le Tholy
HOHROD
Wintzenheim
Munster
17
Xertigny
Hennezel
Ste-Croix-en-Plaine
EGUISHEIM
La Bresse
Metzeral
20
21
22
Bains-les-B.
Remiremont
Vagney
Lautenbach

13
Alzey
Osthofen
Biblis
Gaderheim
Miltenberg
Alsenz
Westhofen
Bensheim
Michelstadt
Erbach
Lorsh
Kirchheimbolanden
Monsheim
Bürstadt
Heppenheim
Worms
Marnheim
Rockenhausen
Lampertheim
Wald-Michelbach
Beerfelden
Weinheim
Mudau
Grünstadt
Kailbach
Winnweiler
Viernheim
Frankenthal
Mannheim
Ludwigshafen-a.-R.
Enkenbach-Alsenborn
Schriesheim
Eberbach
Bad-Dürkheim
Ziegelhs
Neckarsteinach
Frankenstein
Muttersdadt
Kaiserslautern
Heidelberg
Schwetzingen
Mosbach
Leimen
Hassloch
Neckarelz
Lambrecht
Speyer
Hockenheim
Gundelsheim
Elmstein
Neustadt
Wiesloch
Walldorf
Edenkoben
Lachen-Speyedorf
Oberhausen
Bad Rappenau
Neuenstad
Sinsheim
Bad Wimpfen
Waldfischbach-Burgalben
Landau
Neckarsulm
Graben-Neudorf
Bad-Mingolsheim
Belheim
Annweiler-am-Trifels
Menzingen
Heilbronn
Herxheim-bei-L.
Schwaigern
Dahn
Eppingen
Lauffen
Klingenmünster
Bruchsal
Brackenheim
Rheinzabern
Bad-Bergzabern
Güglingen
Kirchheim
Weingarten
Kandel
Neureut
Bretten
Wörth-am-R.
Bietigheim-Bissingen
Wissembourg
Karlsruhe
Grötzingen
Lembach
Lauterbourg
Illingen
Niederbronn-les-B.
SEEBACH
Mühlacker
Vaihingen
Asperg
Markgröningen
HUNSPACH
Ettlingen
Ludwigsbu
Woerth
Burmersheim
Soultz-s/s-F.
Pforzheim
Reichshoffen
Birkenfeld
Ditzingen
Seltz
Malsh
Neuenbürg
Rastatt
Stuttgart
Tiefenbronn
Soufflenheim
Bad-Herrenalb
Leonberg
Haguenau
Bad-Liebenzell
Wildbad
Bischwiller
Gernsbach
Calw
Drusenheim
Baden-Baden
WEYERSHEIM
Böblingen
Hoerdt
Bühl
Enzklösterle
Waldenbuch
La Wantzenau
Rheinau
Ottersweier
Herrenberg
Schiltigheim
Achern
Besenfeld
Altensteig
Strasbourg
Kehl
Tübingen
Oberkirch
Nagold
Baiesrbronn
Rottenburg
Offenburg
Dornstetten
Horb
Freudenstadt
HINDISHEIM
Bad-Peterstal-Griesbach
Mössinge
Erstein
Gengenbach
Sulz
Haigerloch
Hechingen
ALLEMAGNE
Benfeld
Frieseheim
Biberach
Alpirsbach
Tailfingen
Albstadt
Lahr
Wolfach
Oberndorf
Balingen
Schiltach
Ebingen
Ettenheim
Haslach-im-Kinzigtal
Schramberg
Herbolzheim
Hornberg
Meßstetten
Rottweil
Kenzingen
Elzach
Emmendingen
Triberg
St-Georgen
Endigen
Trossingen
Spaichingen
Waldkirch
Villingen
Schwenningen
Beuron
Fridingen
Ihringen
Furtwangen
Bad Dürrheim
Freiburg-im-Breisgau
Tuttlingen
Breisach-am-Rhein
Kirchzarten
Neustadt-Schwarzwald
Hüfingen
Geisingen
11
6
14
5
21
Neckar
Donau
Sauer
Lauter
Murg
Enz
Kraich
Canal
Leopolds
A5
A6
A8
A61
A65
A81

14
Ploërmel
Campénéac
St-Allouestre
Guégon
Augan
La Chapelle-Bouëxic
Guichen
Locminé
Guéhenno
Guer
Poligné
Lizio
Maure-de-Bretagne
Lohéac
Le Sel-de-B.
St-Jean-Brév.
La Chapelle-Caro
Plumelec
Sérent
Ruffiac
Bain-de-Bretagne
Colpo
Morbihan
Guipry
Malestroit
Carentoir
Pipriac
Messac
Trédion
Teillay
Pluvigner
Grand-Champ
Brech
Elven
St-Martin
La Gacilly
Ste-Anne-d'Auray
Auray
St-Avé
St-Gravé
Oust
Vannes
Questembert
ROCHEFORT-EN-TERRE
Grand-Fougeray
Pierric
Béslé
Theix
Redon
St-Nicolas-de-Redon
Derval
ILE-AUX-MOINES
Berric
Allaire
Surzur
Guémené-Penfao
Locmariaquer
Port-Navalo
Sarzeau
Muzillac
Péaule
Vilaine
Tournebride
St-Gildas-de-Rhuys
Billiers
Sévérac
Trélan
Nozay
La Roche-Bernard
Pénestin
Plessé
St-Gildas-des-Bois
Missillac
Herbignac
Blain
Saffré
Pontchâteau
La Chapelle-des-Marais
Campbon
Bouvron
Nort-s.-E.
St-Lyphard
Piriac-s.-Mer
Héric
KERHINET
ILE DE FÉDRUN
Ile de Hoëdic
La Turballe
Montoir-de-B.
Savenay
Loire-Atlantique
Guérande
St-André-des-Eaux
Le Pâquelais
La Chapelle-s.-Erdre
Le Croisic
La Baule
Trignac
Donges
Loire
KERVALET
Le Pouliguen
Pornichet
St-Nazaire
Paimbœuf
Carquefou
St-Etienne-de-M.
Orvault
St-Brévin-les-Pins
St-Herblain
St-Père-en-Retz
Couëron
Nantes
St-Michel-Chef-Chef
Chauvé
Rezé
Préfailles
Arthon-en-Retz
Le Pont-B.
Bouaye
Pornic
Pont-St-Martin
Ste-Pazanne
Les Moûtiers-en-Retz
Bourgneuf-en-Retz
Ile de Noirmoutier
Geneston
St-Philbert-de-G.-L.
Noirmoutier-en-l'Ile
Baie de Bourgneuf
Machecoul
La Guérinière
Bouin
Barbâtre
Vieillevig.
Beauvoir-s.-Mer
La Garnache
Rocheservière
La Barre-de-Monts
Touvois
Falleron
Legé
St-Urbain
Challans
Les Lucs
Soullans
Palluau
St-Jean-de-Monts
Belleville-s.-V.
Le Poiré
Commequiers
Vie
ILE D'YEU
St-Hilaire-de-Riez
Aizenay
Coëx
Mouilleron-le-Captif
St-Gilles-Croix-de-Vie
L'Aiguillon-la-Chaize
Beaulieu
La Roche-s.-Yon
Brétignolles-s.-Mer
La Mothe-Achard
Vairé
St-Mathurin
Nieul-le-Dolent
Grosbreuil
Olonne-s.-Mer
Pointe de l'Aiguille
Château-d'Olonne
Les Sables-d'Olonne
Moûtiers-les-M.
Talmont-St-Hilaire
Avrillé
Jard-s.-Mer
Longev.-s.-Mer
La Tranche-s.-Mer
Pertuis
ILE DE RÉ
St-Clément-des-Baleines
Ile de Ré
Le Bois-Plage-en-R.
150
151
155
156
157
162
312
5
6

15
Janzé
St-Poix
Entrammes
St-Denis-d'Orques
Loué
Coulans-s.-Gée
Retiers
La Guerche-de-B.
Cossé-le-Vivien
Meslay-du-Maine
Brûlon
La Couyère
La Roë
Quelaines
Thourie
Chelun
Ruillé-Froid-Fonds
Auvers-le-H.
Chemiré-le-G.
160
Martigné-Ferchaud
St-Aignan-s.-Roë
Craon
Bazouges
Boussay
ASNIÈRES-S.-VÈGRE
Château-Gontier
Grez-en-Bouère
Solesmes
Rougé
Renazé
Chemazé
Bierné
St-Denis-d'Anjou
Sablé-s.-S.
Malicorne-s.-Sarthe
Châteaubriant
Pouancé
Vergonnes
Daon
Miré
Précigné
Combrée
La Jaille-Yvon
Clermont-Créans
Segré
Châteauneuf-s.-Sarthe
Daumeray
La Flèche
La Croix-L.
St-Julien-de-V.
Challain-la-Potherie
Le Lion-d'Angers
Champigné
Durtal
Issé
Moisdon-la-R.
Grez-Neuville
Tiercé
Clefs
La Meilleraye-de-Bretagne
Candé
Vern-d'A.
Seiches
Chevire-le-Rouge
Riaillé
St-Mars-la-Jaille
Le Louroux-Béconnais
Briollay
Montreuil-Juigné
Jarzé
Baugé
Joué-s.-Erdre
Bécon-les-Granits
Avrillé
Baune
Teillé
Belligné
Villemoisan
St-Barthélemy-d'Anjou
Angers
Trélazé
Beaufort-en-V.
Brion
Mouliherne
Ligné
Varades
Ingrandes
St-Georges
Les Ponts-de-Cé
St-Mathurin-s.-Loire
Ancenis
St-Florent-le-Vieil
Montjean
Chalonnes
Longué-Jumelles
Champtoceaux
La Pommeraye
Brissac-Quincé
Les Rosiers
Gennes
Neuillé
St-Laurent-des-Autels
St-Laurent-de-la-Plaine
Beaulieu
N.-D.-d'Allençon
Milly
St-Martin-de-la-Place
Allonnes
Montrevault
Thouarcé
Saumur
158
Le Loroux-Bottereau
Maine-et-Loire
Dénezé-s/s-Doué
Chemillé
Martigné-Briand
Vallet
Beaupréau
49
Jallais
Doué-la-Fontaine
MONTSOREAU
Geste
Fontevraud-l'Abbaye
Le Pallet
154
St-Macaire-en-M.
Trémentines
Vihiers
Montreuil-Bellay
Monnières
CLISSON
Montfaucon
Vezins
Le Puy-Notre-Dame
Aigrefeuille-s.-Maine
Cholet
Nuaillé
Cléré-s.-Layon
Roiffé
Cugand
Torfou
La Romagne
St-Pierre-à-Champ
Les Trois-Moûtiers
Ternay
Tiffauges
Mortagne-s.-S.
Maulévrier
Montaigu
La Verrie
St-Laurent-s.-Sèvre
Argenton-Ch.
Thouars
La Gaubretière
Les Aubiers
Pas-de-Jeu
Bazoges
Mauléon
Moûtiers-s/s-Argenton
16
Les Herbiers
Les Épesses
La Butte
Martaizé
St-Denis-la-Chevasse
St-Fulgent
St-Varent
St-Jouin-de-Marnes
Moncontour
L'Oie
St-Michel-Mt-Mercure
Cirière
Bressuire
Airvault
Mouchamps
Pouzauges
Cerizay
Boussais
La Grimaudière
Les Essarts
St-Vincent-Sterlanges
La Forêt-s.-S.
Chiché
Ste-Cécile
Chanteloup
St-Loup-Lamairé
La Ferrière
Chavagnes-les-Redoux
Amailloux
La Chaize-le-Vicomte
Mouilleron-en-Pareds
St-Pierre-du-Chemin
Moncoutant
Clessé
Thénezay
Chantonnay
Les Loges
Neuvy-Bouin
Bournezeau
La Châtaigneraie
Parthenay
La Ferrière-en-Parthenay
Thouarsais-Bouildroux
161
Vendée
85
Loge-Fougereuse
L'Absie
St-Maurice-des-Noués
Secondigny
VOUVANT
Ste-Hermine
Fenioux
Vasles
Mareuil-s.-Lay-Dissais
Mervent
Vausseroux
Benassay
79
Mazières-en-Gâtine
Le Champ-St-Père
Les Quatre-Chemins
Pouillé
L'Hermenault
L'Orbrie
Coulonges-s.-l'Autize
Mouzeuil
Champdeniers-St-Denis
Ménigoute
Luçon
Fontenay-le-Comte
St-Hilaire-des-Loges
Sanxay
St-Denis-du-P.
Moreilles
Vellure
Villiers-en-Plaine
St-Maixent-l'École
Jazeneuil
Triaize
Chaillé-les-Marais
Cherveux
St-Michel-en-l'Herm
Maillezais
Pamproux
La Crèche
L'Aiguillon-s.-Mer
Benet
La Mothe-St-Héray
Marans
L'Île-d'Elle
COULON
Niort
Sèvre Niortaise
Aiffres
Beaussais
Chey
Breton
Villedoux
Courçon
St-Hilaire-la-Palud
22
317
Prahecq
St-Xandre
Lezay
Lagord
Mauzé-s.
Melle
Loire
Mayenne
Sarthe
Oudon
Don
Erdre
Evre
Layon
Argenton
Authion
Thouet
Yon
Lay
7

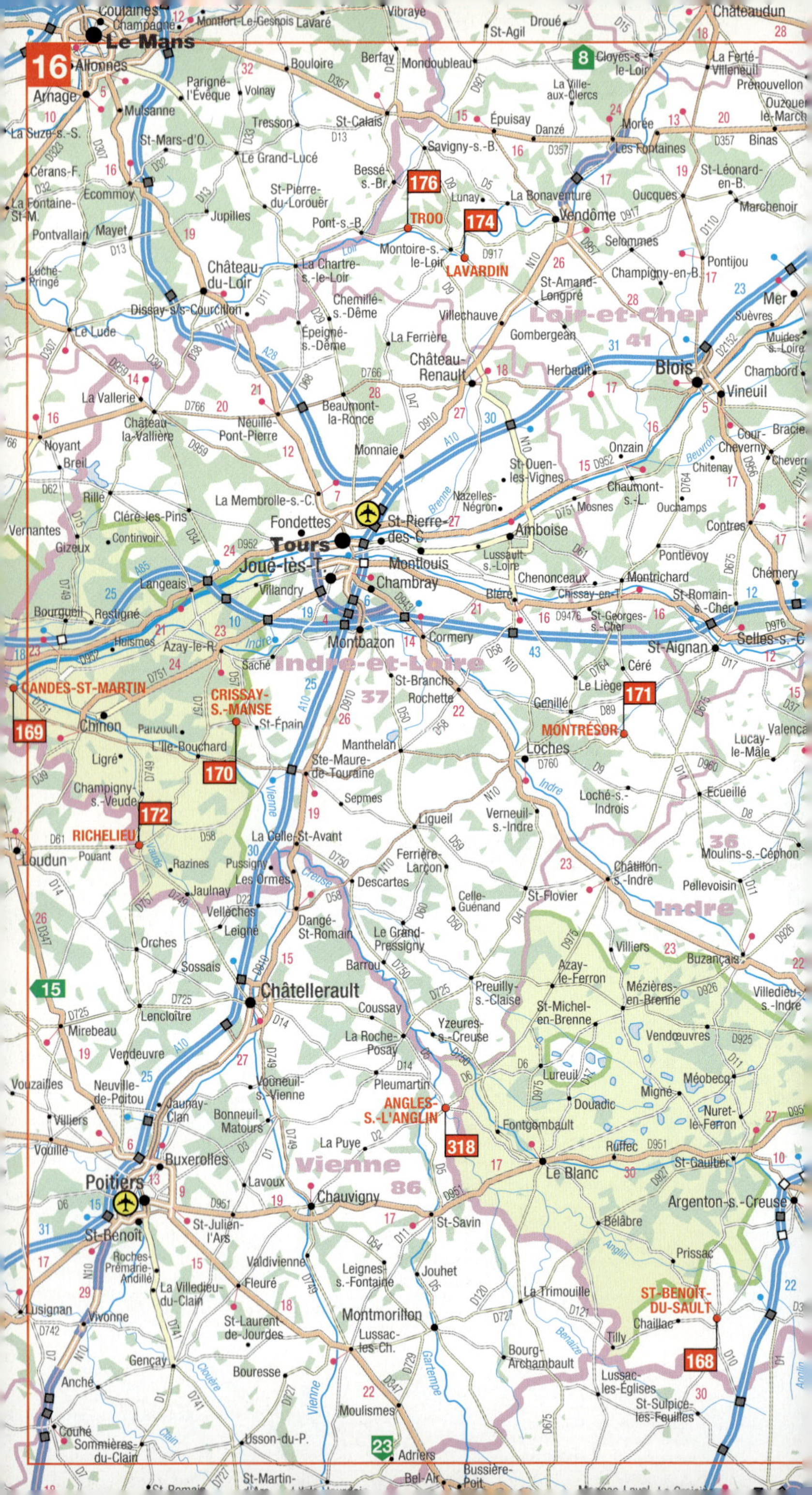

16
Le Mans
Coulaines
Champagne
Montfort-Le-Gesnois
Lavaré
Vibraye
St-Agil
Droué
Châteaudun
Allonnes
Arnage
Bouloire
Berfay
Mondoubleau
Cloyes-s.-le-Loir
La Ferté-Villeneuil
Prénouvellon
Ouzouer-le-Marché
Parigné-l'Évêque
Volnay
La Ville-aux-Clercs
Mulsanne
Tresson
St-Calais
Épuisay
Danzé
Morée
Les Fontaines
Binas
La Suze-s.-S.
St-Mars-d'O.
Savigny-s.-B.
Le Grand-Lucé
Cérans-F.
Bessé-s.-Br.
176
Lunay
La Bonaventure
Oucques
St-Léonard-en-B.
La Fontaine-St-M.
Ecommoy
St-Pierre-du-Lorouër
Jupilles
Pont-s.-B.
TROO
174
Vendôme
Marchenoir
Pontvallain
Mayet
Montoire-s.-le-Loir
LAVARDIN
Selommes
Pontijou
Château-du-Loir
La Chartre-s.-le-Loir
St-Amand-Longpré
Champigny-en-B.
Lude
Pringé
Chemillé-s.-Dême
Mer
Dissay-s/s-Courcillon
Villechauve
Loir-et-Cher
Suèvres
Le Lude
Épeigné-s.-Dême
La Ferrière
Gombergean
41
Muides-s.-Loire
Château-Renault
Herbault
Blois
Chambord
La Vallerie
Vineuil
Beaumont-la-Ronce
Château-la-Vallière
Neuillé-Pont-Pierre
Cour-Cheverny
Bracieux
Noyant
Monnaie
Onzain
Cheverny
Breil
St-Ouen-les-Vignes
Chitenay
Rillé
La Membrolle-s.-C.
Nazelles-Négron
Chaumont-s.-L.
Cléré-les-Pins
Fondettes
St-Pierre-des-C.
Mosnes
Ouchamps
Vernantes
Continvoir
Tours
Amboise
Contres
Gizeux
Joué-lès-T.
Montlouis
Lussault-s.-Loire
Pontlevoy
Langeais
Chambray
Chenonceaux
Montrichard
Chémery
Bourgueil
Restigné
Villandry
Bléré
Chissay-en-T.
St-Romain-s.-Cher
Huismes
Azay-le-R.
Montbazon
Cormery
St-Georges-s.-Cher
St-Aignan
Selles-s.-C.
Saché
Indre-et-Loire
Céré
CANDES-ST-MARTIN
CRISSAY-S.-MANSE
St-Branchs
Le Liège
171
169
Chinon
37
Rochette
Genillé
Panzoult
St-Épain
MONTRÉSOR
Valençay
L'Ile-Bouchard
Manthelan
Loches
Lucay-le-Mâle
Ligré
170
Ste-Maure-de-Touraine
Champigny-s.-Veude
Sepmes
Ecueillé
172
Loché-s.-Indrois
RICHELIEU
Ligueil
Verneuil-s.-Indre
Loudun
Pouant
La Celle-St-Avant
36
Ferrière-Larçon
Moulins-s.-Céphon
Razines
Pussigny
Châtillon-s.-Indre
Les Ormes
Descartes
Celle-Guénand
St-Flovier
Pellevoisin
Jaulnay
Vellèches
Indre
Leigné
Dangé-St-Romain
Le Grand-Pressigny
Villiers
Buzançais
Orches
Azay-le-Ferron
Barrou
Sossais
15
Châtellerault
Preuilly-s.-Claise
Mézières-en-Brenne
Villedieu-s.-Indre
Coussay
St-Michel-en-Brenne
Lencloître
Mirebeau
Yzeures-s.-Creuse
Vendœuvres
La Roche-Posay
Vendeuvre
Lureuil
Méobecq
Vouzailles
Neuville-de-Poitou
Vouneuil-s.-Vienne
Pleumartin
Migné
Douadic
Nuret-le-Ferron
Jaunay-Clan
ANGLES-S.-L'ANGLIN
Villiers
Bonneuil-Matours
Fontgombault
318
Vouillé
La Puye
Ruffec
St-Gaultier
Buxerolles
Vienne
Le Blanc
Poitiers
Lavoux
86
Argenton-s.-Creuse
Chauvigny
St-Benoît
St-Julien-l'Ars
St-Savin
Bélâbre
Prissac
Roches-Prémarie-Andillé
Valdivienne
Jouhet
Leignes-s.-Fontaine
La Trimouille
ST-BENOÎT-DU-SAULT
La Villedieu-du-Clain
Fleuré
Lusignan
Vivonne
Montmorillon
Chaillac
St-Laurent-de-Jourdes
Tilly
Lussac-les-Ch.
168
Gençay
Bourg-Archambault
Bouresse
Anché
Lussac-les-Églises
Moulismes
St-Sulpice-les-Feuilles
Couhé
Sommières-du-Clain
Usson-du-P.
23
Adriers
Bel-Air
Bussière-Poit.
St-Martin-

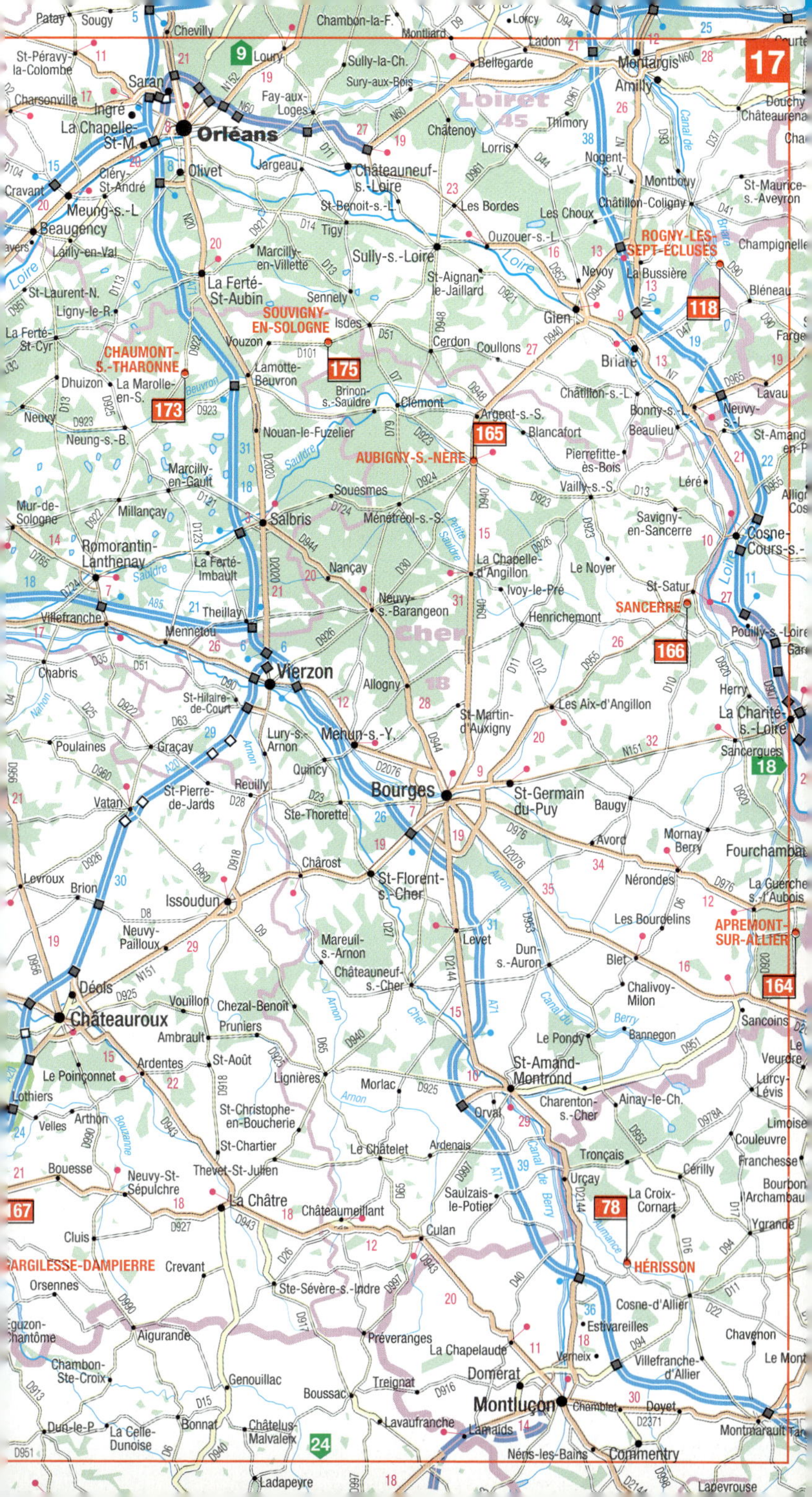
17
Loiret
45
Cher
18
Patay
Sougy
Chevilly
Chambon-la-F.
Montliard
Lorcy
Ladon
Montargis
Amilly
St-Péravy-la-Colombe
Loury
Sully-la-Ch.
Bellegarde
Saran
Ingré
Charsonville
La Chapelle-St-M.
Orléans
Fay-aux-Loges
Sury-aux-Bois
Châtenoy
Thimory
Douchy
Châteaurenard
Cléry-St-André
Olivet
Jargeau
Châteauneuf-s.-Loire
Lorris
Nogent-s.-V.
Montbouy
St-Maurice-s.-Aveyron
Cravant
Meung-s.-L
Beaugency
St-Benoit-s.-L.
Tigy
Les Bordes
Les Choux
Châtillon-Coligny
ROGNY-LES-SEPT-ÉCLUSES
Champignelle
Lailly-en-Val
Marcilly-en-Villette
Sully-s.-Loire
Ouzouer-s.-L
St-Aignan-le-Jaillard
Nevoy
La Bussière
Bléneau
St-Laurent-N.
Ligny-le-R.
La Ferté-St-Aubin
Sennely
SOUVIGNY-EN-SOLOGNE
Isdes
Cerdon
Coullons
Gien
Briare
Farge
La Ferté-St-Cyr
Vouzon
Lamotte-Beuvron
CHAUMONT-S.-THARONNE
Dhuizon
La Marolle-en-S.
Brinon-s.-Sauldre
Clémont
Argent-s.-S.
Blancafort
Châtillon-s.-L.
Bonny-s.-L
Beaulieu
Neuvy-s.-L
Lavau
St-Amand-en-P
Neuvy
Neung-s.-B.
Nouan-le-Fuzelier
AUBIGNY-S.-NÈRE
Pierrefitte-ès-Bois
Vailly-s.-S.
Léré
Marcilly-en-Gault
Souesmes
Mur-de-Sologne
Millançay
Salbris
Ménétréol-s.-S.
Savigny-en-Sancerre
Cosne-Cours-s.-
Romorantin-Lanthenay
La Ferté-Imbault
Nançay
La Chapelle-d'Angillon
Le Noyer
Ivoy-le-Pré
St-Satur
SANCERRE
Villefranche
Theillay
Neuvy-s.-Barangeon
Henrichemont
Pouilly-s.-Loire
Mennetou
Vierzon
Chabris
Allogny
Herry
St-Hilaire-de-Court
Les Aix-d'Angillon
La Charité-s.-Loire
St-Martin-d'Auxigny
Poulaines
Graçay
Lury-s.-Arnon
Mehun-s.-Y.
Sancergues
Quincy
Reuilly
Bourges
St-Germain-du-Puy
Vatan
St-Pierre-de-Jards
Ste-Thorette
Baugy
Avord
Mornay-Berry
Fourchambault
Levroux
Brion
Chârost
St-Florent-s.-Cher
Nérondes
La Guerche-s.-l'Aubois
Issoudun
Les Bourdelins
APREMONT-SUR-ALLIER
Neuvy-Pailloux
Mareuil-s.-Arnon
Levet
Dun-s.-Auron
Blet
Châteauneuf-s.-Cher
Chalivoy-Milon
Déols
Châteauroux
Vouillon
Chezal-Benoît
Sancoins
Pruniers
Ambrault
Le Pondy
Bannegon
Ardentes
St-Août
St-Amand-Montrond
Veurdre
Le Poinçonnet
Lignières
Morlac
Lurcy-Lévis
Lothiers
Charenton-s.-Cher
Ainay-le-Ch.
Arthon
Orval
Limoise
Velles
St-Christophe-en-Boucherie
Couleuvre
St-Chartier
Le Châtelet
Ardenais
Tronçais
Franchesse
Bouesse
Neuvy-St-Sépulchre
Thevet-St-Julien
Urçay
Cérilly
La Châtre
Saulzais-le-Potier
La Croix-Cornart
Bourbon-l'Archambau
Châteaumeillant
Culan
Ygrande
Cluis
ARGILESSE-DAMPIERRE
Crevant
HÉRISSON
Orsennes
Ste-Sévère-s.-Indre
Cosne-d'Allier
Éguzon-Chantôme
Aigurande
Préveranges
Estivareilles
Chavenon
La Chapelaude
Verneix
Villefranche-d'Allier
Le Mont
Chambon-Ste-Croix
Genouillac
Domérat
Boussac
Treignat
Montluçon
Chamblet
Doyet
Dun-le-P.
La Celle-Dunoise
Bonnat
Châtelus-Malvaleix
Lavaufranche
Lamaids
Montmarault
Néris-les-Bains
Commentry
Ladapeyre
Lapeyrouse
Loire
Sauldre
Cher
Arnon
Canal de Berry
Canal du Berry
Aumance
Auron
Beuvron
Nahon
Bouzanne
Petite Sauldre
Canal de Briare
173
175
165
118
166
164
78
167
9
18
24

Joigny
Migennes
St-Florentin
Vénizy
Neuvy-Sautour
Ervy
Chaource
Vanlay
Lantages
Pargues
Bagneux-la-Fosse
La Celle-St-Cyr
Mont-St-Sulpice
Flogny-la-C.
Coussegrey
Villedieu
Douchy
Châteaurenard
Senan
Hauterive
Pontigny
Ligny-le-C.
Arthonnay
Charny
Sommecaise
Seignelay
Appoigny
Yonne
Tonnerre
Cruzy-le-Châtel
Tanlay
Laignes
Perreux
Aillant-s.-Th.
St-Maurice-s.-Aveyron
Villiers-St-Benoît
Auxerre
Venoy
Chablis
Lézinnes
Les Forges
Poilly-s.-Serein
Ancy-le-Franc
Champignelles
Toucy
Pourrain
St-Cyr-les-Colons
Ste-Vertu
Nuits
Ravières
Chevannes
Pasilly
Bléneau
NOYERS-S.-SEREIN
Étivey
Mézilles
Vermenton
Nitry
Aisy-s.-Armançon
St-Fargeau
St-Sauveur-en-Puisaye
Ouanne
Val-de-Mercy
117
Montbard
Courson-les-Carrières
L'Isle-s.-Serein
116
Lavau
Mailly-le-C.
Voûtenay-s.-Cure
Vassy
MONTRÉAL
Druyes-les-Belles-Fontaines
St-Amand-en-P.
Coulanges-s.-Yonne
Guillon
ÉPOISSES
Avallon
Cussy-les-Forges
SEMUR-EN-AUXOIS
Entrains-s.-Nohain
Clamecy
VÉZELAY
106
Alligny-Cosne
110
La Chapelle-St-André
Dornecy
119
Chamont
Précy-s/s-Thil
Cosne-Cours-s.-L.
Nuars
Nan-s/s-Thil
DONZY
Varzy
St-Martin-du-Puy
Quarré-les-Tombes
Asnan
Lormes
Dun-les-Places
Saulieu
Pouilly-s.-Loire
Châteauneuf-Val-de-Bargis
Champlemy
Garchy
Brinon-s.-Beuvron
Ardan
Corbigny
Les Bertins
St-Révérien
Vauclaix
Montsauche
Liernais
La Charité-s.-Loire
Raveau
Premery
L'Huis-Picard
58
Nièvre
Poiseux
Planchez
Voudenay-le-Château
St-Saulge
Aunay-en-Bazois
Pougues-les-Eaux
Guérigny
Anost
Lucenay-l'Évêque
Châtillon-en-B.
Tammay-en-Bazois
Varennes-Vauzelles
Bona
Château-Chinon
La Petite-Verrière
Fourchambault
Alluy
Nevers
Rouy
St-Bénin-d'Azy
Moulins-Engilbert
La Guerche-s.-l'Aubois
Autun
Chaluy
Imphy
St-Léger-s/s-Beuvray
APREMONT-SUR-ALLIER
Vandenesse
St-Honoré-les-Bains
La Machine
Maison-de-Bourgogne
Mesvres
Étang-s.-Arroux
164
Cercy-la-Tour
Marmagne
Decize
Fours
La Chèvre
Sancoins
Luzy
Montcenis
St-Hilaire-Fontaine
St-Pierre-le-Moûtier
Le Veurdre
Neuville-lès-Decize
71
Lurcy-Lévis
Dornes
Lucenay-lès-Aix
Cronat
Issy-l'Évêque
Blanzy
Toulon-s.-Arroux
Montceau-les-Mines
Limoise
Maltat
Villeneuve-s.-Allier
Couleuvre
Franchesse
Perrecy-les-Forges
St-Vallier
Bourbon-Lancy
Chevagnes
Gueugnon
Bourbon-l'Archambault
Génelard
St-Menoux
St-Aubin-s.-Loire
Moulins
Yzeure
Ygrande
Coulandon
Souvigny
Dompierre-s.-Besbre
St-Agnan
Digoin
Neuilly-le-Réal
Saligny-s.-Roudon
Vaumas
Paray-le-Monial
St-Yan
Charolles
Chavenon
Châtel-de-Neuvre
Bessay-s.-Allier
Liernolles
Le Montet
Jaligny-s.-B.
03
Allier
111
Poisson
Neuilly-en-Donjon
Trézelles
Le Donjon
ANZY-LE-DUC
Bransat
Chazeuil
Montmarault
Target
St-Pourçain-s.-Sioule
Varennes-s.-Allier
Chambilly
Marcigny
La Clayette
St-Gérand-le-Puy
Lapalisse
La Chapelle-s/s-Dun
Loire
Allier
Cure
Serein
Armançon
Cousin
Canal du Nivernais
Canal latéral à la Loire
Arroux
Bourbince
Besbre
Acolin
Ternin

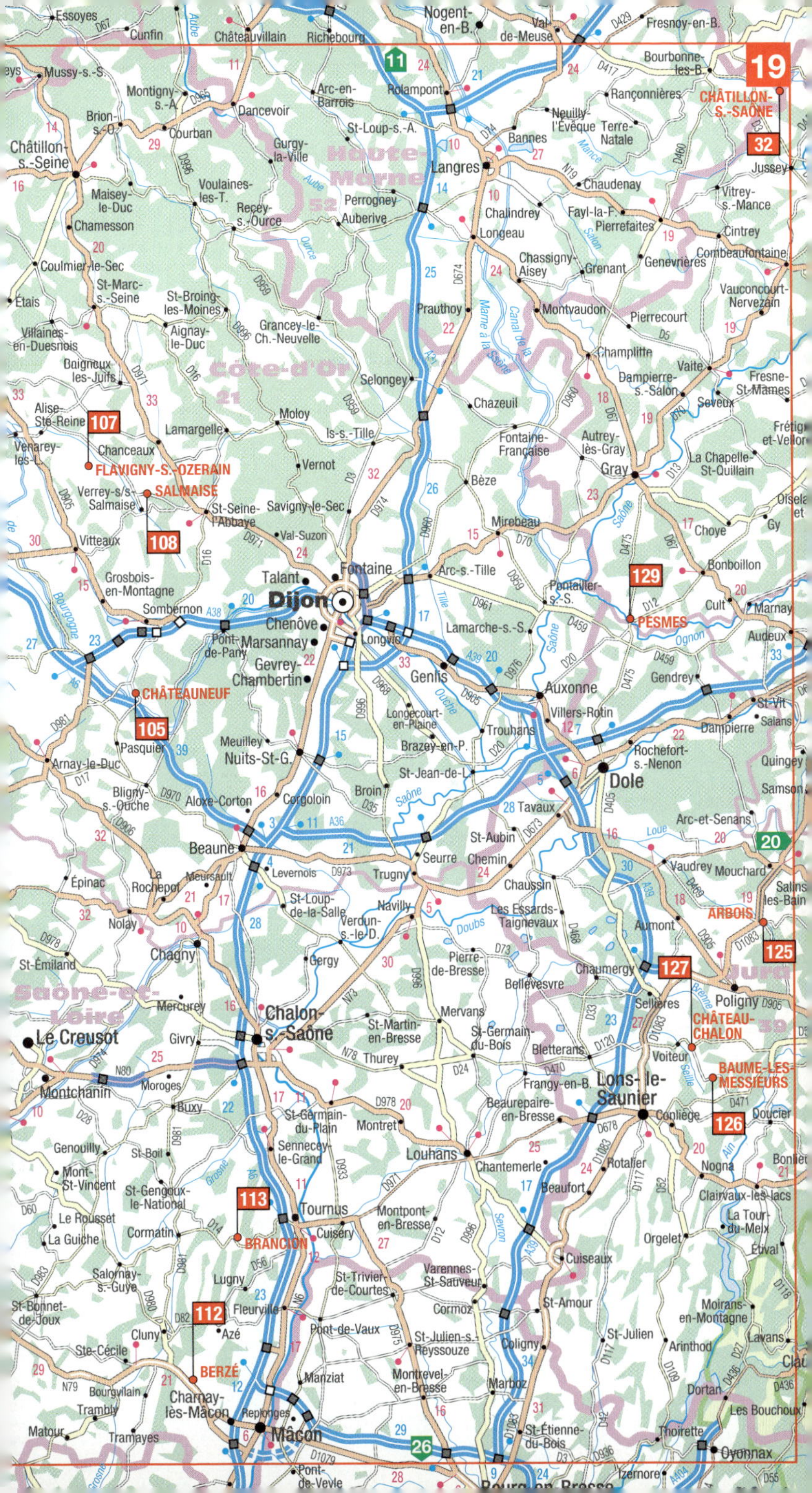
19
Nogent-en-B.
Essoyes
Cunfin
Châteauvillain
Richebourg
Val-de-Meuse
Fresnoy-en-B.
Bourbonne-les-B.
CHÂTILLON-S.-SAÔNE
32
Mussy-s.-S.
Montigny-s.-A.
Arc-en-Barrois
Rolampont
Dancevoir
Ranconnières
Neuilly-l'Évêque
Terre-Natale
Brion-s.-O.
Courban
St-Loup-s.-A.
Bannes
Châtillon-s.-Seine
Gurgy-la-Ville
Haute-Marne
52
Langres
Jussey
Chaudenay
Vitrey-s.-Mance
Maisey-le-Duc
Voulaines-les-T.
Recey-s.-Ource
Perrogney
Auberive
Chalindrey
Fayl-la-F.
Pierrefaites
Cintrey
Chamesson
Longeau
Combeaufontaine
Coulmier-le-Sec
Chassigny-Aisey
Grenant
Genevrières
St-Marc-s.-Seine
St-Broing-les-Moines
Vauconcourt-Nervezain
Étais
Prauthoy
Montvaudon
Pierrecourt
Villaines-en-Duesmois
Aignay-le-Duc
Grancey-le-Ch.-Neuvelle
Champlitte
Baigneux-les-Juifs
Côte-d'Or
21
Selongey
Vaite
Dampierre-s.-Salon
Fresne-St-Mamès
Seveux
Alise-Ste-Reine
107
Chazeuil
Venarey-les-L.
Lamargelle
Moloy
Is-s.-Tille
Fontaine-Française
Autrey-lès-Gray
Frétigney-et-Velloreille
Chanceaux
FLAVIGNY-S.-OZERAIN
Vernot
Gray
La Chapelle-St-Quillain
Verrey-s/s-Salmaise
SALMAISE
St-Seine-l'Abbaye
Savigny-le-Sec
Bèze
Oiselay-et-Grachaux
108
Val-Suzon
Mirebeau
Gy
Vitteaux
Choye
Grosbois-en-Montagne
Talant
Fontaine
Arc-s.-Tille
129
Bonboillon
Sombernon
Dijon
Pontailler-s.-S.
Marnay
Cult
Chenôve
Marsannay
PESMES
Audeux
Pont-de-Pany
Longvic
Lamarche-s.-S.
Ognon
Gevrey-Chambertin
Genlis
Auxonne
Gendrey
CHÂTEAUNEUF
Longecourt-en-Plaine
Villers-Rotin
St-Vit
Salans
105
Trouhans
Dampierre
Pasquier
Meuilley
Brazey-en-P.
Rochefort-s.-Nenon
Quingey
Arnay-le-Duc
Nuits-St-G.
St-Jean-de-L.
Dole
Samson
Bligny-s.-Ouche
Aloxe-Corton
Corgoloin
Brion
Tavaux
Arc-et-Senans
St-Aubin
Beaune
Seurre
Chemin
20
Épinac
La Rochepot
Meursault
Levernois
Trugny
Chaussin
Vaudrey
Mouchard
Salins-les-Bains
St-Loup-de-la-Salle
Navilly
Les Essards-Taignevaux
Nolay
Verdun-s.-le-D.
ARBOIS
Aumont
125
St-Émiland
Chagny
Gergy
Pierre-de-Bresse
Chaumergy
127
Saône-et-Loire
Bellevesvre
Jura
Poligny
Mercurey
Chalon-s.-Saône
Mervans
Sellières
CHÂTEAU-CHALON
39
Le Creusot
Givry
St-Martin-en-Bresse
St-Germain-du-Bois
Bletterans
Voiteur
Montchanin
Thurey
BAUME-LES-MESSIEURS
Moroges
Frangy-en-B.
Lons-le-Saunier
Buxy
St-Germain-du-Plain
Montret
Beaurepaire-en-Bresse
Conliège
Doucier
126
Genouilly
St-Boil
Sennecey-le-Grand
Louhans
Rotalier
Nogna
Bonlieu
Mont-St-Vincent
St-Gengoux-le-National
Chantemerle
Beaufort
Clairvaux-les-Lacs
113
Tournus
Le Rousset
Cuisery
Montpont-en-Bresse
La Tour-du-Meix
La Guiche
Cormatin
BRANCION
Orgelet
Étival
Cuiseaux
Salornay-s.-Guye
Lugny
St-Trivier-de-Courtes
Varennes-St-Sauveur
St-Bonnet-de-Joux
Fleurville
Cormoz
St-Amour
Moirans-en-Montagne
112
Pont-de-Vaux
St-Julien
Cluny
Azé
St-Julien-s.-Reyssouze
Coligny
Arinthod
Lavans
Ste-Cécile
Clairvaux
BERZÉ
Manziat
Montrevel-en-Bresse
Bourgvilain
Charnay-lès-Mâcon
Marboz
Dortan
Trambly
Replonges
Les Bouchoux
Matour
Tramayes
Mâcon
St-Étienne-du-Bois
Thoirette
26
Oyonnax
Pont-de-Veyle
Bourg-en-Bresse
Izernore
11

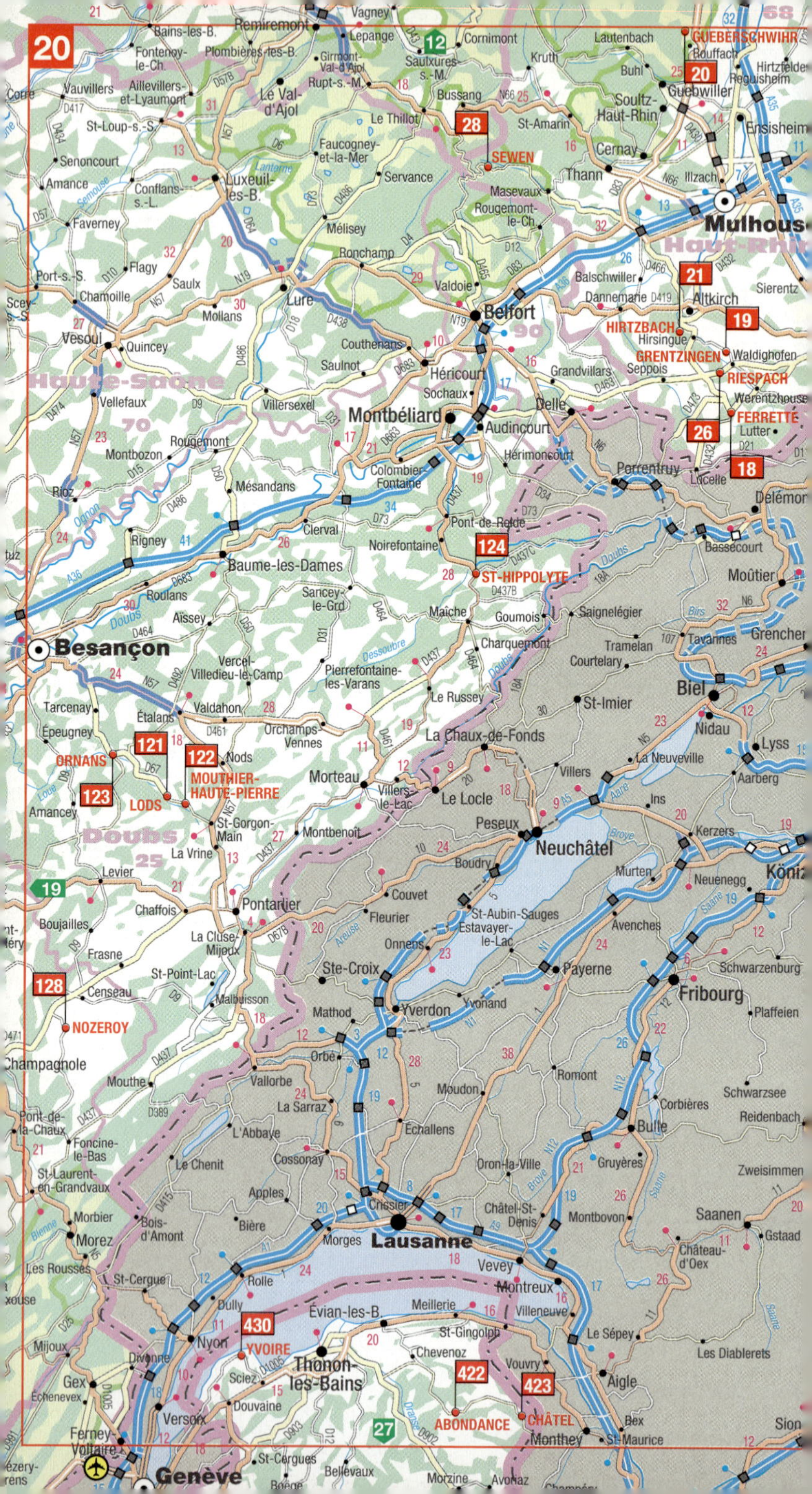
20
Remiremont
Vagney
Lepange
Cornimont
Lautenbach
GUEBERSCHWIHR
Rouffach
Hirtzfelden
Regisheim
Bains-les-B.
Fontenoy-le-Ch.
Plombières-les-B.
Girmont-Val-d'Ajol
Rupt-s.-M.
Saulxures-s.-M.
Kruth
Buhl
Guebwiller
Vauvillers
Aillevillers-et-Lyaumont
Le Val-d'Ajol
Bussang
Soultz-Haut-Rhin
Ensisheim
St-Loup-s.-S.
Le Thillot
28
SEWEN
St-Amarin
Cernay
Senoncourt
Faucogney-et-la-Mer
Thann
Illzach
Amance
Conflans-s.-L.
Luxeuil-les-B.
Servance
Masevaux
Rougemont-le-Ch.
Mulhouse
Faverney
Mélisey
Haut-Rhin
Ronchamp
Port-s.-S.
Flagy
Saulx
Chamoille
Lure
Valdoie
Balschwiller
Dannemarie
Altkirch
Sierentz
Mollans
Belfort
HIRTZBACH
Hirsingue
Vesoul
Quincey
Couthenans
Héricourt
GRENTZINGEN
Waldighofen
Saulnot
Grandvillars
Seppois
RIESPACH
Haute-Saône
Vellefaux
Villersexel
Sochaux
Montbéliard
Audincourt
Delle
Werentzhouse
FERRETTE
Lutter
Rougemont
Montbozon
Colombier-Fontaine
Hérimoncourt
Porrentruy
Lucelle
Mésandans
Rioz
Pont-de-Roide
Delémont
Rigney
Clerval
Noirefontaine
ST-HIPPOLYTE
Bassecourt
Baume-les-Dames
Moûtier
Roulans
Sancey-le-Grd
Maîche
Goumois
Saignelégier
Aïssey
Grenchen
Tavannes
Tramelan
Besançon
Courtelary
Vercel-Villedieu-le-Camp
Pierrefontaine-les-Varans
Charquemont
Biel
St-Imier
Tarcenay
Étalans
Valdahon
Le Russey
Nidau
Épeugney
Orchamps-Vennes
La Chaux-de-Fonds
Lyss
121
122
Nods
La Neuveville
ORNANS
MOUTHIER-HAUTE-PIERRE
Morteau
Villers
Aarberg
123
LODS
Villers-le-Lac
Le Locle
Amancey
Ins
St-Gorgon-Main
Montbenoît
Peseux
Kerzers
Doubs
La Vrine
Neuchâtel
Boudry
Murten
Levier
Couvet
Neuenegg
Köniz
Chaffois
Pontarlier
Fleurier
St-Aubin-Sauges
Boujailles
La Cluse-Mijoux
Estavayer-le-Lac
Avenches
Frasne
Onnens
Ste-Croix
Payerne
Schwarzenburg
St-Point-Lac
Cerceau
Malbuisson
Yverdon
Yvonand
Fribourg
Plaffeien
Mathod
128
NOZEROY
Orbe
Champagnole
Mouthe
Vallorbe
Romont
Moudon
Schwarzsee
La Sarraz
Corbières
Reidenbach
Pont-de-la-Chaux
Échallens
Bulle
Foncine-le-Bas
L'Abbaye
Gruyères
Le Chenit
Cossonay
Oron-la-Ville
Zweisimmen
St-Laurent-en-Grandvaux
Apples
Crissier
Châtel-St-Denis
Morbier
Bois-d'Amont
Bière
Montbovon
Saanen
Morez
Morges
Lausanne
Gstaad
Les Rousses
St-Cergue
Rolle
Vevey
Château-d'Oex
Montreux
Dully
Évian-les-B.
Meillerie
Villeneuve
430
YVOIRE
St-Gingolph
Le Sépey
Mijoux
Nyon
Chevenoz
Divonne
Thonon-les-Bains
Les Diablerets
Vouvry
422
423
Aigle
Gex
Échenevex
Sciez
Versoix
Douvaine
ABONDANCE
CHÂTEL
Bex
Ferney-Voltaire
Monthey
St-Maurice
Sion
St-Cergues
Bellevaux
Genève
Morzine
Avoriaz

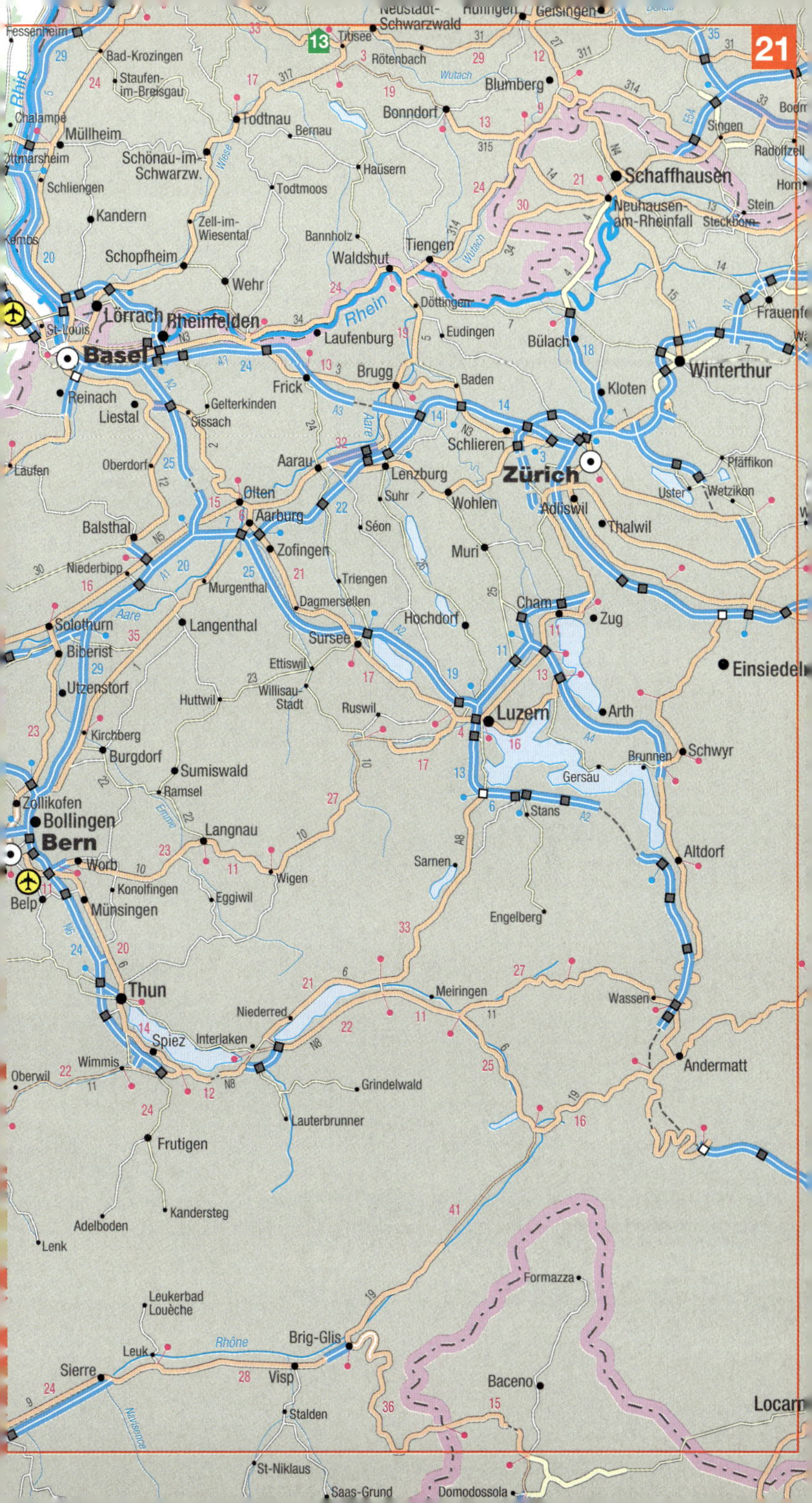
Fessenheim
Titisee
Neustadt-Schwarzwald
Hüfingen
Geisingen
Bad-Krozingen
Staufen-im-Breisgau
Rötenbach
Wutach
Blumberg
Singen
Radolfzell
Chalampé
Todtnau
Bernau
Bonndorf
Müllheim
Schönau-im-Schwarzw.
Häusern
Schaffhausen
Ottmarsheim
Schliengen
Todtmoos
Neuhausen-am-Rheinfall
Stein
Steckborn
Kandern
Zell-im-Wiesental
Bannholz
Tiengen
Kembs
Schopfheim
Waldshut
Wehr
Rhein
Döttingen
Frauenfeld
Lörrach
Rheinfelden
St-Louis
Laufenburg
Eudingen
Bülach
Basel
Winterthur
Brugg
Baden
Frick
Kloten
Reinach
Gelterkinden
Liestal
Sissach
Aare
Schlieren
Aarau
Zürich
Laufen
Oberdorf
Lenzburg
Pfäffikon
Olten
Suhr
Uster
Wetzikon
Adliswil
Wohlen
Balsthal
Aarburg
Séon
Thalwil
Zofingen
Muri
Niederbipp
Murgenthal
Triengen
Dagmersellen
Cham
Zug
Hochdorf
Solothurn
Langenthal
Sursee
Biberist
Einsiedeln
Ettiswil
Willisau-Stadt
Utzenstorf
Huttwil
Ruswil
Luzern
Arth
Kirchberg
Burgdorf
Brunnen
Schwyz
Gersau
Sumiswald
Ramsel
Zollikofen
Stans
Bollingen
Bern
Langnau
Altdorf
Worb
Wigen
Sarnen
Belp
Konolfingen
Eggiwil
Münsingen
Engelberg
Thun
Meiringen
Wassen
Niederried
Spiez
Interlaken
Andermatt
Oberwil
Wimmis
Grindelwald
Lauterbrunnen
Frutigen
Kandersteg
Adelboden
Lenk
Formazza
Leukerbad
Louèche
Rhône
Brig-Glis
Leuk
Sierre
Visp
Baceno
Locarno
Stalden
St-Niklaus
Saas-Grund
Domodossola

La Rochelle
Lagord
St-Xandre
Aytré
Aigrefeuille-d'Aunis
Châtelaillon-Plage
Surgères
Vouhé
Courçon
St-Hilaire-la-Palud
Mauzé-s.-le-Mignon
Usseau
Beauvoir-s.-Niort
Prahecq
Mellé
Lezay
Brioux-s.-Boutonne
Chef-Boutonne
Chizé
Deux-Sèvres
Aubigné
Loubillé
Villefagnan
St-Félix
Loulay
Aulnay
Néré
Longré
St-Fraigné
Lupsault
Muron
Ile d'Oléron
Pertuis d'Antioche
St-Denis-d'Oléron
Ile d'Aix
Sauzelle
Fouras
Charente-Maritime
Tonnay-Boutonne
St-Pierre-d'Oléron
Le Château-d'Oléron
Rochefort
Tonnay-Ch.
315
La Vergne
Antezant-la-Chapelle
St-Jean-d'Angély
TUSSON
310
Brouage
St-Agnant
Bords
ST-SAVINIEN
Dolus-d'Oléron
St-Trojan-les-Bains
Marennes
St-Porchaire
Taillebourg
St-Hilaire-de-V.
Brizambourg
Matha
Verdille
Aigre
Siecq
St-Just-Luzac
Pont-l'Abbé-d'A.
Ronce-les-Bains
La Tremblade
Cadeuil
Burie
Rouillac
St-Genis-d'Hiersac
Les Mathes
Étaules
Saintes
ST-SAUVANT
Ste-Sévère
Cherves-R.
Sigogne
Échallat
La Palmyre
MORNAC-S.-SEUDRE
Pisany
Rétais
314
Chérac
Cognac
La Grande-Côte
Vaux-s.-M.
313
Saujon
Châteaubernard
Jarnac
St-Yrieix
Hiersac
Royan
Seudre
Tesson
Pérignac
Segonzac
La Couronne
St-Georges-de-Didonne
Cozes
Châteauneuf-s.-Charente
Le Verdon-s.-Mer
Meschers-s.-Gironde
Gémozac
Pons
St-Fort-s.-le-Né
Soulac-s.-Mer
TALMONT
316
Mosnac
Réaux
Archiac
Mortagne-s.-Gironde
St-Vivien-de-Médoc
Bois
St-Genis-de-S.
Barbezieux-St-Hilaire
Blanzac-Porcheresse
St-Fort-s.-Gironde
Jonzac
Vensac
Valeyrac
Montalivet-les-Bains
Mirambeau
Condéon
Vendays-Montalivet
Baignes-Ste-Radegonde
GIRONDE
St-Yzans-de-Médoc
St-Bonnet-s.-Gironde
Brossac
Lesparre-Médoc
St-Ciers-s.-Gironde
Montendre
Chevanceaux
Vertheuil
Hourtin-Plage
Reignac
Montlieu-la-Garde
Martron
Chalais
Bussac-Forêt
Pauillac
Étauliers
Montguyon
Hourtin
Saugon
Bédenac
St-Laurent-Médoc
Blaye
St-Savin
St-Aigulin
La Roche-Chalais
Carcans-Plage
St-Christoly-de-Blaye
Cavignac
Cercoux
Lamarque
Carcans
Listrac-Médoc
St-Ciers-de-Canesse
Pugnac
Le Gautreau
Maubuisson
Les Églisottes-et-Chalaures
Brach
Bourg
Guîtres
Castelnau-de-Médoc
Lacanau-Océan
Macau
Ambès
St-Martin-de-Laye
Coutras
St-Seurin-s.-l'Isle
Lacanau
St-André-de-C.
Ste-Hélène
St-Germain-de-la-Rivière
Villefranche-de-Lonchat
Salaunes
Ambarès-et-Lagrave
Lussac
Saumos
Bassens
53
Le Porge
Blanquefort
Carbon-Blanc
Fronsac
Libourne
ST-ÉMILION
St-Médard-en-J.
Gironde
Martignas-s.-Jalle
Mérignac
Cenon
Génissac
Montcaret
Lège-Cap-Ferret
Bouliac
Branne
Castillon-la-Bataille
Flaujagues
Blagon
Bordeaux
Arès
St-Quentin-de-Baron
Pujols
Dordogne
Andernos-les-Bains
Créon
Rauzan
Ste-Radegonde
Claouey
Quinsac
Pellegrue
33
52
55
Léognan
Soussac
Audenge
Marcheprime
La Tourne
Targon
St-Brice
Arcachon
Biganos
Labrède
Portets
RIONS
Arbis
SAUVETERRE-DE-G.
St-Ferme
Pyla-s.-Mer
La Teste
Rimons
Gujan-Mestras
Saucats
Pilat-Plage
Podensac
Cadillac
Camiran
Mesterrieux
Mios
Le Barp
Cabanac-et-Villagrains
Caudrot
La Réole
Salles
Leyre
Landiras
ST-MACAIRE
Cazaux
Langon
Fontet
Ste-Bazeille
Sanguinet
Belin-Béliet
Hostens
Sauternes
54
Marmande
Bisçarrosse-Plage
Balizac
Auros
Villandraut
Bazas

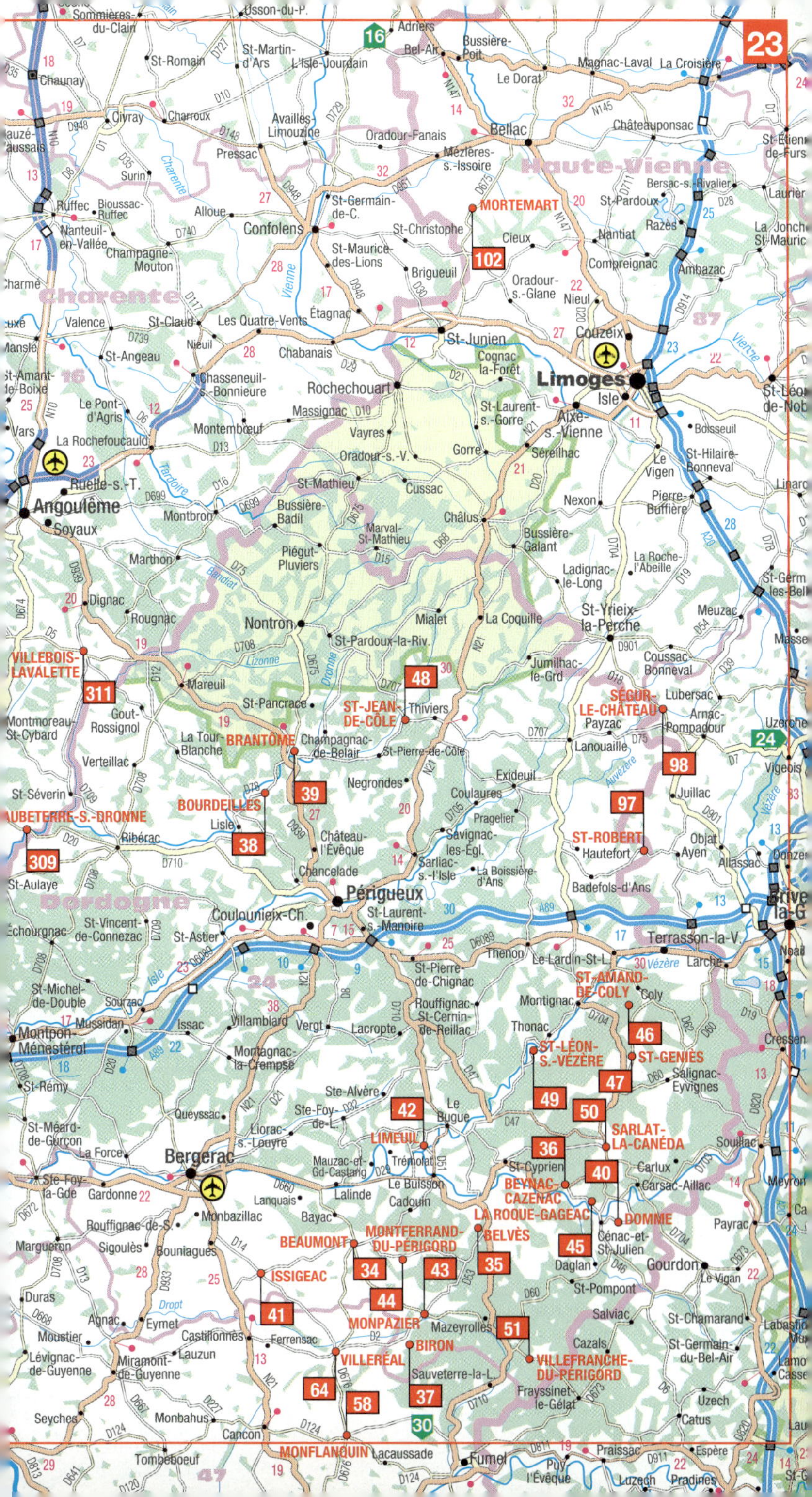
Sommières-du-Clain
Usson-du-P.
Adriers
Bussière-Poit.
St-Romain
St-Martin-l'Ars
L'Isle-Jourdain
Bel-Air
Chaunay
Le Dorat
Magnac-Laval
La Croisière
Civray
Charroux
Availles-Limouzine
Oradour-Fanais
Bellac
Mézières-s.-Issoire
Châteauponsac
Pressac
Surin
Haute-Vienne
Bersac-s.-Rivalier
St-Germain-de-C.
Ruffec
Bioussac-Ruffec
Alloue
Confolens
St-Christophe
MORTEMART
102
St-Pardoux
Razès
Nanteuil-en-Vallée
Champagne-Mouton
St-Maurice-des-Lions
Cieux
Nantiat
Compreignac
Ambazac
Brigueuil
Oradour-s.-Glane
Nieul
Charente
Étagnac
Valence
St-Claud
Les Quatre-Vents
St-Junien
Couzeix
St-Angeau
Nieuil
Chabanais
Cognac-la-Forêt
Limoges
Isle
Chasseneuil-s.-Bonnieure
Rochechouart
Le Pont-d'Agris
Massignac
St-Laurent-s.-Gorre
Aixe-s.-Vienne
Boisseuil
Vars
Montembœuf
Vayres
Gorre
La Rochefoucauld
Oradour-s.-V.
Séreilhac
Le Vigen
St-Hilaire-Bonneval
Ruelle-s.-T.
St-Mathieu
Cussac
Pierre-Buffière
Angoulême
Montbron
Bussière-Badil
Nexon
Soyaux
Marval-St-Mathieu
Châlus
Bussière-Galant
Marthon
Piégut-Pluviers
La Roche-l'Abeille
Ladignac-le-Long
Dignac
Rougnac
Nontron
Mialet
La Coquille
St-Yrieix-la-Perche
Meuzac
St-Pardoux-la-Riv.
VILLEBOIS-LAVALETTE
311
Mareuil
48
Jumilhac-le-Grd
Coussac-Bonneval
Lubersac
Gout-Rossignol
St-Pancrace
ST-JEAN-DE-CÔLE
Thiviers
SÉGUR-LE-CHÂTEAU
Payzac
Arnac-Pompadour
Montmoreau-St-Cybard
La Tour-Blanche
BRANTÔME
Champagnac-de-Belair
St-Pierre-de-Côle
Lanouaille
98
Verteillac
Negrondes
Exideuil
Juillac
Vigeois
Uzerche
St-Séverin
BOURDEILLES
39
Coulaures
97
AUBETERRE-S.-DRONNE
Lisle
Pragelier
ST-ROBERT
Hautefort
Objat
Ayen
Allassac
Ribérac
38
Château-l'Évêque
Savignac-les-Égl.
309
Sarliac-s.-l'Isle
La Boissière-d'Ans
St-Aulaye
Chancelade
Badefols-d'Ans
Dordogne
Périgueux
St-Vincent-de-Connezac
Coulounieix-Ch.
St-Laurent-s.-Manoire
Échourgnac
St-Astier
Thenon
Terrasson-la-V.
Le Lardin-St-L.
Larche
St-Pierre-de-Chignac
ST-AMAND-DE-COLY
St-Michel-de-Double
Sourzac
Rouffignac-St-Cernin-de-Reillac
Montignac
Coly
Mussidan
Issac
Villamblard
Vergt
Lacropte
Thonac
46
Montpon-Ménestérol
ST-LÉON-S.-VÉZÈRE
ST-GENIÈS
Montagnac-la-Crempse
Salignac-Eyvignes
47
St-Rémy
Ste-Alvère
49
42
Le Bugue
50
St-Méard-de-Gurçon
Queyssac
Ste-Foy-de-L.
SARLAT-LA-CANÉDA
Liorac-s.-Louyre
LIMEUIL
36
Souillac
La Force
Bergerac
Mauzac-et-Gd-Castang
Trémolat
St-Cyprien
40
Carlux
Ste-Foy-la-Gde
Le Buisson
BEYNAC-CAZENAC
Carsac-Aillac
Gardonne
Lanquais
Lalinde
Cadouin
Monbazillac
Bayac
LA ROQUE-GAGEAC
DOMME
Rouffignac-de-S.
MONTFERRAND-DU-PÉRIGORD
BELVÈS
Payrac
Margueron
Sigoulès
Bouniagues
BEAUMONT
Cénac-et-St-Julien
45
34
35
Gourdon
Le Vigan
43
Daglan
ISSIGEAC
Duras
44
St-Pompont
41
Agnac
Eymet
Salviac
St-Chamarand
Moustier
MONPAZIER
Mazeyrolles
51
Castillonnès
Ferrensac
Cazals
Lévignac-de-Guyenne
Lauzun
BIRON
St-Germain-du-Bel-Air
Miramont-de-Guyenne
VILLERÉAL
VILLEFRANCHE-DU-PÉRIGORD
Sauveterre-la-L.
64
58
37
Frayssinet-le-Gélat
Uzech
Seyches
Monbahus
Catus
Cancon
MONFLANQUIN
Lacaussade
Tombebœuf
Fumel
Praissac
Espère
Puy-l'Évêque
Luzech
Pradines

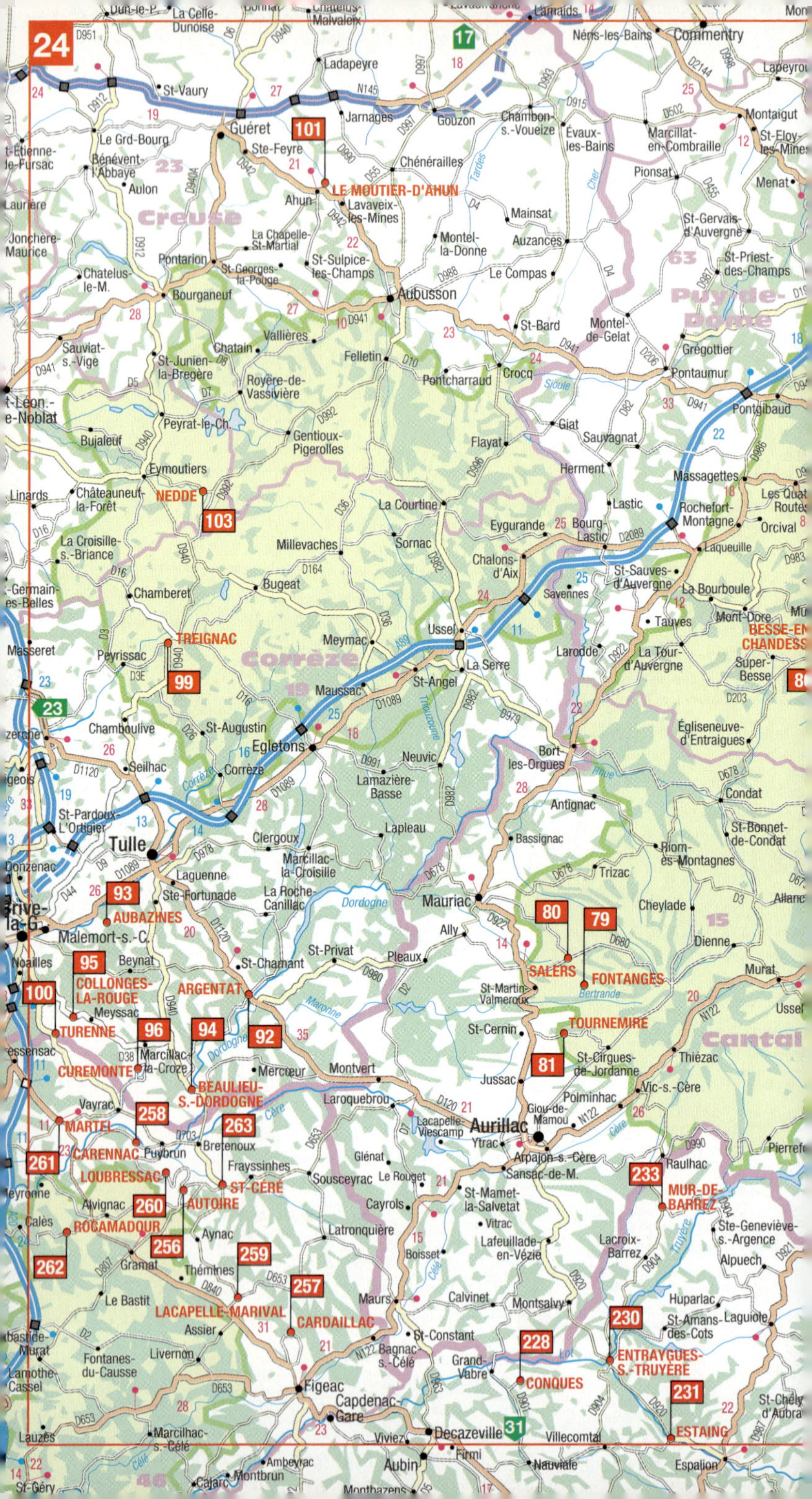
24
Guéret
Creuse
23
101
LE MOUTIER-D'AHUN
Aubusson
Felletin
Commentry
Montaigut
Pionsat
Puy-de-Dôme
63
Pontaumur
Pontgibaud
Eymoutiers
NEDDE
103
Peyrat-le-Ch.
Millevaches
Bugeat
Meymac
Ussel
Corrèze
19
TREIGNAC
99
Egletons
Tulle
Brive-la-G.
93
AUBAZINES
95
COLLONGES-LA-ROUGE
100
TURENNE
96
CUREMONTE
94
BEAULIEU-S.-DORDOGNE
ARGENTAT
92
Mauriac
80
SALERS
79
FONTANGES
TOURNEMIRE
81
Aurillac
Cantal
15
La Bourboule
Mont-Dore
BESSE-EN-CHANDESSE
258
MARTEL
261
CARENNAC
LOUBRESSAC
260
AUTOIRE
263
ST-CÉRÉ
ROCAMADOUR
256
262
259
LACAPELLE-MARIVAL
257
CARDAILLAC
Figeac
Capdenac-Gare
Decazeville
228
CONQUES
230
ENTRAYGUES-S.-TRUYÈRE
231
ESTAING
233
MUR-DE-BARREZ
46
17
23
31

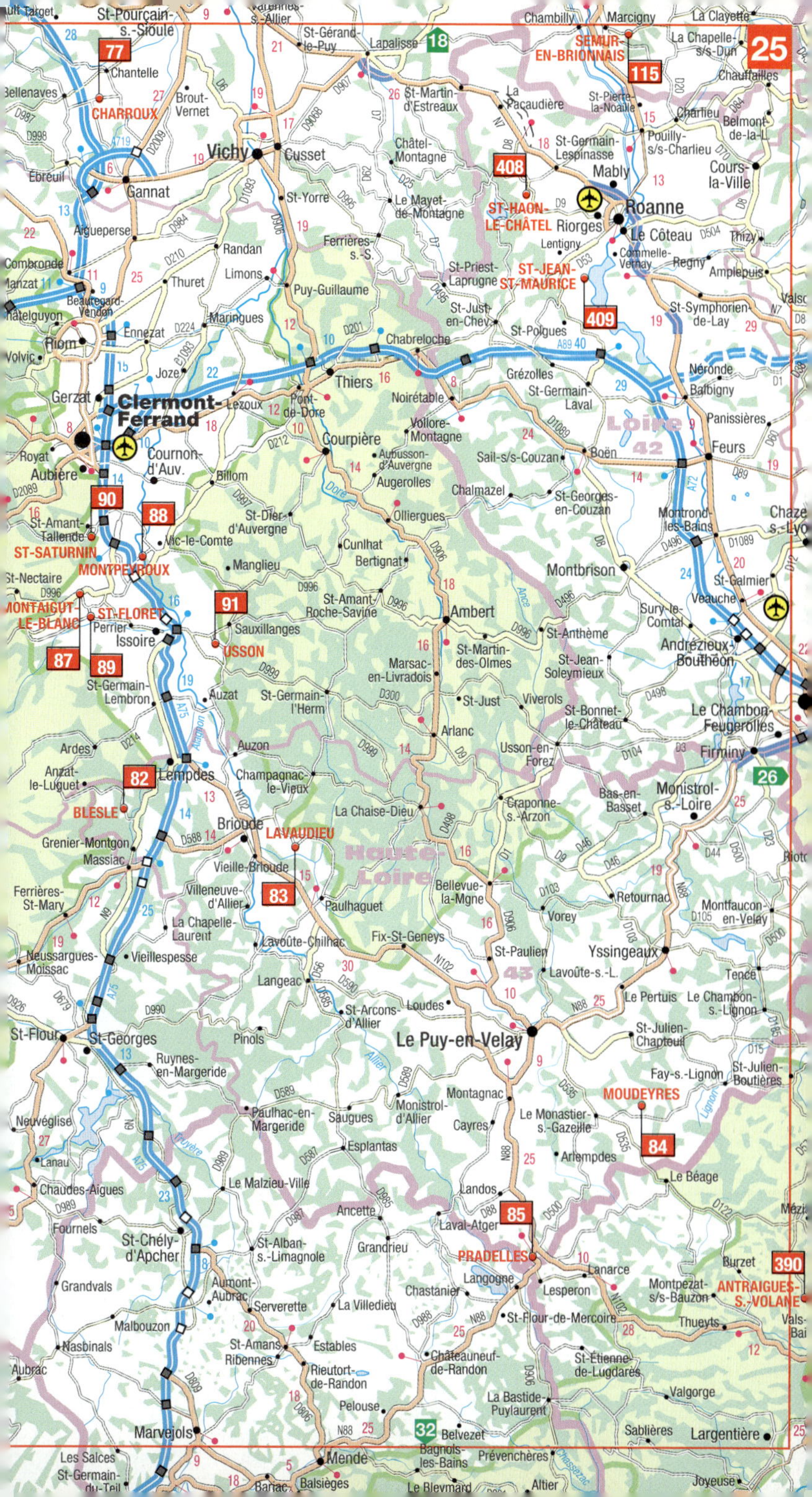
25
St-Pourçain-s.-Sioule
77
Chantelle
CHARROUX
Bellenaves
Brout-Vernet
Vichy
Cusset
Gannat
Ébreuil
Aigueperse
St-Gérand-le-Puy
Lapalisse
18
St-Martin-d'Estreaux
La Pacaudière
Châtel-Montagne
Le Mayet-de-Montagne
St-Yorre
Ferrières-s.-S.
408
ST-HAON-LE-CHÂTEL
St-Germain-Lespinasse
Mably
Roanne
Riorges
Le Côteau
Lentigny
Commelle-Vernay
Chambilly
Marcigny
SEMUR-EN-BRIONNAIS
115
La Clayette
La Chapelle-s/s-Dun
Chauffailles
St-Pierre-la-Noaille
Charlieu
Belmont-de-la-L.
Pouilly-s/s-Charlieu
Cours-la-Ville
Thizy
Regny
Amplepuis
St-Symphorien-de-Lay
ST-JEAN-ST-MAURICE
409
St-Priest-Laprugne
St-Just-en-Chev.
St-Polgues
Combronde
Manzat
Châtelguyon
Beauregard-Vendon
Riom
Volvic
Ennezat
Thuret
Randan
Limons
Maringues
Puy-Guillaume
Chabreloche
Joze
Gerzat
Clermont-Ferrand
Lezoux
Thiers
Noirétable
Pont-de-Dore
Grézolles
St-Germain-Laval
Néronde
Balbigny
Panissières
Loire
42
Feurs
Boën
Sail-s/s-Couzan
Royat
Aubière
Cournon-d'Auv.
Billom
Courpière
Vollore-Montagne
Aubusson-d'Auvergne
Augerolles
Chalmazel
St-Georges-en-Couzan
Montrond-les-Bains
Chazelles-s.-Lyon
St-Amant-Tallende
90
88
ST-SATURNIN
MONTPEYROUX
Vic-le-Comte
St-Dier-d'Auvergne
Olliergues
Cunlhat
Bertignat
Manglieu
Montbrison
St-Galmier
Veauche
Sury-le-Comtal
St-Nectaire
MONTAIGUT-LE-BLANC
ST-FLORET
Perrier
Issoire
91
Sauxillanges
USSON
St-Amant-Roche-Savine
Ambert
St-Anthème
Andrézieux-Bouthéon
87
89
St-Germain-Lembron
Auzat
St-Germain-l'Herm
Marsac-en-Livradois
St-Martin-des-Olmes
St-Jean-Soleymieux
St-Just
Viverols
St-Bonnet-le-Château
Le Chambon-Feugerolles
Firminy
Ardes
Auzon
Arlanc
Usson-en-Forez
Anzat-le-Luguet
82
Lempdes
BLESLE
Champagnac-le-Vieux
La Chaise-Dieu
Craponne-s.-Arzon
Bas-en-Basset
Monistrol-s.-Loire
26
Grenier-Montgon
Massiac
Brioude
LAVAUDIEU
Vieille-Brioude
Haute-Loire
Bellevue-la-Mgne
Retournac
Ferrières-St-Mary
Villeneuve-d'Allier
83
Paulhaguet
La Chapelle-Laurent
Vorey
Montfaucon-en-Velay
Neussargues-Moissac
Vieillespesse
Lavoûte-Chilhac
Fix-St-Geneys
St-Paulien
43
Yssingeaux
Lavoûte-s.-L.
Tence
Langeac
Le Pertuis
Le Chambon-s.-Lignon
St-Flour
St-Georges
Pinols
St-Arcons-d'Allier
Loudes
Le Puy-en-Velay
St-Julien-Chapteuil
Ruynes-en-Margeride
Fay-s.-Lignon
St-Julien-Boutières
MOUDEYRES
Neuvéglise
Paulhac-en-Margeride
Saugues
Monistrol-d'Allier
Montagnac
Cayres
Le Monastier-s.-Gazeille
84
Lanau
Esplantas
Arlempdes
Chaudes-Aigues
Le Malzieu-Ville
Le Béage
Landos
Fournels
Ancette
85
St-Chély-d'Apcher
St-Alban-s.-Limagnole
Grandrieu
Laval-Atger
PRADELLES
Lanarce
390
Burzet
Grandvals
Aumont-Aubrac
Langogne
Lesperon
Montpezat-s/s-Bauzon
ANTRAIGUES-S.-VOLANE
Serverette
La Villedieu
Chastanier
Malbouzon
St-Flour-de-Mercoire
Thueyts
Nasbinals
St-Amans
Ribennes
Estables
Châteauneuf-de-Randon
St-Étienne-de-Lugdarès
Aubrac
Rieutort-de-Randon
Valgorge
La Bastide-Puylaurent
Peyrelevade
Marvejols
Pelouse
32
Belvezet
Sablières
Largentière
Les Salces
St-Germain-du-Teil
Mende
Bagnols-les-Bains
Prévenchères
Barjac
Balsièges
Le Bleymard
Altier
Joyeuse
Dore
Allier
Ance
Lignon

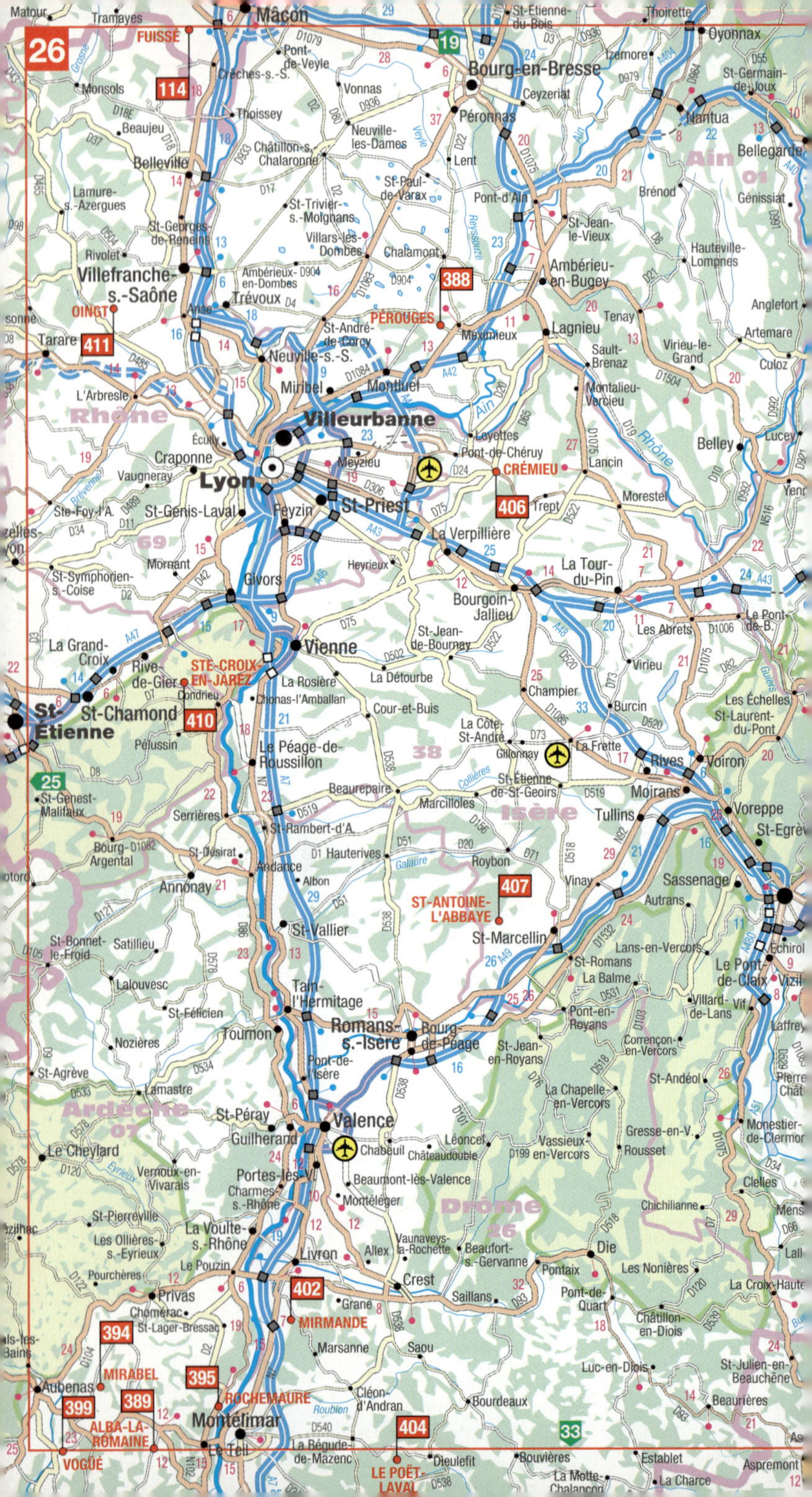
Mâcon
Tramayes
Matour
FUISSÉ
114
Crèches-s.-S.
Pont-de-Veyle
Vonnas
Bourg-en-Bresse
St-Étienne-du-Bois
Thoirette
Oyonnax
Izernore
St-Germain-de-Joux
Nantua
Bellegarde
Ceyzériat
Péronnas
Monsols
Beaujeu
Thoissey
Neuville-les-Dames
Châtillon-s.-Chalaronne
Lent
Belleville
St-Paul-de-Varax
Pont-d'Ain
Ain
Brénod
Génissiat
Lamure-s.-Azergues
St-Trivier-s.-Moignans
St-Jean-le-Vieux
St-Georges-de-Reneins
Villars-les-Dombes
Chalamont
Hauteville-Lompnes
Rivolet
Ambérieu-en-Bugey
Villefranche-s.-Saône
Ambérieux-en-Dombes
388
Trévoux
Anglefort
OINGT
PÉROUGES
Tenay
Anse
Meximieux
Lagnieu
Artemare
Tarare
411
St-André-de-Corcy
Sault-Brenaz
Virieu-le-Grand
Culoz
Neuville-s.-S.
Miribel
Montluel
Montalieu-Vercieu
L'Arbresle
Rhône
Villeurbanne
Loyettes
Belley
Lucey
Écully
Pont-de-Chéruy
Craponne
Meyzieu
CRÉMIEU
Lancin
Vaugneray
Lyon
406
Trept
Ste-Foy-l'A.
St-Genis-Laval
Feyzin
St-Priest
Morestel
69
La Verpillière
Mornant
Heyrieux
La Tour-du-Pin
St-Symphorien-s.-Coise
Givors
Bourgoin-Jallieu
Les Abrets
Le Pont-de-B.
La Grand-Croix
Vienne
St-Jean-de-Bournay
Rive-de-Gier
STE-CROIX-EN-JAREZ
La Rosière
La Détourbe
Virieu
St-Étienne
St-Chamond
Condrieu
410
Chonas-l'Amballan
Cour-et-Buis
Champier
Burcin
Les Échelles
St-Laurent-du-Pont
Pélussin
Le Péage-de-Roussillon
La Côte-St-André
Gillonnay
La Frette
Rives
Voiron
25
38
St-Étienne-de-St-Geoirs
St-Genest-Malifaux
Beaurepaire
Marcilloles
Moirans
Isère
Tullins
Voreppe
St-Egrève
Serrières
St-Rambert-d'A.
Bourg-Argental
St-Désirat
Hauterives
Roybon
Andance
Albon
Vinay
Sassenage
Annonay
407
ST-ANTOINE-L'ABBAYE
Autrans
St-Vallier
St-Marcellin
St-Bonnet-le-Froid
Satillieu
Lans-en-Vercors
Échirol
St-Romans
Le Pont-de-Claix
Lalouvesc
Tain-l'Hermitage
La Balme
Vif
Villard-de-Lans
St-Félicien
Pont-en-Royans
Romans-s.-Isère
Bourg-de-Péage
Nozières
Tournon
St-Jean-en-Royans
Corrençon-en-Vercors
Pont-de-l'Isère
St-Agrève
St-Andéol
Lamastre
La Chapelle-en-Vercors
Ardèche
07
St-Péray
Valence
Guilherand
Monestier-de-Clermont
Léoncel
Chabeuil
Châteaudouble
Gresse-en-V.
Le Cheylard
Vassieux-en-Vercors
Rousset
Vernoux-en-Vivarais
Portes-lès-V.
Beaumont-lès-Valence
Charmes-s.-Rhône
Montéléger
Clelles
Drôme
Chichilianne
St-Pierreville
26
La Voulte-s.-Rhône
Les Ollières-s.-Eyrieux
Vaunaveys-la-Rochette
Beaufort-s.-Gervanne
Livron
Allex
Die
Pourchères
Le Pouzin
Pontaix
Les Nonières
Privas
Crest
402
La Croix-Haute
Chomérac
Saillans
Pont-de-Quart
St-Lager-Bressac
Grane
MIRMANDE
Châtillon-en-Diois
394
Marsanne
Saou
MIRABEL
395
Luc-en-Diois
St-Julien-en-Beauchêne
Aubenas
ROCHEMAURE
Cléon-d'Andran
Bourdeaux
Beaurières
399
389
Montélimar
ALBA-LA-ROMAINE
404
33
VOGÜÉ
Le Teil
La Bégude-de-Mazenc
Dieulefit
Bouvières
Establet
Aspremont
LE POËT-LAVAL
La Motte-Chalancon
La Charce

Genève
Annemasse
St-Cergues
Boëge
Bellevaux
Morzine
Avoriaz
Monthey
St-Maurice
Champéry
Martigny
Saxon
Verbier
Chézery-Forens
Collonges
St-Julien-en-G.
Reignier
Bonne
St-Jeoire
Les Gets
428
TANINGES
425
SAMOËNS
SIXT-FER-À-CHEVAL
426
Bonneville
Cluses
Scionzier
Les Carroz
Flaine
Trient
Vallorcine
Orsières
Bagnes
Fionnay
Liddes
ARGENTIÈRE
421
La Roche-s.-Foron
74 Haute-Savoie
424
LE CHINAILLON
Oëx
Frangy
Cruseilles
Sallanches
Passy
Les Praz
Chamonix
429
St-Jean-de-Sixt
Le Grd-Bornand
La Clusaz
Combloux
St-Gervais-les-B.
Les Houches
Annecy
Seynod
Vallières
THÔNES
Menthon-St-Bernard
Manigod
Megève
Praz-s.-Arly
Les Contamines-Montjoie
Rumilly
Sevrier
ALBY-S.-CHERAN
TALLOIRES
Duingt
Flumet
419
Courmayeur
Morgex
Aosta (Aoste)
St-Félix
Albens
Serraval
415
HAUTEFLUCE
BEAUFORT
BOUDIN
420
427
Doussard
Lescheraines
Faverges
Ugine
La Thuile
Introd
Aix-les-Bains
Le Châtelard
Albertville
ARÊCHES
CONFLANS
Bonneval
Rhêmes-St-Georges
Le Noyer
Frontenex
413
417
418
Le Bourget-du-Lac
La Motte-Servolex
Grésy-s.-Isère
Bourg-St-Maurice
Ste-Foy-Tarentaise
Les Arcs
Rhêmes-Notre-Dame
Chambéry
St-Pierre-d'Albigny
Aiguebelle
Montsapey
Aime
Challes-les-Eaux
Montmélian
Coise-St-Jean
Aigueblanche
Moûtiers
La Plagne
Tignes
Chiapali
Rotherens
Celliers
Valmorel
Bozel
Val-d'Isère
Chapareillan
La Rochette
Épierre
Savoie 73
416
BONNEVAL-S.-ARC
Pontcharra
Courchevel
St-Pierre-d'Entremont
Allevard
St-Martin-de-Belleville
Méribel-les-Allues
Pralognan-la-Vanoise
St-Étienne-de-Cuines
Lanslebourg-Mt-Cenis
Bessans
St-Pierre-de-Ch.
Le Touvet
Goncelin
St-Colomban-des-Villards
Les Ménuires
Termignon
Val-Thorens
414
Le Curtillard
St-Jean-de-Maurienne
St-Julien-Mt-Denis
AUSSOIS
Margone
Villard-Bonnot
Noiray
Modane
Domène
St-Sorlin-d'Arves
ALBIEZ-LE-VIEUX
Le Rivier-d'Allemond
Tunnel du Fréjus
Moncenisio
Bussoleno
Grenoble
412
Valloire
Uriage-les-Bains
Chamrousse
326
Susa
L'Alpe-d'Huez
Bardonecchia
LA GRAVE-LA-MEIJE
Salbertrand
Fenestrelle
Séchilienne
Le Bourg-d'Oisans
Névache
Oulx
ITALIE
Les Deux-Alpes
Pont-de-l'Alp
Chantelouve
Le Monêtier-les-Bains
La Salle
Cesana-Torinese
Perosa-Argentina
Serre-Chevalier
St-Chaffrey
Sestrière
St-Christophe-en-Oisans
La Bérarde
Briançon
Montgenèvre
La Mure
Ghigo
Entraigues
L'Ailefroide
Cervières
Valbonnais
Valjouffrey
Prelles
Vallouise
Bobbio-Pellice
La Chapelle-en-Valgaudémar
L'Argentière-la-Bessée
Brunissard
Abriès
Corps
Aiguilles
Arvieux
Château-Queyras
St-Firmin
La Roche-de-Rame
Molines-en-Queyras
Crissolo
Hautes-Alpes 05
St-Disdier
St-Étienne-en-Dévoluy
ST-VÉRAN
St-Jean-St-Nicolas
Les Garnauds
Orcières
Eygliers
Guillestre
327
Super-Dévoluy
St-Bonnet
Pontechianale
Laye
Châteauroux
Risoul
Vars
Maljasset
Casteldelfino
Montmaur
La Bâtie-Neuve
Les Rousses
La Roche-des-Arnauds
Gap
Chorges
Embrun
Les Orres
St-Paul
Savines-le-Lac
34
Acceglio
Valserres
Larche
Tallard
Remollon
St-Vincent-les-Forts
Le Lauzet-Ubaye
Méolans-
Jausiers
20

28
Mimizan-Plage
Contis-Plage
St-Julien-en-Bo
Lit-et-Mixe
D652
St-Girons-Plage
St-Girons-en-Marensin
Léon
Messanges
Vieux-Boucau
Magesc
Souston
St-Geours-de-Maremne
Soorts-Hossegor
Hossegor
Capbreton
St-Vincent-de-Tyross
D810
Labenne
Ondres
Tarnos
Boucau
Anglet
Bayonne
Biarritz
66
67
Urcuit
Urt
Bidart
Briscous
68
Guéthary
ARCANGUES
St-Jean-de-Luz
CIBOURE
LA BASTIDE-CLAIRENC
Hasparren
Hendaye
Urrugne
D918
Cambo-les-B.
Bonlo
St-Esteben
Louhossoa
SARE
Espelette
AINHOA
Dancharia
Bidarray
74
65
71
72
Calay
Nive
D918
Irouléguy
Lekeitio
Ondarroa
San Sebastian
Deba
Markina
Alzola
Zarauz
Usurbil
Irun
Hernani
Oyartzun
Vera-de-Bidasoa
Lesaca
Elgoibar
Zestoa
Andoain
Eibar
Santuario de S. Ignacio de Loyola
Azpeitia
Régil
Villabona
Goizueta
Bidasoa
N121A
Bergara
Tolosa
Santesteban
Zubieta
Baztan
Irurita
ST-ÉTIENNE-DE-BAÏGORRY
ST-JEAN-PIED-DE-PORT
Arrasate-Mondragon
Villafranca-de-Ordizia
Leiza
Escurra
NA403
Aldudes
Arnégu
Oñati
Beasain
Eskoriatza
Arantzazu
Betelu
Lecumberri
Jaunsaras
Roncesvalles
Ulzama
Eugui
Burguete
Orbaiceta
Larasa
C130
Alsasua
Echarri-Aranaz
Villanueva
Zubiri
Erro
Arrieta
Arive
Olazagutia
Enderiz
Goni
Anoz
N240A
Villava
Egüés
Olza
Itoiz
Salinas-de-Oro
Echauri
Pamplona
Aoiz
Astrain
Urroz
Abarzuza
Ega
Irati

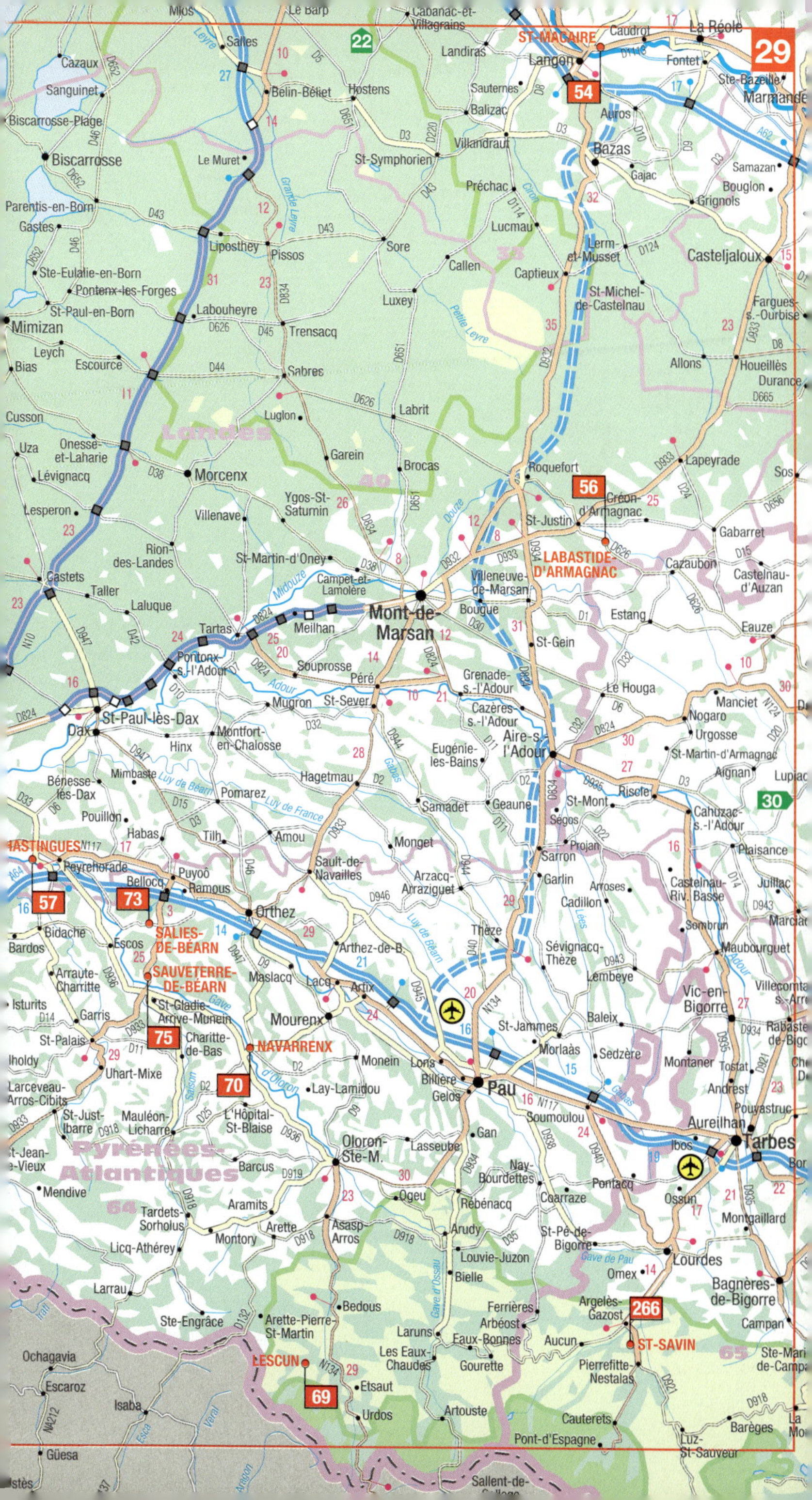

29
22
30
St-Macaire
54
Langon
Caudrot
La Réole
Fontet
Ste-Bazeille
Marmande
Mios
Le Barp
Cabanac-et-Villagrains
Salles
Belin-Béliet
Hostens
Landiras
Sauternes
Balizac
Cazaux
Sanguinet
Biscarrosse-Plage
Biscarrosse
Le Muret
St-Symphorien
Villandraut
Auros
Bazas
Gajac
Samazan
Bouglon
Grignols
Parentis-en-Born
Gastes
Liposthey
Pissos
Sore
Préchac
Lucmau
Callen
Captieux
Lerm-et-Musset
Casteljaloux
Ste-Eulalie-en-Born
Pontenx-les-Forges
St-Paul-en-Born
Mimizan
Labouheyre
Trensacq
Luxey
St-Michel-de-Castelnau
Fargues-s.-Ourbise
Leych
Bias
Escource
Sabres
Allons
Houeillès
Durance
Cusson
Luglon
Labrit
Uza
Onesse-et-Laharie
Lévignacq
Morcenx
Garein
Brocas
Roquefort
Lapeyrade
Sos
Landes
40
Lesperon
Villenave
Ygos-St-Saturnin
56
Créon-d'Armagnac
St-Justin
Gabarret
Rion-des-Landes
St-Martin-d'Oney
Labastide-d'Armagnac
Cazaubon
Castelnau-d'Auzan
Castets
Taller
Laluque
Campet-et-Lamolère
Villeneuve-de-Marsan
Mont-de-Marsan
Bougue
Estang
Eauze
Tartas
Meilhan
Pontonx-s.-l'Adour
Souprosse
Péré
St-Gein
Grenade-s.-l'Adour
Le Houga
Manciet
Nogaro
Urgosse
St-Paul-lès-Dax
Dax
Mugron
St-Sever
Cazères-s.-l'Adour
Aire-s.-l'Adour
Montfort-en-Chalosse
Hinx
Eugénie-les-Bains
St-Martin-d'Armagnac
Aignan
Lupiac
Mimbaste
Bénesse-lès-Dax
Pomarez
Hagetmau
Samadet
Geaune
St-Mont
Riscle
Ségos
Cahuzac-s.-l'Adour
Pouillon
Habas
Tilh
Amou
Monget
Projan
Plaisance
Hastingues
Peyrehorade
Puyoô
Sault-de-Navailles
Arzacq-Arraziguet
Sarron
Garlin
Arrosès
Castelnau-Riv.-Basse
Juillac
Bellocq
Ramous
57
73
Orthez
Cadillon
Salies-de-Béarn
Bidache
Bardos
Escos
Sauveterre-de-Béarn
Thèze
Sévignacq-Thèze
Sombrun
Maubourguet
Marciac
Arthez-de-B.
Arraute-Charritte
Maslacq
Lacq
Artix
Lembeye
Isturits
Garris
St-Gladie-Arrive-Munein
Mourenx
Vic-en-Bigorre
Villecomtal-s.-Arros
St-Palais
75
Charritte-de-Bas
Navarrenx
St-Jammes
Baleix
Rabastens-de-Bigorre
Iholdy
Uhart-Mixe
Monein
Morlaàs
Sedzère
Montaner
Tostat
Larceveau-Arros-Cibits
70
Lons
Billère
Gelos
Pau
Andrest
Lay-Lamidou
Soumoulou
Pouyastruc
St-Just-Ibarre
Mauléon-Licharre
L'Hôpital-St-Blaise
Gan
Aureilhan
Tarbes
Pyrénées-Atlantiques
64
Oloron-Ste-M.
Lasseube
Ibos
St-Jean-le-Vieux
Barcus
Nay-Bourdettes
Pontacq
Mendive
Aramits
Ogeu
Rébénacq
Coarraze
Ossun
Tardets-Sorholus
Arette
Asasp-Arros
Montgaillard
Montory
Arudy
St-Pé-de-Bigorre
Licq-Athérey
Louvie-Juzon
Lourdes
Omex
Larrau
Bielle
Bagnères-de-Bigorre
Bedous
Ferrières
Arbéost
Argelès-Gazost
266
Ste-Engrâce
Arette-Pierre-St-Martin
Campan
Laruns
Eaux-Bonnes
Aucun
St-Savin
Ochagavia
Lescun
Les Eaux-Chaudes
Gourette
Pierrefitte-Nestalas
Ste-Marie-de-Campan
65
Escaroz
69
Etsaut
Isaba
Urdos
Artouste
Cauterets
Barèges
Luz-St-Sauveur
Pont-d'Espagne
Güesa
Sallent-de-Gallego

30
Marmande
Tombeboeuf
Cancon
Lacaussade
Fumel
Puy-l'Évêque
Praissac
Luzech
Pradines
Espère
Cahors
Samazan
Bouglon
Grignols
Fauguerolles
Le Mas-d'Agenais
Tonneins
Monclar
Ste-Livrade-s.-Lot
Casseneuil
Villeneuve-s.-Lot
PUJOLS
PENNE-D'AGENAIS
TOURNON-D'AGENAIS
St-Matré
Sauzet
Villesèque
Lamagdelaine
Casteljaloux
Clairac
Bourran
Lot-et-Garonne
Damazan
Aiguillon
Prayssac
Laroque-Timbaut
St-Amans-du-Pech
Montaigu-de-Quercy
Montcuq
Lascabanes
Castelnau-Montratier
Fargues-s.-Ourbise
Port-Ste-Marie
Beauville
Bourg-de-Visa
LAUZERTE
Sauveterre
Laburgade
Vianne
Sérignac-s.-G.
Agen
La Sauvetat-de-Sav.
Montpezat-de-Quercy
Houeillès
Durance
Lavardac
Brax
Le Passage
PUYMIROL
Montesquieu
Molières
Caussade
Nérac
Laplume
Layrac
Garonne
Valence-d'Agen
Tarn-et-Garonne
Lafrançaise
Réalville
Lapeyrade
POUDENAS
Francescas
AUVILLAR
Moissac
Aveyron
Montricoux
Sos
Mézin
Astaffort
St-Nicolas-de-la-Grave
Castelsarrasin
Nègrepelisse
FOURCÈS
Flamarens
Montauban
Gabarret
MONTRÉAL-DU-GERS
Condom
Lagarde
Castéra-Lectourois
Miradoux
Escatalens
Monclar-de-Quercy
Castelnau-d'Auzan
Mouchan
LARRESSINGLE
Lectoure
L'Isle-Bouzon
ST-CLAR-DE-LOMAGNE
Lavit
Montech
Labastide-St-Pierre
La Salvetat-Belmontet
Terraube
Larrazet
Villebrumier
Eauze
Valence-s.-Baïse
St-Puy
Le Sauvetat
Tournecoupe
Beaumont-de-Lomagne
Verdun-s.-Garonne
Villemur-s.-Tarn
Fleurance
Grisolles
Fronton
Castéra-Verduzan
Solomiac
Manciet
Dému
Vic-Fezensac
Montestruc-s.-Gers
Monfort
Nogaro
Urgosse
Jegun
LAVARDENS
Mirepoix
Puycasquier
Mauvezin
Cox
Ondes
Grenade
Cépet
Aignan
Lupiac
St-Jean-Poutge
COLOGNE
Belmont
Montaigut-s.-Save
Castelmaurou
Cahuzac-s.-l'Adour
Gers
Auch
Aubiet
Gimont
Monbrun
Lévignac
Blagnac
L'Union
Plaisance
BASSUES
MONTESQUIOU
L'Isle-de-Noé
L'Isle-J.
Colomiers
Léguevin
Toulouse
Juillac
Castelnau-Barbarens
Labastide-Savès
Plaisance-du-T.
Cugnaux
Marciac
Mirande
Hérechou
Saramon
Le Mona
Samatan
St-Lys
Seysses
Castanet-Tolosan
Maubourguet
TILLAC
St-Maur
Seissan
Lombez
Bragayrac
Muret
Montgiscard
St-Elix-Theux
Simorre
St-Clar-de-Riv.
Vernet
Vic-en-Bigorre
Villecomtal-s.-Arros
Miélan
Masseube
Meilhan
Rieumes
Rabastens-de-Bigorre
St-Michel
Panassac
Molas
L'Isle-en-Dodon
Haute-Garonne
Bérat
Pouy-de-Touges
Auterive
Mauvaisin
Tostat
Chelle-Debat
Trie-s.-Baïse
Castelnau-Picampeau
Gratens
St-Sulpice-s.-Lèze
Cintegabelle
Andrest
Pouyastruc
Castelnau-Magnoac
Boulogne-s.-Gesse
Carbonne
Lézat-s.-Lèze
Aureilhan
Tarbes
Blajan
Ciadoux
Le Fousseret
RIEUX-VOLVESTRE
St-Ybars
Bordes
Galan
Monlong
Aurignac
Martres-Tolosane
Cazères
St-Julien
Saverdun
Tournay
Palminy
Montesquieu
Aulon
Boussens
Ste-Croix-Volvestre
Le Fossat
Montgaillard
Lanespède
Lannemezan
St-Plancard
St-Martory
Campagne-s.-Arize
Escosse
St-Gaudens
Montsaunès
Fabas
Mérignon
Pailhès
Pamiers
Lourdes
Capvern
Montréjeau
Salies-du-Salat
La Barthe-de-Neste
St-Laurent-de-Neste
Figarol
Le Mas-d'Azil
Bagnères-de-Bigorre
Heches
ST-BERTRAND-DE-COMMINGES
Barbazan
Varilhes
Campan
Aspet
Mauvezin-de-Prat
ST-LIZIER
Rimont
La Bastide-de-Sérou
Ste-Marie-de-Campan
Hautes-Pyrénées
Cazaunous
St-Girons
Ore
Portet-d'Aspet
Moulis
Serres-s.-Arget
Mauléon-Barousse
Castillon-en-Couserans
Ariège
La Mongie
ARREAU
St-Béat
Couledoux
St-Lary
Soulan
Barèges
Fos
Les Bordes-s.-Lez
Massat
Bordères-Louron
Guran
Luz-St-Sauveur
Vielle-Aure
St-Paul-d'Oueil
Seix
Oust
Saurat
St-Aventin
Tarascon-s.-Ariège
St-Lary-Soulan
Gèdre
Aragnouet
Bagnères-de-Luchon
Bossost
Aulus-les-Bains
Couflens
Guzet-Neige
Niaux
Superbagnères
Salau
Vicdessos
Gavarnie
Hospice-de-France
Gessa
Vielha-e-Mijaran
Parzan
Esterri-de-Aneu
Bielsa
El Serrat
Ribéra-de-Cardos
Tor
Arinsal
Salinas
Benasque
Caldas-de-Bohi
ANDORRE
Encamp
Castejon-de-Sos
Andorra-la-Vella
Les Escaldes
Llavorsi
Vilaller
Sant-Julià-de-Lòria
Boltaña
Rialp
Aínsa-Sobrarbe
Campo
Pont-de-Suert
Sort

31
264 ST-CIRQ-LAPOPIE
243 VILLENEUVE-D'AVEYRON
226 BELCASTEL
241 SALLES-LA-SOURCE
236 ST-CÔME-D'OLT
238 ST-GENIEZ-D'OLT
239 STE-EULALIE-D'OLT
232 MONTROZIER
ST-SATURNIN-DE-LENNE
275 CAYLUS
234 NAJAC
242 SAUVETERRE-DE-ROUERGUE
277 ST-ANTONIN-NOBLE-VAL
237 ST-LÉONS
235 PEYRE
274
271 PENNE
268 CORDES-S.-CIEL
270 MONESTIÈS
BRUNIQUEL
PUYCELSI
240 STE-EULALIE-DE-CERNON
227 BROUSSE-LE-CHÂTEAU
272
267 CASTELNAU-DE-MONTMIRAL
32
269 LAUTREC
213 LA SALVETAT-S.-AGOUT
211 ROQUEBRUN
210 OLARGUES
246 ST-FÉLIX-LAURAGAIS
209 MINERVE
198 CAUNES-MINERVOIS
224 MIREPOIX
223 CAMON
200 LAGRASSE
199 GRUISSAN
197 ALET-LES-BAINS
219 MOSSET
218 EUS
221 VILLEFRANCHE-DE-CONFLENT
216 CASTELNOU
217 COLLIOURE
220 PRATS-DE-MOLLO
Rodez
Albi
Castres
Carcassonne
Narbonne
Béziers
Perpignan
Aveyron
Tarn
Aude
Pyrénées Orientales
Cap Leucate
Cap Cerbère

32
25
31
391
398
238
215
214
392
204
240
229
206
212
211
199
Nasbinals
St-Amans
Ribennes
Estables
Châteauneuf-de-Randon
St-Étienne-de-Lugdarès
Rieutort-de-Randon
La Bastide-Puylaurent
Valgorge
Pelouse
Largentière
VINEZAC
BALA
Marvejols
Belvezet
Sablières
Mende
Bagnols-les-Bains
Prévenchères
Les Salces
St-Germain-du-Teil
Barjac
Balsièges
Le Bleymard
Altier
LA GARDE-GUÉRIN
Joyeuse
LABEAUME
St-Geniez-d'Olt
Chanac
La Canourgue
Lablachère
Ruom
ST-SATURNIN-DE-LENNE
48 Lozère
Villefort
Les Vans
La Maison-Neuve
Vallon-Pont-d'A
STE-ÉNIMIE
La Capelle
Ispagnac
Le Pont-de-Montvert
St-Maurice-de-Ventalon
Génolhac
St-Paul-le-Jeune
Sauvas
Barjac
Le Massegros
St-Chély-du-Tarn
Florac
St-Julien-d'Arpaon
St-Frézal-de-Ventalon
Sévérac-le-Château
Les Vignes
La Malène
Le Mazel
Ste-Cécile-d'Andorge
Bessèges
St-Ambroix
Bois-du-Four
La Parade
Barre-des-Cévennes
St-Germain-de-Calberte
La Grd-Combe
Le Rozier
Peyreleau
Meyrueis
St-Étienne-Vallée-Fr.
St-Martin-de-Val.
Navacelles
Salindres
LUSSAN
Aguessac
St-André-de-Valborgne
St-Jean-du-Gard
Alès
Millau
La Roque-Ste-Marguerite
Seyne
Trèves
L'Espérou
L'Estréchure
Gardon de St-Jean
30
St-Georges-de-Luzençon
Valleraugue
Gard
Lasalle
Anduze
Vézénobres
Foissac
Cardet
La Cavalerie
Nant
Tornac
Arpaillargu
L'Hospitalet-du-Larzac
St-Jean-du-Bruel
Lédignan
STE-EULALIE-DE-CERNON
Sauclières
Le Vigan
St-Hippolyte-du-Fort
St-Nazaire-des-Gardies
St-Chaptes
Roquefort-s.-Soulzon
LA COUVERTOIRADE
Alzon
Montdardier
Ganges
SAUVE
La Calmette
Cazilhac
Pompignan
Quissac
Cornus
St-Bauzille-de-Putois
Montmirat
St-Félix-de-Sorgues
Sorgues
St-Mamert-du-Gard
Fondamente
Le Caylar
St-Maurice-Navacelles
Madières
St-André-de-Buèges
Nîmes
Ceilhes-et-Rocozels
Causse-de-la-Selle
Calvisson
Trèviers
Sommières
Roqueredonde
St-Pierre-de-la-Fage
St-Martin-de-Londres
Brusque
Galargues
Vergèze
Avène
ST-GUILHEM-LE-DÉSERT
Viols-le-Fort
Boisseron
Aigues-Vives
Lodève
Les Matelles
Hérault
Vauvert
Lunas
St-André-de-S.
Aniane
Castries
Aimargues
Montarnaud
St-Clément
Lunel
Marsillargues
St-Gervais-s.-Mare
Clermont-l'Hérault
Gignac
Vendargues
St-Laurent-d'Aigouze
Montpellier
Bédarieux
Brignac
Juvignac
Mauguio
Hérépian
Hérault
St-Jean-de-Védas
Fabrègues
La Grande-Motte
Aigues-Mortes
Sylvérez
Faugères
34
Paulhan
Pérols
Le Grau-du-Roi
ROQUEBRUN
Laurens
Villeveyrac
Palavas-les-Flots
Pointe de l'Espiguette
Roujan
Gigean
Montagnac
Murviel-lès-B.
Pézenas
Frontignan
Golfe d'Aigues-Mortes
St-Chinian
Cessenon
Cazouls-lès-Béziers
Mèze
Cébazan
Montblanc
St-Thibéry
Sète
Florensac
Quarante
Maureilhan
Bessan
Marseillan
Capestang
Béziers
Agde
Vias
Montels
Nissan-lez-E.
Sérignan
Le Cap-d'Agde
Vendres
Cap d'Agde
Coursan
Valras-Plage
St-Pierre-s.-Mer
Narbonne
Narbonne-Plage
GRUISSAN
Sigean
Port-la-Nouvelle
Cap Leucate
Leucate
Port-Leucate

33
395
399
389
ROCHEMAURE
ALBA-LA-ROMAINE
Montélimar
Le Teil
VOGÜÉ
ST-THOMÉ
397
LAGORCE
ST-MONTANT
396
St-Remèze
Bourg-St-Andéol
393
Pierrelatte
Donzère
Cléon-d'Andran
La Bégude-de-Mazenc
404
LE POËT-LAVAL
Dieulefit
401
GRIGNAN
Taulignan
400
LA GARDE-ADHÉMAR
Valréas
St-Paul-Trois-Ch.
Nyons
201
AIGUÈZE
St-Martin-d'A.
Laval-St-R.
Pont-St-Esprit
Bollène
ST-RESTITUT
Suze-la-Rousse
Tulette
405
385
371
VAISON-LA-ROMAINE
SÉGURET
LE CRESTET
St-Laurent-de-Carnols
LA ROQUE-S.-CÈZE
205
Bagnols-s.-Cèze
Orange
384
LE BARROUX
Malaucène
368
BÉDOIN
366
CRILLON-LE-BRAVE
372
Carpentras
207
208
202
Pouzilhac
Châteauneuf-du-P.
Roquemaure
Sorgues
Monteux
UZÈS
VERS-PONT-DU-G.
CASTILLON-DU-G.
LLIAS
Tavel
Villeneuve-lès-A.
Entraigues
Pernes-les-Font.
367
LE BEAUCET
386
VÉNASQUE
Avignon
Le Pontet
Le Thor
L'Isle-s.-la-Sorgue
Remoulins
203
Aramon
Châteaurenard
GORDES
379
373
374
Marguerittes
Jonquières
Beaucaire
Tarascon
Maillane
St-Rémy-de-Prov.
Cavaillon
341
343
OPPÈDE-LE-VIEUX
MÉNERBES
St-Étienne-du-Grès
Bellegarde
Fontvieille
EYGALIÈRES
LES BAUX-DE-PROVENCE
Orgon
378
Mallemort
Fourques
Arles
St-Martin-de-Crau
Eyguières
Salon-de-P.
Lambesc
Pélissanne
Le Merle
Miramas
St-Chamas
Istres
Mas-Thibert
Le Sambuc
Can. d'Arles à Port-de-Bouc
Stes-Maries-de-la-Mer
Salin-de-Giraud
Port-St-Louis-du-Rhône
Fos
Port-de-Bouc
Martigues
Lavéra
Golfe de Fos
Carro
Cap Couronne
Carry-le-Rouet
Marseille
Ile Pomègues
Marignane
Berre
Rognac
La Fare-les-Oliviers
Vitrolles
Luc-en-Diois
St-Julien-en-Beauchêne
Bourdeaux
26
Beaurières
Aspres
Bouvières
La Motte-Chalançon
Establet
La Charce
Aspremont
Serres
Rémuzat
Rosans
Verclause
Montjay
Eyguians
Laragne-Montéglin
Buis-les-Baronnies
Montauban-s.-l'O.
Châteauneuf-de-Chabre
St-Léger-du-Ventoux
370
403
Séderon
Curel
Noyers-s.-Jabron
BRANTES
365
MONTBRUN-LES-BAINS
Les Omergues
AUREL
SAULT
320
St-Étienne-les-Orgues
383
St-Christol
BANON
La Bastide
325
Vaucluse
382
380
ST-SATURNIN-LÈS-APT
SIMIANE-LA-ROTONDE
Forcalquier
St-Michel-l'Ob.
Rustrel
ROUSSILLON
Reillanne
GOULT
369
Apt
381
La Bégude
SAIGNON
Céreste
Manosque
LACOSTE
BONNIEUX
La Bastide-des-Jourdans
375
377
364
Puyvert
LOURMARIN
Grambois
ANSOUIS
Cadenet
LAURIS
376
Pertuis
Mirabeau
Durance
34
Jouques
Rognes
St-Cannat
Peyrolles-en-P.
344
Vauvenargues
Éguilles
VENTABREN
Aix-en-Provence
Pourrières
Trets
Gardanne
Septèmes-les-Vallons
St-Zacharie
Auriol
Roquevaire
Allauch
Aubagne
Gémenos
La Penne-s.-H.
CASSIS
Cap Croisette
Cap Canaille
342
La Ciotat
St-Cyr-s.-M.
Bandol
Sanary-s.-M.
Ile de Riou
Pointe de Beauduc ou du Sablon
84
05

34
Montmaur
Gap
La Bâtie-Neuve
Les Rousses
Embrun
27
La Roche-des-Arnauds
Chorges
Savines-le-Lac
Les Orres
St-Paul
Acceglio
Valserres
Larche
Tallard
Remollon
St-Vincent-les-Forts
Le Lauzet-Ubaye
Méolans-Revel
Jausiers
Argentera
Gigors
Turriers
Barcillonnette
Barcelonnette
Le Sauze
Super-Sauze
Pra-Loup
Monêtier-Allemont
Seyne
La Villard d'Abas
Bousiéyas
Eyguians
La Motte
Bayons
Pianche
04
Laragne-Montéglin
Verdaches
St-Étienne-de-Tinée
Allos
Châteauneuf-de-Chabre
Ribiers
Barles
Alpes-de-Haute-Provence
Beaujeu
Isola
Authon
COLMARS-LES-ALPES
Entraunes
Sisteron
Noyers-s.-Jabron
St-Martin-d'Entraunes
La Javie
321
Thoard
Valberg
Beuil
Guillaumes
St-Sauveur-s.-Tinée
Volonne
Château-Arnoux
Digne-les-Bains
Thorame-Basse
La Colle-St-Michel
Alpes-Maritimes
St-Étienne-les-Orgues
Peyruis
Châteauredon
Les Grillons
Les Mées
Mézel
St-André-les-Alpes
Puget-Théniers
323
LURS
Barrême
Annot
ENTREVAUX
Forcalquier
Le Castellet
La Bégude-Blanche
St-Michel-l'Ob.
Senez
St-Julien-du-Verdon
Roquesteron
Oraison
La Tuilière
324
322
Sigale
Puimoisson
MOUSTIERS-STE-MARIE
St-Auban
Volx
Castellane
Manosque
Valensole
331
340
La Palud-s.-Verdon
363
345
Andon
Riez
Le Logis-du-Pin
GOURDON
Aiguines
TRIGANCE
La Bastide
356
TOURRETTES-S.-LOUP
Gréoux-les-Bains
Esparron-de-Verdon
BARGÈME
MONS
Cagnes
Vinon-s.-Verdon
Quinson
Comps-s.-Artuby
361
St-Vallier-de-Thiey
Grasse
348
334
Ginasservis
83
357
SEILLANS
CALLIAN
MOUGINS
Montmeyan
Aups
362
Fayence
33
MONTFERRAT
Bargemon
Le Cannet
Jouques
La Verdière
Villecroze
Callas
Mandelieu-la-Napoule
Rians
Varages
TOURTOUR
Les Quatre-Chemins
Cannes
Tavernes
351
Salernes
328
Barjols
Draguignan
Brue-Auriac
COTIGNAC
ENTRECASTEAUX
Flayosc
Le Trayas
Pourrières
Châteauvert
CORRENS
Lorgues
Le Muy
Pointe du Cap Roux
St-Maximin-la-Ste-Baume
Les Arcs
Fréjus
Anthéor-Cap-Roux
Pourcieux
350
Carcès
352
Le Thoronet
Roquebrune-s.-Argens
St-Raphaël
Le Val
Vidauban
Tourves
Le Luc
St-Zacharie
Brignoles
St-Aygulf
La Celle
Le Cannet-des-Maures
353
360
Les Issambres
Flassans-s.-Issole
LA GARDE-FREINET
Val d'Esquières
Nans-les-Pins
355
Ste-Maxime
La Roquebrussanne
Besse-s.-Issole
Var
354
Cap de St-Tropez
Carnoules
GRIMAUD
ST-TROPEZ
Signes
Puget-Ville
Cogolin
Gapeau
Collobrières
GASSIN
RAMATUELLE
349
Cuers
346
Cap Camarat
Pierrefeu-du-Var
Cavalaire-s.-Mer
LE CASTELLET
Solliès-Pont
La Croix-Valmer
St-Cyr-s.-Mer
BORMES-LES-MIMOSAS
Le Beausset
La Crau
Cap Lardier
Le Lavandou
Toulon
359
Hyères
La Londe-les-Maures
Bandol
Sanary-s.-Mer
La Seyne
Carqueiranne
Rade d'Hyères
Cap Blanc
Six-Fours-les-Plages
Ile du Levant
347
Rade de Toulon
LA CADIÈRE-D'AZUR
Cap Sicié
Giens
Ile de Port-Cros
ILE DE PORQUEROLLES
358

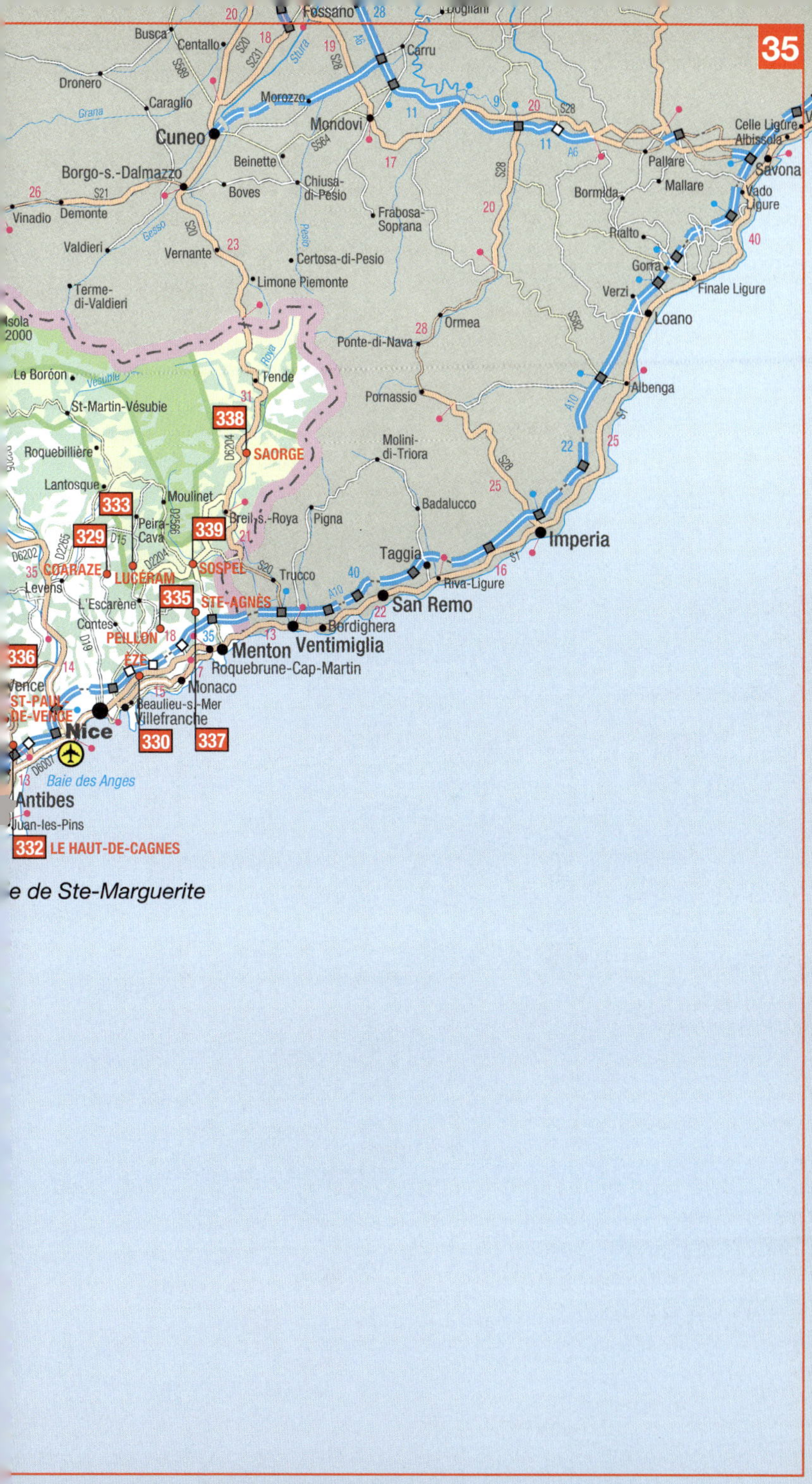
Fossano
Busca
Centallo
Dronero
Caraglio
Carrù
Morozzo
Cuneo
Mondovi
Beinette
Borgo-s.-Dalmazzo
Chiusa-di-Pesio
Boves
Vinadio
Demonte
Frabosa-Soprana
Valdieri
Vernante
Certosa-di-Pesio
Limone Piemonte
Terme-di-Valdieri
Celle Ligure
Albissola
Savona
Pallare
Mallare
Bormida
Vado Ligure
Rialto
Gorra
Verzi
Finale Ligure
Loano
Ormea
Ponte-di-Nava
Isola 2000
Le Boréon
Tende
Albenga
Pornassio
St-Martin-Vésubie
338
SAORGE
Roquebillière
Molini-di-Triora
Lantosque
Moulinet
333
Badalucco
Peira-Cava
Breil-s.-Roya
Pigna
329
339
Imperia
Taggia
COARAZE
LUCÉRAM
SOSPEL
Trucco
Levens
Riva-Ligure
L'Escarène
335
STE-AGNÈS
San Remo
Contes
Bordighera
PEILLON
Menton
Ventimiglia
336
ÈZE
Roquebrune-Cap-Martin
Vence
Monaco
ST-PAUL-DE-VENCE
Beaulieu-s.-Mer
Villefranche
Nice
330
337
Baie des Anges
Antibes
Juan-les-Pins
332 LE HAUT-DE-CAGNES
e de Ste-Marguerite

Méditerranée
Mer Tyrrhénienne
Golfe de St-Florent
Golfe de Calvi
Golfe de Sagone
Golfe d'Ajaccio
Golfe de Valinco
Golfe de Porto-Vecchio
Bouches de Bonifacio
Capu Rossu
Capo di Feno
Iles Sanguinaires
Capu di Muru
Capu di Senetosa
Capo Pertusato
Punta di u Capicciolu
I. Maddalena
I. Caprera
Haute-Corse 2B
Corse du Sud 2A
182 CENTURI
191 ROGLIANO
189 PINO
186 NONZA
ERBALUNGA
184
188 PIGNA
183 CORBARA
SANT'ANTONINO
LUMIO
192
185
PENTA-DI-CASINCA
187
LA PORTA
190
PIANA
194
STE-LUCIE-DE-TALLANO
195
193 BONIFACIO
Morsiglia
Luri
Marine-de-Porticciolo
Marine-de-Sisco
Miomo
San-Martino-di-Lota
Bastia
St-Florent
Casta
Monetta
L'Ile-Rousse
Belgodère
Santo-Pietro-di-Tenda
Oletta
Biguglia
Sorio
Murato
Pietralba
Casamozza
Barchetta
Vescovato
Campile
Folelli
Ponte-Leccia
Morosaglia
Calvi
Muro
Feliceto
Zilia
Calenzana
Suave
Castifao
Asco
Haut-Asco
Argentella
Francardo
San Lorenzo
Galéria
Manso
Albertacce
Calacuccia
Sermano
Felce
Cervione
Prunete
Girolata
Osani
Corte
Chiatra
Moïta
Partinello
Serriera
Porto
Évisa
Cristinacce
Altiani
Piedicorte-di-Gaggio
Marignana
Venaco
Vivario
Vezzani
Soccia
Vico
Guagno-les-Bains
Vizzavona
Maison Pieraggi
Aléria
Cateraggio
Cargèse
Sagone
Salice
Rezza
Bocognano
Ghisoni
Poggio-di-Nazza
Tiuccia
Sari-d'Orcino
Vero
Bastelica
Val-d'Ese
Prunelli-di-Fiumorbo
Ghisonaccia
Mignataga
Tolla
Ocana
Cozzano
Chisa
Travo
Mezzavia
Ajaccio
Pisciatella
Cauro
Frasseto
Zicavo
Solenzara
Porticcio
Grosseto-Prugna
Sta-Maria-Siché
Sari-Solenzara
Verghia
Pila-Canale
Petreto-Bicchisano
Quenza
Favone
Coti-Chiavari
Aullène
Zonza
Serra-di-Ferro
Sollacaro
Olmeto
Levie
Ste-Lucie
Lecci
Porto-Pollo
Carbini
Propriano
L'Ospedale
Ste-Trinité
Sartène
Porto-Vecchio
Giuncheto
Sotta
Roccapina
Figari
Santa Teresa Gallura
La Maddalena

De Wissembourg à Saint-Louis, de la crête des Vosges au Rhin, vous découvrirez en Alsace une grande diversité de villages. Si ceux de la plaine, comme Hindisheim, évoquent les images traditionnelles "à la Hansi" du village alsacien, vous serez étonnés par Hohrod ou Sewen, véritables villages montagnards, et émerveillés par les bourgs fortifiés du vignoble, tels Eguisheim ou Riquewihr, qui offrent de véritables similitudes avec les petites cités médiévales de Toscane ou d'Ombrie. Chemin faisant à travers la région, vous succomberez au charme des paysages qui font de l'Alsace entière un merveilleux jardin. Imprégnés de cette nature exceptionnelle, les Alsaciens aiment passionnément leur région et sont d'ardents défenseurs de leur environnement. Cela se concrétise dans de nombreuses associations de protection et de défense de la nature comme le Club vosgien.

BŒRSCH

67530 Klingenthal - Saint-Léonard (Bas-Rhin)

Blotti dans un vallon, entouré de vergers et de vignes, Bœrsch est un petit village tranquille apprécié des Strasbourgeois à la recherche d'un havre de quiétude à deux pas de la ville. Trois portes en verrouillent toujours l'accès, mais c'est tout ce qu'il reste des puissantes fortifications édifiées en 1340 par l'évêque de Strasbourg, Berthold III, pour protéger la cité des convoitises étrangères. Au centre, sur la place pavée à l'ancienne, admirez l'hôtel de ville daté de 1565, complété d'un oriel du XVIIe siècle, et le puits Renaissance qui forment un harmonieux ensemble architectural. Non loin du bourg, vers le sud, on rejoint l'ancienne abbaye bénédictine de Saint-Léonard (XIIe s.) qui abrite les ateliers des célèbres marqueteries Spindler. Tandis que vers le nord, en traversant la campagne, on atteint le cimetière israélite de Rosenwiller, lieu de recueillement depuis 1366.

2 200 habitants, 220 m d'altitude **Accès :** (carte 12) à 4 km N-O d'Obernai **Aux alentours :** à Klingenthal, musée de l'Ancienne Manufacture royale d'armes blanches ; Obernai ; les châteaux d'Ottrott (2,5 km) ; le mont Sainte-Odile **Foires, festivités :** Randonnée gourmande en octobre **Hôtels :** à Ottrott (2,5 km), *À l'Ami Fritz* (tél. 03.88.95.80.81), hôtel de charme, 19 chambres 83-115 €, restaurant ; à Obernai, *À la Cour d'Alsace* (tél. 03.88.95.07.00), hôtel de charme, 45 chambres 129-209 €, restaurant **Restaurant :** *Le Châtelain* (tél. 03.88.95.83.33) **Mairie** (tél. 03.88.95.82.43) **O. T.** (tél. 03.88.95.93.41, ouvert en été).

BUSWILLER

67350 (Bas-Rhin)

Le pays de Hanau évoque presque certains paysages de Toscane. C'est là que se niche Buswiller, dans le creux d'un vallon. Le nom du village a été mentionné pour la première fois en 784, dans un document de l'abbaye de Wissembourg. La plupart des habitations sont de grosses fermes ornées de larges galeries, bardées de pans de bois, renforcées de pignons en encorbellement dus aux charpentiers Schini. Charrettes et tracteurs envahissent les cours consacrées aux activités agricoles. Les toits de tuiles vernissées et les portes peintes de couleurs vives apportent de la gaîté à un ensemble un peu austère. À l'extrémité de la rue Principale, en face du temple, vous remarquerez une bâtisse avec un grand porche. Construite au XVIe siècle, c'est l'un des plus beaux bâtiments agricoles à colombages du nord de l'Alsace. L'église de Buswiller était autrefois fortifiée. Elle a perdu ses remparts, mais a conservé ses murs épais percés de meurtrières et des vestiges de l'enceinte de l'ancien cimetière.

207 habitants, 225 m d'altitude **Accès :** (carte 12) à 22 km O de Haguenau **Aux alentours :** la petite ville de Bouxwiller (hôtel de ville du XVIIe s., musée des Arts et Traditions populaires) **Mairie** (tél. 03.88.70.71.90).

DAMBACH-LA-VILLE

67650 (Bas-Rhin)

Dambach-la-Ville, située sur la belle route des vins, possède un vignoble qui s'étend sur plus de 400 hectares. Jadis propriété des seigneurs de Bernstein, elle est mentionnée dès 1125 dans les archives sous le nom de *Tannenbach* ce qui signifie terre plantée de sapins. Les remparts aux trois massives portes de chêne enserrent toujours le village. On les franchit pour admirer, sur la place du Marché, les remarquables maisons à pans de bois et la fontaine surmontée d'un ours, emblème de l'ancienne famille seigneuriale. L'hôtel de ville, avec sa très haute façade et ses étonnants pignons en gradins, est une magnifique construction Renaissance. En sortant par la porte haute de la bourgade, on atteint la chapelle Notre-Dame (XVe s.), puis on grimpe jusqu'à la chapelle Saint-Sébastien flanquée d'une tour-clocher romane. Elle arbore des fenêtres et un chevet gothiques et contient un très bel autel baroque (XVIIe s.), œuvre de Clemens et Philipp Winterhalter.

2 000 habitants, 197 m d'altitude **Accès :** (carte 12) à 10 km N de Sélestat **À voir :** le musée du Tonnelier (tél. 03.88.92.41.19) **Aux alentours :** les châteaux de Bernstein (XIIe-XIIIe s.), d'Ortenbourg, de Ramstein et du Haut-Kœnigsbourg **Foires, festivités :** marché le mercredi matin ; fête de l'Aspérule en mai ; "Vin, Pierre et Granit" en avril ; fête de la Saint-Nicolas en décembre **Hôtel :** à Itterswiller (5 km), *Hôtel Arnold* (tél. 03.88.85.50.58), hôtel de charme, 28 chambres 80-114 €, restaurant **Mairie** (tél. 03.88.92.41.05) **O. T.** (tél. 03.88.92.61.00).

HINDISHEIM

67150 (Bas-Rhin)

Bâti sur la rive droite de l'Andlau à l'écart des flux touristiques, Hindisheim est resté authentique. L'ensemble de son patrimoine architectural présente une rare homogénéité, les restaurations y sont faites dans le respect des caractéristiques anciennes. Dominées par la haute église Saints-Pierre-et-Paul construite au XIXe siècle, les maisons colorées, à mur-pignon et colombages, se distribuent régulièrement le long des rues. Certaines s'ornent de balcons de bois où les cultivateurs font sécher les feuilles de tabac en été. Ce vénérable village, mentionné pour la première fois au VIIIe siècle, est fier de ses belles fermes à pans de bois et de sa vieille maison du Charron édifiée en 1737, rue du Moulin. Il faut visiter la jolie chapelle de la Vierge (XVIe s.), située au milieu du cimetière villageois. Elle est surmontée d'un clocheton à colombages et couverte d'un auvent daté de 1553. À l'intérieur, admirez la statue de Vierge couronnée à l'Enfant.

1 375 habitants, 151 m d'altitude **Accès :** (carte 13) à 18 km S de Strasbourg **Aux alentours :** Obernai (13 km), Ottrott et le mont Sainte-Odile **Foires, festivités :** fête des Récoltes d'antan le 1er dimanche de septembre **Hôtel :** à Obernai (13 km), *À la Cour d'Alsace* (tél. 03.88.95.07.00), hôtel de charme, 45 chambres 129-209 €, restaurant **Mairie** (tél. 03.88.64.26.22) **O. T.** du pays d'Erstein (tél. 03.88.98.14.33).

HUNSPACH

67250 (Bas-Rhin)

Situé au cœur de l'Outre-Forêt, cet ancien village impérial fut la propriété de la famille Deux-Ponts-Palatinat du XVIe siècle jusqu'à la Révolution. Détruit au cours de la guerre de Trente Ans, il fut ensuite complètement reconstruit par des colons suisses. De nos jours, Hunspach resplendit sous le soleil. Ses rues, où s'alignent de superbes maisons à colombages, convergent toutes vers la place centrale où se trouve la mairie bâtie au XVIIIe siècle. Les fenêtres des habitations les plus anciennes possèdent encore, ce qui devient rarissime, des vitres en "cul-de-bouteille" qui permettent de voir de l'intérieur sans être vu de l'extérieur. Des artisans fabriquent comme autrefois des corbeilles en osier, des tapis de paille et les traditionnels bonnets d'homme en laine noire. On croise parfois de vieilles femmes, toujours vêtues de leur robes alsaciennes, qui montent avec lenteur le chemin menant au temple. L'été, les épis de maïs sèchent sur les façades des fermes, et les géraniums s'épanouissent aux fenêtres, ajoutant leurs joyeuses couleurs au blanc éclatant des murs. Ce petit bourg resté à l'écart des flots de touristes fait partie du circuit des villages pittoresques du nord de l'Alsace.

700 habitants, 146 m d'altitude **Accès :** (carte 13) à 11 km S de Wissembourg **Aux alentours :** Wissembourg (église du XIIIe s. et musée Westercamp, archéologie préhistorique et romaine, meubles alsaciens) ; Kutzenhausen (musée-maison rurale de la ligne Maginot) ; le fort de Schœnenbourg **Foires, festivités :** Fête folklorique en juin ; fête de la Forêt le week-end avant le 14 Juillet **Mairie** (tél. 03.88.80.42.16) **O. T.** (tél. 03.88.80.59.39).

KUTTOLSHEIM

67520 (Bas-Rhin)

Kuttolsheim se niche au creux du vallon de la Souffel au bord du plateau de l'arrière-Kochersberg. De grosses fermes aux façades claires encadrent des cours carrées, isolées de la rue par un haut mur. Elles témoignent de la prospérité de cette région qui était l'ancien grenier à blé de l'Alsace. Aujourd'hui, l'agriculture n'occupe plus qu'une petite partie de la population du village, la plupart des habitants travaillant à Strasbourg, Marlenheim ou Wasselonne. Kuttolsheim a gardé un tracé de rues désordonné que l'on s'amuse à parcourir. La rue de la Vallée, avec ses imposantes maisons à colombages, conduit à la petite chapelle Sainte-Barbe (XIIIe s.) tandis qu'à l'autre extrémité du bourg se dresse l'église Saint-Jacques-le-Majeur agrémentée d'une belle tour-clocher romane. À l'intérieur, on contemple une étonnante exposition de tableaux d'art sacré contemporain. Par-ci, par-là, des jardinets fleuris égaient la promenade. Un petit village à la mode d'autrefois.

639 habitants, 150 m d'altitude **Accès :** (carte 12) à 17 km O de Strasbourg **Aux alentours :** Marlenheim ; le Kochersberg **Hôtel :** *La Vallée* (tél. 03.88.59.57.13), maison d'hôtes de charme, 2 maisons 70-110 € **Mairie** (tél. 03.88.87.51.32).

MITTELBERGHEIM

67140 (Bas-Rhin)

Mittelbergheim s'étire sur un replat des collines sous-vosgiennes couvertes de vignes. Le village, dont le nom est cité pour la première fois en 741, a appartenu à différents propriétaires, mais son cœur n'a toujours battu que pour le vin, le fameux zotzenberg. Le bourg, d'où émergent les clochers effilés de deux églises, l'une catholique, l'autre protestante (témoignage de la tolérance des villageois) a conservé son aspect d'autrefois avec ses maisons des XVIIe et XVIIIe siècles à larges porches et caves voûtés. Elles présentent une belle homogénéité architecturale avec leurs épais murs de calcaire ou de grès rose et leurs vastes toits en forme de "queue de castor" (*Biber-schwantz*), caractéristiques de la région (à remarquer, la maison du menuisier Bœckel et la maison Seltz). Certaines d'entre elles affichent de belles enseignes anciennes signalant les caveaux viticoles. On admire, à l'angle de la rue de la Montagne, l'hôtel de ville Renaissance surmonté d'un clocheton à bulbe et, un peu plus loin, l'ancien pressoir de la Cour dîmière (XVIIIe s.). On visite l'église protestante qui arbore un clocher-chœur roman et une nef gothique. À parcourir aussi, le champêtre sentier viticole qui traverse le Zotzenberg. Idéalement situé sur la route des vins, Mittelbergheim fait partie des villages les mieux conservés et les plus jolis d'Alsace.

650 habitants, 220 m d'altitude **Accès :** (carte 12) à 14 km S d'Obernai **À voir :** le moulin à huile **Aux alentours :** Andlau (église abbatiale Sainte-Richarde) ; le château du Haut-Andlau (XIIIe-XVIe s.), les ruines du château de Spesbourg (XIIIe s.) **Foires, festivités :** fête du Vin le dernier week-end de juillet ; fête du Vin nouveau fin septembre-début octobre ; *Bredelmarik* (marché des petits gâteaux de Noël) le 1er dimanche de décembre **Hôtel :** *Hôtel Gilg* (tél. 03.88.08.91.37), hôtel de charme, 19 chambres 59-88 €, restaurant **Restaurants :** *Winstub Gilg* (tél. 03.88.08.91.37) ; *Am Lindeplatzel* (tél. 03.88.08.10.69) **Mairie** (tél. 03.88.08.92.29) **S. I.** (tél. 03.88.08.01.66, ouvert en juillet-août).

OSTHOFFEN

67990 (Bas-Rhin)

Osthoffen est construit sur une colline du Kochersberg dont la pente rejoint les rives du Muhlbach. Empruntez la rue principale qui traverse le village de part en part. Elle croise la rue des Seigneurs, pittoresque avec sa laiterie qui s'anime le soir quand les fermiers viennent apporter le lait de la journée. Plus loin, vous verrez une ferme restaurée avec goût. Elle dresse hardiment son pignon au-dessus de la chaussée et est agrémentée d'un beau balcon couvert qui longe toute la façade. Vous découvrirez ensuite la haute église Saint-Jacques-le-Majeur, construite au XIXe siècle dans un style néoclassique, puis un château du XVIIe siècle qui se cache, protégé par de grands arbres centenaires, dans le creux d'un vallon. Il a fière allure avec son élégant pignon dentelé, ses tourelles à toits pointus, ses hautes cheminées et sa tour massive construite à une époque antérieure. Il est passé entre les mains de différents propriétaires avant d'être finalement acheté en 1817 par le général-baron de Grouvel, dont les descendants habitent toujours la vieille demeure. Le castel est entouré d'un très beau jardin qui se visite (tél. 03.88.96.00.23).

683 habitants, 200 m d'altitude **Accès :** (carte 12) à 11,5 km O de Strasbourg **Aux alentours :** à Molsheim (8 km), musée municipal (archéologie, histoire locale, folklore) et musée de la Fondation Bugatti (voitures anciennes) **Hôtels :** à Strasbourg, *Chut Hôtel* (tél. 03.88.32.05.06), hôtel de charme, 8 chambres 95-160 € ; *Hôtel du Dragon* (tél. 03.88.35.79.80), hôtel de charme, 32 chambres 81-140 € ; *Hôtel Gutenberg* (tél. 03.88.32.17.15), hôtel de charme, 42 chambres 75-135 € ; *Hôtel Suisse* (tél. 03.88.35.22.11), hôtel de charme, 24 chambres 69-99 € **Mairie** (tél. 03.88.96.00.90).

SCHERWILLER

67750 (Bas-Rhin)

Situé sur le piémont des Vosges, Scherwiller se signale de loin grâce aux tours de sa citadelle d'Ortenbourg. Bâtie au Moyen Âge, elle fut complétée en contrebas par le château du Ramstein au XIIIe siècle. Ces monuments sont les seuls vestiges du village ancien, entièrement brûlé le 20 mai 1525 par le duc Antoine de Lorraine. Le bourg aujourd'hui n'aurait pas le même attrait sans les eaux vives de l'Aubach qui le traversent et lui donnent un certain charme bucolique. Pour rejoindre certaines maisons, rue de la Mairie ou rue des Chevaliers, il faut emprunter les petits ponts qui jouent à saute-rivière. Au cœur du village veille le "Corps de garde", magnifique demeure classée du XVIIe siècle, quadrillée de colombages et agrémentée d'un oriel à cinq pans. En face, d'autres logis du XVIIIe siècle, aux murs blanchis, se parent de pans de bois géométriques, de fleurs aux fenêtres, de vieilles enseignes de métiers et de lucarnes ouvragées. Les nombreux panneaux de vignerons rappellent que Scherwiller est l'un des hauts lieux de production du délicieux riesling.

2 646 habitants, 186 m d'altitude **Accès :** (carte 12) à 4 km N-O de Sélestat **Aux alentours :** Sélestat ; les châteaux de Ramstein, du Bernstein et d'Ortenbourg **Foires, festivités :** Spectacle des lavandières en juillet et août ; "Sentier gourmand dans les vignes" le 1er dimanche de septembre ; cortège de Saint-Nicolas et marché de Noël le 1er dimanche de décembre (les années impaires) **Restaurant :** *Auberge Ramstein* (tél. 03.88.82.17.00), avec chambres **Mairie** (tél. 03.88.58.33.33) **O. T.** (tél. 03.88.92.25.62).

SEEBACH

67160 (Bas-Rhin)

Seebach est l'un des villages les plus caractéristiques du nord de l'Alsace. Formé de la réunion en 1974 d'Oberseebach (mentionné dans des chartes dès 967) et de Niederseebach, il est implanté au cœur de l'Outre-Forêt, sur de riches terres agricoles. Les guerres qui secouèrent le Palatinat au XVe siècle puis la guerre de Trente Ans, deux siècles plus tard, ravagèrent la région. Aujourd'hui, le bourg aligne fièrement les pignons de ses maisons blanches à colombages, toutes pimpantes et abondamment fleuries, le long des deux rues principales. Les toits, recouverts de tuiles plates, ont une pente très accentuée pour permettre l'écoulement de la neige en hiver. Seebach est fier de son église à clocher-donjon du XIIIe siècle ceinte d'un mur fortifié, et de sa mairie construite au XVIIIe siècle. Si vous le pouvez, allez à Seebach en juillet pour la fête folklorique du *Streisselhochzeit*. Vous pourrez alors contempler les plus beaux costumes traditionnels d'Alsace. Avant de repartir, admirez encore, dans la rue des Forgerons, une très belle maison du XVIIIe siècle admirablement conservée.

1 703 habitants, 160 m d'altitude **Accès :** (carte 13) à 8 km S-E de Wissembourg **Aux alentours :** la pittoresque petite ville de Wissembourg (église du XIIIe s., musée Westercamp, archéologie préhistorique et romaine, meubles alsaciens) ; Betschdorf, village de potiers **Foires, festivités :** marché bio début mars ; *Streisselhochzeit* (fête folklorique et artisanale avec mariage traditionnel) le week-end après le 14 Juillet ; Concours d'attelage le 1er week-end d'août **Mairie** (tél. 03.88.94.74.06).

WALDERSBACH

67130 (Bas-Rhin)

Village isolé dans la montagne, Waldersbach regroupe seulement une petite centaine d'habitations. Ancienne propriété des seigneurs de Rathsamhausen, il fut vendu au XVIe siècle au comte palatin de Veldenz qui y introduisit la Réforme en 1589. La bourgade présente des maisons massives aux murs couleur craie, coiffées de larges toits de tuiles. Elles font cercle autour de l'église à clocher de bois très bien restauré. Il faut visiter l'ancien presbytère, aujourd'hui transformé en musée consacré au pasteur Jean-Frédéric Oberlin qui s'installa ici au XVIIIe siècle alors que la région de Waldersbach était l'une des contrées les plus déshéritées d'Alsace. Il consacra les cinquante-neuf années qu'il y passa à améliorer la vie des villageois. Après une promenade tranquille dans le bourg, on peut monter vers Bellefosse pour atteindre les ruines du château de la Roche (XIIe s.). Mais, avant votre départ, n'oubliez pas de goûter les bons produits du terroir, miel savoureux et fromages à pâte molle.

139 habitants, 530 m d'altitude **Accès :** (carte 12) à 35 km N-O de Sélestat **À voir :** le musée Oberlin **Aux alentours :** le sentier archéologique du Donon ; les mines de Grandfontaine ; le camp du Struthof (Centre européen du résistant déporté) à Natzwiller **Mairie** (tél. 03.88.97.31.80) **O. T.** (tél. 03.88.47.18.51).

WESTHOFFEN

67310 (Bas-Rhin)

Westhoffen s'étage sur les pentes du Seelenberg ("la colline aux âmes"). Ce gros bourg fait la part belle à l'agriculture, les vignes occupent les versants ensoleillés des coteaux, et les cerisiers – plus de cinq mille – abondent, donnant les fameuses cerises noires qui ont fait sa renommée. À l'intérieur des murs d'enceinte, les façades des maisons, comme la disposition des rues, soulignent l'ancienneté de ce village fortifié que les Armagnacs dévastèrent en 1444 et qui passa à la Réforme en 1545. Au détour d'une petite ruelle, une tour émerge des toits, c'est le *Städtelglöckelturm*, un vestige de l'ancienne église Saint-Erhard. En contrebas de la mairie, la synagogue de grès rose rappelle l'importance de l'ancienne communauté juive du village. Dans la rue Birris, on remarque l'église catholique Saint-Martin, puis on jette un coup d'œil, juste en face, à la ferme décorée d'un bel oriel sculpté, avant de rejoindre le temple protestant dédié, lui aussi, à saint Martin, belle construction gothique, décorée de vitraux du XIVe siècle.

1 600 habitants, 220 m d'altitude **Accès :** (carte 12) à 25 km O de Strasbourg **Aux alentours :** les châteaux et les églises romanes de la Mossig **Foires, festivités :** marché le 1er vendredi du mois ; marché aux puces en mai ; fête de la Cerise le 3e week-end de juin ; fête de la Forêt le week-end avant le 14 Juillet ; *Messti* (foire commerciale) le 1er week-end de novembre **Mairie** (tél. 03.88.50.38.21).

WEYERSHEIM

67720 (Bas-Rhin)

Situé au pied des premières collines de Brumath, Weyersheim est constitué de larges rues, le long desquelles s'alignent les pignons de massives maisons traditionnelles blanches ou roses à pans de bois, ornées de volets rouge sombre ou vert pâle. L'une d'elles, bâtie en 1621, est la plus ancienne de la bourgade. Dans la rue du Petit-Village, on peut voir deux étonnantes demeures aux murs bleus. Elles nous rappellent la coutume catholique d'autrefois : dans la région, lorsqu'on plaçait les maisons sous la protection de la Vierge Marie, on la peignait en bleu vif. À ne pas manquer, la visite de l'église construite par l'architecte Salins de Montfort à la fin du XVIIIe siècle. Elle renferme un magnifique maître-autel baroque à baldaquin du milieu du XVIIIe siècle, deux autels latéraux dus à Valentin Boudhors et de superbes tableaux anciens. Traversé par une jolie rivière, la Zorn, le village a gardé un charme champêtre. Vous pourrez aussi rejoindre Bruchstuehe, où s'étend, sur plus de 4 hectares, un véritable conservatoire naturel abritant d'innombrables espèces d'oiseaux.

3 011 habitants, 135 m d'altitude **Accès :** (carte 13) à 18 km N de Strasbourg **Aux alentours :** à Brumath (7,5 km O), musée archéologique dans le château des Hanau-Lichtenberg **Foires, festivités :** *Messti* (foire commerciale) le 2e week-end d'octobre ; marché de Noël mi-décembre **Mairie** (tél. 03.88.51.30.12).

ZUTZENDORF

67330 (Bas-Rhin)

Ce village du nord de l'Alsace a le charme discret de l'Unterland. L'histoire de Zutzendorf remonte à 778. À cette époque, l'abbaye de Wissembourg possédait des biens Villa Zuzanheim. Par la suite, le bourg appartint à différents seigneurs : les Wasigenstein, les Feckenstein, les Gayling von Altheim (au XVIIIe siècle), et enfin à Johann von Mundolsheim. Le vieux village étage ses fermes le long de rues pentues. Leurs larges cours autour desquelles s'ordonnent des bâtiments d'habitation et des dépendances – grange, étable – témoignent de l'importance des activités agricoles. Sur la place, la petite église protestante, construite en 1739, accueille toujours les fidèles. Son clocher-chœur voûté, construit en partie en pierre de taille, remonte probablement au XIIIe siècle. Toute proche, une belle maison à pans de bois transformée en gîte rural héberge, comme autrefois, les voyageurs.

581 habitants, 210 m d'altitude **Accès :** (carte 12) à 16 km O de Haguenau **Foires, festivités :** Fête du village fin août **Mairie** (tél. 03.88.90.81.62) **O. T.** du pays de Hanau (tél. 03.88.89.23.45).

BERGHEIM

68750 (Haut-Rhin)

Entouré de vignobles, Bergheim délimite avec netteté son territoire par un dispositif d'enceintes renforcées de bastions et de tours. Ce sont les Habsbourg qui édifièrent les fortifications du village en 1312. De la porte Haute, on traverse la cité jusqu'à l'église Notre-Dame, construite au XIVe siècle et largement remaniée au XVIIIe siècle. Le long de la Grand-Rue s'échelonnent de belles maisons à cour pavée où les viticulteurs font vieillir, dans la fraîcheur des caves profondes, le fameux gewurztraminer, vin qui a fait la renommée de la localité. À voir, le superbe cadran solaire (au numéro 44 de la rue) et les nombreuses estampilles de vignerons gravées dans la pierre. Sur la place du Marché, on admire l'hôtel de ville de 1760 et son magnifique portail à clocheton, la fontaine fleurie et les habitations à colombages aux façades enduites de couleurs vives bleu gitane, jaune citron, vert anis, ocre rouge. À travers le dédale des petites rues, on atteint les remparts et les anciens fossés envahis de jardinets charmants. Bergheim a gardé une vie paisible et un aspect authentique.

1 800 habitants, 220 m d'altitude **Accès :** (carte 12) à 3 km N-E de Ribeauvillé **À voir :** le musée de la Sorcellerie (ouvert en juillet-août et le dimanche jusqu'en octobre) **Aux alentours :** le château du Haut-Kœnigsbourg **Foires, festivités :** fête du Gewurztraminer et marché aux puces fin juillet-début août ; visite des crèches (plus de 50) et marché de Noël en décembre **Hôtel :** à Ribeauvillé, *Hostellerie des Seigneurs de Ribeaupierre* (tél. 03.89.73.70.31), hôtel de charme, 10 chambres 147-167 € **Restaurants :** *La Bacchante* (tél. 03.89.73.31.15) ; *Winstub du Sommelier* (tél. 03.89.73.69.99) **Mairie** (tél. 03.89.73.63.01) **Infos** (tél. 03.89.73.31.98, en saison).

EGUISHEIM

68420 (Haut-Rhin)

Eguisheim a été édifié autour d'une ancienne forteresse construite au VIIIe siècle par Eberhard, duc d'Alsace et père de sainte Odile. Les ruines des trois tours de la citadelle émergent des champs de vigne et marquent avec force le paysage. Lové dans cette mer verte, le bourg a gardé tout son caractère et sa beauté. Il présente, resserrés derrière des remparts, trois cercles concentriques de maisons qui servent d'écrin à un château du XIIIe siècle. Le long des ruelles médiévales pavées, les demeures des XVIe et XVIIe siècles à pans de bois et toits pointus, merveilleusement entretenues et toutes fleuries, s'ornent de balcons, d'enseignes ouvragées, de sobres armoiries, de portes de bois sculpté. C'est un plaisir de flâner le nez en l'air, on fait un véritable retour dans le passé... si l'on arrive à faire abstraction des nombreux touristes qui baguenaudent dans les rues. À voir, l'hôtel d'Eschau, l'hôtel de Marbach – tous deux du XVIe siècle – et l'auberge du Cheval Blanc de 1613. On visite aussi les caves et l'on goûte (avec modération) les vins qui ont fait, depuis des siècles, la grande réputation d'Eguisheim.

1 550 habitants, 210 m d'altitude **Accès :** (carte 12) à 6 km S-O de Colmar **Aux alentours :** Colmar, la route forestière des Cinq-Châteaux (les Trois Tours d'Eguisheim, le château de Hohlandsbourg, le donjon de Pflixbourg) **Foires, festivités :** Semaine des vins la 3e semaine de juillet ; "Nuit des grands crus" le 3e vendredi de juillet ; fête de la Cigogne le 1er dimanche d'août ; fête des Vignerons le dernier week-end d'août ; fête du Vin nouveau fin septembre-début octobre ; fête du Champignon le dernier week-end d'octobre ; marché de l'Avent fin novembre-30 décembre **Hôtel :** *L'Hostellerie du Château* (tél. 03.89.23.72.00), hôtel de charme, 10 chambres 68-125 € **Restaurants :** *Le Caveau d'Eguisheim* (tél. 03.89.41.08.89) ; *La Grangelière* (tél. 03.89.23.00.30) **Mairie** (tél. 03.89.41.21.78) **O. T.** (tél. 03.89.23.40.33).

FERRETTE

68480 (Haut-Rhin)

Ferrette étage ses maisons sur le pittoresque site pentu de la cluse qui franchit le Rossberg. La cité a toujours exercé des fonctions urbaines, ainsi qu'en témoigne le très bel hôtel de ville Renaissance qui porte les armoiries des puissants comtes de Ferrette. Au XIe siècle, Frédéric de Ferrette fit construire le château, une église, un prieuré, et dota le bourg d'un statut municipal. Plus tard, aux XIVe et XVe siècles, la région connut d'innombrables guerres. L'empereur Maximilien décida alors de renforcer les défenses de la ville en construisant, sur le premier éperon rocheux de la colline, une nouvelle citadelle à quatre tours rondes. Aujourd'hui, la balade dans le village est très plaisante. On s'attarde sur la place Mazarin, où sont regroupés les commerces et les restaurants, avant d'aller admirer la résidence du dernier bailli et la maison de la Dîme, rue du Château. À ce niveau, la voie est plus étroite car, jusqu'en 1828, la ville était fermée par une porte. On monte ensuite jusqu'à l'hôtel de ville (XVIe s.) agrémenté de fenêtres à meneaux et surmonté d'un petit clocher de style Renaissance allemande. Rue de Lucelle, l'ambiance est plus champêtre, les maisons s'accrochent au flanc de la colline et se parent de beaux jardins suspendus. Mais, tout là-haut, le château veille. Si vous avez le courage d'y grimper, vous serez ébloui par la beauté de la vue qui embrasse toute la vallée du Rhin.

1 050 habitants, 632 m d'altitude **Accès :** (carte 20) à 39 km S de Mulhouse **Aux alentours :** le château du Landskron (14 km), l'église romane de Feldbach **Foires, festivités :** Fête médiévale fin juin (les années paires) ; "Couleurs d'automne" mi-octobre ; foire de la Saint-Nicolas le 1er samedi de décembre ; "Marche de la Saint-Sylvestre" le 31 décembre **Mairie** (tél. 03.89.40.40.01) **O. T.** (tél. 03.89.08.23.88).

GRENTZINGEN

68960 (Haut-Rhin)

Grentzingen s'étire le long de la route d'Altkirch à Linsdorf. Un rideau de maisons longe le versant relativement raide de la rive droite de l'Ill. On est ici au cœur du Sundgau, pays des "Trois Frontières" entre la France, l'Allemagne et la Suisse, véritable trait d'union entre le monde alpin et le monde rhénan. Au cours des siècles, l'évêché de Bâle, ayant des droits à Grentzingen, avait accordé des fiefs à diverses familles, et le couvent suisse de l'Olsberg y possédait de nombreux biens. Les vieilles demeures villageoises à pans de bois, admirablement restaurées, séparées les unes des autres par de petits jardins, sont alignées perpendiculairement à la rue. En face de l'église, dans la rue Principale, on découvre de très belles maisons sundgoviennes. Juste derrière, on peut admirer une habitation ocre ornée de poutres d'angle sculptées de marguerites et de grappes de raisin. Abondamment fleuri, le village est magnifique à voir en été.

535 habitants, 339 m d'altitude **Accès :** (carte 20) à 30 km S de Mulhouse **Aux alentours :** la ville ancienne d'Altkirch, le musée sundgovien (histoire et archéologie régionales), l'église romane de Feldbach **Mairie** (tél. 03.89.25.80.07).

GUEBERSCHWIHR

68420 (Haut-Rhin)

Adossé aux flancs pentus de collines plantées de vignes et de forêts, le village de Gueberschwihr dresse fièrement son clocher roman en grès rose à double toit pentu et trois niveaux d'arcades superposés. Seul vestige de l'église du XIIe siècle, il domine l'église actuelle, construite au XIXe siècle, et la jolie place avec son vénérable marronnier. La bourgade est charmante : maisons Renaissance aux façades ocre rose impeccablement entretenues et fleuries, vieilles ruelles pavées, fontaines rafraîchissantes et petit ruisseau champêtre. Rue-Basse, on découvre d'autres habitations anciennes brodées de colombages, dont l'une est décorée d'un oriel et d'une superbe enseigne. Des cours pavées, des escaliers à tourelle, des caves voûtées où l'on entrepose le vin – source de la richesse du village depuis toujours – composent un ensemble architectural paisible et harmonieux. Un peu plus loin, on aperçoit un château romantique qui appartenait au graveur Richard Brunc Un véritable "village de carte postale" dont le charme saura vous séduire.

816 habitants, 260 m d'altitude **Accès :** (carte 20) à 12 km S de Colmar **À voir :** le cimetière fortifié **Aux alentours :** sites d'escalade dans la forêt communale ; la route du vin ; la route romane **Foires, festivités :** "Nuit du tourisme" en juillet ; fête du Vin le 3e week-end d'août ; marché de Noël le 1er ou le 2e week-end de décembre **Hôtels :** à Colmar, *Le Colombier* (tél. 03.89.23.96.00), hôtel de charme, 27 chambres 88-185 € ; *La Maison des Têtes* (tél. 03.89.24.43.43), hôtel de charme, 21 chambres 95-239 €, restaurant **Mairie** (tél. 03.89.49.31.05).

HIRTZBACH

68118 (Haut-Rhin)

Situé dans la vallée de l'Ill, Hirtzbach occupe un site qui fut habité dès l'époque préhistorique. Son nom est mentionné pour la première fois dans des documents de 1274. Le village d'aujourd'hui est constitué de deux anciens bourgs : Hirtzbach-le-Haut, appelé aussi "la Montagne", et Hirtzbach-le-Bas, dominé par le clocher de l'église Saint-Maurice et par son majestueux château blanc (propriété privée) bâti par les barons de Reinach au XVIIIe siècle. L'Hirtzbach, ou "ruisseau des cerfs", traverse le village avant de se jeter dans l'Ill. Bordée de tilleuls centenaires, enjambée de ponts, ourlée de maisons à colombages impeccablement entretenues et fleuries, la rivière confère un air de petite Hollande au bourg et lui donne un aspect bucolique charmant. Édifiée sur l'Oberdorf (la Montagne), l'église Sainte-Afre, l'une des plus anciennes églises du Sundgau, veille sur les habitants. Vous apprécierez la discrétion de ce village tranquille, rustique, niché au cœur d'une région préservée.

1 200 habitants, 310 m d'altitude **Accès :** (carte 20) à 4 km S d'Altkirch **À voir :** le superbe parc (jardin anglais) **Aux alentours :** Altkirch (voir le musée sundgovien consacré à l'histoire et à l'archéologie régionales) ; l'église romane de Feldbach (8 km) **Foires, festivités :** marché aux fleurs le 2e week-end de mai ; "La Nature" (artisanat, folklore et gastronomie) le 1er week-end d'août **Mairie** (tél. 03.89.40.99.21).

HOHROD

68140 (Haut-Rhin)

Hohrod est l'un des neuf villages de la vallée de Munster (dont le nom signifie "monastère") qui formaient, jusqu'en 1847, une seule commune régie par ses règles propres et une administration indépendante. Cette vallée fut colonisée par des moines bénédictins dès l'an 600. Elle constitue un véritable conservatoire naturel, c'est l'un des paysages les plus impressionnants et sauvages d'Alsace. Au cœur de cette nature intacte, Hohrod, petit bourg montagnard traditionnel, abrite ses quelques maisons typiques sous de larges toits pentus. En sortant du village, nous vous conseillons de poursuivre la route jusqu'au hameau de Hohrodberg, perché à 800 mètres d'altitude. Station estivale et hivernale appréciée des amoureux des grands espaces, c'est aussi le royaume des chaumes, ces hauts pâturages recouverts de neige en hiver qui, l'été, deviennent le domaine des troupeaux de vaches dont le lait sert à la préparation du célèbre fromage de Munster. De ce promontoire, vous admirerez le panorama époustouflant sur les vallonnements vierges de toutes traces humaines.

326 habitants, 350-850 m d'altitude **Accès :** (carte 12) à 4 km O de Munster **Aux alentours :** au Collet-du-Linge (4 km N), musée mémorial de la Guerre de 1914-1918 **Foires, festivités :** Marche populaire le 3e dimanche de septembre ; fête de la Saint-Nicolas le 1er vendredi de décembre **Mairie** (tél. 03.89.77.36.52).

HUNAWIHR

68150 (Haut-Rhin)

Hunawihr se cache au creux d'un vallon, esseulé au milieu d'une véritable mer de vignes. Le village est constitué de deux rues et de quelques venelles bordées de maisons de vignerons aux crépis colorés et aux fenêtres abondamment fleuries. Pignons et colombages ornent les façades des demeures dont certaines – dans la Grand-Rue notamment – remontent au XVIe siècle et font une haie d'honneur à la mairie bâtie en 1517. Sur la place, la fontaine Sainte-Hune (la sainte, selon la légende, aurait transformé l'eau en vin un jour de mauvaises vendanges) datée du XIVe siècle est toujours là, mais l'ancien lavoir n'a conservé que sa toiture. Construite au XVIe siècle sur un promontoire juste à l'entrée du village, l'église Saint-Jacques et son cimetière fortifié constituent un rare exemple d'architecture défensive religieuse. À l'intérieur, elle présente deux nefs (les cultes protestant et catholique y sont toujours célébrés à tour de rôle), un chœur voûté, une chaire en pierre et, à l'extérieur, un imposant clocher carré décoré de peintures murales du XVe siècle. L'enceinte du cimetière est renforcée de six bastions percés de meurtrières. Du haut de ce belvédère, la vue sur le village et les champs de vignes est bien jolie. Le vignoble, planté sur des coteaux très bien exposés, produit un vin réputé. C'est aussi le pays des cigognes : un centre de réintroduction de cet oiseau emblématique de l'Alsace y est installé.

515 habitants, 270 m d'altitude **Accès :** (carte 12) à 2 km S de Ribeauvillé **À voir :** l'église et le cimetière fortifié ; le Centre de réintroduction des cigognes ; la serre de papillons exotiques **Hôtel :** à Ribeauvillé, *Hostellerie des Seigneurs de Ribeaupierre* (tél. 03.89.73.70.31), hôtel de charme, 10 chambres 147-167 € **Mairie** (tél. 03.89.73.60.42) **O. T.** (tél. 08.20.36.09.22).

KAYSERSBERG

68240 (Haut-Rhin)

Kaysersberg, joyau serti au cœur du vignoble, est dominé par les imposantes ruines de son château impérial. La création du bourg remonte au XIIe siècle. Conquis par Rodolphe de Habsbourg en 1261, il devient ville impériale en 1293 et connaît une magnifique prospérité économique jusqu'à la guerre de Trente Ans. Française depuis 1648, la cité a conservé de son riche passé des édifices d'un intérêt exceptionnel, notamment un hôtel de ville bâti en 1521, orné d'un bel oriel de façade, et l'église Sainte-Croix à portail roman, agrémentée d'un clocher coiffé de tuiles vernissées de couleurs vives. Les rues, aux pavages de guingois, bordées d'habitations typiquement alsaciennes, dessinent une véritable image enfantine, à la Hansi : colombages géométriques, fenêtres ourlées de fleurs, balcons de bois chantourné, vieilles enseignes en ferronnerie, lanternes ouvragées, toits pointus... Des arcades de pierre finement gravées, des portes de bois ciselées apportent une certaine noblesse aux maisons vigneronnes. On aime les bords de la rivière qui forment avec le pont fortifié – chef-d'œuvre de l'architecture Renaissance allemande – et les demeures qui l'entourent, un ensemble plein de charme. N'oublions pas que Kaysersberg produit aussi des crus de grande renommée tels le geisbourg ou le schlossberg.

2 676 habitants, 242 m d'altitude **Accès :** (carte 12) à 10 km N-O de Colmar **À voir :** le musée d'Histoire, le musée Dr-Albert-Schweitzer **Foires, festivités :** marché le lundi matin, marché des produits du terroir le vendredi après-midi d'avril à décembre ; "Préludes de Pâques" (expositions) le week-end 15 jours avant Pâques ; Son et Lumière ou Festival de folklore en juillet ; "Noël à Kaysersberg" en décembre **Hôtel :** *Hôtel Chambard* (tél. 03.89.47.10.17), hôtel de charme, 20 chambres 140-220 €, restaurant **Restaurants :** *Winstub Chambard* (tél. 03.89.47.10.17) ; *La Vieille Forge* (tél. 03.89.47.17.51) **Mairie** (tél. 03.89.78.11.11) **O. T.** (tél. 03.89.78.22.78).

NIEDERMORSCHWIHR

68230 (Haut-Rhin)

Ramassé sur lui-même au cœur de la petite vallée du Weidbach, comme pour faire le plus de place possible à la vigne qui l'enserre, Niedermorschwihr figure parmi les villages les mieux préservés du vignoble haut-rhinois. De la marée verte des vignes pointe le petit clocher "vrillé" du XIIIe siècle (exemple unique en Alsace) de l'église qui contient un remarquable orgue Silbermann classé. Les demeures vigneronnes ont conservé leurs proportions harmonieuses et leurs pans de bois. Récemment rénovées, elles offrent au regard la gaîté de leurs murs enduits de couleurs vives, ocre jaune, bleu vif, rouge brique... et des fenêtres auréolées de fleurs en été. Certaines d'entre elles, ornées d'oriels gothiques ou Renaissance finement sculptés, témoignent du raffinement et de la richesse passés des familles établies dans le négoce des vins. La vigne constitue, encore aujourd'hui, l'activité essentielle du village qui compte plus d'une trentaine d'exploitations agricoles produisant les grands crus sommerberg. Mais surtout, avant de partir, faites un saut jusqu'à la célèbre épicerie-boulangerie Ferber pour goûter les bons produits et les délicieuses confitures de Christine Ferber, "la fée des confitures".

596 habitants, 300 m d'altitude **Accès :** (carte 12) à 5,5 km O de Colmar **Aux alentours :** Colmar, le musée Unterlinden (peintures de l'école du Rhin, retable d'Issenheim), le musée Bartholdi ; les Trois-Épis **Foires, festivités :** fête de la Saint-Wendelin le 1er dimanche de juillet ; marché aux puces le 15 août ; Festival de chant choral en novembre **Hôtels :** à Colmar, *Le Colombier* (tél. 03.89.23.96.00), hôtel de charme, 27 chambres 88-185 € ; *La Maison des Têtes* (tél. 03.89.24.43.43), hôtel de charme, 21 chambres 95-239 €, restaurant **Restaurant :** *Caveau Morakopf* (tél. 03.89.25.05.10) **Mairie** (tél. 03.89.27.05.16).

RIESPACH

68640 (Haut-Rhin)

Riespach est implanté au cœur du Sundgau, région du sud de l'Alsace que l'on appelle "le Jura alsacien", qui a conservé un paysage sauvage, un patrimoine naturel exceptionnel avec une profusion de forêts et d'étangs peuplés d'une riche faune. C'est au XIIIe siècle, sous l'impulsion d'une cour colongère ou *Dinghof* (groupement de paysans passant un contrat de protection avec leur seigneur) que le village connut sa période la plus prospère. Le presbytère et l'église ont été construits à cette époque. Un grand nombre de maisons remontent au XVIIIe siècle et présentent toutes les caractéristiques des maisons sundgoviennes, murs en torchis quadrillés de pans de bois et larges toits pentus. Leur couleur passe du vert amande au rose bonbon et même au rouge flamboyant car ici, traditionnellement, les coloris sont plus vifs que dans le reste de l'Alsace. Vous remarquerez peut-être un cœur surmonté d'une croix peint sur le crépi de certaines habitations. Emblème du village, il illustre la ferveur de la foi catholique de cette région et rappelle les cœurs vendéens. Les habitants de Riespach sont aussi très fiers de leur fanfare, la première de France, qui leur donne un concert en fin d'année.

678 habitants, 450 m d'altitude **Accès :** (carte 20) à 38 km S de Mulhouse **Aux alentours :** nombreuses promenades pédestres dans le Jura alsacien ; l'église romane de Feldbach **Foires, festivités :** Revue carnavalesque en février ; Représentations théâtrales en mai et juin (en français) et novembre (en dialecte) **Mairie** (tél. 03.89.25.80.23).

RIQUEWIHR

68340 (Haut-Rhin)

Incontournable étape sur la route des vins, cette magnifique cité fortifiée a traversé les siècles sans subir l'outrage du temps. Riquewihr a appartenu aux comtes d'Eguisheim, puis aux comtes de Horbourg qui ont bâti les fortifications en 1291. Annexée par Louis XIV en 1680, elle sera officiellement rattachée à la France en 1801. Depuis toujours, c'est la vigne qui a assuré sa richesse. Visitez les caves, appréciez l'accueil convivial des vignerons et goûtez leur délicieux riesling, mais avant, regardez bien la ville. Abritée derrière ses fortifications, elle offre un ensemble harmonieux de maisons bâties du XVe au XVIIIe siècle. On la visite à pied, ce qui laisse le temps d'admirer une succession de petites merveilles : demeures du XVIe siècle à oriels, portails à écusson gravé dans la pierre, encadrements de fenêtres sculptés, balcons et fontaines fleuris, vieilles cours pavées et, près de la mairie, un bijou, l'ancien château des princes de Wurtemberg-Montbéliard de 1539. Il faut voir aussi la maison Liebrich (cour des Cigognes), bâtie en 1535, avec sa galerie de bois, son vieux puits et son pressoir, la maison Hansi, le Dolder et flâner sur la place des Trois-Églises (l'une d'elles est transformée en habitation). On ne peut tout citer, la liste des trésors serait trop longue... Riquewihr est très connue, très touristique, très animée. L'idéal est de la découvrir plus tranquillement, hors saison.

1 228 habitants, 283 m d'altitude **Accès :** (carte 12) à 15 km N-O de Colmar **À voir :** les musées Hansi, de la Communication, du Dolder et de la Tour des voleurs **Foires, festivités :** marché le vendredi matin ; Carnaval en février (les années impaires) ; marché de Noël en décembre **Hôtels :** *À L'Oriel* (tél. 03.89.49.03.13), hôtel de charme, 22 chambres 69-99 € ; *Le B. Espaces Suites* (tél. 03.89.49.09.09), hôtel de charme, 4 suites 118-198 €, restaurant **Restaurants :** *Auberge du Schoenenbourg* (tél. 03.89.47.92.28) ; *Le Sarment d'Or* (tél. 03.89.86.02.86) ; *La Table du Gourmet* (tél. 03.89.49.09.09), restaurant gastronomique **Mairie** (tél. 03.89.49.09.10) **O. T.** (tél. 03.89.73.23.23).

SEWEN

68290 (Haut-Rhin)

À l'extrémité de la vallée de Masevaux, signalé par la pointe effilée de son clocher du XIIIe siècle, Sewen étire ses maisons entre les eaux de la Doller et celles du Seebach, au pied du ballon d'Alsace. En franchissant le petit pont sur la Doller, on emprunte la rue du Gaessel, puis on redescend sur l'autre rive par la rue de l'Elbach, on traverse la place de l'Église et l'on s'assoit sur les bords de la vieille fontaine surmontée d'une cigogne. L'église, avec son beau retable doré dédié à la Vierge consolatrice des Affligés, est, depuis le XVe siècle, le centre religieux de la vallée et le lieu d'un pèlerinage très ancien. Ce bref parcours permet de goûter au charme des maisons vosgiennes séparées les unes des autres par des jardins. Certaines d'entre elles remontent au XVIIIe siècle et rappellent l'ancienneté de ce village dont le nom est cité dans des documents du XIVe siècle. Ravagé par la peste en 1636, Sewen fut repeuplé ensuite par des immigrés badois et suisses.

535 habitants, 500 m d'altitude **Accès :** (carte 20) à 7 km N-O de Masevaux **Aux alentours :** le lac de Sewen ; la vallée de la Doller et ses lacs **Foires, festivités :** Fête du village à l'Ascension ; fête du Ballon d'Alsace le 15 août ; fête de la Bière les 2 derniers week-ends d'août ; Fête montagnarde au refuge de l'Isenbach le 1er dimanche d'octobre **Mairie** (tél. 03.89.82.00.46).

THANNENKIRCH

68590 (Haut-Rhin)

À un saut de puce de Riquewihr, de ses splendeurs et de ses flots de touristes, voici Thannenkirch que l'on atteint par une petite route en lacets qui grimpe vaillamment la pente d'un vallon boisé. C'est un village tout simple et charmant, blotti au pied du massif du Taennchel, dans un site enchanteur. Entouré de forêts de sapins et de centaines de cerisiers, bien tranquille, au frais l'été – on est déjà en altitude –, le bourg offre un contraste saisissant avec l'agitation de la vallée. Ici, on retrouve la sérénité des jours d'autrefois. On baguenaude de l'épicerie à la poste, on s'attable entre amis à l'*Auberge La Meunière*, on goûte le riesling ou une petite mirabelle au winstub du coin. Ici, pas de monuments extraordinaires, pas d'architecture remarquable classée, juste une minuscule église, des maisons aux toits pentus, des sentiers de randonnée pour parcourir la région. Parfois, on a le bonheur d'apercevoir un chevreuil ou une biche. Les hôtels accueillent comme autrefois les voyageurs. Le *Touring Hôtel* est le plus ancien, il a ouvert en 1926 et appartient toujours à la même famille.

449 habitants, 500 m d'altitude **Accès :** (carte 12) à 23 km N de Colmar **Aux alentours :** le château du Haut-Kœnigsbourg **Foires, festivités :** fête de la Cerise début juillet ; Marche populaire mi-août ; Rassemblement de vieilles voitures fin août ; Fête d'automne début octobre **Hôtels :** *Auberge La Meunière* (tél. 03.89.73.10.47), hôtel de charme, 25 chambres 58-130 €, restaurant ; *Le Touring Hôtel* (tél. 03.89.73.10.01) **Mairie** (03.89.73.10.19).

TURCKHEIM

68230 (Haut-Rhin)

Ancré sur la rive gauche de la Fecht, Turckheim défendait autrefois l'entrée de la vallée de Munster. Entre la porte de France, la porte de Munster et la porte du Brand, la petite cité dessine un vaste triangle bordé de remparts. Elle fit partie de la Décapole, puis devint ville impériale en 1312 et fut fortifiée par Woelflin en 1315. C'est au pied de ses remparts que fut livrée, en 1675, la célèbre bataille qui permit à Turenne d'apporter l'Alsace à la France. De cette prestigieuse période, Turckheim a gardé de nombreux témoignages architecturaux. Colombages, encorbellements, poutres sculptées, vieilles enseignes de vignerons ornent les façades des maisons joyeusement fleuries. La cité est parfaitement restaurée, les rues ont conservé leurs vieux pavés, leurs fontaines et leurs puits anciens. Pour respecter la tradition, le veilleur de nuit passe toujours dans les rues, de mai à octobre. Sur la place Turenne s'élève une jolie demeure à pans de bois, ornée d'un oriel de 1567. À voir plus loin, l'hôtel des Deux Clefs (1583), l'hôtel de ville à pignon Renaissance et l'ancienne mairie à baies tripartites. Turckheim, qui vit essentiellement du tourisme, produit aussi un délicieux vin blanc, le brand. Une visite à ne pas manquer.

3 662 habitants, 235 m d'altitude **Accès :** (carte 12) à 6 km O de Colmar **À voir :** le musée des Combats de la poche de Colmar (ouvert 15 avril-15 octobre) **Aux alentours :** Colmar ; le parc naturel de Schoppenwihr **Foires, festivités :** marché le vendredi matin ; "Ronde du veilleur de nuit" du 1er mai au 31 octobre ; fête du Vin le 1er week-end d'août ; "Noël à Turckheim" en décembre **Hôtels :** *Auberge du Brand* (tél. 03.89.27.06.10), hôtel de charme, 8 chambres 42-86 €, restaurant ; *Hôtel des Deux Clefs* (tél. 03.89.27.06.01), hôtel de charme, 41 chambres 79-149 € **Mairie** (tél. 03.89.27.18.08) **O. T.** (tél. 03.89.27.38.44).

RODEMACK

57570 (Moselle)

Situé à deux pas du grand-duché du Luxembourg et à un jet de pierre de Verdun, Rodemack, seul village médiéval de Lorraine, était au IXe siècle la propriété de l'abbaye de Fulda avant de devenir domaine seigneurial au XIIe siècle. De ce passé demeurent une forteresse du XIVe siècle et d'imposants remparts. On pénètre dans le bourg par la porte de Sierck (XIIIe s.), flanquée de deux tours rondes, pour découvrir des ruelles pittoresques qui ont, en partie, conservé leur cachet ancien. Ici, quel bonheur ! Pas de boutiques de souvenirs et de bimbeloterie à deux sous, mais le plaisir de déambuler au calme en admirant la sobriété de l'architecture. On visite l'église Saint-Nicolas, édifice baroque construit au XVIIIe siècle à l'emplacement d'une église romane. Place des Baillis, on contemple le "Petit Château" (XVIe s., remanié à différentes époques), autrefois résidence des margraves de Bade. En flânant au hasard, on remarque un ancien lavoir, de lourdes portes de bois, des arcades ouvragées à l'entrée des caves, avant d'atteindre la forteresse, très imposante avec ses tours grises et sa redoutable barbacane. On se recueillera ensuite devant la petite chapelle édifiée au XVIIe siècle et l'on profitera de la quiétude du jardin médiéval parsemé de nombreux *bild stochs* (calvaires).

1 200 habitants, 175 m d'altitude **Accès :** (carte 12) à 15 km N de Thionville **À voir :** le parc du château (privé, ouvert le week-end) **Aux alentours :** les églises de Boust et de Breistroff, Mondorff, Roussy-le-Village ; Sierck-les-Bains (15 km) ; le château de Mensberg (22 km) ; la ligne Maginot à Hettange-Grande et à Veckring **Foires, festivités :** marché aux vins des plus beaux villages de France en avril ; marché aux fleurs en mai ; Fête médiévale fin juin-début juillet ; animations musicales le dimanche en juillet-août ; brocante-antiquités en septembre ; marché de Noël médiéval en décembre **Restaurant :** *La Maison des Baillis* (tél. 03.82.51.26.22) **Mairie** (tél. 03.82.83.05.50) **O. T.** (tél. 03.82.51.25.50).

CHÂTILLON-SUR-SAÔNE

88410 (Vosges)

Petit bourg médiéval discret, Châtillon-sur-Saône est bâti sur un promontoire rocheux qui domine la Saône et l'Apance. La cité, ancienne ville forte et siège d'une prévôté du XIVe au XVIe siècle, a conservé de nombreux témoignages de son riche passé. Les ruelles piétonnes sont bordées de maisons anciennes typiquement lorraines avec leurs grandes portes de granges voûtées en berceau, mais on y voit aussi des demeures plus nobles, des hôtels Renaissance élégamment ornés de tourelles, blasons, fenêtres à meneaux. Des plaques fixées aux murs racontent leur histoire. Actuellement, des opérations de rénovation sont en cours pour redonner tout leur éclat à de nombreux bâtiments. Ne manquez pas de voir le Grenier à sel (XVe s.), les maisons du Berger et du Cordonnier (XVIe s.), la Grosse Tour moyenâgeuse et l'hôtel de Sandrecourt ; ce dernier abrite la Maison de pays où l'on trouve tous les bons produits vosgiens. Châtillon-sur-Saône est un village d'une grande homogénéité architecturale, incrusté au cœur d'une belle région.

174 habitants, 250 m d'altitude **Accès :** (carte 19) à 12 km E de Bourbonne-les-Bains **À voir :** les maisons-musées du Berger et du Cordonnier **Aux alentours :** au Thon, le couvent des Cordeliers ; à Jonvelle, les vestiges gallo-romains **Foires, festivités :** "Musée vivant" le 1er dimanche du mois de mai à septembre ; brocante en août **Mairie** (tél. 03.29.07.92.79) **O. T.** (tél. 03.29.07.97.21).

Ce que les Français nomment aujourd'hui Aquitaine fut, pendant plus de deux siècles, la Guyenne, possession anglaise. Géographiquement, elle ne représente plus, en gros, que le bassin de la Garonne, alors qu'avec sa dot, la reine Aliénor d'Aquitaine avait fait un somptueux cadeau à son époux, Henri Plantagenêt. Imaginez : le Poitou, le Limousin, la Marche, l'Auvergne, la Saintonge.
Notre actuelle Aquitaine est une douce région de plateaux et de collines. Son ciel lumineux est parfois chargé des bourrasques de l'Océan, tout proche. Les villages, constitués au Moyen Âge en places de défense, furent bâtis avec les matériaux locaux : pierre noble, dont les couleurs varient du doré périgourdin au blanc quercynois, ou crépi et colombages quand les murs sont faits de matières plus humbles, torchis ou terre, parfois blanchis à la chaux, comme en Pays basque. Le bois entre pour une très large part dans la construction, et l'on reste souvent ébahi devant l'audace des charpentes des halles couvertes et des voûtes d'églises.
Ces villages furent parfois évêchés, places fortes, capitales de région, d'où la grande richesse de l'architecture de ces lieux sinon oubliés, du moins somnolents et nostalgiques de leur passé historique.

BEAUMONT-DU-PÉRIGORD

24440 (Dordogne)

Cette bastide fut fondée en 1272 par Lucas de Thaney, sénéchal du roi d'Angleterre Édouard Ier. Le village était autrefois entouré de remparts dont il ne reste que la porte de Luzier et quelques pans de murs. Sur la place centrale, on a malheureusement détruit au XIXe siècle la halle qui y trônait, seules ses cornières (sept sur les onze originales) ont été conservées. Les rues quadrillent régulièrement l'espace et sont longées de vieilles maisons de pierre dorée, édifiées aux XIIIe-XIVe siècles et aux XVIIe-XVIIIe siècles. L'église romane est l'un des plus beaux exemples d'église fortifiée de la région. Son puissant clocher-tour crénelé, coiffé d'un toit pointu, émerge au-dessus des toitures de tuiles brunes du village. Une deuxième tour est accolée à l'un des angles, et un chemin de ronde (assez mal restauré au XIXe s.) encercle le tout. Sur la façade, admirez la galerie ornée d'une frise de personnages du XIVe siècle et, à l'intérieur, remarquez les belles voûtes gothiques. Tout autour de Beaumont, la campagne paisible est jalonnée d'autres villages et églises romanes à découvrir (des visites guidées sont organisées par l'office de tourisme).

1 160 habitants, 160 m d'altitude **Accès :** (carte 23) à 30 km E de Bergerac **Aux alentours :** Montferrand-du-Périgord, Saint-Avit-Seigneur, Sainte-Croix, Sainte-Sabine, Molières ; le château de Bannes (XIIIe-XVIe s., privé, ne se visite pas) **Foires, festivités :** marché le mardi et le samedi matin ; vide-greniers le lundi de Pâques ; brocante le dernier mercredi de juillet ; nombreuses manifestations en été **Mairie** (tél. 05.53. 22.30.24) **O. T.** (tél. 05.53.22.39.12).

BELVÈS

24170 (Dordogne)

On peut découvrir Belvès dans son ensemble "vu du ciel", car un aérodrome a été aménagé sur son plateau. L'approche par avion permet d'embrasser le massif de la Bessède. On survole les méandres de la Nauze qui navigue vers la Dordogne, puis on voit le bourg, perché sur son éperon : Belvès, le bien-nommé, dont le nom occitan se traduit par "belle vue". C'est vrai qu'il est beau, enserré dans le tracé de ses remparts aujourd'hui disparus, avec ses maisons à tourelles, ses clochers, ses terrasses aux jardins suspendus. Du *castrum* (IXe s.) restent essentiellement deux places autour desquelles s'ordonne la vie de la cité : la place de la Croix-des-Frères avec son couvent des Dominicains (aujourd'hui mairie) coiffé d'un clocher à huit pans, et la place d'Armes avec son beffroi, sa halle en bois. La restauration du village a été entreprise et menée avec succès : l'ancienne maison des Consuls et son beffroi, les tours de l'Hôpital et de l'Auditoire, l'hôtel Bontemps d'époque Renaissance peuvent maintenant être admirés dans toute leur beauté. Belvès reste une place très chrétienne, les villageois se rendant encore fidèlement en pèlerinage à Notre-Dame-du-Capélou, toute proche.

1 536 habitants, 190 m d'altitude **Accès :** (carte 23) à 30 km S-O de Sarlat **À voir :** le musée de la Vielle, le trésor de l'église, les habitations troglodytiques **Aux alentours :** le château de Berbiguières ; Urval **Foires, festivités :** marché le samedi matin, marché gourmand le mercredi soir en juillet-août ; Festival Bach en juillet-août ; brocante le 1er dimanche de juillet ; Fête médiévale le 1er dimanche d'août ; vide-greniers fin août **Hôtels :** *Hôtel Clément V* (tél. 05.53.28.68.80) ; à 7 km, *Les Boudines* (tél. 05.53.29.15.03), maison d'hôtes de charme, 4 chambres 65-90 € **Mairie** (tél. 05.53.31.44.60) **O. T.** (tél. 05.53.29.10.20).

BEYNAC-ET-CAZENAC

24220 (Dordogne)

Ces deux noms sont associés pour la fin des temps, témoins de la lutte sans merci que se livrèrent leurs seigneurs : Beynac, dont l'austère château veille sur les maisonnettes blotties à ses pieds, et Cazenac, l'orgueilleux maître de la formidable citadelle de Castelnaud, dont les ruines défient toujours Beynac. En 1639, le seigneur de Beynac est français tandis que Cazenac, lui, reste fidèle à l'Anglais. Rivaux implacables, ils s'affronteront en d'incessants combats tout au long du Moyen Âge. Le village était autrefois perché sur un à-pic, comblé depuis, mais il donne encore l'impression d'être juché sur un nid d'aigle, en surplomb de la Dordogne dont il fut jadis un port. Son sévère donjon date du XIIIe siècle. Les corps de bâtiment, des XIIIe et XIVe siècles, sont prolongés par un manoir qui a conservé une échauguette du XIVe siècle, mais qui fut vraisemblablement construit au XVe siècle. À l'intérieur, de belles salles, dont la salle des États. La chapelle seigneuriale, avec son magnifique toit de lauzes, est devenue paroisse. Du chemin de ronde, on a le souffle coupé par la grandeur du panorama... et les ruines du château de Castelnaud qui défient toujours Beynac.

516 habitants, 80 m d'altitude **Accès :** (carte 23) à 10 km S-O de Sarlat **À voir :** le parc archéologique **Aux alentours :** promenades en gabarre sur la rivière ; les grottes de Lascaux ; le village de Castelnaud et son château ; l'église de Vézac ; le château des Milandes ; le parc de Marqueyssac, le parc du château de Lacoste **Foires, festivités :** marché de producteurs de pays le lundi matin en été ; feu d'artifice le 15 août **Mairie** (tél. 05.53.31.34.00) **O. T.** (tél. 05.53.29.43.08).

BIRON

24540 (Dordogne)

Biron est une petite merveille médiévale, blottie au pied d'un magnifique château qui appartient toujours à la famille des Gontaut-Biron. Si les parties les plus anciennes ont été construites au XIIe siècle, la forteresse – détruite en grande partie par Simon de Montfort puis lors des sièges de la guerre de Cent Ans – fut très largement modifiée et complétée entre la fin du XVe et le XVIIIe siècle. On admire successivement les remparts, le donjon, les logis, les cours, les terrasses – d'où la vue sur le Périgord est superbe –, qui mêlent harmonieusement des éléments d'architecture romane et Renaissance. La chapelle constitue le trésor du château. Élégante construction du XVIe siècle, elle offre la particularité d'avoir deux nefs juxtaposées l'une au-dessus de l'autre : la nef du seigneur qui ouvre de plain-pied dans la cour du château, et la nef des villageois où l'on pénètre directement par le village. Le petit bourg, en partie enserré dans des remparts, présente de charmantes maisons coiffées de tuiles, égayées de jardinets, disposées autour d'une place avec une halle en bois. Un ensemble au charme raffiné, dont la visite vous ravira (on peut visiter le château à certaines périodes seulement, tél. 05.53.63.13.39).

142 habitants, 150 m d'altitude **Accès :** (carte 23) à 8 km S de Monpazier **À voir :** les tombeaux des seigneurs de Gontaut dans l'église **Aux alentours :** Lacapelle-Biron, Saint-Avit **Foires, festivités :** marché fermier le mercredi matin en juillet-août ; Fête du village le 13 juillet ; concerts au château dans le cadre du Festival de musique du Périgord poupre en juillet-août **Restaurant :** *Auberge du Château* (tél. 05.53.63.13.33) **Mairie** (tél. 05.53.63.06.23).

BOURDEILLES

24310 (Dordogne)

C'est ici que Pierre de Bourdeilles, seigneur de Brantôme et fameux chroniqueur, est né en 1540. Avant cela, Géraud de Maumont, aidé par le roi Philippe le Bel, avait fait du château ancestral une véritable forteresse. Édifié au XIIIe siècle sur les fondations du vieux castel, le bâtiment médiéval, appelé "château neuf", est imposant et austère comme les constructions de son siècle. Il a conservé son donjon octogonal et ses mâchicoulis. Le château Renaissance est dû, lui, à la volonté d'une femme, Jacquette de Montbron, épouse d'André de Bourdeilles et belle-sœur de Brantôme. Sobre et élégant, il abrite toujours un remarquable mobilier. Quant au village, ses maisons de pierres blondes se pelotonnent au pied des remparts. À l'extrémité du promontoire, on admire le pont gothique à avant-becs qui enjambe la Dronne, et un vieux moulin coiffé de tuiles rondes qui s'avançe, comme la proue d'un navire, dans la rivière aux eaux vertes. Le site se révèle dans toute sa beauté depuis le chemin de ronde. Nous devons cependant signaler la présence d'un complexe sportif et d'un camping qui gâchent la perspective, rien n'étant prévu pour les dissimuler à la vue (plantation d'arbres, verdure).

800 habitants, 110 m d'altitude **Accès :** (carte 23) à 10 km S-O de Brantôme **Aux alentours :** le village de Lusignac (25 km) ; le circuit des églises romanes ; le château de Puyguilhem **Foires, festivités :** marché des producteurs de pays le mercredi en été ; "Week-end des peintres" à l'Ascension (les années paires) ; Fête patronale le 1er week-end d'août ; Festival de la Récup' la 2e quinzaine d'octobre ; marché de Noël en décembre **Hôtel :** *L'Ambroisie* (tél. 05.53.04.24.51), maison d'hôtes de charme, 4 chambres 64-71 € **Mairie** (tél. 05.53.03.73.13) **S. I.** (tél. 05.53.03.42.96).

BRANTÔME

24310 (Dordogne)

Au cœur du Périgord vert, nichée dans la très riante vallée de la Dronne, se trouve Brantôme, l'une des cités les plus charmantes de la région. On commence par visiter l'abbaye bénédictine, dont la fondation remonterait à l'an 769, sous le règne de Charlemagne. Saccagée par les Normands, reconstruite au XIe siècle, elle sera profondément remaniée aux XIVe et XVIIIe siècles. Plus loin, érigé sur un roc et isolé de l'église conventuelle, pointe "le plus vieux clocher de France", magnifique exemple d'art roman, qui élève hardiment quatre étages de baies ajourées. On découvre, creusées dans la falaise derrière l'abbaye, des grottes qui étaient utilisées autrefois comme caves par les moines (elles abritent d'intéressantes sculptures du XVIe s.). Tout à côté, les eaux jaillissantes de la fontaine de Saint-Sicaire apporte un joyeux gargouillis. Mais que toutes ces belles choses ne nous fassent pas oublier de flâner sur les bords de la Dronne. Là, le doux paysage de "la Venise du Périgord", cher à Brantôme, se reflète dans les eaux calmes de la rivière : le vieux pont coudé (XVIe s.) aux arches inégales, les maisons anciennes aux jardins fleuris, un pavillon Renaissance aux fenêtres à meneaux... Un seul regret, les voitures envahissantes qui perturbent la tranquillité de la promenade dans la petite cité.

2 070 habitants, 103 m d'altitude **Accès :** (carte 23) à 25 km N de Périgueux **À voir :** le musée Desmoulin dans l'abbaye **Aux alentours :** les châteaux de Puyguilhem, Richemont, Mareuil, l'abbaye de Chancelade **Foires, festivités :** marché le vendredi matin ; marché fermier le mardi matin en été ; Joutes nautiques le vendredi soir en été ; expositions d'avril à fin septembre ; foire de la Saint-Sicaire début mai **Hôtel :** *Le Moulin de l'Abbaye* (tél. 05.53.05.80.22), restaurant gastronomique **Restaurant :** *Au Fil du Temps* (tél. 05.53.05.24.12) **Mairie** (tél. 05.53.05.70.21) **O. T.** (tél. 05.53.05.80.52).

DOMME

24250 (Dordogne)

Domme est une bastide construite sur une falaise abrupte d'où l'on jouit d'une vue splendide sur la vallée de la Dordogne. De par sa position, on l'imaginait imprenable, mais, malheureusement, elle eut à souffrir de nombreux épisodes sanglants. Le plus terrible se déroula en 1592, lorsque M. de Vivans, l'un des plus farouches capitaines huguenots, la ravagea quelques jours seulement avant que la victoire ne revienne aux catholiques. Aujourd'hui, la petite cité, en partie entourée de remparts, est parée pour la visite : les rues sont tirées au cordeau, les maisons s'alignent impeccablement, les murs mordorés se couronnent de fleurs, les toits se couvrent joyeusement de tuiles rondes, et non de lauzes comme à Sarlat. L'ancienne "maison communale" – autrefois lieu de justice du sénéchal qui siégeait dans la grande salle du premier étage – est devenue l'hôtel de ville. Sur la place de la Rode, une très belle demeure périgourdine est fièrement campée, tandis que la maison du Batteur de monnaie expose ses délicates arcades gothiques. La halle du XVIe siècle, appuyée sur de solides colonnes de pierre, soutient un étage bordé d'un balcon à balustrade de bois. On peut aussi visiter l'intéressante grotte dont l'entrée se situe sous la halle.

1 002 habitants, 250 m d'altitude **Accès :** (carte 23) à 12 km S de Sarlat **À voir :** le musée d'Arts et Traditions populaires ; la prison des Templiers **Aux alentours :** nombreux châteaux le long de la Dordogne ; le château de Castelnaud **Foires, festivités :** marché le jeudi matin ; expositions en été ; fête de la Saint-Clair le 1er week-end de juin ; animations diverses d'avril à octobre **Restaurants :** *L'Esplanade* (tél. 05.53.28.31.41), avec chambres **Mairie** (tél. 05.53.28.61.00) **O. T.** (tél. 05.53.31.71.00).

ISSIGEAC

24560 (Dordogne)

Construite au cœur d'une belle campagne agricole vallonnée – ici on cultive la vigne, le blé, les arbres fruitiers –, entre Dropt et Dordogne, Issigeac se love dans le cercle parfait de ses anciens remparts. La petite cité a conservé son caractère médiéval avec ses ruelles étroites et ses maisons qui mêlent harmonieusement la pierre et le bois. Pas d'itinéraires à suivre, vous les découvrirez au hasard de la promenade, mais ne manquez pas d'aller voir, dans la Grand-Rue, la maison des Têtes qui présente des arcades de pierre et des pans de bois décorés de poutres sculptées. Sur la place, admirez l'église bâtie au XVIe siècle par Armand de Gontaut-Biron, évêque de Sarlat, avec son clocher-porche et ses imposants contreforts. Le château des Évêques (siège de la mairie et de l'office de tourisme) fut élevé au XVIIe siècle par François de Salignac, lui aussi évêque de Sarlat, qui en fit sa résidence. Fénelon y habita en 1681. Bordant la place, l'ancienne prévôté (XVIIIe s.) a été construite sur le mur d'enceinte. Remarquez son joli pigeonnier coiffé de tuiles. L'atmosphère est douce dans cette bourgade animée par des ateliers d'artisans – souffleur de verre, doreur sur bois – et par son pittoresque marché fermier du dimanche, où l'on trouve tous les bons produits de la région.

638 habitants, 102 m d'altitude **Accès :** (carte 23) à 20 km S-E de Bergerac **Aux alentours :** le château de Bardou (XVe-XVIIe s. à 7 km) ; Castillonnès (10 km) ; Cahuzac (12 km) **Foires, festivités :** marché le dimanche matin ; Foire aux fleurs début mai ; Journées du disque le 3e week-end de juin ; Foire aux paniers et vanneries le 3e dimanche de juillet ; Foire antiquités-brocante le 1er week-end d'août ; Foire au potiron le 3e week-end d'octobre **Mairie** (tél. 05.53.58.70.32) **O. T.** (tél. 05.53.58.79.62).

LIMEUIL

24510 (Dordogne)

Implanté sur une butte, au confluent de la Vézère et de la Dordogne, Limeuil occupait, jadis, un site stratégique aux frontières de la Guyenne (possession anglaise) et du royaume de France. Le village s'étend, alangui, sur les rives sablonneuses de la rivière, puis monte à l'assaut du roc jusqu'aux vestiges du château et des remparts, dont il ne reste que trois portes fortifiées. Un dédale de ruelles étroites grimpent à flanc de colline, fières de présenter de belles maisons en pierre jaune doré, coiffées de magnifiques toits de tuiles brunes typiques du Périgord noir. On débouche sur la place devant l'église (malheureusement un peu trop restaurée au XIXe siècle), qui a conservé un chœur du XIVe siècle. Un peu à l'écart, on devine les structures de l'ancien château fort. Limeuil est resté tel qu'il était autrefois et mérite que l'on s'y attarde, subjugué par la douceur de vivre qui imprègne tout le paysage. Il faut aussi aller voir, dans la vallée, la petite église romane posée au milieu de son touchant cimetière.

336 habitants, 120 m d'altitude **Accès :** (carte 23) à 37 km S de Périgueux **À voir :** le parc du château **Aux alentours :** les ravissants villages de Paunat (église romane) et de Trémolat ; la route du cingle de Trémolat jusqu'au belvédère de Rocamadou (superbe panorama) ; Les Eyzies-de-Tayac **Foires, festivités :** marché le dimanche matin ; vide-greniers mi-juillet ; Marché des potiers le dernier week-end de juillet ; "Ciel écran" (représentations de spectacles, théâtre, cinéma, opéra) 2 fois par mois **Hôtel :** *Le Moulin Neuf* (tél. 05.53.63.30.18), maison d'hôtes de charme, 5 chambres 89 € **Mairie** (tél. 05.53.63.30.89) **O. T.** (tél. 05.53.63.38.90, en saison).

MONPAZIER

24540 (Dordogne)

Fondée au XIIIe siècle, fort pillée tant par les Français que par les Anglais au cours de la guerre de Cent Ans, la bastide de Monpazier porte les cicatrices de ces luttes. Ainsi, son mur d'enceinte a presque complètement disparu ; il n'en reste qu'une seule tour, conservant à sa base l'orifice d'une canonnière, et trois portes, sur les six d'origine. Durant les guerres de Religion, Monpazier sera mi-huguenote – Jeanne d'Albret y séjournera –, mi-catholique – le futur Henri III la suivra de peu. En 1594, elle est le théâtre d'une révolte paysanne dont le nom est resté célèbre, la "révolte des croquants". Aujourd'hui, la Grand-Place somnole, ses maisons ventrues semblent vouloir réchauffer leurs pierres dorées au capricieux soleil de Guyenne. Impeccable quadrilatère, elle est cernée par des cornières et fermée par de belles demeures médiévales. Le clocher trapu de l'église se détache à l'arrière. Bordant la place sur un côté, une halle à charpente compliquée abrite encore les vieilles mesures à grain. Si l'on ne doit voir qu'une bastide, c'est elle qu'il faut choisir : bastide entre les bastides, parfaite de proportions, elle est, en effet, dans un état de conservation étonnant.

535 habitants, 120 m d'altitude **Accès :** (carte 23) à 45 km E de Bergerac **À voir :** l'Atelier des Bastides **Aux alentours :** le château de Biron ; les ravissants villages de Montferrand, Saint-Avit, Molières, Beaumont **Foires, festivités :** marché le jeudi matin ; Foire aux fleurs en mai ; brocante en juin et août ; vide-greniers en juillet et septembre ; Fête médiévale et fête du Livre en juillet **Hôtel :** *Hôtel Edward Ier* (tél. 05.53.22.44.00), hôtel de charme, 10 chambres 68-122 €, restaurant **Mairie** (tél. 05.53.22.60.38) **O. T.** (tél. 05.53.22.68.59).

MONTFERRAND-DU-PÉRIGORD

24440 (Dordogne)

Montferrand est un minuscule village aux maisons lovées sur le flanc d'une verdoyante colline. Il se niche dans la paisible vallée de la Couze, en complète harmonie avec la nature environnante. Ses logis moyenâgeux se parent de pierre ocre, se coiffent de tuiles brunes ; les murets débordent de fleurs, des treilles courent le long des façades, l'ambiance est champêtre. On remarque, çà et là, les tourelles pointues et les belles galeries des demeures Renaissance. On admire la halle du XVIe siècle qui s'appuie sur de solides piliers de pierre (notez le pilier carré ou était fixé jadis le pilori) et, plus loin, on s'arrête devant les restes du château fort (XIIe-XIVe s.) qui dominait autrefois le bourg. La tour-donjon a encore belle allure avec ses murs épais et donne une idée de l'ancienne puissance de la forteresse érigée par les seigneurs de Biron. On contemple la vue sur la vallée et la rivière, puis on rejoint la chapelle romane Saint-Christophe qui se dresse au milieu du cimetière. À l'intérieur, on s'émerveille devant les rares fresques polychromes (XIIe-XIVe s.) qui ont été peintes sur les murs et les voûtes. Un village attachant, qui a conservé son charme et sa tranquillité d'autrefois.

184 habitants, 200 m d'altitude **Accès :** (carte 23) à 40 km S-E de Bergerac **Aux alentours :** l'église romane de Sainte-Croix ; le village de Molières ; l'église (XVe s.) de Saint-Avit-Seigneur **Foires, festivités :** vide-greniers en avril ; Fête du village et vide-greniers le dernier week-end de juillet **Mairie** (tél. 05.53.63.24.60).

LA ROQUE-GAGEAC

24250 (Dordogne)

Ce petit joyau du Moyen Âge est resté intact, épargné par le temps, les guerres et la fureur des hommes. L'Histoire ne nous conte ni prises, ni sièges, ni démantèlement. La Roque-Gageac, blotti au pied de sa falaise, possède un château et un manoir, une forêt touffue de chênes verts qui joue avec les méandres de la Dordogne – la belle rivière sertie de tant de merveilles du passé –, et des maisons ocrées, dorées, aux hauts toits de lauzes ou de tuiles brunes. Les habitations se pressent le long de la rue principale qui borde le fleuve, et, comme aucun pont ne saute sur l'autre rive, elles grimpent à l'assaut des hauteurs, s'accrochant à la solide falaise (illuminée le soir), la faisant presque ressembler à un étrange château fort, tant sa masse est structurée. Perchée sur le roc, l'église a été bâtie aux XVIe-XVIIe siècles. Montaigne disait : "Si on me presse de dire pourquoi je l'aimais, je sens que cela ne peut s'exprimer qu'en répondant : parce que c'était lui". En effet, on ne peut résister au charme de ce petit village adorable qui, comme sa voisine Domme, est classée parmi les plus beaux villages de France.

448 habitants, 80 m d'altitude **Accès :** (carte 23) à 12 km S de Sarlat **À voir :** le Jardin exotique dans les rues du village **Aux alentours :** promenade en gabarre sur la rivière ; la vallée de la Dordogne et ses châteaux ; Sarlat ; le parc de Marqueyssac ; le château des Milandes **Foires, festivités :** marché des producteurs de pays le vendredi matin de mai à septembre ; Fête du village le 2e week-end d'août ; Marché des gourmands et des gourmets le 3e week-end d'août ; brocante en septembre **Restaurants :** *La Belle Étoile* (tél. 05.53.29.51.44), avec chambres ; *Auberge La Plume d'Oie* (tél. 05.53.29.57.05), avec chambres **Mairie** (tél. 05.53.29.51.52) **O. T.** (tél. 05.53.29.17.01).

SAINT-AMAND-DE-COLY

24290 (Dordogne)

Une pittoresque petite route conduit jusqu'aux abords d'un vallon où l'on découvre la plus belle église fortifiée du Périgord. Lové à ses pieds, le charmant village de Saint-Amand-de-Coly offre le spectacle de vieilles maisons de pierre blonde coiffées de toits de lauzes, d'un puits et d'un vieux presbytère qui abrite des expositions en été. Mais revenons vers l'église abbatiale, magnifique construction de pierre jaune ocre du XIIe siècle, aux toitures de lauzes. On y accède par une porte fortifiée percée dans les remparts, et l'on est impressionné par l'imposante tour (21 m de haut), les hauts murs et le portail à triple voussure. L'intérieur est d'une émouvante simplicité : nef élancée, transept surmonté d'une coupole, chœur voûté d'ogives. Des détails originaux complètent la construction, renforçant la défense de l'église en cas d'attaque ennemie : escaliers dérobés dans les piliers, meurtrières percées dans la coupole, passage secret contournant le chœur. Le bourg est tranquille mais bien vivant, car des artisans y sont installés. À trois kilomètres, on peut aussi rejoindre le petit village de Coly, assoupi au bord d'une rivière, rassemblé autour de son église (XIIe s.) à clocher-mur, restauré au XVIe siècle, et des ruines du château des anciens abbés de Saint-Amand.

390 habitants, 165 m d'altitude **Accès :** (carte 23) à 26 km N de Sarlat **À voir :** la Maison du patrimoine (en été) ; visite guidée de l'abbaye (sur RV voir Infos) **Aux alentours :** le château de la Filolie (privé) ; les hameaux d'Asplat et Lasserre, les grottes de Lascaux ; Sarlat **Foires, festivités :** marché le mardi soir en juillet-août ; concert dans le cadre du Festival de musique classique du Périgord noir en août ; Fête du village et messe de la Saint-Hubert le 15 août ; "Saveurs de l'automne" (marché aux noix, châtaignes et truffes) début novembre **Hôtel :** à Coly (3 km), *Manoir d'Hautegente* (tél. 05.53.51.68.03), hôtel de charme, 17 chambres 95-250 €, restaurant **Mairie** (tél. 05.53.51.47.85) **Infos** (tél. 05.53.51.04.56, en été et vacances scolaires).

SAINT-GENIÈS

24590 (Dordogne)

Juste un peu à l'écart de la route qui va de Montignac à Sarlat, Saint-Geniès surgit, comme par magie, en contrebas du chemin, bien abrité sous ses toits de lauzes, les reflets gris-beige des toitures se mariant merveilleusement aux tonalités verdoyantes de la nature environnante. Les maisons périgourdines du bourg remontent aux XIIe et XIVe siècles et sont contruites de belle pierre blonde. Elles encadrent un vieux donjon, vestige de l'ancien château des seigneurs de Gontaut. Mais le joyau du village est, incontestablement, l'église romane, coiffée de lauzes, agrémentée d'un clocher-porche fortifié du XVIe siècle. À l'intérieur, de délicates colonnettes à chapiteau sculpté soutiennent les arcs de l'abside. Il reste à voir le château des XVe et XVIIe siècles, puis, tout contre l'église, la chapelle gothique du Cheylard qui contient d'admirables fresques. N'oubliez pas de jeter un œil aux bories disséminés dans la campagne. Ces cabanes de pierres sèches, servaient autrefois d'abris aux bergers.

842 habitants **Accès :** (carte 23) à 13 km N de Sarlat **Aux alentours :** Saint-Crépin ; Salignac et son château **Foires, festivités :** marché le dimanche matin, le mercredi soir en juillet-août ; Foire le lundi de Pâques ; Fête du village mi-août ; marché de Noël en décembre **Hôtels :** à Coly (16 km), *Manoir d'Hautegente* (tél. 05.53.51.68.03), hôtel de charme, 17 chambres 95-250 €, restaurant ; à Sarlat (15 km), *Château de Puymartin* (tél. 05.53.59.29.97), maison d'hôtes de charme, 2 chambres 120 € **Mairie** (tél. 05.53.28.98.70).

SAINT-JEAN-DE-CÔLE

24800 (Dordogne)

Le bourg est traversé par la Côle, charmante et capricieuse rivière qui s'en va grossir la Dronne. Une délicieuse vieille rue, bordée de maisons à colombages, amène le visiteur jusqu'à la place dominée par le, ou plutôt, les châteaux de la Marthonie. L'ensemble est constitué d'un manoir féodal à tours crénelées, soudé à un pavillon, plus bas, datant du XVIIIe siècle. À quelques pas, une antique halle rustique s'appuie au chevet de l'église, très belle œuvre romano-byzantine, en forme plutôt inhabituelle de trèfle. Plus loin, on aperçoit le cloître Renaissance de l'ancien prieuré du XVIIe siècle depuis les bords de la rivière, enjambée par un pont en dos d'âne à avant-becs. À ses côtés se dresse la "Maison à colonnes", ancien logis du meunier. Saint-Jean-de-Côle est une exquise découverte, comme on en fait tant en Périgord. Les ocres des pierres, le brun des petites tuiles des toitures, les jeux de lumière du soleil dans les eaux miroitantes de la rivière forment un décor si harmonieux que le village mérite une mention spéciale : visite à ne pas manquer.

339 habitants, 140 m d'altitude **Accès :** (carte 23) à 7 km O de Thiviers **Aux alentours :** le château de Puyguilhem ; les grottes de Villars ; Thiviers pour ses marchés (foie gras, truffes) **Foires, festivités :** Floralies fin avril-mai ; vide-greniers en juin ; fête de la Saint-Jean fin juin ; expositions de juillet à septembre ; concerts à l'église en juillet-août **Hôtel :** à Saint-Pierre-de-Côle (6 km), *Doumarias* (tél. 05.53.62.34.37), maison d'hôtes de charme, 4 chambres 70 € **Mairie** (tél. 05.53.62.30.21) **S. I.** (tél. 05.53.62.14.15).

SAINT-LÉON-SUR-VÉZÈRE

24290 (Dordogne)

Ce lieu a été habité dès les temps préhistoriques car les grottes et cavernes de la vallée formaient de parfaits abris naturels pour nos lointains ancêtres. Dans le village, il règne un charme tout particulier dû à la fois à l'empreinte de son passé millénaire et à l'atmosphère bucolique procurée par la chaude couleur ocre des maisons – simplement et joliment rénovées – se mêlant aux verts tendres de la végétation et aux tons changeants de la Vézère. L'église romane à coupole a été merveilleusement restaurée (on y donne des concerts en été). Au cœur du bourg, le château de La Salle n'a conservé qu'un donjon flanqué d'une tour ventrue, alors que le château de Clérans (XVIe s.) arbore toujours son chemin de ronde à mâchicoulis et ses toit de lauzes. Dans le cimetière, d'intéressantes niches funéraires et une très belle chapelle expiatoire du XVIe siècle sont à admirer. Vous pourrez ensuite faire une halte au restaurant *Le Petit Léon* (ouvert en été seulement) installé face au donjon, avant de gagner, à deux pas, le château de Chabans qui date des XVIe et XVIIe siècles. Saint-Léon est une vraie merveille et l'un des plus jolis villages de la vallée.

419 habitants, 70 m d'altitude **Accès :** (carte 23) à 35 km N-O de Sarlat **Aux alentours :** les grottes de Lascaux ; la vallée de la Vézère ; le château de Losse (XVIe s.) ; Fanlac (8 km) ; Les Eyzies-de-Tayac **Foires, festivités :** marché le dimanche matin en été ; brocante et vide-greniers le 1er dimanche de juillet ; Fête du village le 2e dimanche d'août ; Festival musical du Périgord noir en août ; marché de Noël en décembre **Hôtels :** aux Eyzies-de-Tayac (15 km), *Les Glycines* (tél. 05.53.06.97.07), hôtel de charme, 17 chambres 92-162 €, restaurant ; *Le Moulin de la Beune* (tél. 05.53.06.94.33), hôtel de charme, 20 chambres 61-79 €, restaurant **Restaurant :** *Le Petit Léon* (tél. 05.53.51.18.04) **Mairie** (tél. 05.53.50.73.16).

SARLAT-LA-CANÉDA

24200 (Dordogne)

Sarlat s'est édifié au VIIIe siècle autour d'un monastère bénédictin. Le vieux Sarlat, autrefois cerné de remparts, a gardé de son riche passé de splendides maisons et monuments des XVe-XVIIe siècles en belle pierre blonde, coiffés de lauzes. Portes et fenêtres Renaissance, échauguettes, tours crénelées, toits pointus, vieux pavage, on est transporté en plein Moyen Âge ! On peut commencer la promenade par la place du Peyrou pour admirer la cathédrale (XVIe-XVIIe s.), la chapelle des Pénitents, la Lanterne des Morts et la maison natale (XVIe s.) de La Boétie. On emprunte la rue Landry où se trouve le Présidial, puis la rue Fénelon jusqu'à l'hôtel de ville et la place de la Liberté où se tient le pittoresque marché. On est ébloui par toutes ces beautés d'antan. On regarde les façades décalées de l'hôtel de Malevile (XVIe s.), avant d'arpenter l'exceptionnelle rue des Consuls bordée d'hôtels des XIVe et XVIIe siècles, tous plus beaux les uns que les autres. On terminera la promenade sur "l'autre rive" de la rue de la République, moins aristocratique. On prendra la rue des Armes pour jeter un coup d'œil à la chapelle des Récollets (XVIIe s., musée d'Art sacré) et aux deux anciennes tours de garde. La visite de cet inestimable trésor d'architecture, conservé presque intact depuis des siècles, est incontournable et inoubliable.

10 500 habitants, 173 m d'altitude **Accès :** (carte 23) à 25 km O de Souillac **Aux alentours :** les jardins de Marqueyssac et du château d'Eyrignac ; le château de Commarque **Foires, festivités :** marché le mercredi matin et le samedi ; brocante le dernier dimanche du mois ; fête de la Truffe le 3e dimanche de janvier ; fête de l'Oie le 3e dimanche de février ; Journées du terroir à l'Ascension ; "La Ringuetta" (jeux d'antan) à la Pentecôte (les années paires) ; Festival de théâtre fin juillet-début août ; "Dessine-moi Sarlat" le 2e dimanche de septembre ; Festival du film début novembre **Hôtels :** *La Maison des Peyrat* (tél. 05.53.59.00.32), hôtel de charme, 10 chambres 55-100 € ; à 6 km, *La Roche d'Esteil* (tél. 05.53.29.14.42), maison d'hôtes de charme, 5 chambres 64-98 € **Mairie** (tél. 05.53.31.53.31) **O. T.** (tél. 05.53.31.45.45).

VILLEFRANCHE-DU-PÉRIGORD

24550 (Dordogne)

Villefranche a été fondée en 1261 par Alphonse de Poitiers, frère de Saint Louis. C'est une bastide qui a conservé son plan régulier, ses rues se coupant à angle droit. Elle fut, jadis, l'objet de multiples convoitises et donc de nombreux combats et pillages. Aujourd'hui, on la découvre paisiblement installée au creux de collines verdoyantes où coule une rivière. Aucune trace des anciens remparts qui la protégeaient autrefois ; seule une tour, la tour des Consuls, persiste à signaler l'ancienne puissance du bourg. À l'intérieur, des maisons médiévales, appuyées de guingois sur des arcades, encadrent une halle imposante à piliers de pierre où se tient le marché. Ici une tourelle, plus loin un détail de linteau sculpté indiquent le raffinement des artistes bâtisseurs de l'époque et témoignent de la prospérité de la cité. Tout autour de Villefranche, la forêt occupe une large place, châtaigniers, pins et chênes abondent, alimentant les nombreuses scieries et parqueteries qui ont fait la richesse de la région. Une Maison du châtaignier, aménagée dans la plus ancienne demeure du bourg, invite à découvrir les productions locales traditionnelles que l'on peut aussi acheter lors des nombreux marchés qui animent la ville.

811 habitants, 220 m d'altitude **Accès :** (carte 23) à 41 km N-O de Cahors **À voir :** la Maison du châtaignier ; le musée des Traditions périgourdines (en été) **Aux alentours :** le château de Bonaguil ; la chapelle de Besse **Foires, festivités :** marché le samedi matin ; Salon des antiquaires le 3e week-end d'août ; Festival de bandas le 1er week-end de septembre ; marché du champignon en saison ; marché de la châtaigne en septembre-octobre ; fête de la Châtaigne et du Champignon le 3e week-end d'octobre **Hôtel :** *La Petite Auberge* (tél. 05.53.29.91.01), avec chambres **Mairie** (tél. 05.53.29.91.44) **O. T.** (tél. 05.53.29.98.37).

RIONS

33410 (Gironde)

Nous sommes dans le val de Garonne, le pays de la vigne. Ici, elle est partout, elle escalade les collines, se love dans le creux des vallons, ne s'arrêtant qu'au bord du fleuve ou aux portes des villages. Rions était autrefois un petit port sur la Garonne. Situé à la frontière du duché d'Aquitaine et du royaume de France, il se dote d'un château et se fortifie au XIIe siècle pour se protéger des convoitises tour à tour anglaises et françaises. Détruite puis reconstruite au XIVe siècle, sa puissante enceinte enserre toujours le village. On y pénètre par la massive porte du Lhyan qui a conservé ses créneaux et ses imposantes défenses. On flâne au hasard dans les ruelles bordées de maisons de pierre qui ont gardé un petit côté aristocratique, on traverse des placettes ombragées embellies l'une par l'église Saint-Seurin (XIIe-XIVe s.), l'autre par la halle. Rions a conservé d'autres vieilles tours, une belle demeure du XVIIe siècle, le Clos des remparts, une autre du XVIIIe siècle, la maison Salin, mais ce qu'on aime surtout, c'est musarder sur le chemin des Grands Vins au pied des remparts, face à la rivière. L'atmosphère y est champêtre et l'on y trouve une grotte où, dit-on, Charles VII se serait arrêté après la bataille de Castillon en 1453. Et puis, on n'oublie pas de goûter les grands vins du cru, premières côtes-de-bordeaux, et les fameuses aloses, ces petits poissons qui remontent la Garonne au printemps, et que l'on pêche dans de vastes filets carrés suspendus à une sorte de canne.

1 520 habitants, 50 m d'altitude **Accès :** (carte 22) à 31 km S-E de Bordeaux **Aux alentours :** Cadillac, les églises et châteaux de Loupiac, Sainte-Croix-du-Mont, Capian, Cambes, Langoiran **Foires, festivités :** "Rions sur scène" le 1er week-end de juillet **Hôtels :** à Villenave-de-Rions (3,5 km), *Les Batarelles* (tél. 05.56.72.16.08), maison d'hôtes de charme, 4 chambres 55-65 € ; à Lestiac (5 km), *Les Logis de Lestiac* (tél. 05.56.72.17.90), maison d'hôtes de charme, 5 chambres 80-95 € **Mairie** (tél. 05.56.62.60.53).

SAINT-ÉMILION

33330 (Gironde)

Saint-Émilion doit ses lettres de noblesse à ses vins de renommée mondiale. En 27 avant notre ère, la vigne était déjà cultivée sur ces collines. Son nom lui vient du moine Emilianus qui, au VIIIe siècle, fonda un monastère dans des grottes naturelles proches de la cité et y édifia la première église. Au XIIe siècle, la bourgade établie autour du prieuré s'agrandit. Elle se renforce de murs percés de six portes, flanqués de tours et de barbacanes. De l'enceinte fortifiée, il ne reste aujourd'hui que la tour du Roi et la tour du Guetteur, mais l'on peut toujours contempler l'église monolithe dans la ville basse, et la collégiale (XIIe-XVIe s., cloître du XIVe s.) dans la ville haute, qui ont été heureusement conservées intactes. À voir aussi, les ruines romantiques du couvent des Jacobins et ses grandes murailles, et le couvent des Cordeliers (XVIe s.). Après avoir admiré toutes ces merveilles, on ne résiste pas au charme de la place du Marché aux pavés de guingois. On se chauffe au soleil à l'une des terrasses de restaurants installés là au coude à coude, on lève le nez sur les hautes maisons de pierres chapeautées de tuiles rousses... On est séduit. Un exceptionnel ensemble architectural, amoureusement préservé et entretenu par ses habitants, serti dans l'écrin précieux de son vignoble.

200 habitants, 76 m d'altitude **Accès :** (carte 22) à 39 km E de Bordeaux **À voir :** le logis de Malet **Aux alentours :** le circuit des Combes dans le vignoble, visite des chais et des châteaux **Foires, festivités :** marché le dimanche matin ; "Les Grandes Heures", dégustation de vins et concerts toute l'année ; "Les Collégiades", concerts d'orgue de mars à novembre ; Portes ouvertes des châteaux viticoles le 1er week-end de mai ; "La Jurade" avec jugement du vin nouveau le 3e dimanche de juin et ban des vendanges le 3e dimanche de septembre ; Nuit du patrimoine le 3e samedi de septembre avec feu d'artifice ; Salon des artisans d'art fin septembre-début octobre ; marché gourmand mi-octobre **Hôtel :** à Sainte-Radegonde (20 km), *Château de Sanse* (tél. 05.57.56.41.10), hôtel de charme, 12 chambres 100-165 €, restaurant **Mairie** (tél. 05.57.24.72.09) **O. T.** (tél. 05.57.55.28.28).

SAINT-MACAIRE

33490 (Gironde)

La petite cité médiévale doit son nom à Makarios, moine qui évangélisa la région au IVe siècle. Jusqu'au XVIIIe siècle, la Garonne coulait au pied des remparts (XIIe s.), et un port actif faisait la richesse des habitants qui construisirent les belles demeures gothiques et Renaissance que l'on peut toujours contempler aujourd'hui. L'enceinte médiévale a conservé ses trois portes. Au sud, l'église Saint-Sauveur (XIIe-XIVe s.), bâtie sur un plan en forme de trèfle, possède une abside romane et un porche du XIIIe siècle (à l'intérieur, magnifiques fresques de l'Apocalypse, statues, tableaux). On flâne dans les ruelles en admirant la Maison de pays (XVIe s.), l'ancien musée de la Poste (XVIe s.) et la si charmante place du Mercadiou, encadrée de logis appuyés sur des arcades. Ils arborent des murs de pierres claires qui chatoient au soleil, des fenêtres à meneaux, des niches, se coiffent de tuiles rosées... c'est un rêve, un moment de pur bonheur pour le promeneur amoureux des vieilles pierres ! Vieilles pierres qui ont retrouvé leur beauté d'origine grâce à l'ancien maire, Jean-Marie Billa, amoureux de sa ville, qui a su motiver les habitants pour qu'ils "réinvestissent" leur cité fortifiée et lui redonnent vie. Mais n'oublions pas les plaisirs plus charnels. La vigne pousse depuis toujours sur les coteaux alentour, produisant un délicieux vin blanc liquoreux côtes-de-bordeaux-saint-macaire, à goûter absolument (mais avec modération). Décidément, voici un pays béni des dieux !

1 656 habitants, 25 m d'altitude **Accès :** (cartes 22-29) à 45 km S-E de Bordeaux **Aux alentours :** le domaine de Malagar (ancienne propriété de François Mauriac) ; la basilique de Verdelay (XVIIe s.) ; le château de la Rochetaillade **Foires, festivités :** marché le jeudi matin ; marché des producteurs de pays le vendredi soir 2 fois en juillet et en août ; Balade nocturne début août ; Fête médiévale le dernier week-end d'août **Hôtel :** *Les Feuilles d'Acanthe* (tél. 05.56.62.33.75), hôtel de charme, 11 chambres 80-110 € **Restaurant :** à Langon, *Claude Darroze* (tél. 05.56.63.00.48), restaurant gastronomique, avec chambres **Mairie** (tél. 05.56.63.03.64) **O. T.** (tél. 05.56.63.32.14).

SAUVETERRE-DE-GUYENNE

33540 (Gironde)

L'Entre-Deux-Mers, région située entre deux rivières, la Garonne et la Dordogne, est composé de coteaux vallonnés parsemés de vignes, de prairies et de forêts. Niché dans ce paisible paysage, on découvre côté est, Sauveterre, une bastide autrefois cernée de remparts dont il ne reste que quatre portes fortifiées (appelées "portaux" ou "portalais") édifiées au XIVe siècle aux quatre points cardinaux. Le village aurait été fondé au Xe siècle autour d'un prieuré bénédictin. Au XIIIe siècle, il sera vendu au souverain anglais, duc d'Aquitaine, qui décidera de créer une bastide et accordera un certain nombre de privilèges à ses habitants. Sauveterre restera anglaise jusqu'en 1320, avant de redevenir française en 1451. On admire aujourd'hui avec plaisir la grande place carrée bordée de couverts (XIVe s.) à arcades sur lesquelles s'appuient les habitations, ces pittoresques maisons aux murs quadrillés de pans de bois. C'est là que se tient le marché, le mardi matin. Dans un des angles, la massive église Notre-Dame à contreforts et clocher-tour, remaniée à différentes époques, a été en grande partie reconstruite au XIXe siècle.

1 821 habitants, 150 m d'altitude **Accès :** (carte 22) à 49 km S-E de Bordeaux **Aux alentours :** l'abbaye de Blasimon ; le moulin-musée de Gornac ; le minuscule village de Castelmoron-d'Albret (7 km) ; l'église de Castelvieil à portail roman ; le domaine bordelais Château Yquem **Foires, festivités :** marché le mardi matin ; fête de la Vigne et de la Gastronomie le dernier week-end de juillet ; Journées médiévales le 3e week-end d'août ; brocante et Journée des vendanges 1900 le 3e dimanche de septembre ; marché de Noël le 1er dimanche de décembre **Mairie** (tél. 05.56.71.50.43) **O. T.** (tél. 05.56.71.53.45).

LA BASTIDE-D'ARMAGNAC

40240 (Landes)

Cette ancienne bastide fut fondée en 1291 par le comte d'Armagnac, Bernard IV. Autour de la belle et vaste place Royale (dont Henri IV se serait inspiré pour créer la place des Vosges à Paris), les pittoresques maisons anciennes, en pierres ou à colombages, se répartissent harmonieusement, bien appuyées sur leurs arcades. Elles se fardent de crépis jaunes ou rosés, de volets de couleurs, comme pour faire des clins d'œil au soleil. Des treilles partent à l'assaut des murs. Au printemps, c'est magnifique, les maisons sont fleuries et les habitants sortent tables et chaises pour profiter de la douceur du climat à l'ombre des couverts. L'église de La Bastide, un peu massive, est du XVe siècle. On se promène dans les ruelles – les "carrerots" comme l'on dit dans le coin – pour découvrir, ici, la Maison capitulaire (la plus ancienne du village), là, un lavoir (XIVe s.) et, plus loin, une jolie fontaine. Aujourd'hui, les anciens fossés qui ceinturaient le village sont occupés par des jardins. Un village qui vit au rythme des saisons, resté authentique et bien vivant.

715 habitants, 94 m d'altitude **Accès :** (carte 29) à 30 km N-E de Mont-de-Marsan **Aux alentours :** le château du Prada (XVIIIe s.) ; l'écomusée de l'Armagnac ; à 2 km la chapelle (XIe s.) du quartier de Géou et sa Maison du cycliste ; à 4 km Saint-Justin (bastide du XIIIe s.) ; nombreux chais d'armagnac à visiter chez des particuliers **Foires, festivités :** "Terroir et traditions" fin mai-début juin ; fête de la Saint-Jean fin juin ; concours de peinture et vide-greniers le 1er week-end d'août ; exposition artisanale en septembre ; fête des Vendanges le dernier samedi d'octobre ; marché de Noël le 1er dimanche de décembre **Mairie** (tél. 05.58.44.81.06) **O. T.** (tél. 05.58.44.67.56).

HASTINGUES

40300 (Landes)

Hastingues, petite bastide fièrement campée sur une butte, fut créée au XIIIe siècle par le sénéchal de Gascogne, John Hastings, sur décision d'Édouard Ier, duc d'Aquitaine et roi d'Angleterre. Elle domine la belle et florissante vallée des Gaves réunis. Côté rivière, on ne voit pas grand-chose, juste quelques demeures couronnées d'un château, construit au XVIIe siècle mais largement remanié ensuite. Il faut prendre la peine de contourner la colline pour découvrir la beauté et le charme préservé du village. De ses anciennes fortifications, il n'a conservé qu'une porte au sud-ouest, mais on peut toujours admirer ses ravissantes maisons des XVe et XVIe siècles rangées au bord de ruelles pavées, la large rue centrale aux demeures bien ordonnancées et la jolie place de l'église, mignonne et tranquille. La mairie, quant à elle, est installée dans la maison Borda, bâtie aux XVe-XVIe siècles, très restaurée. La végétation pousse librement dans le village et, de-ci de-là, des poules picorent paisiblement. Une bastide de charme, un petit bijou authentique et méconnu.

462 habitants, 80 m d'altitude **Accès :** (carte 29) à 4 km S de Peyrehorade **À voir :** l'abbaye d'Arthous (XIIe s.) et le Centre départemental du patrimoine **Aux alentours :** Sorde-l'Abbaye ; les églises de Port-de-Lanne et de Cagnotte ; Peyrehorade, son château et les Gaves réunis, le village de Bidache et son château **Foires, festivités :** marché le mercredi matin à Peyrehorade ; Festival de céramique à l'abbaye d'Arthous le week-end de la Pentecôte ; Festival des abbayes (musique) en juin ; "Parade des cinq sens" le 14 Juillet ; "Au fil de l'Orthe", spectacle historique et son et lumière début août dans le canton ; "Nuits d'été en pays d'Orthe" (musique) en août **Mairie** (tél. 05.58.73.68.66) **O. T.** du pays d'Orthe (tél. 05.58.73.00.52).

MONFLANQUIN

47150 (Lot-et-Garonne)

Fondée en 1256 par Alphonse de Poitiers, frère de Saint Louis, cette bastide "flanquée" sur sa montagne résista, dans le passé, à de multiples attaques anglaises. La population était nombreuse, l'artisanat prospère : tanneries, moulins à papier, ateliers de tissage florissaient. Mais les guerres de Religion mirent ensuite Monflanquin à rude épreuve, le couvent des Augustins et l'église furent attaqués et brûlés. Au XVIIIe siècle, la cité connut un court répit, une ère de prospérité jusqu'à la Révolution et l'exode rural, inexorable, qui s'ensuivit. Aujourd'hui, les habitants sont plus que jamais attachés à leur village qu'ils veulent réveiller. Plus d'un villageois vous proposera de monter au "cap del Pech", d'où l'on domine la vallée de la Lède, de passer par l'église, dont la façade est, hélas, remaniée, ou de pénétrer dans la bastide ordonnancée autour de la belle place des Arcades, dont la halle fut malheureusement démolie en 1830. Restent une belle maison à colombages et, déployés en parallèles, comme dans toute bastide, les "carrérots" pittoresques. Des visites sur le thème de "Janouille la fripouille" sont organisées en été.

2 480 habitants, 181 m d'altitude **Accès :** (carte 23) à 17 km N de Villeneuve-sur-Lot **À voir :** le musée des Bastides **Aux alentours :** Gavaudun ; l'église romane de Saint-Sardos ; le musée Bernard-Palissy à Saint-Avit **Foires, festivités :** marché le jeudi matin toute l'année, le mardi et le dimanche matin en juillet-août ; Foire aux vins et fromages le 8 mai ; Foire antiquités-brocante les 13-14 juillet ; Soirées de musique baroque fin juillet ; Journées médiévales mi-août ; Foire aux produits régionaux et artisanaux fin août-septembre ; fête de la Saint-André début décembre **Mairie** (tél. 05.53.36.40.05) **O.T.** (tél. 05.53.36.40.19).

PENNE-D'AGENAIS

47140 (Lot-et-Garonne)

Perchée en nid d'aigle sur un coteau dominant le Lot, la cité médiévale eut à subir, au cours des siècles, de nombreux assauts guerriers, ceux des Vandales, des Goths, des Normands et, plus tard, au XVIIe siècle, les atrocités des guerres de Religion. Du château fort bâti sur le rocher par Richard Cœur de Lion, il ne reste que des ruines, mais Penne a conservé de sa splendeur passée de belles maisons, certaines du XVIe siècle, dont on admire les murs de pierres ou de briques roses récemment restaurés. La mairie est installée dans une fort belle demeure à double porche. Des jardinets, des bacs remplis de fleurs agrémentent la promenade le long des ruelles escarpées, parfois entrecoupées d'escaliers. Tout en haut, la basilique moderne de Notre-Dame-de-Peyragude veille sur la cité. Depuis ce promontoire, la vue sur la vallée du Lot est splendide. Le village est très vivant, de nombreux artisans y ont élu domicile et la municipalité organise des festivités durant l'été.

2 400 habitants, 217 m d'altitude **Accès :** (carte 30) à 9 km O de Villeneuve-sur-Lot **Aux alentours :** le circuit des bastides ; les grottes et le zoo préhistorique de Fontirou ; le château de Bonaguil ; le ravissant village de Pujols (3 km S de Villeneuve-sur-Lot) **Foires, festivités :** marché le dimanche matin à Port-de-Penne (1 km) ; Foire à la tourtière le 2e dimanche de juillet ; marché de Noël en décembre **Restaurants :** à Pujols, *Auberge Lou Calel* (tél. 05.53.70.46.14) ; *La Toque Blanche* (tél. 05.53.49.00.30), restaurant gastronomique **Mairie** (tél. 05.53.36.25.25) **O. T.** (tél. 05.53.41.37.80).

POUDENAS

47170 (Lot-et-Garonne)

Poudenas est un ravissant village ancien, posé à l'orée de la forêt landaise, au cœur de l'Armagnac, dans un bel environnement verdoyant. C'est du pont roman qui enjambe la Gélise que l'on a le plus joli point de vue sur la bourgade et ses maisons de pierres aux douces tonalités ocrées. Les plus anciennes exposent fièrement leurs colombages moyenâgeux et leurs galeries de bois. On aperçoit tout en haut le château, puis les toits roses de tuiles rondes des logis qui dégringolent jusqu'à la rivière, où un vieux moulin du XIVe siècle se laisse bercer par les clapotis d'une cascade. La forteresse d'origine, bâtie au XIIIe siècle, a été remaniée aux XVIe et XVIIe siècles et évoque l'aspect séduisant d'une villa italienne avec son splendide parc planté d'essences rares. Propriété privée, on peut la visiter sur rendez-vous (tél. 05.53.65.70.53). Vous serez séduit par ce petit village médiéval, tranquille et plein de charme.

251 habitants, 66 m d'altitude **Accès :** (carte 30) à 47 km S-O d'Agen **Aux alentours :** le musée du Bouchon à Mézin (6 km) ; le circuit des arbres et des chapelles en Mézinais ; tournée des bastides, des villages fortifiés et des églises romanes **Foires, festivités :** Fête du village le week-end après la Pentecôte **Mairie** (tél. 05.53.65.71.59).

PUJOLS-LE-HAUT

47300 (Lot-et-Garonne)

Joli petit bourg perché en sentinelle sur une colline dominant la vallée du Lot, Pujols était, aux XIIe et XIIIe siècles, une importante place forte albigeoise. En partie entouré de remparts, le village s'ouvre par un passage sous la tour-clocher de l'église Saint-Nicolas. On remarque les belles maisons – les plus antiques, datées de la Renaissance, arborant des soubassements de pierre blanche et des colombages –, les vieux toits, un puits, et une halle qui a été construite au XIXe siècle avec des matériaux provenant de l'ancienne église Saint-Jean. C'est sous sa belle charpente de bois que se tient un marché animé à la belle saison. On peut voir aussi quelques pans de murs et une porte, vestiges des deux enceintes successivement démantelées, et une tour massive (XVIe s.), seul reste de l'ancien château. Le bourg s'enorgueillit de posséder deux églises : Saint-Nicolas, bâtie aux XIVe-XVe siècles, et Sainte-Foy, décorée de fresques du XVe siècle. Ne manquez pas d'admirer la vue depuis la terrasse du restaurant *Lou Calel* qui surplombe toute la vallée. Le village a été bien préservé, il garde une vie joyeuse et de nombreux artisans.

3 844 habitants, 177 m d'altitude **Accès :** (carte 30) à 3 km S de Villeneuve-sur-Lot **Aux alentours :** le château et les grottes de Fontirou ; les grottes de Lastournelle ; le château de Tombebouc ; le village de Dolmayrac **Foires, festivités :** marché le dimanche matin d'avril à septembre ; marché nocturne le mercredi soir en juillet-août ; Foire à la brocante mi-juillet ; Foire aux produits régionaux fin juillet ; Festival de folklore et Foire aux livres début août ; Marché des potiers le 3e week-end d'août ; Salon des antiquaires le dernier week-end d'octobre ; Bourse aux jouets le 2e week-end de novembre ; marché de Noël en décembre **Hôtel :** à Villeneuve-sur-Lot, *Les Huguets* (tél. 05.53.70.49.34), maison d'hôtes de charme, 5 chambres 65-95 € **Restaurants :** *La Toque Blanche* (tél. 05.53.49.00.30), restaurant gastronomique ; *Auberge Lou Calel* (tél. 05.53.70.46.14) **Mairie** (tél. 05.53.70.16.13) **O. T.** (tél. 05.53.36.78.69).

PUYMIROL

47270 (Lot-et-Garonne)

Bastide fondée en 1246 par Raimond VII, comte de Toulouse, Puymirol épouse la longueur d'un plateau dominant la vallée de la Séoune. La cité était autrefois un important centre de négoce avec foires et marchés. Aujourd'hui, Puymirol a perdu ses remparts, rasés sur ordre de Louis XIII, mais a conservé de nombreuses traces de son passé. Dans la rue Royale, on peut admirer de superbes maisons comme celle des comtes de Toulouse bâtie au XIIIe siècle – qui abrite un hôtel luxueux et un restaurant gastronomique, *Michel Trama* –, et des hôtels particuliers des XVIIe et XVIIIe siècles. Sur la place à arcades, à l'angle, on découvre l'église romane Notre-Dame-du-Grand-Castel et son porche du XIIIe siècle. L'ensemble du village a beaucoup de charme, même si, parfois, les restaurations sont un peu trop "léchées". Vous pourrez aussi contempler, depuis l'esplanade du Champ-de-Mars, le beau panorama sur les collines environnantes.

864 habitants, 153 m d'altitude **Accès :** (carte 30) à 17 km E d'Agen **Aux alentours :** les villages de Saint-Maurin (10 km), de Castelsagrat (14 km), de Beauville (16 km) et de Frespech (19 km N) **Foires, festivités :** Foire aux fleurs et aux plants le 1er mai ; marché de producteurs de pays et soirée musicale le samedi soir en juillet-août ; Festival de jazz les 3e mercredi, jeudi et vendredi de juillet ; Fête du village le dernier week-end d'août ; Comice agricole le 1er dimanche de septembre ; marché aux truffes le dernier dimanche de décembre **Hôtel :** *Michel Trama* (tél. 05.53.95.31.46), restaurant gastronomique **Mairie** (tél. 05.53.95.32.10).

TOURNON-D'AGENAIS

47370 (Lot-et-Garonne)

Fondée au XIIIe siècle par Alphonse de Poitiers, fortifiée ensuite par Édouard Ier d'Angleterre, la petite bastide de Tournon, ancienne place forte protestante, se perche sur un mamelon. Après avoir suivi les lacets de la route qui contourne les remparts, on la découvre, simple, belle et authentique avec son plan d'origine, sa place à arcades, ses rues se coupant à angles droits, ses vieilles maisons aux murs de briques roses ou quadrillés de colombages. Certaines auraient mérité une restauration plus soignée, d'autres arborent de jolis détails, cornières sculptées, fenêtres ouvragées, clocheton. Jetez un coup d'œil au rare cadran lunaire incrusté dans le beffroi (1637). Au bout de la rue de la Citadelle, on débouche devant le couvent des Récollets, construit au XVIIe siècle sur les ruines de la forteresse détruite sur ordre de Richelieu, avant de monter jusqu'au jardin public – emplacement de l'ancienne église catholique détruite pendant les guerres de Religion – d'où l'on admire la vue sur la vallée du Boudouyssou. Ce village pimpant mérite le détour pour sa belle unité architecturale, le charme et la douceur de son passé. La région, de plus, est riche de possibilités, randonnées pédestres, circuits des moulins sur le Lot et des châteaux, sans oublier les plaisirs gourmands.

770 habitants, 132 m d'altitude **Accès :** (carte 30) à 25 km E de Villeneuve-sur-Lot **À voir :** l'église Saint-André de Carabaisse **Aux alentours :** les châteaux de Ferrassou, des Ondes, de Puycalvary, de Bonaguil ; les églises de Lamothe et de Masquières **Foires, festivités :** marché le mardi matin, le vendredi soir en juillet-août ; Foire aux fleurs le 1er mai ; Foire aux tourtières le 15 août ; fête des Rosières fin août ; brocante le 2e dimanche de septembre **Hôtel :** à Villeneuve-sur-Lot, *Les Huguets* (tél. 05.53.70.49.34), maison d'hôtes de charme, 5 chambres 65-95 € **Mairie** (tél. 05.53.40.70.19) **O. T.** (tél. 05.53.40.75.82).

VILLERÉAL

47210 (Lot-et-Garonne)

Villeréal, "Ville royale", fut fondée en 1269 par Alphonse de Poitiers, frère de Saint Louis, pour protéger la population des troupes anglaises et des bandes armées qui pullulaient dans la région. Implantée sur une colline non loin du Dropt, la nonchalante rivière, la bastide déploie ses rues en quadrilatère autour d'une solide halle (XIVe-XVe s.) à piliers de bois, surmontée d'un étage à colombages que l'on rejoint par un vieil escalier. Au détour des venelles, on découvre les maisons typiques des bastides – rez-de-chaussée en pierre et étage aux murs de torchis renforcés de pans de bois –, vaillamment appuyées sur des encorbellements. L'imposante église (XIIIe s.) présente des contreforts massifs et deux tours coiffées de toits pointus raccordées par une galerie à balcon de bois, tous ces éléments rappelant le rôle défensif qu'elle a joué dans le passé. Autour de la place, de nombreux commerces d'artisanat et de produits du terroir offrent leurs alléchantes devantures (dommage qu'il y ait autant de voitures). Le jour du marché, on fait emplettes de prunes ou de melons, sans oublier les délicieux "caprins", ces fromages de chèvre de la région. Les sportifs, eux, pourront partir en randonnées dans la superbe vallée du Dropt.

1 300 habitants, 93 m d'altitude **Accès :** (carte 23) à 30 km N de Villeneuve-sur-Lot **Aux alentours :** les maisons à empilage (XIe-XIIIe s.) ; le château de Bonaguil **Foires, festivités :** marché le samedi matin, le lundi soir (producteurs de pays) et le mercredi matin en juillet-août ; brocante le 1er mai ; "La Bodega" le dernier dimanche de juillet ; vide-greniers et courses hippiques nocturnes en août ; Journée du cheval dernier dimanche de septembre **Mairie** (tél. 05.53.36.00.37) **O. T.** (tél. 05.53.36.09.65).

AINHOA

64250 (Pyrénées-Atlantiques)

Une rue bordée de maisons blanchies à la chaux et chapeautées de tuiles romanes court vers Dancharia et son poste frontière, vers l'Espagne, la sœur navarraise du Labourd français, disent les Basques. C'est au IXe siècle que se créa la démocratie basque regroupant sept provinces de même langue, sans souci de frontières. Les habitations se distinguent les unes des autres par la couleur de leurs colombages et de leurs portes, par des détails – inscriptions ou armoiries gravées sur les linteaux de pierre, qui témoignent de l'ancienneté d'une famille ou rappellent un fait marquant. Certaines demeures datent du XVIIIe siècle, époque la plus florissante du Pays basque ; agrémentées de balcons de fer forgé, elles sont particulièrement belles. D'autres affichent des façades plus modestes, mais elles sont toutes "fraternellement" alignées et attroupées autour de la mairie sur laquelle flotte l'*ikurina*, le drapeau basque rouge et vert, barré de la croix de Saint-André. Devant l'église, au fronton, le claquement sec de la pelote basque résonne, comme si c'était le cœur d'Ainhoa que l'on entendait battre au rythme de la devise *"Zazpiak Bat"*, "Sept font Un".

611 habitants, 119 m d'altitude **Accès :** (carte 28) à 25 km S de Bayonne **Aux alentours :** les villages d'Espelette et Itxassou ; Cambo-les-Bains (voir Arnaga, la maison-musée d'Edmond Rostand et son jardin) **Foires, festivités :** procession à N.-D.-de-l'Aubépine le lundi de Pentecôte ; Fête du village le 15 août ; "Les 12 heures de la randonnée pédestre" en juillet ; fête de la Palombe le 3e dimanche d'octobre **Hôtel :** *Hôtel Ithurria* (tél. 05.59.29.92.11), hôtel de charme, 27 chambres 130-155 €, très bon restaurant **Mairie** (tél. 05.59.29.92.60).

ARCANGUES

64200 (Pyrénées-Atlantiques)

Arcangues, situé dans un site verdoyant et vallonné, prend plaisir à montrer tous ses charmes aux visiteurs : son château, reconstruit au XIXe siècle, sa jolie place avec un fronton rose où se disputent les parties de pelote basque, sa pittoresque mairie blanche aux volets bleus, son auberge rustique et, enfin, son église du XVIe siècle ornée de galeries de bois délicatement sculptées. Elle est entourée d'un paisible et poétique cimetière d'où la vue, des bois de Saint-Pée jusqu'aux Pyrénées, est superbe. Le souvenir du chanteur Luis Mariano (enterré ici), qui aimait tant cette bourgade, est resté très présent. Une stèle, surmontée d'un buste en bronze dû au sculpteur Paul Belmondo, lui est dédiée. C'est le marquis Pierre d'Arcangues, initiateur des très courues fêtes de Biarritz au début du XXe siècle, qui fit connaître le village. Il y créa le superbe golf international, toujours apprécié aujourd'hui. Un petit village de carte postale, calme et attachant.

3 000 habitants, 75 m d'altitude **Accès :** (carte 28) à 5 km S-E de Biarritz **À voir :** les stèles discoïdales du cimetière **Aux alentours :** les villages basques, la maison-musée d'Edmond Rostand à Cambo-les-Bains **Foires, festivités** : marché le mercredi matin d'avril à septembre ; brocante à Pâques ; Fête du village le 2e dimanche de juin ; Gala de force basque en juillet ; concerts de musique classique en août ; Journée de danses basques le 2e dimanche d'octobre **Hôtels :** *Domaine de Gastelhur* (tél. 05.59.43.01.46), maison d'hôtes de charme, 3 chambres 110-130 € ; *Les Volets bleus* (tél. 05.59.43.39.25), maison d'hôtes de charme, 3 chambres 95-165 € **Restaurants :** *Le Moulin d'Alotz* (tél. 05.59.43.04.54), restaurant gastronomique ; *Auberge d'Achtal* (tél. 05.59.43.05.56) **Mairie** (tél. 05.59.43.05.50) **O. T.** (tél. 05.59.43.08.55).

LA BASTIDE-CLAIRENCE

64240 (Pyrénées-Atlantiques)

Incrustée dans la vallée de la Joyeuse, La Bastide-Clairence, mi-basque, mi-gasconne, a été fondée en 1314. C'est l'un des plus beaux villages de la région. Des maisons typiquement basques, blanchies à la chaux, quadrillées de colombages verts ou rouges s'alignent comme à la parade le long de la rue principale, assez pentue, entrecoupée de ruelles tranquilles. On l'emprunte vaillamment pour rejoindre la place des Arceaux, dont les couverts abritaient, jadis, des marchés colorés. On ne résiste pas au pittoresque petit café à la mode d'autrefois pour boire un verre en participant aux conversations des villageois. Après ce moment délicieux, on repart, ragaillardi, pour aller admirer l'église, caractéristique de l'architecture basque. Remaniée au XVIIIe siècle, elle a conservé un porche roman et un étonnant cloître-préau dallé de pierres tombales. Derrière un muret, le petit cimetière juif nous rappelle que, pendant l'Inquisition, de nombreux juifs chassés d'Espagne trouvèrent refuge ici. Coquette et pimpante, La Bastide-Clairence est animée de nombreux ateliers d'artisans de grande qualité. Un village plein de charme.

897 habitants, 40 m d'altitude **Accès :** (carte 28) à 25 km S-E de Bayonne **Foires, festivités :** marché fermier le vendredi soir en juillet-août ; Fête du village le dernier week-end de juillet ; Festival international de folklore le 1er mardi d'août ; Marché potier en septembre **Hôtels** : *Lacroisade* (tél. 05.59.29.68.22), maison d'hôtes de charme, 4 chambres 57-60 € ; *Maison Marchand* (tél. 05.59.29.18.27), maison d'hôtes de charme, 3 chambres 55-75 € ; *Chambres d'hôtes Maxana* (tél. 05.59.70.10.10), maison d'hôtes de charme, 5 chambres 100-120 € **Mairie** (tél. 05.59.70.29.10) **O. T.** (tél. 05.59.29.65.05).

CIBOURE

64500 (Pyrénées-Atlantiques)

En basque, Ciboure signifie “tête de pont”. Ce pont la sépare tout juste de Saint-Jean-de-Luz, mais Ciboure ne tient pas à être prise pour un faubourg de sa proche voisine avec laquelle elle a été en rivalité sanglante autrefois. Ici, il y a beaucoup de belles maisons à voir, dont la maison natale de Maurice Ravel, de style flamand. D’autres, rehaussées de colombages et d’encorbellements, s’égrènent le long des rues ou se pressent autour de l’église au beau clocher octogonal à toits superposés. Une visite de l’intérieur s’impose pour contempler la nef unique, lambrissée, à trois étages de galeries de bois, typiques du Labourd. Plus loin, on admirera le cloître et le puits couvert du couvent des Récollets, aujourd’hui siège de la douane. Dans la campagne alentour, les dominos blancs et rouges des maisons égaient la colline qui domine Socoas et son fort construit par Vauban. Accroché à ses flancs, le paisible cimetière, où Pierre Benoit est inhumé, domine l’océan. Ciboure reste attaché à ses traditions, mais c’est aussi un village autonome, éveillé et actif.

6 500 habitants, 3 m d’altitude **Accès :** (carte 28) à 16 km S-O de Biarritz **Aux alentours :** les villages d’Ascain et d’Urrugne (au N) ; le château Abbadia à Hendaye **Foires, festivités :** marché le dimanche matin ; brocante-vide-greniers le 1er dimanche du mois ; fête de la Bixintcho fin janvier ; fête du Thon début juillet ; fête de la Mer le 1er week-end de septembre **Hôtels :** à Saint-Jean-de-Luz, *Les Almadies* (tél. 05.59.26.12.42), hôtel de charme, 7 chambres 80-130 € ; *Château d’Urtubie* (tél. 05.59.54.31.15), hôtel de charme, 10 chambres 75-160 € ; *La Devinière* (tél. 05.59.26.05.51), hôtel de charme, 10 chambres 100-180 € ; *La Marisa* (tél. 05.59.26.95.46), hôtel de charme, 16 chambres 85-160 € **Restaurants :** *Chez Dominique* (tél. 05.59.47.29.16) **Mairie** (tél. 05.59.47.26.06) **O. T.** (tél. 05.59.47.64.56).

LESCUN

64490 (Pyrénées-Atlantiques)

Voici le Béarn, fier et beau pays du bon roi Henri ! Ici, on se sent aventureux : on escalade les petites routes de montagne, on longe l'impétueux gave d'Aspe et l'on grimpe jusqu'à la vallée d'Aspe, monde reculé, sauvage et préservé, pour atteindre Lescun, l'un des plus beaux villages des Pyrénées françaises avec son fameux cirque d'Ansabère. Le bourg étage ses maisons anciennes des XVe-XVIe siècles, coiffées d'ardoises, sur des pentes escarpées. Il s'incruste au cœur d'un paysage à couper le souffle : cimes imposantes, pics acérés, pic d'Anie, Pic Rouge, le Billare, l'Oueillarisse, aiguilles d'Ansabère, orgues de Complong... Un air pur et vivifiant nous emporte et nous régénère. Mais n'oublions pas de visiter la petite église Sainte-Eulalie construite au XVIe siècle sur des vestiges romans. L'intérieur est décoré de tribunes à galeries de bois et d'un superbe retable. Quant aux amateurs de randonnée, ils seront comblés : des excursions à pied l'été (GR 10), ou à ski de fond, l'hiver, permettent des parcours au cœur de la nature intacte.

203 habitants, 900 m d'altitude **Accès :** (carte 29) à 36 km S d'Oloron-Sainte-Marie **Aux alentours :** le fort du Portalet, la route du col du Somport avec de petits villages de montagne **Foires, festivités :** Fête le 15 août ; Fête du village en décembre **Mairie** (tél. 05.59.34.78.80) **O. T.** de la vallée d'Aspe (tél. 05.59.34.71.48).

NAVARRENX

64190 (Pyrénées-Atlantiques)

Niché au cœur du vieux Béarn, sur les bords du gave d'Oloron, Navarrenx se présente comme une merveilleuse petite cité close. Le village existe depuis le XIe siècle. La bastide sera créée plus tard, en 1316, puis entourée de fortifications en 1540, sur ordre d'Henri II, roi de Navarre. Il fit appel à un architecte de Vérone, Fabrici Siciliano, pour élever les murailles bastionnées, les premières de cette sorte bâties en France. La petite ville, refuge des calvinistes béarnais, aura à subir des assauts terribles lors des guerres de Religion, mais elle résistera bravement. Aujourd'hui, ces fracas guerriers sont bien oubliés, tout est tranquille. On se promène agréablement le long des remparts, intacts, de la porte Saint-Antoine jusqu'aux bastions. Il y a de beaux arbres et des pelouses bien entretenues. À l'intérieur du village, sur la place, l'église du XVIe siècle (avec rajout du XIXe s.) fait face à la mairie. Tout à côté s'élève le traditionnel fronton pour les parties de pelote. Les rues, comme dans toute bastide, se coupent à angle droit, offrant un alignement de belles maisons un peu massives, chaulées de blanc, chapeautées de tuiles rouges. Certaines remontent aux XVIe-XVIIe siècles. On peut aussi effectuer de plaisantes randonnées dans la belle campagne environnante, à pied ou sur les petits chevaux basques, les fameux pottocks.

1 206 habitants, 126 m d'altitude **Accès :** (carte 29) à 45 km O de Pau **Aux alentours :** les châteaux d'Audaux (5 km), de Laàs (8 km), de Mongaston ; l'église romane de L'Hôpital-Saint-Blaise **Foires, festivités :** marché le mercredi matin ; Championnat du monde de pêche au saumon de mars à juillet ; fête du Saumon le 14 juillet ; Salon des métiers d'art à Pâques ; Fête du village le 2e week-end d'août **Hôtel :** à 4 km, *L'Aubèle* (tél. 05.59.66.00.44), maison d'hôtes de charme, 3 chambres 65 € **Mairie** (tél. 05.59.66.10.22) **O. T.** (tél. 05.59.38.32.85).

SAINT-ÉTIENNE-DE-BAÏGORRY

64430 (Pyrénées-Atlantiques)

Pour arriver à Saint-Étienne-de-Baïgorry, vous traverserez un paisible paysage de collines verdoyantes, piquetées de moutons (sauf en été) et parsemées de grosses fermes basques bien entretenues. C'est la douce vallée de la Nive des Aldudes, qui prend ici le nom de "vallée de Baïgorry", cernée au loin par les Pyrénées. L'architecture de Saint-Étienne est typique de la Basse-Navarre : massives maisons blanches des XVIIe et XVIIIe siècles, ornées parfois de balcons, percées d'ouvertures aux beaux encadrements de pierre. À quelques exceptions près, les pans de bois des façades sont rouge sang, le rouge que l'on retrouve dans tout le Pays basque. L'église a été rebâtie au XVIIIe siècle sur des fondations romanes. À l'intérieur, elle présente de belles galeries de bois et un retable baroque. Le vieux pont romain qui relie les deux rives est charmant avec son pavage ancien de guingois. Les environs de Saint-Étienne-de-Baïgorry sont aussi très jolis et vous feront aimer encore davantage cette région restée authentique. Allez découvrir les nombreux hameaux pittoresques comme Esnazu, les vestiges mégalithiques, les anciennes mines de cuivre, les bergeries de montagne et puis, peut-être partirez-vous sur le chemin de Saint-Jacques ?

1565 habitants, 155 m d'altitude **Accès :** (carte 28) à 48 km S de Bayonne **Aux alentours :** la vallée de la Nive des Aldudes et ses jolis villages : Banca, Aldudes, Urepel (au sud sur la D 948) **Foires, festivités :** marché le 1er samedi du mois ; Festival de force basque en juillet-août ; parties de pelote et de chistera en été ; Foire gastronomique et artisanale en juillet-août ; Festival d'orgue de Basse-Navarre en août **Hôtel :** *Hôtel Arcé* (tél. 05.59.37.40.14), hôtel de charme, 23 chambres 125-145 €, très bon restaurant **Mairie** (tél. 05.59.37.40.80) **O. T.** (tél. 05.59.37.47.28).

SAINT-JEAN-PIED-DE-PORT

64220 (Pyrénées-Atlantiques)

Superbe forteresse de frontière, Saint-Jean-Pied-de-Port est l'un des sites les plus magnifiques du Pays basque. Le château de Mendiguren, construit en 1191, est complété au XIIIe siècle par la "ville neuve" bâtie au pied de la colline. En 1530, l'Espagne restitue la Navarre à la France, et Saint-Jean-Pied-de-Port partage avec Saint-Palais l'honneur d'être la capitale de la Basse-Navarre. Au XVIIe siècle, Deville puis Vauban construisent la citadelle, la redoute de Gatzelumendi et les remparts, avec les portes de France, de Navarre, d'Espagne, de Saint-Jacques. Pour y grimper, on prend la pittoresque rue de la Citadelle, fortement pentue, bordée de maisons anciennes à portes de bois dont le linteau indique la date de construction. La place du Marché, la maison de Mansart (hôtel de ville), la maison des États-de-Navarre (1610) et de très belles demeures datant des XVIe-XVIIIe siècles sont à admirer. Après avoir passé le pont romain en dos d'âne d'Eyherraberri, on découvre l'église Notre-Dame-du-Bout-du-Pont en grès rouge, à clocher-donjon. À voir aussi, l'église Sainte-Eulalie, au splendide portail roman. La vue depuis le vieux pont est superbe. La couleur rosée des constructions de grès illumine Saint-Jean-Pied-de-Port et adoucit la rigueur de cet ensemble fait pour la défense et la guerre.

1 726 habitants, 146 m d'altitude **Accès :** (carte 28) à 46 km S-E de Bayonne **Foires, festivités :** marché le lundi (ou mardi les lundis fériés) avec partie de pelote basque l'après-midi ; foires gastronomiques et artisanales de mai à septembre ; Spectacles folkloriques et parties de pelote basque en été ; Fête du village mi-août **Hôtels :** *Les Pyrénées* (tél. 05.59.37.01.01), restaurant gastronomique ; à Larceveau (15 km), *Maison Oyhanartia* (tél. 05.59.37.88.16), maison d'hôtes de charme, 5 chambres 60-70 € **Mairie** (tél. 05.59.37.00.92) **O. T.** (tél. 05.59.37.03.57).

SALIES-DE-BÉARN

64270 (Pyrénées-Atlantiques)

Des logis à pans de bois se mirent dans les eaux vertes du Saleys, la rivière à qui la petite cité doit son nom et sa richesse. Réputé grâce à son sel exploité dès l'époque néolithique, à ses eaux chlorurées et sodiques qui en ont fait une cité thermale dès le Moyen Âge, le vieux Salies a gardé tout son charme. De chaque côté du pont de la Lune, les maisons de pierre dorée, à galeries fleuries et toits pointus de tuiles brunes, datent des XVIIe et XVIIIe siècles. Il faut visiter l'église Saint-Vincent (XIVe s.), bien rénovée, la belle maison de Jeanne d'Albret, sauter sur l'autre rive pour flâner place du Bayaa, lieu où l'on exploitait le sel autrefois, voir la fontaine du Sanglier, l'hôtel de ville, les halles de bois et s'attarder le long des ruelles typiques. Plus haut, l'église Saint-Martin est également du XIVe siècle. Ne pas oublier d'admirer le vieux château de Saint-Pé (XVe-XVIe s.) et le château des Talleyrand-Périgord (XVIIe s.). La végétation partout présente, saules pleureurs, lierre, chèvrefeuilles, enserre la cité dans un écrin de verdure et donne un certain cachet à la promenade le long des berges. Et puis, il y a la ville neuve, avec ses thermes mauresques, son casino et ses hôtels XIXe... un autre charme !

5000 habitants, 45 m d'altitude **Accès :** (carte 29) à 52 km E de Bayonne **À voir :** le musée du Sel et des Arts et Traditions béarnaises (ouvert de mai à octobre) **Aux alentours :** la bastide de Bellocq et son château (7 km) ; Labastide-Villefranche ; Mauléon ; Sorde-l'Abbaye ; le château de Mongaston ; Orthez **Foires, festivités :** marché le jeudi matin ; "Arts en vrac" à Pâques ; "Salies à peindre" mi-juillet ; piperade le 15 août ; fête du Sel le 2e week-end de septembre ; Festival de vidéo amateur fin octobre **Restaurants :** *Maison Léchémia* (tél.05.59.38.08.55), avec chambres ; *La Demeure de la Presqu'île* (tél.05.59.38.06.22), avec chambres ; à Castagnède (8 km), *La Belle Auberge* (tél. 05.59.38.15.28), avec chambres **Mairie** (tél. 05.59.38.00.40) **O. T.** (tél. 05.59.38.00.33).

SARE

64310 (Pyrénées-Atlantiques)

Dans *Ramuntcho*, Pierre Loti a décrit Sare, qu'il appelait Etchejar, mais les Basques le nomment *Saran Astia*. Entouré de champs parfois délimités par des murets de pierres dressées, bordé au loin par les contreforts de la Rhune, Sare offre le spectacle ravissant de ses maisons des XVIIe et XVIIIe siècles, de sa place à fronton où se disputent les parties de pelote, et de son église au mur-pignon formant clocher. À l'intérieur, elle présente trois étages de galeries de bois et de riches retables à colonnettes en bois doré. Le village est merveilleusement préservé, ses habitants, comme tous ceux de cette région du Labourd, ont su rester fidèles à leurs traditions et protéger leur architecture et leur environnement. Sare est gai avec ses maisons blanches – on les passe à la chaux tous les ans pour la Saint-Jean – aux colombages rouges ou verts. Sur la place, on peut regarder les parties de pelote, prendre un verre au *Café de la Mairie* ou prolonger la halte au délicieux *Hôtel Arraya*. Les vallons alentour sont splendides ; on y voit des troupeaux de brebis et de vaches et l'on aperçoit parfois des pottocks (on prononce potiocks), ces jolis poneys sauvages du Pays basque.

2 180 habitants, 75 m d'altitude **Accès :** (carte 28) à 14 km S-E de Saint-Jean-de-Luz **À voir :** les grottes préhistoriques **Aux alentours :** Istilharte ; le col de la Rhune ; Ascain **Foires, festivités :** marché le jeudi en été ; "Biltzar des écrivains" le lundi de Pâques ; tour de Sare à pied le dimanche de Pentecôte (les années paires) ; fête du Pottock fin juillet ; foires artisanales en juillet-août ; "Cross des contrebandiers" en août ; Fête du village le 2e dimanche de septembre ; fête de la Sainte-Catherine le dimanche après le 25 novembre **Hôtels :** *Hôtel Arraya* (tél. 05.59.54.20.46), hôtel de charme, 20 chambres 84-130 €, restaurant ; *Aretxola* (tél. 05.59.54.28.33), maison d'hôtes de charme, 3 chambres 60-80 € ; *Olhabidea* (tél. 05.59.54.21.85), maison d'hôtes de charme, 3 chambres 68-75 € **Mairie** (tél. 05.59.54.20.28) **O. T.** (tél. 05.59.54.20.14).

SAUVETERRE-DE-BÉARN

64390 (Pyrénées-Atlantiques)

Le bourg émerge de la verdure. Construit sur un roc calcaire dans un site magnifique, il domine l'impétueux gave d'Oloron. Comme son nom l'indique, Sauveterre est une ancienne sauveté, lieu servant de refuge aux populations environnantes. Étape sur la route de Saint-Jacques-de-Compostelle, sa situation géographique, à la pointe sud du Béarn, lui donna un important rôle stratégique. Ce sont ses seigneurs Gaston IV de Moncade et Gaston Fébus, vicomtes du Béarn, qui bâtirent ses fortifications aux XIIIe et XIVe siècles. Aujourd'hui, il en reste des vestiges, notamment les portes de Datter et de Lester. La tour Monréal, percée de meurtrières, est le seul témoin de l'ancien logis du XIIIe siècle, quant au pont de la Légende, il a perdu son pont-levis, mais a conservé une belle arche et une tour. L'église Saint-André (XIIe-XIIIe s.) a été terminée après les croisades, ce qui explique ses éléments gothiques (admirez ses beaux chapiteaux sculptés). Son clocher carré, massif et fortifié, est pourvu de créneaux et d'un chemin de ronde. De la belle terrasse ombragée devant la mairie, on admire le panorama sur le gave, le vieux pont, l'île verdoyante, la vallée et les Pyrénées au fond. L'été, les jeunes baigneurs prennent grand plaisir à plonger du pont, et les amateurs de canoë-kayak descendent fougueusement le gave.

1 364 habitants **Accès :** (carte 29) à 10 km S de Salies-de-Béarn **Aux alentours :** le village de Laàs (9 km), ses artisans et son château (XVIIe s.) **Foires, festivités :** marché le samedi matin ; marchés nocturnes en juillet ; Spectacle historique en août (les années impaires) ; Foire de la blonde d'Aquitaine le 3e week-end d'août **Mairie** (tél. 05.59.38.50.17) **O. T.** (tél. 05.59.38.58.65).

Des âpres plateaux granitiques du Forez couverts de forêts et de pâturages aux plaines fertiles de Limagne, des massifs volcaniques ponctués de lacs du Cantal à la douce campagne du Bourbonnais, l'Auvergne est parsemée d'églises romanes, d'abbayes, de châteaux et de villages aux murs de lave noire ou grise, aux toits de lauzes, restés merveilleusement intacts. Au cœur d'une nature grandiose, ces villages attachants vous feront aimer cette belle région empreinte d'histoire.

Plus à l'ouest, le Limousin nous offre déjà un petit air d'Aquitaine. L'habitat gagne en séduction, les maisons se coiffent de tuiles rondes, s'habillent de grès rose ou de fin calcaire blanc ; le paysage, rehaussé de lacs et de rivières, devient plus verdoyant et vallonné. Les monts de Blond (qui marquent la séparation entre les zones de langue d'oc et de langue d'oïl), les monts d'Ambazac, le plateau de Millevaches (on dit qu'il possède mille sources) sont sillonnés de magnifiques sentiers de randonnée. Du Moyen Âge, le Limousin a gardé de superbes richesses : abbayes de Bénévent, de Solignac, collégiales de Saint-Junien, de Saint-Léonard, mais aussi de très jolies petites églises au cœur de villages authentiques que nous vous invitons à découvrir.

CHARROUX

03140 (Allier)

Construit sur une colline, Charroux occupait, autrefois, une position stratégique au carrefour d'importantes voies romaines. Bastion du Bourbonnais, la cité était protégée par une double enceinte dont il ne reste que les portes de l'Horloge et d'Orient, deux tours et une soixantaine de mètres de murs. Les habitants aiment leur village et le restaurent très soigneusement. Lorsque le soleil brille, la pierre des constructions prend une délicate couleur jaune doré, et le bourg resplendit. On remarque la puissante église (XIIe s.) jadis intégrée aux remparts, qui arbore un curieux clocher tronqué ; on en pousse la porte pour admirer l'intérieur, notamment les chapiteaux brodés d'entrelacs et de figurines. Plus loin, voici le beffroi, ancienne tour de guet, et une belle maison médiévale à pans de bois avec un encorbellement ventru. On descend la rue de l'Horloge, on se faufile rue de la Poulaillerie, très pittoresque avec son vieux pavage et son caniveau central, avant de s'arrêter pour contempler l'ancien rendez-vous de chasse du prince de Condé et la jolie bâtisse abritant le musée. Au hasard de la balade, on découvre un vieux puits, de belles demeures médiévales et l'on s'extasie devant les points de vue sur le Massif central et les larges vallées ondoyantes. Mais, là-haut, depuis le belvédère, c'est encore mieux...

337 habitants, 412 m d'altitude **Accès :** (carte 25) à 38 km N-O de Vichy **À voir :** le musée d'Histoire locale (en été) **Aux alentours :** l'abbaye de Chantelle ; le château de Veauce ; les gorges de la Sioule ; le musée de la Vielle à Jenzat **Foires, festivités :** brocante le dernier dimanche d'avril ; fête de la Soupe début novembre ; "Artistes et Artisans" le 1er dimanche d'août ; marché de Noël le 3e week-end de décembre **Hôtel :** *La Maison du Prince de Condé* (tél. 04.70.56.81.36) **Restaurant :** *Ferme Saint-Sébastien* (tél. 04.70.56.88.83) **Mairie** (tél. 04.70.56.81.65) **Infos** (tél. 04.70.56.87.71).

HÉRISSON

03190 (Allier)

Hérisson se blottit au cœur d'un très beau paysage de bocages et de forêts, traversé par les gorges de l'Aumance. Les maisons épousent les courbes de la rivière et enserrent les ruines du château érigé par les sires de Bourbon au xe siècle, et renforcé, au xive siècle, par le "bon duc Louis II". De cette époque jusqu'au xviie siècle, le bourg connaîtra autant de périodes fastes que de périodes troublées : occupation anglaise, attaques protestantes, invasion par les troupes frondeuses de Condé, démantèlement de la forteresse sur ordre de Mazarin. De nombreux édifices, militaires ou religieux, et de très belles maisons rappellent ce passé fougueux. Pour les découvrir, il suffit de suivre l'itinéraire fléché qui part de la Perception, mais pendant la balade, n'espérez pas débusquer des hérissons, ces petits animaux piquants bien connus des jardiniers... Quant aux amateurs de panoramas, ils se rendront au pied d'une tour, au sud du château : la vue s'ouvre sur les toitures des maisons d'où émergent, çà et là, quelques tourelles. Ils pourront aussi rejoindre la chapelle du Calvaire qui domine le village depuis une colline située sur la rive gauche de l'Aumance.

722 habitants, 200 m d'altitude **Accès :** (carte 17) à 23 km N de Montluçon **À voir :** le musée du Terroir hérissonnais **Aux alentours :** sentiers pédestres des gorges de l'Aumance, le site du Saut-du-Loup, le val d'Aumance, les forêts de Tronçais et de Soulongis **Foires, festivités :** marché le vendredi matin ; marché de printemps en avril ; Rencontres théâtrales en mai ; Journées de l'environnement en juin ; Journée des peintres le 1er dimanche de juillet ; Festival des arts mêlés en juillet ; Festival de musique en Bourbonnais mi-juillet-août ; brocante le dimanche après le 15 août ; Salon artistique mi-septembre ; marché de Noël début décembre **Mairie** (tél. 04.70.06.80.45) **O. T.** (tél. 04.70.06.82.23).

FONTANGES

15140 (Cantal)

Enchâssé au cœur de la belle vallée de l'Aspre, région sauvage et encaissée, Fontanges a gardé son caractère et son authenticité. Resté à l'écart des fracas guerriers lors des guerres de Cent Ans puis de Religion, ce petit village a pu s'épanouir et développer au XVIIIe siècle des activités commerciales et artisanales. Ses rues étroites sont longées d'imposantes et austères maisons aux murs de pierres ou de moellons de basalte, qui s'abritent sous d'épais toits de lauzes. Préservé, le site sert d'écrin de verdure aux constructions qui s'ornent sobrement de fenêtres et lucarnes, de tourelles parfois, de hautes cheminées. L'Aspre scintille en contrebas, ajoutant la gaîté de son éclat argenté aux couleurs sobres du village. Un château s'élevait autrefois sur ces rives et l'on se souvient que c'est ici que la duchesse de Fontanges séduisit Louis XIV. Après ces pensées légères, un peu de recueillement s'impose devant l'église Saint-Vincent (XVe s.) qui a conservé un beau clocher roman à pans octogonaux reposant sur une base carrée. À voir encore, la curieuse chapelle monolithe creusée dans un tumulus rocheux et les châteaux de Lamargé et de Palmont.

247 habitants, 692 m d'altitude **Accès :** (carte 24) à 40 km N d'Aurillac **Foires, festivités :** marché le samedi soir en juillet-août ; Fête patronale le 1er week-end d'août **Hôtel :** au Theil (10 km), *Hostellerie de la Maronne* (tél. 04.71.69.20.33), hôtel de charme, 20 chambres 90-170 €, restaurant **Restaurant :** *Auberge de l'Aspre* (tél. 04.71.40.75.76), avec chambres **Mairie** (tél. 04.71.40.71.49).

SALERS

15410 (Cantal)

Situé aux portes des volcans d'Auvergne sur un plateau abrupt, Salers (prononcez "Salère") offre l'âpre beauté de ses puissants remparts, de ses austères demeures à tourelles et de ses hauts toits de lauzes posées en écailles. C'est autour du château des barons de Salers que la cité s'est développée, et c'est au XVe siècle qu'elle s'est entourée d'une enceinte pour se protéger des Anglais et des "routiers". Plus tard, au XVIe siècle, elle devient le siège du bailliage des Hautes Montagnes d'Auvergne, et c'est alors que ses bourgeois construisent les belles maisons nobles que l'on peut contempler, intactes, aujourd'hui. Tout autour de la Grand-Place, les logis aux sombres murs de lave s'ornent d'arcades, de fenêtres à meneaux, de portes cloutées, de linteaux sculptés. Toits en poivrière et lucarnes pointues apportent un peu de fantaisie à l'ensemble assez sévère. L'ancien bailliage, d'époque Renaissance, arbore des tourelles d'angle et une massive tour octogonale. Un peu plus loin, au coin de la rue du Couvent, on jette un coup d'œil à la maison de Bargues, avant d'emprunter la rue du Beffroi pour rejoindre l'église. Terminée au XVIe siècle, elle a conservé un très beau porche d'époque romane et renferme une Mise au tombeau et des tapisseries d'Aubusson. Le charme opère, on est séduit par la sobre élégance de cette cité.

404 habitants, 950 m d'altitude **Accès :** (carte 24) à 49 km N d'Aurillac **À voir :** le musée des Arts et Traditions (ouvert Pâques-Toussaint) ; la Maison de la Ronade ; le musée du Fromage **Foires, festivités :** marché le mercredi matin ; Salon du goût le 1er mai ; "La Pastourelle" fin mai ; brocante mi-juillet ; fête de la Chasse le 3e week-end de juillet ; fête de la Vache et du Fromage le jeudi avant le 15 août ; Gala folklorique le 15 août **Hôtels :** *Le Bailliage* (tél. 04.71.40.71.95), hôtel de charme, 21 chambres 68-100 €, restaurant ; *Hôtel Saluces* (tél. 04.71.40.70.82), hôtel de charme, 9 chambres 65-95 € **Mairie** (tél. 04.71.40.72.33) **O. T.** (tél. 04.71.40.70.68).

TOURNEMIRE

15310 (Cantal)

Tournemire est campé à plus de 800 mètres d'altitude sur la pointe rocheuse d'un plateau, à proximité des monts du Cantal. On y accède par une petite route qui serpente le long de la verdoyante vallée de la Doire. La bourgade existait déjà lorsque Louis II d'Anjony, compagnon d'armes de Jeanne d'Arc, fit construire le château en 1439. Bâti bien à l'écart, il domine impérieusement le bourg de ses quatre hautes tours. Admirablement conservé, c'est l'une des plus belles citadelles d'Auvergne. Elle mérite d'être visitée pour ses délicates fresques du XVIe siècle, ses meubles anciens raffinés, ses tapisseries, ses plafonds à caissons. Tout en haut, sur le chemin de ronde, on s'arrête pour contempler la belle vue sur la campagne et le petit village qui range ses quelques maisons aux toits de lauzes ou d'ardoises derrière l'église de style roman (voir l'autel baroque et le reliquaire), construite en tuf volcanique polychrome. Tournemire a une allure un peu sévère, mais l'atmosphère reste champêtre, un gros tilleul, quelques arbustes fleuris apportent une note de gaîté aux ruelles. Le ruisseau qui s'y faufile alimente un pittoresque lavoir, toujours utilisé. Perdu en pleine nature dans un site sauvage et préservé, ce village attachant vous donnera l'impression que le temps s'est arrêté aux portes des volcans d'Auvergne.

145 habitants, 820 m d'altitude **Accès :** (carte 24) à 25 km N d'Aurillac **À voir :** le château d'Anjony (ouvert vacances scolaires et Pâques à Toussaint, tél. 04.71.47.61.67) **Aux alentours :** Saint-Cernin (7 km) et sa belle église des XIIe-XVe siècles ; les gorges de la Maronne et le village de Saint-Chamant **Foires, festivités :** marché de pays le mercredi soir en juillet-août ; Fête patronale début août **Hôtel :** au Theil (11 km), *Hostellerie de la Maronne* (tél. 04.71.69.20.33), hôtel de charme, 20 chambres 90-170 €, restaurant **Mairie** (tél. 04.71.47.61.34).

BLESLE

43450 (Haute-Loire)

Une abbaye de bénédictines, créée vers le milieu du IXe siècle, est à l'origine de l'existence et du développement de Blesle. Au XIe siècle, les barons de Mercœur construisent une puissante forteresse (il n'en reste aujourd'hui que le donjon) et, au siècle, suivant la cité s'agrandit et s'entoure de remparts. De nos jours, la promenade le long des rues permet un véritable retour dans le passé. On admire les maisons anciennes en pierre calcaire ou quadrillées de pans de bois, leurs belles portes en bois ouvragé, le clocher de Saint-Martin (XIVe s.), seul vestige de l'église détruite en 1793. On visite l'église Saint-Pierre, l'ancienne abbaye de moniales, un édifice roman dont l'intérieur a été remanié ultérieurement ; on remarque, en particulier dans le chœur, des petits chapiteaux ornés de feuilles d'acanthe ou de personnages à cheval et, dans l'abside, de fabuleux décors de lions affrontés, de femmes au tombeau et de sirènes. Le trésor est représenté par la Vierge en majesté, très beau bois polychrome du XIIe siècle. Aux alentours de Blesle, les amoureux de la nature pourront parcourir les nombreux sentiers pédestres ou pêcher la truite qui abonde dans les rivières.

700 habitants, 525 m d'altitude **Accès :** (carte 25) à 20 km O de Brioude **À voir :** le musée de la Coiffe (ouvert avril-septembre) ; le trésor de l'église Saint-Pierre (ornements sacerdotaux XVIIe-XVIIIe s., sculptures XVIIe s.) **Aux alentours :** les églises romanes de Leyvaux (8 km O) et de Bousselargues (5 km N) ; le site protohistorique de Chadecol ; le château de Lespinasse ; les ruines du château de Leotoing **Foires, festivités :** marché le vendredi soir en juillet-août ; fête de la Peinture le 1er samedi de juillet ; vide-greniers le dernier dimanche de juillet ; brocante et Fête patronale en août ; Festival apéros-musique le week-end du 15 août ; foire de la Saint-Martin le 11 novembre **Hôtel :** *La Bougnate* (tél. 04.71.76.29.30), hôtel de charme, 8 chambres 55-95 € **Mairie** (tél. 04.71.76.20.75) **O. T.** (tél. 04.71.76.26.90).

LAVAUDIEU

43100 (Haute-Loire)

Lavaudieu est un merveilleux petit village médiéval. Regroupé autour de son abbaye bénédictine et baigné par les eaux claires de la Senouire qu'enjambe un vieux pont de pierre, il présente des maisons aux murs de pierre mordorée, qui se coiffent de tuiles rondes et s'agrémentent de balcons de bois pour profiter des beaux jours. La pittoresque rue principale conduit à une jolie place décorée d'une croix en ferronnerie (XVIIIe s.), entourée de maisons de vignerons. Là, on découvre l'abbaye construite au XIe siècle par Robert de Turlande, puis remaniée aux XIVe et XVIIIe siècles. On admire le cloître à colonnades romanes et à galerie de bois, le réfectoire orné d'une extraordinaire peinture murale d'influence byzantine (XIIe s.) et l'église au délicat clocher à arcades (il a perdu sa flèche pendant la Révolution) qui contient des décors peints au XIVe siècle. À signaler aussi la belle Maison des arts et traditions populaires où est reconstitué un intérieur auvergnat d'autrefois.

229 habitants, 465 m d'altitude **Accès :** (carte 25) à 8 km S-E de Brioude **À voir :** le musée des Arts et Traditions populaires de la Haute-Loire ; le Carrefour du vitrail (atelier-musée de verrier) **Foires, festivités :** fête de la Barrique le dimanche après le 14 Juillet ; concerts, théâtre et expositions en été **Hôtel :** *La Maison d'à côté* (tél. 04.71.76.45.04), maison d'hôtes de charme, 4 chambres 50-55 € **Restaurants :** *Auberge de l'Abbaye* (tél. 04.71.76.44.44) ; *Court La Vigne* (tél. 04.71.76.45.79) **Mairie** (tél. 04.71.76.42.74) **Infos** (tél. 04.71.76.46.00).

MOUDEYRES

43150 (Haute-Loire)

Bâti sur les hauteurs du massif du Mézenc, dans une belle nature préservée, Moudeyres apparaît comme une vision surgie, intacte, du passé. Implanté à plus de 1 000 mètres d'altitude, ce tout petit village est fier de ses charmantes chaumières aux épais murs de basalte, coiffées de chaume de seigle, comme autrefois. Quelques maisons aux murs rustiques arborent des toits de lauzes irisés de reflets d'acier. On visite la ferme des Frères-Perrel, bâtie au XVIIIe siècle, qui a été transformée en petit musée des Arts et Traditions populaires. On admire ses massives charpentes, ses salles rustiques et sa cour pavée, et l'on imagine la rude vie des paysans, jadis. Moudeyres vivait alors de la culture du seigle. Aujourd'hui, le village s'ouvre un peu au tourisme (de rares constructions récentes dénaturent légèrement le site). Véritable conservatoire – mais bien vivant – de l'architecture traditionnelle, il a gardé toute sa personnalité et sa tranquillité. Une auberge de charme, au douillet toit de chaume, vous permettra d'y faire une halte bienvenue, de profiter de l'air pur et de la magnifique campagne environnante.

106 habitants, 1 177 m d'altitude **Accès :** (carte 25) à 23 km S-E du Puy **À voir :** le musée des Frères-Perrel (arts et traditions populaires, ouvert juin-septembre et sur RV) **Aux alentours :** le village de Bigosse ; l'abbatiale et le château du Monastier ; le mont Gerbier-de-Jonc, source de la Loire **Foires, festivités :** Fête du village le 2e week-end de septembre **Hôtel :** *Le Pré Bossu* (tél. 04.71.05.10.70), hôtel de charme, 6 chambres 105-155 €, restaurant **Mairie** (tél. 04.71.08.31.39).

PRADELLES

43420 (Haute-Loire)

Situé en surplomb du lac de Naussac, plein sud face aux Cévennes, Pradelles, place forte depuis le Xe siècle, était autrefois le lieu de passage des pèlerins et des marchands faisant route vers le Midi par la voie Régordane. L'huile, le sel, le vin – remplacés par la poudre et les armes en temps de guerre – étaient transportés à dos de mulet, et de grandes foires aux bovins s'y tenaient, c'était une riche cité commerçante. De nombreux souvenirs de ce passé subsistent dans la vieille ville : demeures nobles aux murs de pierre ou de basalte place de la Halle (halle qui, malheureusement, n'existe plus), maisons à arcades, vieilles ruelles bordées de hauts et sévères logis, passages voûtés, anciennes portes des remparts (XIVe s.), fontaines... La chapelle Notre-Dame a été construite au XIIe siècle et remodelée un peu plus tard. Pradelles garde bien vivante la mémoire de Jeanne de la Verdette qui libéra la ville de ses assiégeants au XVIe siècle et celle, plus récente, de Robert Louis Stevenson qui traversa le bourg avec son âne en septembre 1878. Situé à plus de 1100 mètres d'altitude, le village jouit d'un climat sain et rigoureux en hiver. De nombreux sentiers de randonnée permettent de profiter de la splendide nature environnante, rivières et lacs offrent les plaisirs des sports d'eau tandis que l'hiver, on peut pratiquer le ski de fond.

642 habitants, 1 150 m d'altitude **Accès :** (carte 25) à 40 km S du Puy **À voir :** le musée vivant du Cheval de trait et de l'Âne (en juillet-août, tél. 04.71.00.87.87) **Aux alentours :** le château (XIIe-XIVe s.) et le village d'Arlempdes, l'église romane de Saint-Paul-de-Tartas, les gorges de la Loire **Foires, festivités :** marché le jeudi en juillet-août ; vide-greniers le 1er dimanche d'août ; Fête votive le 15 août **Mairie** (tél. 04.71.00.80.37) **O. T.** (tél. 04.71.00.82.65).

BESSE-EN-CHANDESSE

63610 (Puy-de-Dôme)

Besse se love dans un site déjà montagnard, au cœur du magnifique parc naturel régional des volcans d'Auvergne, à la limite du Mont-Dore et du Cézalier, offrant au regard un ensemble harmonieux de maisons médiévales aux toits d'ardoises ou de lauzes. Ses fortifications du XVe siècle ont été démantelées, mais on peut encore admirer l'ancienne porte de Ville avec sa puissante barbacane, et la tour de la Prison. Sur la place centrale, l'église romane Saint-André a subi plusieurs remaniements postérieurs. Sa nef, très simple, comporte des chapiteaux décorés de motifs végétaux ou historiques. Sous les sellettes des stalles, on aperçoit des "miséricordes", ces petits appuis qui permettaient aux moines et aux chanoines de se reposer pendant les offices. On peut voir le château du Bailli, autre point fort de la défense de la cité, s'arrêter sur la place, arpenter les ruelles pour admirer les anciennes échoppes et la magnifique maison de la reine Margot (XVe s.), rue de la Boucherie. Notez le raffinement des demeures, leurs fenêtres à meneaux, leurs portes de bois ouvragées. Besse a été à l'origine de l'implantation du ski en Auvergne avec la création de la station de Super-Besse (1350 m) en 1960.

1 734 habitants, 1 050 m d'altitude **Accès :** (carte 24) à 55 km S-O de Clermont-Ferrand **À voir :** le musée du Ski, le musée Boinchoux (intérieur auvergnat dans une ferme), la poterie du Beffroi **Aux alentours :** le lac Pavin ; le château de Murol et le lac Chambon ; l'église romane de Saint-Nectaire **Foires, festivités :** marché le lundi matin ; fête de la Saint-Cochon en janvier ; "La Montade" (pèlerinage à N.-D.-de-Vassivière) le 2 juillet ; brocante, Foire aux vins et aux fromages en juillet ; fête des Estives le 1er dimanche d'août ; "La Dévalade" et Fête traditionnelle fin septembre **Hôtel :** *Les Mouflons* (tél. 04.73.79.56.93) **Mairie** (tél. 04.73.79.50.12) **O. T.** (tél. 04.73.79.52.84).

MONTAIGUT-LE-BLANC

63320 (Puy-de-Dôme)

Montaigut-le-Blanc étage ses maisons au pied de son château moyenâgeux, perché en nid d'aigle au-dessus de la vallée de la Couze-Chambon. Le village a déjà un petit air du Sud avec ses maisons chapeautées de tuiles, ses vignes (qui ont fait autrefois la richesse de Montaigut) et ses arbres fruitiers qui égaient le paysage alentour. Le château, berceau de la famille de Montaigut, a un aspect plus austère. Construits en belle pierre de lave, son vieux donjon (XIe s.) – auquel est accolée une tour (XVe s.) – et les bâtiments du château (XIIIe-XVe s.) ont été sauvés de la ruine et patiemment reconstruits par les propriétaires actuels. En aval du castel, l'église, bâtie aux XIe-XIIe siècles, présente également des éléments plus tardifs. À admirer, les fonts baptismaux (XIIIe s.) en lave de Volvic et le tombeau (XIVe s.) d'un chevalier de Montaigut. La promenade dans les rues du village haut est charmante : tour, fenêtres à meneaux, belle maison Renaissance à porte de bois clouté... un retour au temps des chevaliers. Le bourg ancien était jadis entouré d'une muraille dont on peut voir encore des vestiges et une porte d'entrée, du côté de Champeix.

620 habitants, 480 m d'altitude **Accès :** (carte 25) à 35 km S-O de Clermont-Ferrand **Foires, festivités :** brocante le 1er mai ; feux de la Saint-Jean en juin ; Marché de l'art mi-juillet **Aux alentours :** le quartier du Marchidial à Champeix ; le château de Murol **Hôtel :** *Le Chastel Montaigu* (tél. 04.73.96.28.49), maison d'hôtes de charme, 4 chambres 135-145 € **Mairie** (tél. 04.73.96.70.05).

MONTPEYROUX

63114 (Puy-de-Dôme)

Montpeyroux est un village fortifié, bâti sur une butte au bord de l'Allier. Il faisait partie, jadis, du comté d'Auvergne. Du château fort, édifié au sommet de la colline au XIIIe siècle, il ne reste que la porte principale, avec ses meurtrières, et la tour-donjon, haute de plus de 30 mètres. Les maisons, alignées le long des rues étroites et pavées, ont été construites avec les pierres ocre du pays ; elles ont gardé tout le charme du passé. Le Val d'Allier était autrefois un riche pays de vergers et de vignes. On trouve, à Montpeyroux, des demeures vigneronnes typiques avec leur escalier extérieur et leur rez-de-chaussée voûté où l'on effectuait le cuvage. Au XIXe siècle, la vie devint difficile et le village, isolé, fut peu à peu déserté et pillé. Aujourd'hui, grâce à des initiatives privées et publiques, il revit : le site est classé, les maisons ont été restaurées avec soin, les fils électriques ont été enterrés, des artisans se sont installés, la circulation automobile est interdite dans la bourgade. Mais quel dommage que quelques bâtiments modernes aient été construits en contrebas du village et que l'autoroute passe juste derrière, cela gâche la jolie vue d'ensemble !

334 habitants, 460 m d'altitude **Accès :** (carte 25) à 20 km S de Clermont-Ferrand **Aux alentours :** les villages de La Sauvetat (4 km N-O) et de Sauvagnat (6 km S) ; les châteaux de Busséol et de Montmorin **Mairie** (tél. 04.73.96.62.68) **O. T.** (tél. 04.73.55.01.17).

SAINT-FLORET

63320 (Puy-de-Dôme)

Dans la vallée de la Couze-Pavin, entaillée au cœur de rochers de granit, Saint-Floret dispose ses maisons en contrebas du vieux château féodal ruiné dont ne subsiste que l'imposant donjon. À l'intérieur on admire une superbe salle du XIVe siècle, à voûte reposant sur douze colonnes finement sculptées, aux murs décorés de fresques (XIVe s.) représentant les amours de Tristan et Iseult. Les habitations anciennes aux épais murs de granit et aux toits de tuiles rondes s'enchevêtrent le long des ruelles qui dévalent jusqu'à la rivière, la Couze, qu'enjambe un pont construit au XVIe siècle. Un joli oratoire abrite une statue de Vierge en majesté (XIIIe s.). Sur l'autre rive, la petite église, construite au XIIIe siècle sur la butte Chastel par Jehan de Bellenave, seigneur de Saint-Floret, renferme une fresque du XVe siècle et une belle statue de la Vierge du XIVe siècle. Elle est entourée d'un cimetière aux curieuses tombes-sarcophages creusées dans le granit. Un village paisible, enchâssé dans une région où la nature, superbe, est parcourue de nombreux sentiers de randonnée.

260 habitants, 460 m d'altitude **Accès :** (carte 25) à 12 km O d'Issoire **Aux alentours :** Champeix, le puy d'Ysson, Mareugheol **Foires, festivités :** fête d'Été le 2e dimanche de juin ; festival "Terre des arts" en août ; Foire d'automne (produits régionaux et brocante) début novembre **Mairie** (tél. 04.73.71.10.39).

SAINT-SATURNIN

63450 (Puy-de-Dôme)

Saint-Saturnin est implanté dans un site magnifique de la vallée de la Monne. C'est au XIIIe siècle que les barons de La Tour d'Auvergne construisent un château fort sur une butte et l'entourent de puissants remparts qu'ils renforcent de tours et de mâchicoulis. Remanié aux XVe et XVIe siècles, on l'admire encore aujourd'hui, intact, avec ses épais murs de pierre, son donjon et ses hautes toitures très pentues. Devant, adoucissant son aspect guerrier, un jardin à la française et une place où murmure une fontaine Renaissance armoriée. Un troupeau de maisons médiévales s'éparpille jusqu'à l'église, deuxième centre d'intérêt du village. Toute simple, elle comporte un remarquable chevet et une riche décoration intérieure (maître-autel en bois doré), c'est l'une des plus belles églises romanes d'Auvergne. Juste derrière, la petite chapelle Sainte-Madeleine (XIe-XIVe s.) et la rue des Nobles avec ses belles maisons. En contrebas, le long de la rue de la Boucherie, on remarque une noble demeure décorée d'armoiries et la maison du Tourisme, installée dans une échoppe ancienne très bien restaurée. On termine la visite par la place du Marché, bordée de pittoresques maisons vigneronnes. Ce petit village paisible et harmonieux a séduit de nombreux artistes.

966 habitants, 520-680 m d'altitude **Accès :** (carte 25) à 13 km S de Clermont-Ferrand **À voir :** visite guidée de l'église en été **Aux alentours :** de nombreux sentiers de randonnée dans les gorges de la Monne et autour du lac d'Aydat ; les villages d'Olloix et de Chadrat ; l'abbaye de Notre-Dame-de-Randol **Foires, festivités :** foire le 1er mai ; concerts dans le cadre du Festival baroque d'Auvergne fin juillet-début août ; "Jours de lumière" (art, artisanat, concerts, conférences) en septembre (les années impaires) ; Foire d'automne le 1er dimanche d'octobre ; Marché de la création (artisanat) fin novembre **Hôtel :** *Château royal de Saint-Saturnin* (tél. 04.73.39.39.64), maison d'hôtes de charme, 5 chambres 150-210 € **Mairie** (tél. 04.73.39.30.77) **O. T.** Aydat (tél. 04.73.79.37.69).

USSON

63490 (Puy-de-Dôme)

C'est dans ce village – dont les origines remonteraient au temps des Celtes – qu'est érigée la plus importante forteresse de Basse-Auvergne. Louis XI en fit une prison en y ajoutant trois murailles. Sur l'une des cinq portes, vous pourrez lire : "Garde le traître et la dent" (c'est-à-dire que seules les trahisons et les famines sont à redouter). Il est vrai qu'Usson jouit d'une situation idéale. Construit sur une butte volcanique, il domine la plaine de Varennes. Partant de sa base, vous remonterez le long d'étroites ruelles bordées de maisons en pierres noires, pour rejoindre la petite église romane, avant de découvrir les ruines du château, détruit par Richelieu en 1633. La reine Margot y fut enfermée pendant dix-neuf ans. Accordez-lui quelques pensées, mais sans trop de compassion, sa détention fut vite égayée de fêtes galantes..., et profitez aussi de la vue sur l'extraordinaire paysage alentour. En redescendant, visitez le quartier des vignerons. Ses maisons cachent de profondes caves voûtées car, avant de céder la place à l'élevage et à des cultures variées, la vigne a été longtemps l'activité principale du bourg.

200 habitants, 630 m d'altitude **Accès :** (carte 25) à 10 km S-E d'Issoire **Aux alentours :** le château de Parentignat ; les vestiges du prieuré de Sauxillanges (XIVe et XVe s.) **Foires, festivités :** pèlerinage le dernier samedi de mai ; brocante le dernier dimanche de juillet **Mairie** (tél. 04.73.71.05.90).

ARGENTAT-SUR-DORDOGNE

19400 (Corrèze)

Bâti dans un très beau site de bois et de collines, Argentat étire ses maisons le long de la Dordogne. Aux XVIe et XVIIe siècles, la cité était prospère grâce au commerce fluvial : le bois était transporté sur des bateaux – les gabarres – le long du fleuve jusqu'à Bergerac, où l'on en faisait des tonneaux pour le vin ou les céréales. C'est à cette même époque que les riches habitants construisirent ces élégantes demeures que l'on peut admirer aujourd'hui, parfaitement restaurées. Leurs toits de lauzes, leurs murs clairs, leurs tourelles, leurs poivrières, leurs balcons de bois se reflètent dans les eaux tranquilles de la rivière. La flânerie dans les rues ou sur les quais pavés comme autrefois est charmante, et d'agréables terrasses au bord du fleuve permettent de passer un délicieux moment.

3 329 habitants, 180 à 190 m d'altitude **Accès :** (carte 24) à 30 km S de Tulle **À voir :** la Maison du patrimoine (tél. 05.55.28.06.16, en été) **Foires, festivités :** marché le jeudi ; foire les 1er et 3e jeudis du mois ; Festival de musiques en juillet ; brocante le dernier dimanche de juillet ; Foire des potiers le 1er week-end d'août ; "Nuits celtiques" en août ; marché de Noël en décembre **Hôtel :** à Beaulieu-sur-Dordogne (25 km), *Le Manoir de Beaulieu* (tél. 05.55.91.01.34), hôtel de charme, 20 chambres 80-180 €, restaurant **Mairie** (tél. 05.55.28.10.91) **O. T.** (tél. 05.55.28.16.05).

AUBAZINES

19190 (Corrèze)

Aubazines est perché sur un promontoire, entre la vallée de la Corrèze et le vallon du Coiroux, dans un magnifique environnement de forêts. Au XIIe siècle, un ermite, Étienne de Vielzot, s'y installe à l'écart du monde. Dans ce lieu bien exposé, doté d'une source et de terres arables, il édifie un monastère, aidé d'hommes et de femmes partageant sa foi. La communauté défriche, laboure, plante blé, vignes et vergers, construit une église et des habitations pour les moines. Un second monastère dédié aux femmes est édifié. Étienne, devenu abbé, obtient l'intégration de l'ensemble dans l'ordre des cisterciens. Les moines agrandissent les bâtiments en utilisant du grès extrait des carrières environnantes, ce qui donne une magnifique unité architecturale à l'ensemble. Pour s'approvisionner en eau, ils construisent un canal qui alimente un vivier et des moulins. Plus tard, au XVe siècle, des paysans s'y installent et construisent leurs logis tout contre l'abbaye, qui se double ainsi d'un village en contrebas. C'est ce village que l'on peut admirer, intact, aujourd'hui, avec ses maisons coiffées d'ardoises, flanquées de tourelles, agrémentées de portes cloutées et de jardins secrets cachés derrière de hauts murs. Les ruelles se faufilent jusqu'à la place de l'Église, animée de joyeuses foires et marchés en été. Entrez dans l'église, bien sûr. L'intérieur, simple et dépouillé, avec sa haute nef (six travées ont été démolies au XVIIIe s.), ses vitraux en grisaille, est d'une beauté saisissante.

798 habitants, 345 m d'altitude **Accès :** (carte 24) à 14 km E de Brive-la-Gaillarde **À voir :** dans l'église, le tombeau de saint Étienne (XIIIe s.), mobilier et stalles du XVIIIe s. ; le Jardin de sculptures **Aux alentours :** les vestiges de l'abbaye féminine **Foires, festivités :** Foire aux chèvres en avril ; vide-greniers en juin ; exposition et concerts à l'abbatiale en été ; brocante en juillet ; Fête du village en août ; Foire aux miels en septembre **Hôtel :** à Brive, *Château de Lacan* (tél. 05.55.74.79.79), hôtel de charme, 11 chambres 130-180 € **Restaurants :** *La Tour* (tél. 05.55.25.71.17) ; à 2 km, *Le Saut de la Bergère* (tél. 05.55.25.74.09) **Mairie** (tél. 05.55.25.71.26) **O. T.** (tél. 05.55.25.79.93).

BEAULIEU-SUR-DORDOGNE

19120 (Corrèze)

Blotti au bord de la Dordogne, entre Quercy et Périgord, Beaulieu est un petit bourg fier de son église, magnifique construction romane, jadis intégrée à un monastère bénédictin fondé par l'archevêque de Bourges au IXe siècle. Le portail sud, délicatement sculpté, contraste avec l'admirable simplicité de l'intérieur. Mais que cette belle église ne vous fasse pas oublier le village, avec ses ruelles étroites et pavées longées de superbes maisons anciennes, ses placettes, ses passages voûtés et ses petits lavoirs pittoresques. Flânez rue Sainte-Catherine où se trouvent des antiquaires et admirez, notamment, la maison joliment dénommée “maison d'Adam et Ève”, qui date de la Renaissance. Une agréable balade vous mènera jusqu'aux berges de la Dordogne, large et belle à cet endroit, où la chapelle des Pénitents, d'époque romane, dresse hardiment son clocher à arcades. L'office de tourisme organise toute l'année des visites guidées du village.

1327 habitants, 146 m d'altitude **Accès :** (carte 24) à 40 km N-E de Tulle **À voir :** le trésor de l'église (Vierge en bois recouvert d'argent et reliquaire) **Aux alentours :** Queyssac (5 km) ; le musée de l'Homme de Neandertal (18 km) ; le gouffre de Padirac ; Rocamadour ; le château de Castelnau **Foires, festivités :** marché le mercredi et le samedi matin (sauf lendemain de foire), marché de pays le lundi soir en juillet-août ; foires les 1er et 3e vendredis du mois ; marché aux plants le dernier dimanche d'avril ; fête de la Fraise le 2e dimanche de mai ; brocante et foire bio le 2e dimanche d'août ; fête des Corps saints le 1er week-end de septembre ; “Randonoix” le dernier dimanche de septembre ; Foire d'automne le dernier dimanche d'octobre **Hôtels :** *Le Manoir de Beaulieu* (tél. 05.55.91.01.34), hôtel de charme, 20 chambres 80-180 €, restaurant ; à 7 km *Château de la Grèze* (tél. 05.55.91.08.68), maison d'hôtes de charme, 5 chambres 85-110 € **Mairie** (tél. 05.55.91.11.31) **O. T.** (tél. 05.55.91.09.94).

COLLONGES-LA-ROUGE

19500 (Corrèze)

Quelle extraordinaire vision médiévale que Collonges toute vibrante de ses rouges et de ses roses sous l'éclat gris métal de ses toits de lauzes ! Ses bâtisseurs ont exploité avec bonheur le grès rouge du massif de l'Habitarelle. La cité était aristocratique, ses blasons en témoignent ; castels, tours, échauguettes, poivrières y foisonnent. La construction de l'église remonte à la fin du VIIIe siècle, elle dépendait de l'abbaye de Charroux. Elle fut fortifiée et séparée en deux nefs au XVIe siècle, lorsqu'Henri de La Tour d'Auvergne passa à la Réforme. Admirez le tympan du Christ en majesté, dégagé en 1923, et l'élégant clocher roman dentellé de baies. Bien qu'elle ne soit pas sur le chemin de Compostelle, elle est mentionnée sur l'itinéraire de Bruges. Tout autour, châteaux, hôtels et maisons nobles abondent, rappelant l'apogée de Collonges aux XVe et XVIe siècles : castel de Vassinhac, maison de Friac, châteaux de Maussac et de Benge... les portes sont arquées, hospitalières, portant l'écu du maître. Les tours sont charmantes avec leurs coiffes en poivrière et leurs escaliers de grès en spirale. Les toits de lauzes, d'ardoises ou de tuiles sarrasines accentuent le trait d'union entre le Nord et le Midi. Cette cité, dont le sang bat “à fleur de pierre”, est à visiter absolument.

426 habitants, 220 m d'altitude **Accès :** (carte 24) à 21 km S-E de Brive-la-Gaillarde **À voir :** la Maison de la sirène (arts et traditions populaires) **Aux alentours :** la haute vallée de la Dordogne **Foires, festivités :** Festival de la bande dessinée en juillet ; marché artisanal et représentations théâtrales en juillet-août ; marché d'antan le 1er dimanche d'août ; concours de peinture le 3e dimanche d'août ; Festival du fantastique le 1er week-end d'octobre (les années impaires) **Hôtels :** *Jeanne Maison d'hôtes* (tél. 05.55.25.42.31), maison d'hôtes de charme, 5 chambres 90 € ; à 8 km, *Manoir de la Brunie* (tél. 05.55.84.23.07), maison d'hôtes de charme, 4 chambres 80-110 € **Mairie** (tél. 05.55.25.41.09) **O. T.** (tél. 05.55.25.47.57).

CUREMONTE

19500 (Corrèze)

Nous sommes en Corrèze, à l'extrémité sud du Limousin. Ici, les nombreuses carrières de grès ont fourni à la région un matériau magnifique. Grâce à sa solidité, mais surtout à sa belle couleur rose foncé, l'habitat y a gagné une séduction particulière. En surplomb sur les vallées de la Sourdoise et du Maumont, Curemonte s'étire sur une ligne de crête et impose de loin la silhouette de ses remparts. Le village prit son essor au XIIe siècle, sous la domination des comtes de Turenne. Sa prospérité atteignit son apogée à la Renaissance, d'où l'heureuse présence de maisons nobles à tourelles et toits de tuiles, vrais petits castels de grès rose, plus délicieux les uns que les autres. La cité eut à se défendre, comme en témoigne l'enceinte flanquée de bastions à poivrières qui protège les châteaux du Plas et de Saint-Hilaire (XVe et XVIe s.). Leurs donjons carrés à mâchicoulis et meurtrières et leurs énormes tours rondes dominent les remparts et les tours de garde. Au centre, près de la halle (XVIe s.), se trouve le joli petit château de la Johanie, datant de la même époque. L'église a gardé son clocher en auvent, mais a subi maints remaniements. La destination guerrière de Curemonte est bien atténuée par la douceur de toutes ces beautés.

231 habitants, 240 m d'altitude **Accès :** (carte 24) à 30 km S-E de Brive-la-Gaillarde **Aux alentours :** l'église romane de Saint-Hilaire-la-Combe ; l'église de Saint-Genest (musée d'art religieux) ; Rocamadour **Foires, festivités :** marché le mercredi soir en juillet-août ; brocante le dernier dimanche d'avril ; Journée plantes et fleurs le 2e dimanche de mai ; expositions de peinture et concerts en été **Hôtel :** à Beaulieu-sur-Dordogne (12 km), *Le Manoir de Beaulieu* (tél. 05.55.91.01.34), hôtel de charme, 20 chambres 80-180 €, restaurant **Mairie** (tél. 05.55.25.34.76).

SAINT-ROBERT

19310 Ayen (Corrèze)

Le saint patron de cette jolie bourgade est, sans doute, ce Robert de Turlande qui a fait ériger par ses disciples bénédictins l'église dont il ne subsiste que le transept, le clocher octogonal et le chœur. Nous ne connaissons de Robert que la date de sa mort, 1067, rien de sa vie. Le village est à son image : lourd d'un passé inconnu, mais paisiblement posé dans un paysage typique de la Corrèze, sur une colline parmi d'autres collines, au milieu de bosquets de noyers et d'alignements de peupliers, dans la claire lumière du Limousin. "Il est là-haut, accroché sur son plateau, le dos à la Dordogne et les yeux vers la Corrèze, décoiffé par les vents, presque caché dans le ciel..." (C. Michelet). Les guerres de Religion, nous dit-on, ont donné lieu à de sanglants combats qui se sont terminés par une défaite. On parle une autre fois du village, en 1747, parce qu'un sénéchal est venu y vivre. Enfin, pendant la Révolution, Saint-Robert est un temps débaptisé par les patriotes, et se nomme Mont-Bel-Air. Depuis la terrasse de la mairie, on a une belle vue sur le chevet de l'église. Une tourelle et une tour le flanquent, témoins d'un système de défense ajouté au XVIe siècle. Alentour, de très belles demeures seigneuriales, d'étroites ruelles, alors que veillent encore les portes des anciennes fortifications.

348 habitants, 350 m d'altitude **Accès :** (carte 23) à 30 km N-O de Brive-la-Gaillarde **Aux alentours :** le haras national de Pompadour ; le château d'Hautefort ; la vallée de la Dordogne et le Périgord blanc **Foires, festivités :** marché de pays en juillet et août ; foires le lundi des Rameaux et le 2e lundi de novembre ; "Café littéraire" un mercredi par mois ; "Été musical" (concerts et expositions) en juillet-août ; Fête du village le 15 août ; fête du Baco (vin nouveau) en octobre **Mairie** (tél. 05.55.25.11.12) **O. T.** (tél. 05.55.25.21.01).

SÉGUR-LE-CHÂTEAU

19230 (Corrèze)

Ségur, qui étymologiquement signifie “lieu sûr”, existait déjà à l’époque gallo-romaine. C’est une presqu’île formée par les capricieuses boucles de l’Auvézère qui fut choisie par les comtes de Limoges, au IXe siècle, pour y dresser leur château fort. Son donjon carré, épaulé de contreforts, domine toujours le village dont on peut admirer, depuis le chemin de ronde, le dégradé des toits de tuiles brunes. En bas, dans les ruelles – les “charrièrous” comme l’on dit ici –, des maisonnettes de schiste s’appuient les unes contre les autres. Au XVe siècle, devenu siège de la cour des Appeaux – juridiction qui s’étendra sur les 361 justices seigneuriales du Limousin et du Périgord –, Ségur-le-Château connaîtra un renouveau extraordinaire. Les aristocrates feront alors construire de beaux hôtels particuliers aux façades de granit ouvragé. Fenêtres à meneaux, tourelles, toits en poivrière, élégants épis de faîtage, tous ces éléments d’architecture témoignent du raffinement de cette époque fastueuse. Parmi les vicomtes de Ségur, deux sont passés à la postérité : Jean de L’Aigle, qui battit les Anglais à la bataille de Castillon mettant fin à la guerre de Cent Ans et à l’occupation, et Henri IV, roi de Navarre, qui fut le dernier vicomte de Ségur. Dans le village, d’ailleurs, on vous fera admirer sa maison.

245 habitants, 300 m d’altitude **Accès :** (carte 23) à 55 km S de Limoges **Aux alentours :** Pompadour (10 km S-E), le château, le haras national et l’église romane d’Arnac ; Lubersac (10 km E), le château du Verdier **Foires, festivités :** marché des producteurs de pays le lundi soir en juillet-août ; concours de pêche le 14 Juillet ; Festival de jazz le dernier week-end de juillet ; fête des Culs noirs (cochons) le 1er week-end d’août **Mairie** (tél. 05.55.73.53.21) **O. T.** (tél. 05.55.73.39.92, en saison).

TREIGNAC

19260 (Corrèze)

Treignac est devenu un lieu de vacances tout à fait riant et fréquenté. Que vous y passiez ou que vous y séjourniez, n'omettez pas d'explorer sa vieille ville, pleine de merveilles. On descend par une rue à forte pente jusqu'au vieux pont gothique qui saute par-dessus une Vézère au cours fougueux. Les murs en terrasses du vieux château ruiné dominent la rivière, les vieilles demeures coiffées d'ardoises et l'église romane. Celle-ci présente un plan carré et elle est flanquée d'un clocher hexagonal couvert d'ardoises, voûté d'ogives, reposant sur de gros piliers. Restauré dans les années 1960, l'édifice abrite un autel de granit en forme de dolmen et des vitraux modernes dus à un artiste du pays, Camille Fleury. Les rues de l'ancienne ville murée – il reste une porte, seul vestige des remparts – conservent des maisons et une halle en granit des XVIe-XVIIIe siècles. Un bel ensemble de demeures à tourelles et à portails sculptés décorés de nombreux motifs de coquilles Saint-Jacques attestent que Treignac fut, jadis, une étape sur la route de Compostelle. Proche, l'excursion au rocher des Folles, à faire à pied, mène jusqu'à un chaos de blocs granitiques. La vue sur les gorges et les collines boisées qui encadrent la Vézère y est remarquable.

1 480 habitants, 480 m d'altitude **Accès :** (carte 24) à 40 km N de Tulle **À voir :** le musée des Arts et Traditions de la Haute-Vézère (en été) **Aux alentours :** le lac de Vassivière ; Magnat-l'Étrange ; les cascades de Gimel et le château de Sédières **Foires, festivités :** marché des producteurs de pays le vendredi soir en juillet-août ; foires les 6 et 22 de chaque mois ; Fête du village fin juin ; Foire aux vins et produits régionaux en juillet ; fête du Pain et fête du Bois en août ; vide-greniers et brocante le 1er mardi d'août ; Festival de jazz en août **Hôtel :** *Maison Grand Champ* (tél. 05.55.98.10.69), maison d'hôtes de charme, 3 chambres 74-84 € **Mairie** (tél. 05.55.98.00.49) **O. T.** (tél. 05.55.98.15.04).

TURENNE

19500 Meyssac (Corrèze)

C'est la famille de La Tour d'Auvergne qui a rendu célèbre la maison de Turenne. Le grand Henri de Turenne a laissé son nom dans l'Histoire, d'abord pour sa participation à la Fronde et à la conspiration contre Mazarin, puis pour être devenu l'un des plus grands capitaines de guerre des temps modernes. Les ruines du château se dressent, fantomatiques, au plus haut point de la butte. Sur le promontoire, une terrasse fleurie part de la tour de César jusqu'à la tour de l'Horloge. De là, on profite d'une vue unique en plongée sur le bourg et, par-dessus les toits, sur un paysage verdoyant et vallonné. On emprunte la seule rue droite qui descend du château vers la ville, avec ses riches demeures de calcaire blanc accrochées au flanc de la colline. Elle débouche dans le village médiéval, place du Foirail. On y admire les nombreux hôtels particuliers des XVe-XVIIe siècles, ornés de tourelles élégantes, d'encorbellements, de poivrières, qui sont, dans l'ensemble, en bon état de conservation. Dans la maison du Grenier à sel se tenaient autrefois les états généraux de la vicomté. L'église collégiale a été construite grâce à Charlotte de Lamarck, épouse du premier vicomte de Turenne. Elle contient un retable de bois doré, une chaire et une Mise au tombeau remarquables. Turenne est faite de trois faubourgs, ou "barris". Ne négligez pas le quartier du Marchadiol, l'ancien marché aux huiles, aux ruelles très pittoresques.

750 habitants, 300 m d'altitude **Accès :** (carte 24) à 17 km S de Brive-la-Gaillarde **Aux alentours :** le gouffre de la Fage (7 km N-O) ; la vallée de la Dordogne **Foires, festivités :** Foire aux chèvres et aux chevaux début mai ; Fête votive en juillet ; vide-greniers en juillet et mi-août **Hôtel :** *La Maison des Chanoines* (tél. 05.55.85.93.43), hôtel de charme, 4 chambres 65-100 €, restaurant **Mairie** (tél. 05.55.85.91.15) **O. T.** (tél. 05.55.85.59.97).

MOUTIER-D'AHUN

23150 (Creuse)

Dans la haute vallée de la Creuse, nombre de ruisseaux dévalent les collines boisées et s'en vont grossir la rivière, enjambée par un très beau pont roman à avant-becs. C'est là que se niche Moutier-d'Ahun, village-rue, prolongement d'Ahun proprement dit. Ce jumelage était assez courant au temps de la chrétienté toute-puissante : d'un côté, le village seigneurial, de l'autre, les possessions monastiques. Le "moutier" (monastère) date du xe siècle lorsque Boson, comte de La Marche, fit don d'une église à l'abbaye d'Uzerche, pour la création d'un monastère de règle bénédictine. Au xiie siècle, Moutier est au faîte de sa prospérité mais il n'échappera pas, hélas, aux malheurs de la guerre de Cent Ans, pas plus qu'aux guerres de Religion. Ce qu'il reste de l'édifice roman est dû à une restauration réalisée par les moines en 1610 et que nous pouvons, avec bonheur, apprécier aujourd'hui. En 1673 et 1681, d'admirables boiseries seront ajoutées pour décorer l'abside et le chœur de l'église. L'ancien portail flamboyant est encore debout et s'ouvre sur un jardin et une allée d'arbres qui a remplacé la nef disparue. Quant aux maisons d'Ahun, les plus intéressantes remontent au xve siècle, comme ces hôtels particuliers à baies soulignées de pilastres, rehaussées de frontons à boule. Une pierre précieuse sertie dans un environnement exceptionnel.

193 habitants, 349 m d'altitude **Accès :** (carte 24) à 20 km S-E de Guéret **Aux alentours :** Aubusson et ses tapisseries ; l'église romane d'Ahun ; les villages de Sous-Parsat et de Masgot **Foires, festivités :** marché à Ahun (1,5 km) le mercredi matin ; brocante le 15 août à Ahun ; fête de la Saint-Roch le 16 août ; expositions en été ; marché de Noël en décembre **Mairie** (tél. 05.55.62.45.63) **O. T.** (tél. 05.55.62.55.93).

MORTEMART

87330 (Haute-Vienne)

Mortemart est né dans une plaine humide et marécageuse, d'où son nom, *Mare mortuum* (mer morte). Abon Drut, l'un des premiers seigneurs, guerroie victorieusement contre Guillaume de Poitiers et sauve la place de Bellac. Il est autorisé, en récompense, à édifier un château en 995. Démantelé sur ordre du cardinal de Richelieu, il n'en reste aujourd'hui que les tours et le dessin des douves. En 1330, le cardinal Pierre Gauvain, autre fils du pays, fonde à Mortemart trois édifices religieux : l'hôtel-Dieu, tenu par les Carmes, le collège des Augustins (aujourd'hui la mairie) et un monastère de Chartreux. Ce dernier a totalement disparu. Par contre, on peut toujours admirer le couvent des Carmes, agrandi au XIXe siècle par un bâtiment néoclassique, et la chapelle des Augustins, devenue église paroissiale. Son clocher à bulbe en ardoise est curieux. À l'intérieur, elle contient de fort belles stalles de bois sculpté et un retable baroque. De son passé commercial prospère, Mortemart a gardé sa jolie halle. À voir aussi la maison du Sénéchal, du XVe siècle, à tour carrée, dont les jardins abritent les restes de l'ancien portail de l'église Saint-Hilaire. La maison de Verdilhac et celle du chevalier de Béon ont conservé des tourelles et des éléments gothiques à leurs fenêtres.

126 habitants, 290 m d'altitude **Accès :** (carte 23) à 40 km N-O de Limoges **Aux alentours :** l'église fortifiée de Blond ; le village de Montrol-Sénard ; le circuit des mégalithes, le circuit dans les monts de Blond **Foires, festivités :** marché fermier le dimanche matin en été ; expositions en été ; fête des Pommes en octobre **Restaurant :** *Le Relais* (tél. 05.55.68.12.09) avec chambres **Mairie** (tél. 05.55.68.12.11) **O. T.** (tél. 05.55.68.98.98, en saison).

NEDDE

87120 (Haute-Vienne)

Nedde est un village modeste qui rassemble des maisons de pierre claire chapeautées d'ardoise, en troupeau autour de son église du XIIIe siècle au magnifique toit en bardeaux de châtaignier. Remarquez sur le portail le beau verrou du XVe siècle et, à l'intérieur, la statue de saint Martin (XVIe s.). La campagne environnante est paisible, quadrillée de bosquets. Implantée à la limite de la Creuse et de la Corrèze, sur le plateau de Millevaches, la bourgade contrôlait, jadis, le marché du cochon pour tout le Massif central. Aujourd'hui, on apprécie son charme et sa douceur de vivre. De nombreux citadins y ont acheté des maisons et passent des vacances heureuses dans ce nid (peut-être l'origine de son nom) convivial. Mais, pour autant, on ne se tient pas à l'écart des tendances artistiques du moment. Le château – enfin, ce qu'il en reste – construit sous Henri IV, jadis propriété des marquis de Garat, accueille des expositions d'art contemporain. De quoi animer les conversations, les soirs d'été, lorsqu'on s'attarde sur la place. De la terrasse du castel, au bord de la Vienne, on profite d'un beau point de vue sur la rivière et ses deux ponts gothiques.

559 habitants, 500 m d'altitude **Accès** : (carte 24) à 52 km E de Limoges **À voir** : l'écomusée La Cité des insectes **Aux alentours** : le lac de Vassivière **Foires, festivités** : marché le vendredi matin ; Fête du village le 1er week-end d'août ; fête de l'Agriculture fin août ; Rencontres musicales de Nedde (musique traditionnelle, randonnées, conférences) fin septembre **Hôtel** : *Le Verrou* (tél. 05.55.69.98.04), hôtel de charme, 10 chambres 50-70 € **Mairie** (tél. 05.55.69.98.09).

Bourgogne ! Ce nom évoque d'emblée le plaisir de vivre. Cette belle région mêle harmonieusement les souvenirs historiques, les richesses artistiques et religieuses aux joies vigneronnes et gastronomiques. Églises romanes, abbayes (Cluny, Cîteaux), châteaux, témoignent de l'importance de la foi, de la puissance et du raffinement des ducs de Bourgogne, du Moyen Âge à la Renaissance. Prenez votre temps pour parcourir routes et sentiers de Bourgogne, pour admirer ses villages restés bien authentiques et pour déguster ses vins renommés dans le monde entier.

À l'est, voici la Franche-Comté : les monts du Jura cachent des vallées profondes, des reculées étroites et pittoresques, où se blottissent de petits villages. Partout dans le paysage, sources, rivières, lacs font miroiter leurs eaux pures et transparentes. La végétation est superbe : les forêts s'étendent sur près de 500 000 hectares, les prairies déroulent un merveilleux tapis vert, les torrents aux eaux vives sont le domaine de prédilection des pêcheurs. Il faut partir à la découverte de ce pays authentique, visiter ses villages encore secrets et silencieux, goûter ses délicieux fromages, ses poissons, ses vins parfumés.

CHÂTEAUNEUF

21320 (Côte-d'Or)

Dans un site splendide, à quelques kilomètres de Pouilly-en-Auxois, l'ancien village fortifié de Châteauneuf domine fièrement la plaine et le canal de Bourgogne. On le voit de très loin, couronné par son imposant château fort du XIIe siècle, agrandi au XVe siècle. Il comporte d'épaisses murailles, des tours rondes, des échauguettes, des logis de style gothique, une très jolie chapelle et un pont-levis. Comme toutes les forteresses de cette époque, il n'a pas de donjon. Le château, donné à l'État en 1936 par le comte de Vogüé, se visite, ce qui permet de faire un véritable saut dans le passé. Le village, pelotonné à ses pieds, est fort pittoresque et l'on découvre avec plaisir, le long des venelles moyenâgeuses, les vieilles demeures bâties aux XIVe et XVIe siècles par les riches marchands bourguignons. Le regard est attiré par de multiples détails, fenêtres à meneaux, linteaux sculptés, girouettes perchées en haut des toitures... L'église date du XVe siècle et arbore un clocher à lanternon. Lorsqu'on grimpe jusqu'au belvédère, près de la porte Nord, on découvre un panorama grandiose qui permet de contempler les monts du Morvan et la plaine de l'Auxois. Et puis, tout proche, le village de Commarin, où vécut l'écrivain Henri Vincenot, attend votre visite.

83 habitants, 475 m d'altitude **Accès :** (carte 19) à 34 km N-O de Beaune **Aux alentours :** la chapelle N.-D.-du-Chêne ; l'ermitage de Saint-Julien ; l'abbaye de la Bussière ; le château de Commarin (7 km) ; le canal de Bourgogne **Foires, festivités :** Marché médiéval (les années paires) ou fête à thème (les années impaires) le dernier week-end de juillet ; concert en août ; fête de la Saint-Hubert le 1er dimanche d'octobre ; Messe de minuit avec chants anciens et crèche vivante à Noël **Mairie** (tél. 03.80.49.21.64) **O. T.** Pouilly-en-Auxois (tél. 03.80.90.74.24).

ÉPOISSES

21460 (Côte-d'Or)

Situé au cœur de la Bourgogne, au carrefour du Morvan, de la Haute-Bourgogne et du Tonnerrois, Époisses est un bourg comme beaucoup d'autres en Bourgogne, mais il cache un trésor : un minuscule village de carte postale, qui a gardé son charme d'antan. On franchit la poterne pour se retrouver en plein Moyen Âge : les communs du castel forment un hameau bourguignon miniature, pelotonnés près de l'église du XIIIe siècle et du colombier (XVe s.). Au fond, le château à quatre tours, forteresse de plaine des XIVe et XVIe siècles, à douves et double enceinte fortifiée des XIIe-XIVe siècles. Il appartient à la même famille depuis plus de trois cents ans et se visite. Des personnages célèbres y ont séjourné : Henri IV, Mme de Sévigné, Chateaubriand... L'intérieur conserve un très riche mobilier et de nombreux souvenirs des hôtes de passage. Un peu à l'écart, le village moderne rassemble quelques maisons paysannes bien entretenues, aux balcons fleuris et aux toits de tuiles plates patinés par le temps. Époisses est rustique, vivant et gai. Il est renommé pour son délicieux fromage, créé au XVIe siècle par une communauté de moines cisterciens, et qui est toujours fabriqué selon les méthodes artisanales ancestrales : lait cru et affinage au marc de Bourgogne. Avant de partir, on peut visiter la fromagerie (sur la place du Champ-de-Foire) et goûter aux bons produits fermiers.

804 habitants, 265 m d'altitude **Accès :** (carte 18) à 13 km O de Semur-en-Auxois **Aux alentours :** le château de Bourbilly **Foires, festivités :** petit marché le mercredi après-midi en été ; fête du Pain et du Fromage le 1er dimanche de mai ; Fête de plein air avec repas champêtre fin juillet ; marché de Noël en décembre **Hôtel :** à Bard-les-Époisses (4 km), *Le Colombier* (tél. 03.80.96.47.13), maison d'hôtes de charme, 4 chambres 70-80 € **Mairie** (tél. 03.80.96.44.09).

FLAVIGNY-SUR-OZERAIN

21150 (Côte-d'Or)

Bâti sur un rocher dans un très beau site, Flavigny s'est construit autour d'une abbaye bénédictine fondée au VIIIe siècle et qui connut une grande affluence de pèlerins au fil des années. De son riche passé, la cité a conservé des remparts, des portes fortifiées (portes du Val, du Bourg, de la Poterne), des tours anciennes, des ruelles étroites et pavées et des maisons et hôtels des XIIIe-XVIIe siècles en pierre ocre. À voir absolument, la belle Maison au Donataire des XVe-début XVIe siècles (où se trouve l'office de tourisme), qui renferme une statue de la Vierge d'influence flamande de la même époque. L'église Saint-Genest (ouverte de mai à octobre) mérite une visite. Elle remonte au XIIIe siècle, mais a été remaniée entre le XVe et le XVIIIe siècle (à l'intérieur, rares galeries à barrières de bois, tribunes à ambon, stalles du XVe s., très belle statue des XIVe-XVIIIe s., dont une Vierge allaitant du XIVe s.). De l'abbaye bénédictine, outre les bâtiments du XVIIIe siècle, il reste d'étonnants vestiges de l'époque carolingienne, la crypte Sainte-Reine et une chapelle. Avant de quitter Flavigny, n'oubliez pas d'acheter les fameux bonbons à l'anis, toujours fabriqués comme autrefois à l'abbaye.

371 habitants, 421 m d'altitude **Accès :** (carte 19) à 16,5 km E de Semur-en-Auxois **Aux alentours :** le château de Bussy-Rabutin (XVe-XVIIe s.) ; le site d'Alésia (fouilles, musée) à Alise-Sainte-Reine ; l'abbaye de Fontenay ; les sources de la Seine **Foires, festivités :** foire de la Saint-Simon l'avant-dernier dimanche d'octobre **Hôtel :** à Nan-sous-Thil (32 km), *Château de Beauregard* (tél. 03.80.64.41.08), maison d'hôtes de charme, 3 chambres 100-130 € **Mairie** (tél. 03.80.96.21.73) **O. T.** (tél. 03.80.96.25.34).

SALMAISE

21690 (Côte-d'Or)

Le site de Salmaise était habité dès les temps préhistoriques mais, à part un petit monument gallo-romain conservé dans la crypte (XIe siècle) de l'église romane, les vestiges du village datent surtout des XIe-XVe siècles. Dès l'entrée du bourg, on est frappé par l'imposant château. Édifié au XIIIe siècle par les Mont-Saint-Jean, seigneurs de Salmaise, il protégeait les habitants qui furent affranchis du servage le 12 mai 1265, ainsi qu'en témoigne un document conservé à la mairie. Il fut agrandi par les ducs de Bourgogne aux XIVe et XVe siècles. Aujourd'hui, la bourgade est bien vivante et pleine de charme. Les maisons, pas très grandes, se serrent les unes contre les autres, ménageant parfois un peu d'espace pour des jardins ; leurs murs de calcaire blanc resplendissent au soleil tandis que leurs toits, généralement couverts de lave calcaire, sont caractéristiques de la région. Ce même matériau coiffe les magnifiques halles moyenâgeuses qui abritaient autrefois le marché. À voir aussi, deux beaux lavoirs-fontaines. Vous pourrez faire une halte gourmande à la pâtisserie artisanale avant de quitter à regret ce village classé parmi les plus beaux de France.

150 habitants, 450 m d'altitude **Accès :** (carte 19) à 37 km N-O de Dijon **Aux alentours :** le château de Bussy-Rabutin ; l'abbaye de Fontenay ; le site d'Alésia à Alise-Sainte-Reine ; les sources de la Seine **Foires, festivités :** Foire artisanale et aux produits régionaux et vide-greniers le 2e week-end de juin ; "Évasion de la peinture" la 1re semaine d'août **Mairie** (tél. 03.80.35.84.99) **O. T.** Alésia (tél. 03.80.96.13.22).

SEMUR-EN-AUXOIS

21140 (Côte-d'Or)

Semur apparaît, magnifiquement dressé sur un rocher de granit, dans une boucle de l'Armançon. La cité médiévale, avec ses tours et ses remparts, est dominée par l'imposante collégiale Notre-Dame. À ses pieds, les maisons aux toits pentus de tuiles brunes s'étagent jusqu'à la rivière. Place forte des puissants ducs de Bourgogne, Semur se divisait jadis en trois parties, chacune entourée d'une enceinte de granit rose. Aujourd'hui, vous admirerez les quatre belles tours rondes, les deux portes fortifiées (XIVe et XVe s.), le quartier de l'ancien château (démoli sur ordre d'Henri IV) avec ses remarquables hôtels particuliers des XVIIe et XVIIIe siècles, le logis du Roi à façade Renaissance, et la collégiale Notre-Dame, l'une des plus belles de Bourgogne. Édifiée au XIIIe siècle sur l'emplacement d'une chapelle romane, elle fut agrandie aux XIVe et XVe siècles et très restaurée par Viollet-le-Duc au XIXe siècle. Toute la construction a été réalisée en belle pierre de Pouillenay alors que, en contraste, l'intérieur est sobrement dallé de calcaire bleu-noir. Depuis la promenade des Remparts à l'ombre des tilleuls, on jouit d'une vue splendide sur le vallon de l'Armançon et l'on s'émerveille devant la beauté de la vieille ville superbement illuminée.

5 012 habitants, 256 m d'altitude **Accès :** (carte 18) à 70 km d'Auxerre **À voir :** le musée municipal **Aux alentours :** l'abbaye de Fontenay, le site d'Alésia, les châteaux de Bussy-Rabutin, de Bourbilly et de Lantilly, les forges de Buffon **Foires, festivités :** marché le dimanche matin ; fêtes de la Bague le 31 mai ; Fête médiévale en mai-juin ; Fête patronale le 15 août **Hôtel :** à Bard-les-Époisses (13 km), *Le Colombier* (tél. 03.80.96.47.13), maison d'hôtes de charme, 4 chambres 70-80 € **Mairie** (tél. 03.80.97.01.11) **O. T.** (tél. 03.80.97.05.96).

DONZY

58220 (Nièvre)

Donzy se situe au cœur d'une région vallonnée, au nord du département de la Nièvre. Deux petites rivières traversent le village lui apportant un charme bucolique. Bordées d'anciens moulins, entrecoupées d'écluses, elles nous rappellent l'importance de la meunerie autrefois. Au Moyen Âge, Donzy était la capitale d'une baronnie et l'un des fiefs les plus importants du duché de Bourgogne. De son passé, le village a conservé une tour ronde, vestige du château féodal, des maisons à pans de bois des XVe et XVIe siècles, des vieux toits de tuiles plates ainsi qu'une église gothique, Saint-Caradheuc. Par-ci, par-là, quelques demeures plus cossues font miroiter leurs lucarnes dans les eaux murmurantes des ruisseaux. Le bourg est animé, des brocanteurs se sont installés dans les vieux logis à colombages, créant une atmosphère très sympathique. Toutes proches de Donzy, on admirera les ruines de l'ancien prieuré clunisien de Donzy-le-Pré au portail orné d'un tympan du XIIe siècle, véritable joyau de l'art roman bourguignon. Un peu plus loin encore, à Saint-Martin-du-Pré, très jolie petite église romane à chevet plat.

1 659 habitants, 182 m d'altitude **Accès :** (carte 18) à 65 km S-O d'Auxerre **À voir :** à Donzy-le-Pré, le prieuré clunisien ; l'écomusée de la Meunerie au moulin de Maupertuis (tél. 03.86.39.39.46) **Aux alentours :** à Saint-Loup-des-Bois, le musée de la Machine agricole ancienne ; à Suilly-la-Tour (7,5 km), le château des Granges **Foires, festivités :** marché le mercredi, le jeudi et le samedi matin ; foires à Pâques et à la Pentecôte ; exposition à Pâques ; “Randonnée et terroir” en juillet ; “Arts en Donziais” et brocante en août ; marché de Noël en décembre **Restaurant :** *Le Grand Monarque* (tél. 03.86.39.35.44) avec chambres **Mairie** (tél. 03.86.39.30.28) **O. T.** (tél. 03.86.39.45.29).

ANZY-LE-DUC

71110 (Saône-et-Loire)

Lorsque vous verrez, de loin, apparaître dans la plaine du Brionnais le ravissant clocher de l'église d'Anzy-le-Duc, vous serez séduit par son élégance et sa beauté simple. Le village, en effet, sert d'écrin à l'une des plus belles églises romanes de Bourgogne, à laquelle on accède par une majestueuse allée d'arbres. L'édifice bâti au XIe siècle, dans une belle pierre aux tons dorés, est surmonté d'un gracieux clocher à l'italienne, polygonal, à trois étages d'arcades. À l'intérieur, vous pourrez admirer les très beaux chapiteaux (XIIe s.), les remarquables fresques et les lignes très pures de la nef. L'église était autrefois précédée d'un portail, aujourd'hui exposé à Paray-le-Monial. Mais, tout à côté, vous remarquerez celui de l'ancien prieuré, à très beau tympan sculpté, ainsi qu'une tour, seuls vestiges de l'abbaye. Lorsqu'il fait beau, la pierre prend une délicate teinte blonde, et tout le village resplendit au soleil.

434 habitants **Accès :** (cartes 18-25) à 20 km S-O de Paray-le-Monial **Foires, festivités :** brocante le 1er dimanche d'août ; "Été musical" en juillet et août **Mairie** (tél. 03.85.25.16.43).

BERZÉ

71960 (Saône-et-Loire)

Niché au creux d'un vallon aux pentes couvertes de vignes, voici Berzé. Le village est constitué de deux parties bien distinctes. Berzé-le-Châtel, perché sur sa colline, qui s'enorgueillit d'un massif château moyenâgeux doté de tours rondes à toits pointus, de deux donjons et d'une chapelle. Il s'abrite derrière une double enceinte où s'intercale un jardin à la française. Plus loin, à cinq kilomètres au sud, Berzé-la-Ville, pittoresque village implanté sur un mamelon rocheux, qui regroupe de jolies maisons paysannes à galeries autour d'une église en partie romane. Il est célèbre pour son château des Moines, ancien prieuré (XVIIIe s.) de l'abbaye de Cluny, qui a conservé une chapelle romane aux rares fresques du XIIe siècle réalisées sur fond bleu (Christ en majesté encadré d'apôtres, Légende de saint Blaise, Martyre de saint Vincent). Ce petit bourg préservé laisse une impression d'harmonieuse tranquillité.

554 habitants (65 à Berzé-le-Châtel), 550 m d'altitude **Accès :** (carte 19) à 12 km N-O de Mâcon **Aux alentours :** le village de Blanot ; Cluny (10 km, abbaye du XIIe s. et musée Ochier) ; Mâcon (musée Lamartine, musée des Ursulines) **Foires, festivités :** à Berzé-la-Ville, marché aux puces le 2e dimanche de juillet et concert à la chapelle des Moines début août ; marché aux puces fin août à Berzé-le-Châtel **Hôtel :** à Igé (10 km), *Château d'Igé* (tél. 03.85.33.33.99), hôtel de charme, 9 chambres 95-165 € **Mairie** Berzé-la-Ville (tél. 03.85.37.71.10), Berzé-le-Châtel (tél. 03.85.37.79.90).

BRANCION

71700 Martailly-lès-Brancion (Saône-et-Loire)

Treize kilomètres séparent Brancion du très célèbre édifice roman qu'on aperçoit en bordure de l'autoroute, l'abbatiale Saint-Philibert-de-Tournus. Ce petit bourg s'est constitué sur l'emplacement d'un *oppidum* celto-ligure occupant une position stratégique entre la vallée de la Saône et celle de la Grosne. D'un côté, il présente un château fort médiéval (privé, on peut le visiter) restauré au XIVe siècle, protégé par une triple enceinte ; de l'autre, une église romane, très sobre et très finement proportionnée, située à l'extrémité d'un promontoire, ce qui permet de profiter d'une vue magnifique qui s'étend des monts de la Loire jusqu'à l'Autunois. À l'intérieur, on remarque des fresques gothiques et un grand gisant, celui de Josserand de Brancion (XIIIe s.), seigneur du lieu, tué aux côtés de Saint Louis en 1250. Le village éparpille quelques maisons des XIIIe-XVIe siècles, toutes simples, de formes disparates, le long des ruelles. Leurs murs de pierres blanches ou de moellons passés à l'enduit s'ornent parfois de galeries ou d'escaliers extérieurs. Sur la place, on découvre une grande halle du XVe siècle qui repose solidement sur des piliers de bois. Tout l'ensemble est protégé par les Monuments historiques. Un village "de poche", enfoui dans la verdure, qui vous laissera une heureuse impression d'harmonie.

30 habitants, 400 m d'altitude **Accès :** (carte 19) à 12 km O de Tournus **À voir :** le château (tél. 03.85.32.19.70) **Aux alentours :** menhir au bord de la D 14 ; le circuit des églises romanes ; randonnées (chemin des Moines de Sennecey-le-Grand à Cluny) **Foires, festivités :** marché bio les 1er et 3e dimanches du mois **Hôtels :** *La Montagne de Brancion* (tél. 03.85.51.12.40), hôtel de charme, 18 chambres 80-180 €, restaurant ; à La Chapelle-sous-Brancion, *Château de Nobles* (tél. 03.85.51.00.55), maison d'hôtes de charme, 3 chambres 85 € **Mairie** (tél. 03.85.51.12.56).

FUISSÉ

71960 (Saône-et-Loire)

Le village est niché au creux d'une mer de vignes dans un site très beau, célèbre pour ses crus fameux. C'est en effet l'une des communes produisant le pouilly-fuissé, grand cru classé. Fuissé possède de belles maisons vigneronnes en pierres dorées, à galeries et à larges caves, qui s'égrènent le long des chemins. À admirer notamment, la maison Arcelin brodée d'une galerie à quatre colonnes, la maison du Capucin bâtie au XVIIIe siècle, et la maison Desvignes qui arbore fièrement vingt colonnades de pierre. Les villageois ont construit une nouvelle église au XIXe siècle, mais le bourg a conservé l'église ancienne ainsi qu'une jolie fontaine et un lavoir du XVIIIe siècle. Fuissé est prospère et gai et, s'il n'a pas de citadelle, il est fier de sa "maison du château", qui a un large porche datant de 1605.

321 habitants, 280 m d'altitude **Accès :** (carte 26) à 8 km S-O de Mâcon **Aux alentours :** les villages vignerons de Chasselas, Saint-Amour, Juliénas, Solutré et sa fameuse roche, Vergisson ; la ville de Mâcon **Foires, festivités :** fête de la Saint-Vincent en janvier **Hôtel :** *La Source des Fées* (tél. 03.85.35.67.02), maison d'hôtes de charme, 4 chambres 95-125 € **Restaurant :** *Au Pouilly-Fuissé* (tél. 03.85.35.60.68) **Mairie** (tél. 03.85.27.00.70) **S. I.** Mâcon (tél. 03.85.38.09.99).

SEMUR-EN-BRIONNAIS

71110 (Saône-et-Loire)

Voici, au sud de la Bourgogne, le joli pays du Brionnais, ses teintes douces, ses vallons verdoyants où paissent de paisibles troupeaux de vaches et sa jolie pierre dorée qui illumine chaque village, chaque église. Ancienne capitale du Brionnais et fief de la famille de saint Hugues, abbé de Cluny, Semur-en-Brionnais est un charmant bourg dominant des vagues d'arbres fruitiers et de vignes. La pierre prend ici des teintes pastel, presque roses, et l'on est séduit par l'aspect des maisons, par l'hôtel de ville du XVIIIe siècle, par le château à donjon carré (IXe s.) agrémenté de tours du XVIIIe siècle et par la belle église Saint-Hilaire. Ancienne collégiale romane, elle offre un clocher à huit côtés, avec arcades et colonnes, et un splendide portail sculpté. De l'ancien chemin de ronde, on profite d'une agréable vue sur les monts du Forez et de la Madeleine.

724 habitants, 384 m d'altitude **Accès :** (carte 25) à 30 km S de Paray-le-Monial **À voir :** le château Saint-Hugues et la salle capitulaire (vitrine sur l'art roman brionnais) **Aux alentours :** Marcigny (5 km, maisons à pans de bois et musée de la Tour-du-Moulin) ; à Saint-Martin-du-Lac (7 km), le musée des Attelages de la Belle Époque ; le circuit des églises romanes du Brionnais **Foires, festivités :** fête de la Madeleine mi-juillet ; Banquet médiéval et animations diverses en juillet-août ; fête de l'Art (artisanat) le 1er dimanche d'août ; fête de Montmegin le dernier dimanche d'août **Mairie** (tél. 03.85.25.02.94) **S. I.** (tél. 03.85.25.13.57).

MONTRÉAL

89420 (Yonne)

Implanté au sommet d'une butte dans un paysage préservé, Montréal, "Mont-Royal", fondé à la fin du IXe siècle, apparaît, fièrement dressé. Le bas du bourg traversé par la route n'a pas beaucoup d'intérêt, mais le village haut est magnifique. On y pénètre par une porte en ogive du XIIIe siècle, et l'on grimpe le long de la rue principale bordée de maisons anciennes (XIVe-XVIIIe s.) en pierres blondes – certaines agrémentées de fenêtres à meneaux, de linteaux sculptés, de portes en bois clouté. Des escaliers extérieurs, des toits en forte pente, des murets, des jardins de curé donnent à Montréal un charme rustique, inchangé depuis le Moyen Âge. Çà et là, quelques volets en fer, quelques détails modernes gâchent un peu la belle unité architecturale de l'ensemble, mais le village est resté authentique, préservé des boutiques de souvenirs et autres calamités touristiques habituelles. Tout en haut, l'église collégiale Notre-Dame-de-l'Assomption, de style ogival primitif. Bâtie en position dominante au sommet de la colline dans la seconde moitié du XIIe siècle, elle arbore un splendide portail en plein cintre finement sculpté. À l'intérieur, on admirera une tribune reposant sur des consoles à encorbellement, d'admirables stalles en bois sculpté, les restes d'un retable en albâtre du XVe siècle et des pierres tombales, certaines incorporées au dallage. De l'esplanade, juste à côté, on jouit d'une fort belle vue sur toute la vallée du Serein cernée au loin par le Morvan.

200 habitants, 258 m d'altitude **Accès :** (carte 18) à 12 km N-E d'Avallon **Aux alentours :** le château de Thizy ; les lavoirs de Blacy, de Thizy et de Santigny ; la vallée du Serein ; l'église romane du village de Talcy ; la ferme fortifiée de Cherisy **Foires, festivités :** vide-greniers le dernier dimanche de juillet ; Spectacle médiéval en juillet-août ; concerts à la collégiale en été **Mairie** (tél. 03.86.32.10.01) **O. T.** (tél. 03.86.32.17.27).

NOYERS-SUR-SEREIN

89310 (Yonne)

Quel plaisant village ! Lové dans une boucle du Serein, ceint de remparts et de tours, Noyers (prononcez "Noyère"), ancien village viticole, propose au visiteur d'agréables rues pavées, des petites places charmantes, une église du XVe siècle et d'attrayantes maisons. La visite peut s'effectuer dans le désordre, au gré de votre fantaisie. Tout est joli, tout est fleuri ! Vous pourrez flâner le long de ruelles aux noms évocateurs – rue de la Petite-Étape-aux-Vins, rue du Poids-du-Roi –, pour découvrir un bel échantillonnage de maisons bourguignonnes notamment une superbe demeure à pans de bois du XVe siècle, l'hôtel Renaissance de la Toison-d'or, un logis de pierre à linteaux sculptés, d'autres à arcades, à pignon, mais jetez aussi un coup d'œil aux habitations de vignerons, plus simples mais pleines de charme. Il faut admirer l'hôtel de ville du XVIIe siècle avec ses piliers sculptés et ses jolis balcons de fer forgé et, sur la place, les ravissantes habitations des XIVe et XVe siècles. Enfin, n'oubliez pas l'église Notre-Dame, bâtie au XVe siècle, avec sa tour carrée à gargouilles.

809 habitants, 176 m d'altitude **Accès :** (carte 18) à 39 km S-E d'Auxerre **À voir :** le musée d'Art naïf (tél. 03.86.82.89.09) **Aux alentours :** à Châtel-Gérard, le prieuré de Vausse ; les châteaux d'Ancy-le-Franc et de Tanlay ; Nitry, Villiers-la-Grange, Annoux et Jouancy **Foires, festivités :** marché le mercredi matin ; brocante le 3e dimanche de juillet ; Festival des grands crus de Bourgogne (concerts) en juillet ; procession costumée de la Sainte-Vérote le 14 août ; visite guidée gratuite le 15 août ; "Vallée et veillée" le 1er samedi d'août ; "Gargouillosium" (sculptures de gargouilles) mi-août ; marché aux truffes de la Toussaint à Noël **Hôtels :** *Le Château d'Archambault* (tél. 03.86.82.67.55), maison d'hôtes de charme, 5 chambres 76-90 € ; à L'Isle-sur-Serein, *Auberge du Pot d'Étain* (tél. 03.86.33.88.10), hôtel de charme, 9 chambres 60-85 €, restaurant **Mairie** (tél. 03.86.82.83.72) **S. I.** (tél. 03.86.82.66.06).

ROGNY-LES-SEPT-ÉCLUSES

89220 (Yonne)

L'église (XIe-XIIe s.), édifiée en haut d'une colline, domine le village dont les maisons se mirent dans les eaux calmes du canal de Briare. C'est Henri IV qui décida la construction des sept écluses de Rogny pour relier la Loire à la Seine, et c'est l'architecte Hugues Cosnier qui s'attela à la tâche, en 1604, pour faire passer le canal du vallon de la Trézée à la vallée du Loing, en escaladant une butte de 45 mètres d'un côté, pour redescendre de 25 mètres de l'autre. Il réalisa un magnifique ouvrage qui fut utilisé par de nombreux navires de 1642 à 1887. Aujourd'hui, un nouveau tracé a été réalisé, mais on peut toujours admirer le remarquable travail de l'ingénieur, les sept écluses superposées en marches d'escalier. Mais n'oublions pas le village, ses quelques logis aux clairs murs de tuffeau coiffés de tuiles, et son église, qui présente un original portail roman. À l'intérieur, on peut admirer une pierre tombale du XIIIe siècle ainsi qu'un tableau datant de 1757, *Les Pèlerins d'Emmaüs*. Ici, la nature est reine. Dans ce site enchanteur, le temps s'écoule paisiblement au rythme des eaux du canal et des étangs des alentours peuplés d'innombrables espèces d'oiseaux.

740 habitants **Accès** : (carte 17) à 10 km S de Châtillon-Coligny **Aux alentours :** l'Arboretum national des Barres ; le pont-canal de Briare ; les châteaux de Guédelon, Saint-Fargeau et Châtillon-Coligny ; le Jardin d'eau de Bléneau **Foires, festivités** : fête du Nautisme le 2e week-end de mai ; vide-greniers, foire artisanale et exposition de peinture en août ; marché de Noël en décembre **Hôtel :** à Gien (20 km), *Sainte-Barbe* (tél. 02.38. 67.59.53), maison d'hôtes de charme, 3 chambres 40-65 € **Mairie** (tél. 03.86.74.51.78) **O. T.** (tél. 03.86.74.57.66).

VÉZELAY

89450 (Yonne)

Extraordinaire vision que celle de Vézelay : sur les pentes couvertes de vignes d'une colline, les maisons de pierre claire aux toits de tuiles brunes s'étirent au pied de l'imposante basilique Sainte-Madeleine (classée par l'Unesco depuis 1979). Il faut monter à pied jusqu'au sanctuaire par la rue pentue bordée de simples logis de vignerons ou de demeures plus nobles ; les commerces abondent mais n'enlèvent rien au charme du village. On rejoint la basilique, symbole de la foi chrétienne. Bâtie aux XIe-XIIe siècles pour abriter les reliques de Marie-Madeleine, elle attira des milliers de pèlerins. Pillée lors de la guerre de Cent Ans et des guerres de Religion, en partie détruite pendant la Révolution, elle sera restaurée au XIXe siècle par Viollet-le-Duc. L'intérieur est magnifique, ses dimensions, sa clarté, ses hautes arcades de calcaire, son tympan représentant le Christ en gloire, sa nef à chapiteaux sculptés... tout est beau. Les artistes qui ont réalisé cet ouvrage magistral ont été véritablement inspirés par le souffle de l'Esprit. Mais prenez aussi le temps de vous balader dans les ruelles environnantes plus intimes, longées de maisons aux jardins touffus. Ici, la lumière a un éclat particulier, l'air, une limpidité exceptionnelle et, de la terrasse de l'ancien château, le regard porte loin, bien au-delà de la vallée de la Cure.

473 habitants, 302 m d'altitude **Accès :** (carte 18) à 15 km S-O d'Avallon **À voir :** le musée de l'Œuvre Viollet-le-Duc (en saison) ; la Maison Jules-Roy (en saison) ; le musée d'Art moderne (coll. Zervos, en saison) **Foires, festivités :** marché bio le dernier dimanche d'août ; foire en juin ; vide-greniers le 1er dimanche de juillet ; pèlerinage de Sainte-Marie-Madeleine le 22 juillet ; Rencontres musicales de Vézelay fin août ; marché de Noël en décembre **Hôtels :** *Hôtel Poste et Lion d'Or* (tél. 03.86.32.30.92) ; à Saint-Père (3 km), *Manoir de Val en Sel* (tél. 03.86.33.26.95), maison d'hôtes de charme, 5 chambres 90-120 € **Restaurant :** à Saint-Père, *L'Espérance-Marc Meneau* (tél. 03.86.33. 39.10), restaurant gastronomique **Mairie** (tél. 03.86.33.24.62) **O. T.** (tél. 03.86.33.23.69).

VILLENEUVE-SUR-YONNE

89500 (Yonne)

Entre Joigny et Sens, sur les bords de l'Yonne, Villeneuve resserre ses maisons autour de sa belle église Renaissance. Autrefois dénommée Villefranche-le-Roy, la cité fut, au Moyen Âge, une résidence du roi Louis VII le Jeune ; c'est en effet par décision royale qu'elle fut créée, en 1163. Aujourd'hui, on peut encore voir deux des portes qui fermaient les remparts, la porte de Sens et la porte de Joigny. On remarque la tour de Louis VI le Gros, vestige de l'ancien château fort, et, à l'intérieur de ce qui était l'ancienne enceinte, on flâne agréablement dans les pittoresques vieux quartiers, constitués de maisons des XVIe-XVIIIe siècles en belle pierre de Bourgogne. Mais le chef-d'œuvre de Villeneuve, c'est l'église Notre-Dame, dont la première pierre fut posée par le pape Alexandre III en 1163. Elle mêle harmonieusement différents styles : ses parties les plus anciennes sont romanes (chœur et déambulatoire), les plus "récentes" sont Renaissance (façade, nef). Après une balade bien agréable dans les ruelles, vous pourrez faire une agréable étape à *La Lucarne aux Chouettes*, une auberge de charme installée au bord de la rivière.

5 500 habitants, 74 m d'altitude **Accès :** (carte 10) à 12 km S de Sens **À voir :** le musée des Beaux-Arts et le musée de la Porte-de-Joigny (en saison) **Aux alentours :** les ruines de l'Enfourchure ; Dixmont **Foires, festivités :** petit marché le mardi matin, grand marché le vendredi matin ; fête de la Saint-Patrick en mars ; concerts d'orgue à l'église en été ; "Din'hameaux et din'quartiers" en juillet-août ; Fête patronale le 15 août ; fête de la Saint-Éloi le 1er week-end de décembre ; Foire gastronomique et marché de Noël le 2e week-end de décembre **Hôtel :** *Auberge La Lucarne aux Chouettes* (tél. 03.86.87.18.26), hôtel de charme, 4 chambres 50-99 €, restaurant **Mairie** (tél. 03.86.87.62.00) **O. T.** (tél. 03.86.87.12.52).

LODS

25930 (Doubs)

Lods (prononcez "Lô") s'accroche à flanc de coteau au bord de la Loue dont le cours, à cet endroit, est entrecoupé de chutes. Le bourg s'est développé et enrichi grâce à la culture de la vigne. Le long des rues, les massives maisons vigneronnes, certaines restaurées avec goût, s'ouvrent sur de larges caves voûtées. Elles se regroupent autour de l'église édifiée au XVe siècle, puis remaniée au XVIIIe siècle. On suit la rue qui grimpe plus haut, jusqu'à la Maison forte des sires de Thoraise, datée du XIVe siècle. On visite le petit musée de la Vigne et du Vin qui est installé dans une belle demeure du XVIe siècle. De l'autre côté de la rivière, on trouve les anciens bâtiments des forges qui employaient de nombreux habitants du village au XIXe siècle. Lods et sa région sont un vrai paradis pour les amoureux de la nature qui pourront parcourir les nombreux sentiers de randonnée ou pêcher la truite dans les rivières.

276 habitants, 361 m d'altitude **Accès :** (carte 20) à 37 km S-E de Besançon **À voir :** le musée de la Vigne et du Vin (ouvert en été ou sur RV) **Aux alentours :** de nombreux sentiers de randonnée dans la vallée de la Loue ; à Ornans (11 km), le musée Courbet et le musée de la Pêche ; le village de Hautepierre-le-Châtelet (5 km) **Foires, festivités :** fête des Voisins (pique-nique dans le village) en mai ; vide-greniers le 1er dimanche de juin ; "Mardi d'accueil" (visite guidée du village avec dégustation de produits régionaux) en juillet et août **Hôtels :** *La Truite d'Or* (tél. 03.81.60.95.48), restaurant ; à Montbenoît (33 km), *Chez les Colin* (tél. 03.81.46.51.63), maison d'hôtes de charme, 5 chambres 80-90 € **Mairie** (tél. 03.81.60.90.11).

MOUTHIER-HAUTE-PIERRE

25920 (Doubs)

Ce sont des moines bénédictins qui s'installèrent les premiers dans cette sauvage et luxuriante vallée de la Loue, au début du IXe siècle. Le village était jadis divisé en deux parties, Mouthier, au bord de la rivière, et Haute-Pierre, incrusté à flanc de rocher, sur la colline ; les villageois cultivaient alors la vigne et avaient planté des vergers de cerisiers. Aujourd'hui, le village forme une seule commune et ses activités agricoles ont pratiquement cessé, mais on peut encore admirer les rustiques maisons vigneronnes avec leurs caves fermées par de lourdes portes cloutées et leurs galeries à balcons de bois. Les rues sont pentues, pittoresques. Les habitations à toit débordant, bâties entre le XVIe et le XVIIIe siècle, sont empilées les unes sur les autres et montent à l'assaut de la butte jusqu'à l'église à clocher pointu, qui date des XVe-XVIe siècles et fut richement dotée (boiseries, retable, statues de la même époque). De l'ancien monastère, démantelé à la Révolution, il subsiste encore de nombreux bâtiments qui appartiennent maintenant à des particuliers. Avant de quitter Mouthier, n'oubliez pas de goûter ses bons produits locaux : son miel, délicieux, sa bière, et son kirsch – car il reste encore des cerisiers ; il paraît qu'il rivalise avec celui d'Alsace !

349 habitants, 440 m d'altitude **Accès :** (carte 20) à 40 km S-E de Besançon **À voir :** le musée Césaire-Phisalix (histoire naturelle) **Aux alentours :** nombreux sentiers de randonnée ; le village de Hautepierre-le-Châtelet (7 km) ; Ornans, la ville de Courbet (13 km) **Foires, festivités :** fête des Failles (perches en bois) avec feux, chorale et vin chaud en janvier ; marché nocturne (artisans et producteurs locaux) le mercredi soir d'avril à octobre (1 à 2 fois par mois) ; marché aux fleurs et vide-greniers en mai ; Fête du village le week-end du 15 août avec animations diverses, repas champêtre et feu d'artifice **Hôtels :** *La Cascade* (tél. 03.81.60.95.30), restaurant ; à Montbenoît (30 km), *Chez les Colin* (tél. 03.81.46.51.63), maison d'hôtes de charme, 5 chambres 80-90 € **Mairie** (tél. 03.81.60.91.10) **S. I.** (tél. 03.81.60.97.68, en été).

ORNANS

25290 (Doubs)

Le nom d'Ornans est mentionné pour la première fois en 1151. Chef-lieu d'un baillage au XVe siècle, il fut élevé au statut de ville au XVIe siècle. Le bourg se mire dans les eaux claires de la Loue. Les vieilles maisons, coiffées de grands toits de tuiles plates, se serrent les unes contre les autres ; elles arborent des pans de bois et des galeries suspendues au-dessus de la rivière enjambée par le Grand-Pont, d'où la vue est particulièrement pittoresque. Tout à côté, la maison natale de Gustave Courbet (XVIIIe s.) transformée en musée, puis la mairie abritée dans un magnifique bâtiment du XVIIIe siècle. Par une passerelle, on rejoint l'église Saint-Laurent reconstruite au XVIe siècle sur un premier édifice roman dont ne subsiste que le clocher. À l'intérieur, stalles et retable (XVIIIe s.), tableaux et buste en marbre du Christ (XVIIe s.). À voir aussi, les places ombragées, les fontaines – dont celle du "Pêcheur de chavots", sculpté par Courbet –, l'ancien hôpital (façade XVIIIe s.), la chapelle du couvent de la Visitation (XVIIe s.), le vieux pont de Nahin, les ruines du château et les vestiges des anciens remparts. Ornans a vu naître des personnages célèbres : Othon IV, dernier comte de Bourgogne, Pierre Vernier, mathématicien, et, bien sûr, Gustave Courbet. Une visite pleine de charme.

4 128 habitants, 315 m d'altitude **Accès :** (carte 20) à 25 km S-E de Besançon **À voir :** le musée Gustave-Courbet (fermé pour travaux, réouverture prévue en 2011) ; le musée du Costume et des Traditions comtoises ; la Maison de l'eau et de la pêche **Aux alentours :** cascades de la Peusse ; saut du Chevalier ; route Courbet ; vallée de la Loue **Foires, festivités :** brocante et vide-greniers début mai ; brocante en juillet ; "Art et artisanat" début août ; marché de Noël fin novembre-décembre **Hôtel :** *Hôtel de France* (tél. 03.81.62.24.44) **Restaurant :** *Courbet* (tél. 03.81.62.10.15) **Mairie** (tél. 03.81.62.40.30) **O. T.** (tél. 03.81.62.21.50).

SAINT-HIPPOLYTE-SUR-LE-DOUBS

25190 (Doubs)

Saint-Hippolyte est situé au confluent de deux rivières, le Doubs et le Dessoubre, au carrefour de vallées couvertes de forêts de sapins. Ancien bourg romain puis résidence des comtes de La Roche, le village était entouré de remparts – dont il ne reste que les ruines de deux tours – et de fossés. Aujourd'hui, les maisons se resserrent autour de la place centrale, mêlant gaiement toits de tuiles ou d'ardoises. Certaines ont conservé des escaliers du XVIIIe siècle. En face de l'hôtel de ville, on peut admirer une très belle demeure ancienne, avec des étages en surplomb. Au bord du Doubs, l'ancien couvent des Ursulines élève sa masse imposante, tandis qu'à l'autre extrémité du village l'église du XIVe siècle, plus élégante, appartient au style ogival primitif ; son clocher gothique, détruit par un incendie, a été remplacé par un clocher comtois dit "en impérial". Saint-Hippolyte a su conserver un certain charme du passé, dans une merveilleuse nature sauvage et préservée.

1 124 habitants, 380 m d'altitude **Accès :** (carte 20) à 30 km S de Montbéliard **Aux alentours :** les vallées du Doubs et du Dessoubre ; le village de Goumois (21 km) ; l'église de Chaux-lès-Chatillon ; le château de Belvoir ; Montjoie-le-Château **Foires, festivités :** marché le 4e jeudi du mois ; fête de la Saucisse le 1er dimanche de mai ; course de véhicules anciens en juillet **Hôtel :** à Goumois (22 km), *Hôtel Taillard* (tél. 03.81.44.20.75), hôtel de charme, 20 chambres 84-180 €, restaurant **Mairie** (tél. 03.81.96.55.74) **S.I.** (en saison, tél. 03.81.96.58.00).

ARBOIS

39600 (Jura)

Environné de vignes, bâti dans un site sauvegardé, Arbois est connu pour ses vins et pour son grand homme, Louis Pasteur, qui y passa son enfance. Conquise au XVIe siècle par les troupes d'Henri IV menées par le maréchal de Biron, la cité a connu de nombreuses insurrections contre le pouvoir central. De nos jours, l'atmosphère est plus paisible et vous pourrez flâner sur la place de la Liberté bordée de maisons à arcades, dont certaines remontent au XVIIIe siècle, alors que la mairie se loge benoîtement dans un ancien couvent. Les rues conduisent jusqu'aux berges de la Cuisance – la rivière qui traverse la ville – et aux deux tours, Gloriette et Chaffin, vestiges des anciens remparts. Vous sauterez sur l'autre rive par le pont des Capucins, pour rejoindre l'église Saint-Just (XIIe-XIIIe s.) surmontée d'un élégant clocher du XVIe siècle à campanile (mobilier en bois sculpté du XVIIIe s. et Vierge du XIVe s.). Enfin, pour terminer, vous visiterez la maison de Pasteur, intéressant lieu de mémoire, le musée de la Vigne et du Vin, plus ludique, et vous dégusterez peut-être les délicieuses spécialités régionales, dont la fameuse poularde de Bresse au vin jaune et aux morilles.

3 954 habitants, 280 m d'altitude **Accès :** (carte 19) à 45 km S de Besançon **À voir :** la maison de Louis-Pasteur (tél. 03.84.66.11.72) ; le musée de la Vigne et du Vin ; le musée d'Art ; l'écomusée du Carton à Mesnay (2 km) **Aux alentours :** les villages de Pupillin, Montigny-lès-Arsures, Mesnay et La Châtelaine ; la grotte et la reculée des Planches ; la grotte des Moidons **Foires, festivités :** marché le vendredi matin ; "Festicaves" le 3e week-end de juillet ; Festival international d'orgue mi-juillet-mi-août ; fête du Biou le 1er dimanche de septembre ; vendanges à l'ancienne au château Pécauld mi-septembre **Hôtel :** *Closerie les Capucines* (tél. 03.84.66.17.38), maison d'hôtes de charme, 5 chambres 105 € **Restaurants :** *Jean-Paul Jeunet* (tél. 03.84.66.05.67), restaurant gastronomique, avec chambres ; *La Balance Mets et Vins* (tél. 03.84.37.45.00) **Mairie** (tél. 03.84.66.55.55) **O. T.** (tél. 03.84.66.55.50).

BAUME-LES-MESSIEURS

39210 (Jura)

Baume-les-Messieurs est un minuscule village blotti au carrefour de trois vallées, dans un magnifique site tailladé de falaises, brodé de forêts, égayé par le cours bondissant d'une rivière, la Seille. Le bourg ne comporte que quelques maisons disséminées autour d'une abbaye bénédictine fondée au VIe siècle, son joyau. C'est au Xe siècle que le lieu saint devint un grand monastère. Après la Révolution, ses biens seront dispersés, le cloître détruit, les salles conventuelles abîmées, les pierres tombales dégradées et les bâtiments transformés en habitations par les agriculteurs. Mais des vestiges demeurent, superbes, et les actuels propriétaires s'emploient à la rénovation des constructions. On entre dans la cour de l'abbaye par une porte voûtée. L'église abbatiale, en partie romane, a été remaniée au XVe siècle. À l'intérieur, des statues de saint Paul (XVe s.) et de sainte Catherine et un très beau retable flamand du début du XVIe siècle. Au centre de la cour de l'ancien cloître, aujourd'hui disparu, on trouve une fontaine du XVIe siècle. Le village semble un peu abandonné, plus de commerces, plus de petit café, mais il reste cet impressionnant paysage et, dans le silence, comme le murmure des prières des moines...

198 habitants, 320 m d'altitude **Accès :** (carte 19) à 17 km N de Lons-le-Saunier **À voir :** la reculée des Grottes **Aux alentours :** Château-Chalon ; le lac de Chalain **Foires, festivités :** vide-greniers en mai ; fête des Quilles en août ; marché de Noël dans l'abbaye le 1er week-end de décembre **Restaurant :** à 3 km, *Restaurant des Grottes* (tél. 03.84.48.23.15) **Mairie** (tél. 03.84.44.61.41) **Infos** (tél. 03.84.44.95.45, en saison).

CHÂTEAU-CHALON

39210 (Jura)

Un tout petit village, perdu au fond d'une reculée – échancrure étroite, en cul-de-sac, taillée par l'érosion dans la roche calcaire, paysage typique du Jura. Petit, certes, mais grand par la renommée de ses vignes qui produisent le vin des rois, ce vin jaune au goût d'épices et de noix qui vieillit lentement dans des fûts de chêne. Ce sont de nobles dames, des bénédictines dont l'abbaye jouxtait le château, qui, au IXe siècle, plantèrent la vigne sur les coteaux ensoleillés. Accroché sur son piton rocheux, Château-Chalon domine la plaine ondoyante. Son château fort surveillait autrefois toute la vallée. Il n'en reste qu'un donjon ruiné, mais la vue, depuis le chemin de ronde, est magnifique. L'abbaye, quant à elle, fut détruite pendant la Révolution. Plus de nonnes pour chanter les complies. Nostalgie du temps passé ? Non, car les vignerons s'activent toujours. La vie est là, dans les maisons vigneronnes, massives, qui abritent de larges caves voûtées emplies du trésor doré.

153 habitants, 420 m d'altitude **Accès :** (carte 19) à 15 km N de Lons-le-Saunier **À voir :** l'église Saint-Pierre (XIIe s.) **Aux alentours :** visite des vignobles **Foires, festivités :** nombreuses festivités autour du vin, notamment la "Percée du vin jaune" **Hôtel :** à Mournans (35 km), *Maison at Home* (tél. 06.81.98.20.48), maison d'hôtes de charme, 3 suites 100-120 € **Restaurant :** *Les Seize Quartiers* (tél. 03.84.44.68.23) **Mairie** (tél. 03.84.44.62.90).

NOZEROY

39250 (Jura)

Fièrement campé sur son escarpement rocheux, Nozeroy, ancien fief des puissants seigneurs de Chalon qui marquèrent l'histoire du comté, arbore encore de nombreux vestiges de son opulent passé. La première forteresse qui jadis dominait le bourg fut bâtie au XIIIe siècle par Jean l'Antique. À la fin du XIVe siècle, Jean de Chalon-Arlay obtint par mariage le titre de prince d'Orange. On rasa alors la vieille forteresse pour la remplacer par un nouveau château, plus raffiné. Au cours des siècles suivants, des personnages prestigieux se rendirent aux nombreuses fêtes qui y étaient organisées. Mais le souffle de la Révolution emporta les rires et les fêtes, le château fut démoli pour ne laisser aujourd'hui que quelques ruines. Le village, plutôt austère vu de l'extérieur, gagne en séduction lorsqu'on s'y promène. On découvre la porte de l'Horloge et sa haute tour carrée à mâchicoulis, la Grande-Rue bordée de maisons nobles à portails décorés, avant de déboucher sur la place de l'Annonciade qui offre le charme de son gros marronnier. On continue jusqu'aux ruines du château par une jolie promenade qui longe les anciens remparts, pour admirer la vue, puis on va visiter l'église construite au XVe siècle (statue de Vierge à l'Enfant en pierre polychrome de la même époque).

416 habitants, 793 m d'altitude **Accès** : (carte 20) à 15 km E de Champagnole **Aux alentours** : le village de Mièges (église XVe-XVIe s.) ; le val de Mièges ; la source de l'Ain **Foires, festivités** : Fêtes médiévales le 4e dimanche de juillet ; brocante le samedi avant le 15 août **Hôtel** : à Mournans (7 km), *Maison at Home* (tél. 06.81.98.20.48), maison d'hôtes de charme, 3 suites 100-120 € **Mairie** (tél. tél. 03.84.51.10.54) **O. T.** (tél. 03.84.51.19.15).

PESMES

70140 (Haute-Saône)

C'est en venant du sud que l'on profite de la plus jolie vue sur Pesmes. Le village est disposé tout en longueur sur un plateau rocheux dominant l'Ognon, la jolie rivière. Place forte stratégique prise d'assaut par Henri IV, elle ne devint française qu'en 1678. De la ville haute à la ville basse, les rues s'entrelacent autour de grandes places et alignent des maisons anciennes en pierres blondes ; assez massives, elles sont parfois ornées d'escaliers, de jolies fenêtres, de niches et de caves voûtées. L'église Saint-Hilaire a conservé un portail et un chœur du XIIe siècle. Admirez ses magnifiques chapelles du XVIe siècle. À l'intérieur, très belles statues et deux retables, l'un en bois doré, l'autre en marbre rose. La promenade dans cette charmante bourgade est vraiment agréable et, l'été, la rivière permet de rafraîchissantes baignades.

1 108 habitants, 220 m d'altitude **Accès :** (carte 19) à 44 km O de Besançon **Foires, festivités :** marché le mercredi matin et le 1er mardi matin du mois ; Salon découverte du terroir à l'Ascension ; fête de l'Ognon en juillet ; "Esti-Val" (théâtre, musique, danse) en juillet-août ; brocante et vide-greniers en août **Mairie** (tél. 03.84.31.22.27) **O. T.** (tél. 03.84.31.23.37).

Armor, pays de mer aux côtes sauvages et découpées, aux îles solitaires ou riantes, aux plages de sable fin, Argoat, pays de landes et de forêts, la Bretagne révèle ses beautés diverses et attachantes au voyageur ébloui. Les paysages changent au gré de la lumière et des marées : blancs et bleus, vifs et gais au soleil ou plus austères, gris ardoise, vert lichen sous ciel de pluie. Vous admirerez ses petits ports de pêche, ses villages merveilleusement préservés et ses cités pittoresques comme Locronan, Moncontour ou Rochefort-en-Terre. Vous découvrirez l'histoire de cette province à travers l'ampleur de ses richesses artistiques, civiles ou religieuses : mystérieux alignements mégalithiques, cathédrales ou modestes chapelles, étonnants enclos paroissiaux, fières forteresses et élégants manoirs, tous bâtis de ce même inaltérable granit. Partout, dans chaque bourg ou hameau, à la croisée des chemins, les artisans ont laissé leur empreinte dans la pierre et le bois : fontaines, calvaires, jubés sculptés, mais aussi lits clos, vaisseliers, armoires ouvragées des châteaux ou des modestes chaumières. Une belle et authentique région à découvrir, sans oublier sa gastronomie. Goûtez les délicieuses spécialités bretonnes, crêpes et galettes, kouign-amann, fars, et les produits de la pêche, homard et fruits de mer.
C'est la Loire ouverte sur l'Océan qui crée l'unité et fonde l'identité des Pays de la Loire, cinq départements regroupés sous son nom : la Loire-Atlantique bretonne, le Maine-et-Loire angevin, la Sarthe et la Mayenne mancelles, la Vendée poitevine.

ÎLE DE BRÉHAT

22870 (Côtes-d'Armor)

Bréhat est constituée de deux îles qui, au XVIIIe siècle, étaient reliées par le Pont-ar-Prat construit par Vauban. Dans l'île nord, sauvage et désertique, on traverse des amoncellements de rochers de granit rose pour rejoindre le phare du Paon, limite extrême du pays goëlo. Dans l'île sud, plus avenante, la douceur du climat permet à une végétation méditerranéenne, mimosas, figuiers, eucalyptus, de s'épanouir. On parcourt l'île à vélo car la circulation automobile y est bienheureusement interdite. D'étroits chemins se faufilent entre les jardins, les murets de pierres, les massifs d'hortensias et les champs. On va du bois de la Citadelle (admirez la vue) jusqu'au bourg qui regroupe des maisons basses aux jardinets fleuris autour d'une église romane remaniée au XVIIIe siècle (notez le beau clocher-mur de granit rose), en passant par le moulin Crec'h Tarek utilisé comme gibet pendant la Révolution. Car, autrefois, la vie, ici, n'était pas aussi douce qu'aujourd'hui, Anglais et Français s'y affrontèrent sauvagement au XVe siècle, et les corsaires étaient encore nombreux au XIXe siècle. On continue la balade, on grimpe jusqu'à la chapelle Saint-Michel pour admirer le panorama – quatre-vingt-six îlots et récifs encerclent l'île – et l'on pédale vaillamment sur les petites routes pour faire le tour de cette île-jardin pleine de charme. Au retour, on fera provisions de poissons, de fleurs et de légumes chez la petite marchande du bourg. L'île est merveilleuse, mais très touristique en été. Si vous le pouvez, venez la découvrir hors saison.

300 habitants **Accès :** (carte 5) par bateau depuis la pointe de l'Arcouest (à 5 km de Paimpol) : *Les Vedettes de Bréhat* (tél. 02.96.55.73.47), durée de la traversée : 15 min **Aux alentours :** promenade sur la rivière du Trieux **Hôtels :** *Hôtel Bellevue* (tél. 02.96.20.00.05), restaurant ; *La Vieille Auberge* (tél. 02.96.20.00.24), restaurant **Mairie** (tél. 02.96.20.00.36) **S. I.** (tél. 02.96.20.04.15).

MONCONTOUR-DE-BRETAGNE

22510 (Côtes-d'Armor)

Bâtie au XIe siècle sur un escarpement rocheux au confluent de deux cours d'eau, Moncontour est une ravissante cité entourée de puissants remparts cadenassés de portes. La citadelle eut à subir de nombreux assauts au cours des siècles et l'enceinte fut en partie démantelée en 1626 sur ordre de Richelieu. Mais ce que nous en voyons aujourd'hui est superbe. Le long des rues pavées et pentues s'entrecroisant avec fantaisie, on peut admirer des demeures aux sobres murs de granit, qui se coiffent d'ardoises, s'agrémentent de portes sculptées, de lucarnes, se parent de colombages aux poutres ouvragées, de hautes cheminées. Des murets fleuris viennent rompre la monotonie et apportent une touche de gaîté à l'austérité de la pierre. Tout le village présente une belle harmonie architecturale. Il faut visiter, bien sûr, l'église Saint-Mathurin dont la nef est du XVIe siècle. Elle possède des vitraux remarquables et deux beaux retables. Après cette jolie visite, on peut aller jusqu'au château des Granges (XVIIIe s.) qui est construit sur une butte au nord du village.

873 habitants, 130 m d'altitude **Accès :** (carte 6) à 23 km S-E de Saint-Brieuc **À voir :** la Maison de la chouannerie et de la Révolution ; le Théâtre du costume **Aux alentours :** la chapelle N.-D.-du-Haut (3 km) ; l'église Saint-Gal à Langast ; le château (XVIe s.) de la Touche à Trébry (6 km) ; Bel-Air (7 km), point culminant du Méné (349 m) ; le château de Bogard à Quessoy (8 km) **Foires, festivités :** "Artisans et potagers" en mai ; Pardon de Saint-Mathurin à la Pentecôte ; "Les Mardivertissants" (soirées musicales) en juillet-août ; Fête médiévale (les années impaires) et brocante vide-greniers en août ; festivals "Rues del Arte" et "Musique et Patrimoine" en septembre **Hôtel :** à Hillion (17 km), *Château de Bonabry* (tél. 02.96.32.21.06), maison d'hôtes de charme, 3 chambres 100-140 € **Mairie** (tél. 02.96.73.41.05) **O. T.** (tél. 02.96.73.49.57).

TRÉGUIER

22220 (Côtes-d'Armor)

Tréguier revendique fièrement son titre de "petite cité de caractère". Fondée au VIe siècle par saint Tugdual aux confins de l'estuaire du Jaudy et du Guindy, situé entre Lannion et Saint-Brieuc, elle forme un trait d'union entre la côte de Goëlo et celle de Granit rose. De son riche passé, la bourgade a conservé de belles maisons anciennes, des jardins pleins de charme et des couvents. Sur la place du Martray, on admire la cathédrale Saint-Tugdual (XIIIe-XVe s.), de style gothique flamboyant, bâtie en granit rose. C'est l'un des plus beaux édifices religieux de Bretagne. Trois tours surmontent le transept : la tour Hastings, carrée et trapue, vestige de l'église du XIIe siècle, celle du centre, couronnée d'une balustrade ajourée, et la troisième, qui culmine par une flèche élancée. On s'extasie devant le cloître et ses délicates arcades de granit qui enserrent une paisible cour fleurie. On peut visiter aussi la maison natale d'Ernest Renan, belle demeure à colombages du XVIe siècle, devenue musée en 1947. De nombreux souvenirs y évoquent la vie de l'écrivain. Tréguier est également la ville natale de saint Yves et, tous les ans, le 19 mai, un Grand Pardon regroupe les habitants qui se rendent en procession jusqu'au cimetière de Minihy-Tréguier.

2 947 habitants **Accès :** (carte 5) à 20 km E de Lannion **À voir :** le trésor de la cathédrale Saint-Tugdual ; la maison natale d'Ernest Renan **Aux alentours :** le village de Minihy-Tréguier (1 km) ; Port-Blanc (10 km) ; la côte des Ajoncs ; la côte de Granit rose ; le château de la Roche-Jagu **Foires, festivités :** marché le mercredi matin ; Grand Pardon de Saint-Yves le 3e dimanche de mai ; "Mercredi en fête" (marché nocturne et concerts) de mi-juillet à mi-août **Mairie** (tél. 02.96.92.30.19) **O. T.** (tél. 02.96.92.22.33).

ÎLE DE BATZ

29253 (Finistère)

Batz (prononcez "Ba") s'appelle *Enez-Vaz* (île du Bâton) en breton. Entourée d'une ceinture de récifs, l'île s'étend sur un kilomètre de large, quatre de long, s'ourle de plages de sable fin et cultive soigneusement ses champs, car ses habitants sont essentiellement des agriculteurs. On débarque dans la baie de Kernoc'h, à deux pas du bourg dont les maisons, construites en granit, se blotissent près de l'église bâtie en 1873. À l'intérieur, on admire de très belles statues de la Vierge (XIVe et XVe s.) et une autre, en bois, de saint Pol-Aurélien datant du XVIIe siècle. Les habitations, toutes simples, s'entourent de murets pour protéger des jardinets fleuris où poussent hortensias et roses trémières, mais aussi palmiers, figuiers et plantes exotiques, car l'île jouit d'un climat très doux. On file à vélo sur les sentiers jusqu'au Trou du Serpent, *Toul-al-Sarpant*, long rocher d'où saint Pol-Aurélien aurait jeté dans l'Océan le dragon qui terrorisait Batz. On visite le jardin Georges-Delasselle planté d'espèces méditerranéennes et tropicales, et l'on se recueille devant les ruines de la chapelle romane Sainte-Anne, élevée sur l'emplacement d'un ancien monastère. Pour finir, on grimpe jusqu'au phare, haut de 44 mètres, d'où l'on découvre un superbe panorama sur l'île, ses plages de sable blanc, les récifs et la côte.

596 habitants **Accès :** (carte 5) par bateau depuis Roscoff, *CFTM* (tél. 02.98.61.78.87/ 02.98.61.76.61) ; *Cie Ar-Menn* (tél. 02.98.61.75.47/ 02.98.61.77.75), durée de la traversée : 15 min **À voir :** l'église (XIXe s.), le phare (ouvert mi-juin-mi-septembre l'après-midi), la chapelle Sainte-Anne, le jardin exotique G.-Delasselle (ouvert avril-octobre) **Foires, festivités :** Pardon de la Sainte-Anne le dernier week-end de juillet ; fête de la Mer mi-août **Hôtel :** *Ty Va Zadou* (tél. 02.98.61.76.91), maison d'hôtes de charme, 3 chambres 45-65 € **Mairie** (tél.02.98.61.77.76) **S. I.** (tél. 02.98.61.75.70, en saison).

CAMARET-SUR-MER

29570 (Finistère)

Camaret, dernier port avant l'Océan, est situé sur la presqu'île de Crozon, entre la pointe du Raz et la pointe Saint-Mathieu. À la fin du XVIIe siècle, Vauban éleva de puissantes fortifications pour protéger la cité et la rade de Brest des nombreuses attaques anglaises, hollandaises et espagnoles. Aujourd'hui, il ne reste que le château Vauban, imposante tour à trois étages de feu, qui abrite un intéressant musée naval. Sur le port, d'impeccables maisons blanches aux toits d'ardoises s'alignent comme à la parade. Le bourg s'organise autour de rues parallèles au quai. La promenade est pleine de charme, les ruelles sont animées de boutiques et de crêperies. Sur le "Sillon", la longue digue naturelle qui ferme le port, la chapelle de Rocamadour, édifiée entre 1610 et 1653, a été restaurée après sa destruction partielle en 1910. Le village est ravissant et agréable. Dommage que pour y parvenir, on soit obligé de traverser une succession de lotissements bien laids. Cependant, les amoureux de la nature ne sont pas oubliés. Des sentiers de randonnée, tout proches, permettent de parcourir les falaises peuplées d'oiseaux.

2 766 habitants **Accès :** (carte 4) à 60 km S-O de Brest **À voir :** la tour Vauban ; le musée mémorial de la Bataille de l'Atlantique **Aux alentours :** la presqu'île de Crozon de la pointe de Penhir à la pointe des Espagnols (magnifique panorama) ; les alignements mégalithiques de Lagatjar ; la réserve ornithologique de Tas-de-Pois **Foires, festivités :** marché le 3e mardi du mois ; marché les 1er et 3e mardi du mois en été ; marché artisanal et "Lundis musicaux" en juillet-août **Mairie** (tél. 02.98.27.94.22) **O. T.** (tél. 02.98.27.93.60).

LE FAOU

29580 (Finistère)

Le Faou (prononcez "Fou") ne se dévoile pas au premier coup d'œil. Pour découvrir tout son charme, il faut emprunter la rue du Passage et rejoindre la rue des Cendres pour saisir dans toute sa beauté l'alignement des maisons du XVIe siècle à encorbellements, aux murs de schiste et de granit. Elles sont dominées par le clocher effilé de l'église Saint-Sauveur (XVIe s.) se reflétant paisiblement dans l'eau à marée haute. Construit dans la rade de Brest, au fond de l'estuaire de la rivière Steir Coz, le village est un passage obligé pour rejoindre la presqu'île de Crozon. Cette situation stratégique sur la route de Quimper lui permit de s'enrichir par son activité portuaire, le négoce du bois et l'artisanat. C'est en effet d'ici que partaient, sur les navires royaux, d'impressionnantes cargaisons de chênes et de hêtres (en breton *ar faou*). Aujourd'hui, pour les marcheurs, un sentier a été aménagé le long de la grève et permet de contempler le panorama sur la rade, les ruines de l'abbaye de Landevennec et l'île de Tibidy en arrière-plan.

1 652 habitants **Accès :** (carte 5) à 35 km S-E de Brest **À voir :** la Maison de pays **Aux alentours :** le village de Rumengol (église du XVIe siècle) ; la forêt domaniale du Cranou ; la corniche de Térénez ; les ruines des abbayes de Daoulas et Landevennec ; le château de Trévarez (32 km) **Foires, festivités :** marché le mardi après-midi, le vendredi après-midi et le samedi matin ; Pardon de la Trinité le week-end après la Pentecôte ; Festival de danse et de musique bretonnes fin juillet ; Fêtes maritimes début août (les années impaires) ; Pardon du 15 août **Hôtel :** à Logonna-Daoulas (11 km), *Domaine de Moulin Mer* (tél. 02.98.07.24.45), maison d'hôtes de charme, 5 chambres 70-130 € **Mairie** (tél. 02.98.81.90.44) **O. T.** (tél. 02.98.81.06.85).

ÎLE-TUDY

29980 (Finistère)

Située sur une presqu'île (et non sur une île, malgré son nom), Île-Tudy est un ravissant et tranquille petit port de pêche. D'un côté, l'Océan, immense, de l'autre, le charme de la calme rivière de Pont-l'Abbé et, lui faisant face, Loctudy, sa rivale de toujours (un passeur assure un service avec Loctudy). C'est ici que saint Tudy aurait accosté en 494 pour fonder un monastère. On retrouve sa statue dans l'église édifiée au XVIe siècle. La commune est si petite qu'elle n'a aucune terre cultivable, mais elle est fière de sa plage tournée vers le large, derrière les dunes. Au XIXe siècle, les hommes partaient pêcher la sardine d'avril à novembre ; le bourg devenait alors le domaine des femmes. Les ruelles sont étroites, bordées de maisons basses, toutes blanches, qui se serrent les unes contre les autres. L'endroit est tout à fait charmant mais, ici encore, on regrettera les trop nombreux pavillons modernes construits aux alentours qui enlaidissent le beau paysage.

635 habitants **Accès :** (carte 5) à 6 km S-E de Pont-l'Abbé **Aux alentours :** à Sainte-Marine, le jardin botanique de Cornouailles ; à Loctudy, le manoir de Kérazan (tél. 02.98.87.40.40) ; visite de l'archipel des Glénan **Foires, festivités :** marché le lundi matin ; fête de la Misaine le 1er samedi d'août ; fête de la Crêpe en juillet et août ; "Troc-puces" le 2e dimanche d'août ; "Féerie nautique" le 14 août **Mairie** (tél. 02.98.56.42.57) **O. T.** (tél. 02.98.56.30.14).

LOCRONAN

29180 (Finistère)

Fondée par saint Ronan au xe siècle, cette cité sacrée est devenue prospère aux xvie et xviie siècles grâce à l'industrie de la toile à voile. Locronan est restée merveilleusement préservée et a conservé de son riche passé de très belles demeures Renaissance en granit (admirez la maison du contrôleur du Roi). Groupées autour de la place avec son vieux puits fleuri, elles servent d'écrin à l'église Saint-Ronan (xve s.), magnifique construction de granit ouvragé. L'intérieur, avec ses voûtes en ogives, son vitrail du xve siècle et ses statues anciennes est exceptionnel. Tout à côté, la chapelle du Penity (xvie s.) et le tombeau de saint Ronan. Il faut flâner dans les pittoresques rues voisines, longées de maisons arborant lucarnes, enseignes anciennes, et animées de nombreuses boutiques d'antiquaires et d'artisans. Par la rue Moal, on descend jusqu'à la chapelle Notre-Dame-de-Bonne-Nouvelle élevée au xvie siècle à côté d'un calvaire. Locronan a servi de décor à certains films historiques (*Tess* de Roman Polanski, *Chouans !* de Philippe de Broca, *Un long dimanche de fiançailles* de Jean-Pierre Jeunet) et a accueilli de nombreux artistes, tel le peintre Yves Tanguy.

823 habitants, 145 m d'altitude **Accès :** (carte 5) à 17 km N-O de Quimper **À voir :** le musée d'Arts populaires (en saison) **Aux alentours :** la montagne de Locronan (2 km) et la chapelle de Kergoat (4 km) ; les plages de la baie de Douarnenez **Foires, festivités :** marché nocturne, brocantes, concerts et soirées contes en juillet-août ; Petite Troménie le 2e dimanche de juillet (Pardon avec procession en costumes traditionnels), Grande Troménie tous les 6 ans (elle aura lieu en 2013) **Hôtels :** à Plonévez-Porzay (4 km), *Manoir de Moëllien* (tél. 02.98.92.50.40), hôtel de charme, 13 chambres 88-148 €, restaurant ; à Douarnenez (10 km), *Hôtel Ty Mad* (tél. 02.98.74.00.53), hôtel de charme, 15 chambres 55-189 €, restaurant **Mairie** (tél. 02.98.51.80.80) **O. T.** (tél. 02.98.91.70.14).

ÎLE MOLÈNE

29259 (Finistère)

Pour naviguer en mer d'Iroise, la ligne droite est inconnue car, dans l'archipel de Molène, il y a autant d'îles ou d'écueils que de jours dans l'année, dit-on. *Moal Enez*, Molène, 1200 mètres de long et 800 mètres de large, est si petite "qu'une vache n'a jamais les quatre sabots dans le même champ". Les maisons basses tournent leurs façades vers le sud pour se protéger des vents du nord ; elles ont des volets multicolores, roses, jaunes, rouges ou turquoise, des toits d'ardoises, des murs blancs lumineux ou de granit gris acier, et des bouts de jardins clos de murets de pierres. Les Molénais ont toujours récolté le goémon, ces algues noires entourant la côte qui donnent, une fois séchées, un engrais très apprécié, la cendre de Molène. La grande activité des habitants de l'île est la pêche aux crustacés, mais aussi au filet. Si un jour vous bravez les courants, les écueils et le vent, vous n'oublierez plus cette île au charme sauvage et envoûtant où l'on se balade à pied (des promenades guidées sont organisées, tél. 02.98.07.38.52). Le seul endroit de France où l'on vit encore à l'heure du soleil.

232 habitants **Accès :** (carte 4) par bateau (tous les jours en été) de Brest ou du Conquet, *Cie maritime Penn-Ar-Bed* (tél. 02.98.80.80.80), durée de la traversée : de Brest, 1 h 30, du Conquet, 45 min **À voir :** le musée Drumond Castle consacré au sauvetage en mer **Foires, festivités :** fête de la SNSM le 15 août **Mairie** (tél. 02.98.07.39.05).

ÎLE D'OUESSANT

29242 (Finistère)

Ouessant – *Enez Eusa*, en breton –, sept kilomètres de long, quatre de large, est un bout du monde extraordinaire à l'extrême ouest de la Bretagne. En hiver, les bateaux doivent affronter des vents violents, des vagues et des courants redoutables pour l'atteindre. Le paysage est sévère : rochers déchiquetés, landes d'ajonc, murets de pierres entourant de petits enclos cultivés. À Lampaul, le bourg de l'île, les vieilles maisons ont des volets bleus ou verts, les couleurs ouessantines. Les habitants cultivent légumes et plantes potagères, pendant que les moutons broutent une herbe rase et salée, ce qui leur donne une saveur incomparable. On traverse des hameaux bleus et blancs, on admire l'ancien moulin à farine en bois, on est grisé par l'air du grand large. Côté ouest, la côte sauvage, splendide ; côté sud, la crique de Porz Arlan, sa petite plage de sable blanc et son port grand comme un mouchoir de poche ; aux quatre coins, les phares de Nividic, de la Jument, de Kereon, du Stiff et du Créac'h, qui veillent sur les hommes et l'Océan. Ouessant, île fière et solitaire, est protégée, elle fait partie du parc naturel régional d'Armorique. Magnifique en toutes saisons, elle est plus douce en été. Enfin, pour notre plus grand bonheur, un hôtel de charme vient d'y ouvrir.

900 habitants **Accès** (carte 4) par bateau depuis Brest ou Le Conquet, *Cie maritime Penn-Ar-Bed* (tél. 02.98.80.80.80), *Finist'mer* (tél. 02.98.89.16.61), durée de la traversée : de Brest 2 h 15, du Conquet 1 h 15 ou 40 min (selon bateaux) ; par avion (20 min) de Brest-Guipavas, *Finist'Air* (tél. 02.98.84.64.87) **À voir :** l'écomusée du Niou Uhella ; le musée des Phares et Balises au phare du Créac'h **Foires, festivités :** Foire aux moutons le 1er mercredi de février ; fête de la Mer le dernier week-end de juillet ; Rencontres musiciennes et Salon du livre insulaire en août **Hôtel :** *Ti Jan ar C'hafé* (tél. 02.98.48.82.64), hôtel de charme, 8 chambres 68-118 € **Mairie** (tél. 02.98.48.80.06) **S. I.** (tél. 02.98.48.85.83).

PONT-AVEN

29930 (Finistère)

C'est Paul Gauguin qui a fait entrer dans l'Histoire le nom de Pont-Aven. Entouré d'Émile Bernard et de ses amis peintres, il créa la célèbre école de Pont-Aven. Vous aussi, vous serez séduits par le charme discret, l'aspect champêtre du village : la rivière est là, ourlée de maisons aux toits bleutés et de collines verdoyantes brodées de moulins qui ont fait autrefois la prospérité de la cité. La place de l'Hôtel-de-Ville et la rue des Meunières sont bordées de belles demeures des XVIIe-XVIIIe siècles, aux façades de granit percées de fenêtres ouvragées. Gauguin prenait pension chez Marie-Jeanne Gloannec – place Paul-Gauguin, bien entendu – et la maison voisine était celle de "la Belle Angèle", dont il fit le portrait. Les peintres se retrouvaient aussi chez Julia Guillou, à l'angle de la place de l'Hôtel-de-Ville. Suivez ensuite le chemin Xavier-Grall qui longe la rivière et traverse le bois d'Amour ; vous admirerez la vue, le paysage est baigné d'une douce lumière. Mais ne quittez pas Pont-Aven sans goûter les délicieuses spécialités de la pâtisserie *Kersale*.

3 036 habitants **Accès :** (carte 5) à 32 km S-E de Quimper **À voir :** le musée des Beaux-Arts **Aux alentours :** l'église de Névez ; les ports de Kerdruc et du Belon ; le bois d'Amour ; le moulin du Plessis (1,5 km) ; la chapelle de Tremalo (1 km) ; l'église de Nizon (2 km) ; Kerascoet, village de chaumières **Foires, festivités :** marché le mardi matin ; fête des Cabanes en juin ; fête des Fleurs d'ajonc le 1er dimanche d'août ; fête de la Belle Angèle fin août **Restaurants :** *Le Moulin de Rosmadec* (tél. 02.98.06.00.22), restaurant gastronomique avec chambres ; *Sur le Pont* (tél. 02.98.06.16.16) **Mairie** (tél. 02.98.06.00.35) **O. T.** (tél. 02.98.06.04.70).

PONT-CROIX

29122 (Finistère)

Situé au fond de l'estuaire du Goyen, Pont-Croix était autrefois la capitale du cap Sizun. Son port de commerce était très actif et ses foires renommées dans toute la Bretagne. Aujourd'hui, c'est un village calme, recueilli, qui a oublié les jours lointains (XVIe s.) et agités où Fontenelle, le fameux bandit, l'avait mis à sac. Les paisibles maisons anciennes sont alignées le long des petites rues moyenâgeuses pavées, entrecoupées parfois d'escaliers en pierre. Le joyau du bourg est la magnifique collégiale Notre-Dame-de-Roscudon, fondée par Sinquin au XIIIe siècle. Sa tour-clocher a servi de modèle à celle de la cathédrale de Quimper. Le porche du XIVe siècle, fin et ouvragé, ouvre sur la nef romane ; à l'intérieur, on peut admirer une très belle Cène en bois sculpté. L'ancien petit séminaire, jadis couvent des ursulines, date du XVIIe siècle. Il fut successivement caserne, séminaire, hôpital militaire et collège. À voir également "Le Marquisat", maison noble construite au XVIe siècle par la famille de Rosmadec, aujourd'hui restaurée et transformée en musée du Patrimoine. De nombreux sentiers de randonnée jalonnent les alentours.

1 716 habitants **Accès :** (carte 4) à 17 km S-O de Douarnenez **Aux alentours :** admirables points de vue à la pointe du Raz, du Van, de Kastel Coz ; le port d'Audierne (5 km) **Foires, festivités :** marché le jeudi matin ; Fête médiévale le week-end de Pâques (les années impaires) ; Festival celtique et foire à l'ancienne début août ; Grand Pardon et procession aux flambeaux le 15 août **Mairie** (tél. 02.98.70.40.66).

ÎLE DE SEIN

29990 (Finistère)

L'île est le dernier vestige de la presqu'île qui, autrefois, la reliait au continent. Il n'en reste que 56 hectares, posés solitairement sur l'Océan. Pour la conquérir, ce n'est pas entre eux que les hommes se sont battus, ils ont dû affronter les éléments. Inondations, tempêtes, raz de marée – celui de 1756 fut terrible, seuls les toits des maisons émergeaient –, rien ne leur fut épargné. On entreprit alors l'édification de digues. La vie était rude. On disait jadis que, comme tous les îliens, les Sénans étaient naufrageurs. Ils étaient pilleurs d'épaves bien sûr, mais ils furent surtout d'intrépides et courageux sauveteurs. En 1940, tous les hommes de l'île, farouchement attachés à leur liberté, partirent en Angleterre rejoindre le général de Gaulle et les Forces françaises libres. Les maisons du bourg s'alignent quai des Français-Libres, quai des Paimpolais ou le long des ruelles étroites et tortueuses. Elles sont blanches ou peintes de couleurs vives, rose bonbon ou jaune citron, comme le petit café sur le port. Les plus "cossues" arborent des murs de granit. Coiffées de toits d'ardoises, elles se serrent les unes contre les autres, comme pour se protéger du vent et des embruns. Allez voir aussi l'église et ses deux menhirs, le calvaire et le phare d'Ar-Men (qui se visite en juillet-août). Pour préserver la planète et leur environnement, les habitants économisent l'eau et l'énergie. Ils remplacent ampoules et vieux robinets, chaque effort compte. Île à la beauté lumineuse, Sein – *Enez Sun*, en breton – est classée "Patrimoine naturel" par l'Unesco.

242 habitants **Accès :** (carte 4) par bateau de Saint-Evette (à 3 km d'Audierne), *Cie maritime Penn-Ar-Bed* (tél. 02.98.70.70.70), durée de la traversée : 1 h **À voir :** l'écomusée de l'île (en été) ; le musée des FNFL **Foires, festivités :** Pardon de Saint-Guénolé en juin ; Pardon de Sainte-Anne le 26 juillet ; Pardon de Saint-Corentin le 1er dimanche d'août **Hôtel :** *Hôtel Ar Men* (tél. 02.98.70.90.77), restaurant **Mairie** (tél. 02.98.70.90.35).

COMBOURG

35270 (Ille-et-Vilaine)

Construit en 1016 sur une hauteur, le château de Combourg se dresse, sévère forteresse, au-dessus d'un lac bordé de peupliers. Remanié extérieurement aux XIVe et XVe siècles, ses tours, ses mâchicoulis, ses créneaux et ses chemins de ronde dominent noblement le village. Le père de François René de Chateaubriand l'acheta en 1761 et, aujourd'hui encore, il appartient toujours à la famille. Le manoir, dont l'intérieur a été remodelé au XIXe siècle, se visite. On y découvre un décor néogothique, un mobilier des XVIe et XIXe siècles et de nombreux souvenirs de l'écrivain. "C'est dans les bois de Combourg que je suis devenu ce que je suis", écrivait Chateaubriand dans ses *Mémoires d'outre-tombe*. Dans le vieux bourg, les maisons aux toits d'ardoises et aux cheminées de briques se blotissent discrètement les unes contre les autres, comme pour se faire oublier. Pourtant, remarquez, dans la rue de la Barrière qui mène de l'église au château, la belle demeure de la Lanterne (XVIe s.) qui abrite le syndicat d'initiative. Tout le village est imprégné d'une atmosphère romantique, l'ombre du célèbre écrivain veille...

4 989 habitants, 81 m d'altitude **Accès :** (carte 6) à 36 km N de Rennes **À voir :** le château (visites avril-octobre, tél. 02.99.73.22.95) **Aux alentours :** le château de Lanrigan ; l'église de Saint-Léger-des-Prés ; le menhir et la chapelle de Cuguen ; le manoir, le château du Breil et la motte féodale de Meillac **Foires, festivités :** marché le lundi matin ; foire mi-mai ; "Étonnants romantiques" en juillet ; fête de la Lanterne début août ; foire de L'Angevine le 1er lundi de septembre ; marché de Noël en décembre **Mairie** (tél. 02.99.73.00.18) **S. I.** (tél. 02.99.73.13.93).

PAIMPONT

35380 (Ille-et-Vilaine)

La forêt de Paimpont, l'ancienne forêt de Brocéliande, est aujourd'hui la plus grande de Bretagne : 7 000 hectares parsemés d'étangs, de châteaux, de lieux magiques et de légendes. Le bourg s'est construit au VIIe siècle autour d'un monastère qui se transformera en abbaye à la fin du XIIe siècle. La mairie actuelle est installée dans l'aile nord (XVIIe s.) qui, seule, a subsisté. La petite église du XIIIe siècle, remaniée au XVIIe, possède de magnifiques statues des XVe et XVIe siècles et un maître-autel du XVIe siècle. Un peu plus loin, on trouve le pittoresque hameau des Forges où ont travaillé jadis – du XVIe au XIXe siècle – les familles des environs. Vous ne résisterez pas au charme de ces maisons de schiste rose à toits d'ardoises, incrustées dans un paysage de futaies, de landes sauvages et de ruisseaux. Paimpont ou Brocéliande... Il faut s'y promener au hasard des chemins à la rencontre de Viviane, de Merlin l'Enchanteur, du roi Arthur, ou des chevaliers de la Table ronde...

1 447 habitants, 256 m d'altitude **Accès :** (carte 6) à 40 km O de Rennes **À voir :** l'abbaye Notre-Dame (exposition en été) ; visite guidée de la forêt de Brocéliande en été **Foires, festivités :** animations en été **Mairie** (tél. 02.99.07.81.18) **S. I.** (tél. 02.99.07.84.23).

ÎLE DE GROIX

56590 (Morbihan)

Groix est "mouillée" à quelques encablures de Lorient. Longue de huit kilomètres, large de trois, l'île s'étend sur 1476 hectares. Ourlée de plages de sable, renforcée de rochers massifs, quadrillée de champs et de chemins bordés d'ajoncs, elle se pare de charmants villages de pêcheurs. La meilleure façon de les découvrir, c'est de partir à vélo sur les petites routes. De Port-Tudy, l'ancien port de pêche au thon, on rejoint le Méné et ses maisons de pêcheurs aux murs de schiste brut ou enduits, pelotonnées autour de la petite chapelle toute simple. On admire le four à pain avant de poursuivre la balade vers la pointe de la Croix, à l'est de l'île, pour profiter de la vue exceptionnelle et se baigner en contrebas, plage des Grands Sables ou dans les criques de sable rouge. Plus loin, la pointe des Chats et sa réserve minéralogique. On pédale jusqu'à Locmaria, autre village, mais toujours le même charme : rues étroites, maisons blanches ou colorées chapeautées d'ardoises. Le chemin côtier surplombe la côte sauvage et ses falaises pour rejoindre le Bourg et ses logis resserrés autour de l'église (XVIIIe s.) surmontée d'une pittoresque girouette. À l'extrémité ouest de l'île, le phare de Pen Men, la réserve naturelle, des milliers d'oiseaux et une vue éblouissante sur la côte bretonne... Et puis, on goûte le fameux *kouign-pot*.

2 323 habitants **Accès :** (carte 5) depuis Lorient, traversée (45 min) SMN (tél. 0820. 056.000) **À voir :** l'écomusée de Groix et la maison de Kerlard **Foires, festivités :** marché mardi, jeudi et samedi matins, tous les jours en été ; "Route de l'amitié", réunion de vieux gréements (les années impaires) et fête de la Mer en août ; "Groix sur scène" mi-août ; Festival international du film insulaire en août **Hôtels :** à Port-Tudy, *Hôtel de la Jetée* (tél. 02.97.86.80.82), hôtel de charme, 8 chambres 69-89 € ; au Bourg, *Hôtel de la Marine* (tél. 02.97.86.80.05), hôtel de charme, 22 chambres 40-98 € ; *La Grek* (tél. 02.97.86.89.85), maison d'hôtes de charme, 4 chambres 55-65 € **Mairie** (tél. 02.97.86.80.15) **O. T.** (tél. 02.97.84.78.00).

ÎLE DE HOUAT

56170 Quiberon (Morbihan)

Ancrée au large des côtes du Morbihan, l'île de Houat – cinq kilomètres de long, trois de large – est bordée de falaises ciselées de petites criques et frangée de plages de sable blanc. Aux XVIIe et XVIIIe siècles, elle a subi les assauts guerriers des Anglais mais, depuis la nuit des temps, elle affronte les terribles tempêtes océanes, notamment celle de 1951 qui détruisit complètement le port. Aujourd'hui, on accoste au nouveau port, avec ses bateaux de pêche et son quai chargé de casiers à homards. Dans le village, les maisons basses blanchies à la chaux, s'égrènent le long de ruelles qui mènent à la place des Trois-Pouvoirs. Quelques-unes ont d'épais murs de granit, les autres arborent des volets bleu ciel ou vert pâle, des toits d'ardoises et des rosiers grimpants. La fontaine du bourg est amusante, avec son soubassement de granit et son toit pointu. Derrière l'église Saint-Gildas, bâtie au XVIIIe siècle mais très restaurée au XIXe, un petit chemin conduit à un promontoire d'où l'on contemple un superbe point de vue. On se balade à pied ou à vélo (il n'y a pas de voitures dans l'île) sur les sentiers qui longent la côte. On pédale jusqu'à la plage de Trach-er-Goured, paradis des amoureux de la nature avec son sable blanc, ses dunes et sa végétation préservée – tamaris, œillets sauvages, petites immortelles –, puis l'on va admirer les rochers de granit de Beg-er-Vachif, dont les tons gris virent au rouge au soleil couchant. Les habitants sont très attachés à leur art de vivre et à leur île, qu'ils protègent avec soin.

315 habitants **Accès :** (carte 5) par bateau de Port-Maria-Quiberon, *SMN* (tél. 0820.056.000), durée de la traversée : 30 à 60 min selon les bateaux **Foires, festivités :** Pardon de Saint-Gildas le dernier dimanche de janvier ; "Route de l'amitié", réunion de vieux gréements en août (les années impaires) ; fête de la Mer le 15 août **Hôtel :** *Hôtel Sirène* (tél. 02.97.30.66.73) **Mairie** (tél. 02.97.30.68.04).

JOSSELIN

56120 (Morbihan)

Au cœur de la Bretagne bretonnante, au sortir de la forêt de Lanouée lorsqu'on vient du nord, on découvre Josselin, bâti sur les bords escarpés de l'Oust. La cité est connue surtout pour son magnifique château, reconstruit par Jean II de Rohan entre 1490 et 1505. Il faut se rappeler la fière devise de cette famille qui connut de nombreux épisodes cruels et sanglants au cours de son histoire : "Roi ne puis, prince ne daigne, Rohan suis." La forteresse offre deux visages : côté rivière, elle est sévère, imposante, militaire – hauts murs à meurtrières, tours, mâchicoulis –, alors que, côté jardin, elle se fait élégante, raffinée – frises armoriées, fleurs de lys et hermines bretonnes délicatement ciselées –, accueillante. Le château appartient toujours à la famille de Rohan (on peut le visiter en partie). On poursuit la balade jusqu'à la basilique Notre-Dame-du-Roncier (XIIe s., remaniée aux XIVe et XVIe s.), qui présente un bel ensemble de style gothique flamboyant. On vous conseille de monter tout en haut du clocher pour profiter de la vue superbe. Dans les rues en pente du bourg (notamment rue des Vierges, rue des Trente), on contemple de belles demeures anciennes de granit et des maisons à colombages des XVe et XVIe siècles. On peut aussi arriver à Josselin en bateau, en empruntant le canal de Nantes à Brest.

2 636 habitants, 60 m d'altitude **Accès :** (carte 6) à 42 km N-E de Vannes **À voir :** le musée de Poupées (dans les anciennes écuries du château) **Aux alentours :** les petits bourgs de Gréguon et Trégranteur **Foires, festivités :** marché le samedi matin ; Festival de théâtre fin mai ; Festival médiéval le 14 juillet (les années paires) ; "Festiv'été" (concert le mercredi soir) en juillet-août ; pardon à Notre-Dame-du-Roncier le 8 septembre **Mairie** (tél. 02.97.22.24.17) **O. T.** (tél. 02.97.22.36.43).

LANVAUDAN

56240 (Morbihan)

Classé par les Monuments historiques, le hameau de Lanvaudan forme un bel ensemble moyenâgeux, peu courant dans la région. Le granit prend, ici, des harmonies douces, des teintes ocre et roses, et le chaume, qui recouvre les toits des grosses maisons paysannes bien restaurées, donne un aspect champêtre au décor. Les chaumières se regroupent autour de l'église édifiée au XVIIe siècle. Sa simplicité et sa beauté sont les fidèles reflets de la foi des villageois d'autrefois. Les toitures des logis sont percées de minuscules lucarnes, les façades s'ornent de fenêtres de toutes tailles aux beaux encadrements de pierre et les portes en bois sont décorées de délicats motifs sculptés. Les puits, nombreux, sont souvent ornementés. Vous pourrez aussi remarquer, accolée à l'une des maisons, une superbe niche à chien à tête de lion, en granit. Un retour dans le passé très émouvant.

800 habitants, 95 m d'altitude **Accès :** (carte 5) à 9 km N de Hennebont par D 145 **Foires, festivités :** Festival de musique mi-septembre **Mairie** (tél. 02.97.33.33.08).

ÎLE-AUX-MOINES

56780 (Morbihan)

Combien d'îles dans le magnifique golfe du Morbihan, combien de légendes ? L'Île-aux-Moines – *Izenah*, en breton – est la plus grande de toutes, elle s'étire sur six kilomètres. La légende raconte que Jules César y aurait été enseveli dans un cercueil d'or, on le cherche toujours... Au nord, l'île est ponctuée de maisons entourées de murets, enfouies dans des jardins luxuriants ; le sud, plus sauvage, est couvert de genêts et de landes. Au Bourg, le village principal, les logis de pêcheurs sont serrés autour de l'église Saint-Michel. Les façades, peintes à la chaux, sont égayées de portes et de volets peints de tous les tons de bleu. L'île est charmante, fleurie de mimosas, de roses, d'hortensias, de lauriers-roses, plantée de pins et de palmiers, l'ambiance y est presque méditerranéenne. On la parcourt à bicyclette (location sur le port) pour explorer les petits bois environnants qui portent des noms romantiques : bois d'Amour, bois des Soupirs, bois des Regrets... On va jusqu'au hameau de Kergonan voir l'étonnant cromlech (alignement de menhirs en demi-cercle), le plus grand de France. Dans le passé, l'Île-aux-Moines a séduit de nombreux artistes, comme le peintre Paul Signac. De nos jours, ce lieu enchanteur a conservé toute sa séduction.

560 habitants **Accès :** (cartes 5-14) par bateau de Port-Blanc, *Cie Izenah* (tél. 02.97.26.31.45), durée de la traversée : 5 min **À voir :** la ferme-expo du Patrimoine (ouvert en juin-septembre) ; les vestiges mégalithiques (cromlech de Kergonan, dolmen de Pen Hap) ; circuit des fontaines ; circuit des puits **Foires, festivités :** marché le vendredi matin ; Festival du conte en mai ; Semaine du golfe en juin (les années paires) ; Feux de la Saint-Jean en juin ; expositions en juillet ; Escales musicales et fête de la Mer l'avant-dernier dimanche de juillet ; Festival de la voile le week-end du 15 août ; danses folkloriques en novembre **Hôtel :** *Le San Francisco* (tél. 02.97.26.31.52), hôtel de charme, 8 chambres 85-135 € **Restaurant :** *Les Embruns* (tél. 02.97.26.30.86) **Mairie** (tél. 02.97.26.32.61) **O. T.** (tél. 02.97.26.32.45, en saison).

ROCHEFORT-EN-TERRE

56220 (Morbihan)

Rochefort, ancienne cité fortifiée, étage ses pittoresques maisons sur une butte dominant la vallée du Gueuzon. Sur ce site déjà privilégié du temps des Romains, les comtes de Rochefort bâtirent un puissant château au XIIe siècle. Détruit aux XVe et XVIe siècles, reconstruit et entouré de jardins au XVIIe, il sera à nouveau démoli par les Chouans en 1793. De la forteresse féodale, il ne reste alors qu'une porte fortifiée et des remparts. En 1907, un peintre américain, Alfred Klots, subjugué par le charme des lieux, rachète les ruines et les restaure avec des éléments anciens. Aujourd'hui, le château, propriété du Conseil général, se visite. Le centre du vieux bourg est une pure merveille. Rue du Porche, rue de La Tronchaye, place du Puits, de tous côtés on découvre des maisons des XVIe et XVIIe siècles à pans de bois, soubassements de pierres, murs de granit, avec tourelles, lucarnes pointues, portes à fronton ouvragé... Place des Halles, on s'arrête devant la mairie qui se pare d'une superbe glycine. Plus loin, on s'étonne de la taille du lavoir, de la beauté préservée de l'église Notre-Dame-de-la-Tronchaye des XVIe et XVIIe siècles (clocher du XIIe s.). L'Histoire semble s'être arrêtée à Rochefort-en-Terre.

709 habitants, 70 m d'altitude **Accès :** (carte 14) à 32 km E de Vannes **À voir :** le musée du Château (peintures, mobilier, costumes, faïences, tél. 02.97.43.31.56) **Aux alentours :** le hameau de La Gacilly (musée Yves-Rocher) ; le parc de la Préhistoire (2 km) ; le moulin de Pen Mar **Foires, festivités :** marché le mercredi matin et le samedi après-midi ; "Couleurs de Bretagne" (peinture) en mai ou juin ; Pardon de Notre-Dame-de-la-Tronchaye le dimanche après le 15 août ; "Les Loustics de l'acoustique" fin août ; vide-greniers début octobre **Hôtel :** *Château de Talhouët* (tél. 02.97.43.34.72), hôtel de charme, 8 chambres 140-225 € **Mairie** (tél. 02.97.43.32.81) **O. T.** (tél. 02.97.43.33.57).

ÎLE DE SAINT-CADO

56550 Belz (Morbihan)

Sur la bordure d'une presqu'île, bien à l'abri derrière la barre d'Étel, l'île et le village de Saint-Cado sont raccordés au continent par un pont de pierre. Le site est vraiment merveilleux. La chapelle, le calvaire, les maisons blanches aux toits d'ardoises bleus – qui ont toutes un grenier où les pêcheurs faisaient sécher leurs filets – et la fontaine forment un superbe ensemble à découvrir à marée haute. Bâtie par les moines de Quimperlé, la très jolie chapelle à clocheton est l'un des rares monuments romans du Morbihan. À l'intérieur, ses murs clairs, ses bancs de bois créent une atmosphère simple et recueillie. Vous pourrez y admirer une pietà du XVe siècle et le lit de saint Cado. Les alentours de ce lieu paisible sont soigneusement entretenus par les habitants du village. Au début du XXe siècle, il y avait encore de nombreux thoniers qui montaient et descendaient la rivière pour se rendre au large des Açores. Aujourd'hui, ce sont plutôt les bateaux de plaisance qui naviguent dans cette petite mer intérieure. Et puis, ne partez pas sans avoir goûté les crêpes de la ravissante crêperie, sur le port.

38 habitants **Accès :** (carte 5) à 19 km N-O d'Auray **Aux alentours :** la barre d'Étel ; l'église romane de Merlevenez ; la citadelle de Port-Louis ; l'abbaye Sainte-Anne de Kergonan à Plouharnel ; Saint-Colomban **Foires, festivités :** Pardon de Saint-Cado le 3e dimanche de septembre **Mairie** (tél. 02.97.55.33.13).

SAUZON

56360 Belle-Île-en-Mer (Morbihan)

Ce ravissant port de pêche s'étale sur une ria d'un kilomètre à l'intérieur des terres, entre des coteaux couverts de bruyère. La plus belle façon de l'aborder, c'est d'arriver en bateau et de débarquer presque au pied de l'*Hôtel du Phare*. On pourra alors admirer un village encore préservé, aux maisons coquettes. Les pavillons, les friteries et les boutiques de mode n'ont pas encore envahi la bourgade, on peut se promener tranquillement sur les quais et dans les minuscules ruelles. L'ensemble a un charme suranné. Prendre l'apéritif au *Café d'Armor* sur la place de l'église, déjeuner sur la terrasse de l'*Hôtel du Phare* ou dîner au *Contre-Quai* chez Bill sont de bien jolis moments. Un seul point noir : les cars qui viennent se garer sur la place de l'église. Mais il faut laisser Sauzon pour partir ensuite à la découverte de l'île. La meilleure façon de le faire est d'enfourcher une bicyclette et de pédaler, nez au vent, sur les petites routes de campagne. On traverse des villages et hameaux charmants, on apprécie le patrimoine historique (magnifique citadelle Vauban), les plages, la végétation presque exotique et les splendides points de vue sur les îles, la côte et le large.

835 habitants **Accès :** (carte 5) par bateau de Quiberon (Port-Maria), *CMNN* (tél. 0820.056.000), durée de la traversée : Le Palais 45 min en ferry, Sauzon 30 min (en été, passagers seulement) **Foires, festivités :** marché de producteurs de pays tous les soirs en été ; fête du Port début août **Hôtels :** *Hostellerie La Touline* (tél. 02.97.31.69.69), hôtel de charme, 5 chambres 123 € ; à Bangor, *Hôtel La Désirade* (tél. 02.97.31.70.70), hôtel de charme, 28 chambres 125-170 €, restaurant en saison ; au Palais, *Citadelle Vauban Hôtel Musée* (tél. 02.97.31.84.17), hôtel de charme, 55 chambres 125 € ; *Château Bordeneo* (tél. 02.97.31.80.77), maison d'hôtes de charme, 5 chambres 140-214 € ; *Villa de Jade* (tél. 02.97.31.53.00), maison d'hôtes de charme, 4 chambres 150 € **Restaurants :** *Le Contre-Quai* (tél. 02.97.31.60.60) ; *Le Café de la Cale* (tél. 02.97.31.65.74) ; *Roz Avel* (tél. 02.97.31.61.48) ; crêperie *Les Embruns* (tél. 02.97.31.64.78) **Mairie** (tél. 02.97.31.62.79) **Infos** (tél. 02.97.31.69.49, d'avril à septembre).

CLISSON

(44190) Loire-Atlantique

Découvrir un village italien au cœur de la Loire-Atlantique, quelle surprise ! On aperçoit d'abord un massif château de pierre, construit au XIIIe siècle par Olivier de Clisson et renforcé au XVe siècle. Il en reste de belles ruines, des tours, des remparts et des ponts (XVe s.) enjambant les deux rivières, la Moine et la Sèvre Nantaise. Plus loin, de vieilles halles, une église romane à campanile et de jolies maisons de style italien. Cette influence transalpine est due à Pierre et François Cacault qui, de retour d'un long séjour en Italie, s'arrêtèrent en 1798 à Clisson ; séduits par la beauté du site, mais attristés par l'état de la cité en partie détruite en 1793 lors des guerres vendéennes, ils décidèrent de bâtir une demeure pour abriter leurs collections d'art, en s'inspirant de l'architecture des belles villas patriciennes de la campagne florentine. Un de leurs amis, le sculpteur Frédéric Lemot, racheta le château et édifia une grande villa romaine pour y accueillir des artistes. Le ton était donné, toute la ville se prit de passion pour l'architecture italienne et, aujourd'hui encore, on peut admirer les colonnades élégantes, les baies en plein cintre, les décors raffinés et romantiques qui ornent les habitations. À visiter également, le domaine de la Garenne-Lemot, de style néoclassique, avec son parc, sa villa, sa maison du jardinier. Et puis Clisson est aux portes des vignes du muscadet... tout un programme !

6 002 habitants, 49 m d'altitude **Accès :** (carte 15) à 29 km de Nantes **Foires, festivités :** marché le vendredi matin ; "Saint-Valentin à Clisson" en février ; "Montmartre à Clisson" et "Hellfest" (festival hard-rock) en juin ; "Les Médiévales" en juillet ; "Nouvel An du muscadet" le 1er dimanche de décembre ; marché de Noël 2e et 3e dimanche de décembre **Restaurants :** *La Bonne Auberge* (tél. 02.40.54.01.90), restaurant gastronomique ; *La Gétignière* (tél. 02.40.36.05.37) **Mairie** (tél. 02.40.80.17.80) **O. T.** (tél. 02.40.54.02.95).

ÎLE DE FÉDRUN

44720 Saint-Joachim (Loire-Atlantique)

Posée sur le marais, Fédrun est l'une des sept îles qui forment la commune de Saint-Joachim. Ces îles furent données aux Briérons par François II en 1461 ; leurs habitants devinrent ainsi propriétaires en indivision de la Grande Brière. Au siècle dernier, on reliait encore en barque la terre ferme, car, ici, pas de routes pour circuler, mais des canaux serpentant entre les roseaux. Paradis des hérons et des petits passereaux, le marais se dévoile peu à peu, au bruit léger de la "pigouille" qui fait glisser lentement la barque sur l'eau. L'île de Fédrun a gardé son caractère. On y découvre le plus typique des villages de la commune, aux maisons petites et basses, coiffées de chaume. Leurs murs sont d'un blanc éclatant ou rose buvard, bleu myosotis, vert amande, tons fanés par le temps. Elles sont égayées de portes et volets peints de couleurs vives. L'ensemble des chaumières était encore remarquablement préservé au début du xxe siècle ; aujourd'hui, l'apparence du village a été, hélas, enlaidie par la construction de pavillons modernes, et les touristes y débarquent nombreux en été. Profitez des heures matinales ou de l'arrière-saison pour le visiter. La Brière retrouve alors sa tranquillité et son atmosphère brumeuse. Et puis, il y a *La Mare aux Oiseaux*, une douce auberge où l'on peut s'arrêter pour savourer la cuisine d'Éric Guérin et profiter avec bonheur de ses chambres pleines de charme.

3 849 habitants, 9 m d'altitude **Accès :** (carte 14) à 24 km S de La Roche-Bernard **À voir :** la Maison de la mariée (ouverte avril-septembre) **Foires, festivités :** marché le samedi matin à Saint-Joachim ; Carnaval briéron à Pâques ; fête de la Brière le 15 août **Hôtel :** *La Mare aux Oiseaux* (tél. 02.40.88.53.01), hôtel de charme, 10 chambres 130-185 €, restaurant gastronomique **Mairie** Saint-Joachim (tél. 02.40.88.42.31) **O. T.** de Brière (tél. 02.40.66.85.01).

KERHINET

44410 Saint-Lyphard (Loire-Atlantique)

Kerhinet est un minuscule village niché au sud du parc naturel régional de la Grande Brière (dont il dépend), dans un paysage aéré et paisible, parsemé de hameaux et parcouru de routes tranquilles bordées de haies. C'est un adorable bourg, reconstitué grâce à l'aide du Parc, qui présente un ensemble unique et harmonieux de chaumières d'autrefois, aux murs de pierres blondes ou crépis de blanc, aux portes et volets peints de couleurs vives, rouge, bleu gitane, vert pomme, s'abritant sous de grands toits de chaume. Il y a la chaumière-musée, la chaumière maison de l'Artisan... Des rosiers grimpent le long des murs, des rideaux de dentelle habillent les fenêtres, des fleurs garnissent le pas des portes et les rebords des lucarnes ; il y a aussi un vieux puits, un four ancien, une mare romantique, une petite auberge... Un village "conservatoire", comme un décor de conte de fées !

10 habitants **Accès :** (carte 14) à 23 km N-O de Saint-Nazaire **À voir :** le musée de Kerhinet (intérieur d'une ancienne maison briéronne) ; la Maison des saveurs et de l'artisanat (ouverte mai-septembre) **Aux alentours :** promenades en barque dans le marais de la Grande Brière ; Guérande, "la Carcassonne bretonne" **Foires, festivités :** marché le jeudi en juillet-août ; fête des Métais le 3e dimanche de juillet **Mairie** à Saint-Lyphard (tél. 02.40.91.41.08) **Infos** (tél. 02.40.61.94.06 en saison).

KERVALET

44740 Batz-sur-Mer (Loire-Atlantique)

Un village qui pointe, tout blanc, dans un paysage plat quadrillé de damiers d'eau et de talus : les marais salants. C'est le sel qui, depuis toujours, a fait la richesse de la région. Bâti sur un rocher au-dessus des marais, Kervalet offre un bel ensemble de logis aux murs d'épais moellons de granit ou simplement chaulés, aux pimpantes portes et fenêtres peintes en bleu. Elles forment comme une enceinte protectrice à la jolie chapelle Saint-Marc (qui se visite en été). Construite au XVe siècle, elle présente une voûte en nef renversée et un chevet plat renforcé de contreforts et surmonté de gargouilles, typiques du style breton. On pousse la porte gothique pour admirer l'intérieur, tout simple, avec ses murs blancs, son autel en marbre et ses reliquaires du XVIIe siècle. Les rues ont conservé leur caractère d'autrefois, elles sont animées, surtout en été ; on se presse à la mignonne crêperie, ou chez Arsène, le brocanteur, pour y chiner quelques objets régionaux. Lucarnes de granit, frontons ouvragés, portes arquées témoignent du savoir-faire des artisans d'autrefois. L'espace ménagé entre les habitations permet au regard de s'échapper vers l'eau miroitante des salins où les paludiers sont au travail. La lumière est magnifique et fait resplendir le blanc des murs. Le village a gardé son charme bucolique. Un seul regret, les nombreuses voitures stationnées.

45 habitants **Accès :** (carte 14) à 5 km O de La Baule **À voir :** la chapelle Saint-Marc (ouverte en juillet-août) **Foires, festivités :** "Fest-noz" (danses folkloriques bretonnes) fin juin-début juillet ; concerts et expositions dans la chapelle Saint-Marc en juillet-août **Hôtels :** à La Baule, *Saint-Christophe* (tél. 02.40.62.40.00), hôtel de charme, 39 chambres 68-194 €, restaurant ; *Villa Cap d'Ail* (tél. 02.40.60.29.30), hôtel de charme, 22 chambres 108-170 € **Restaurant :** crêperie *Fleur de Sel* (tél. 02.40.23.90.73) **Mairie** Batz (tél. 02.40.23.92.25) **O. T.** Batz (tél. 02.40.23.92.36).

MONTSOREAU

49730 (Maine-et-Loire)

Implanté au seuil de la Touraine, Montsoreau se love au pied d'une falaise, dans un paysage harmonieux baigné par la Loire. Le village affiche des rues fleuries, de belles maisons de tuffeau – la tendre pierre blanche de la région – coiffées d'ardoises, et un joyau, son château rendu célèbre par le roman d'Alexandre Dumas *La Dame de Montsoreau*. Construit au XVe siècle sur la Loire, il en est séparé, aujourd'hui, par un quai et des berges. Il offre à la fois un caractère féodal avec sa façade austère et son donjon défensif, et un aspect Renaissance plus riant et élégant avec ses tourelles, ses fenêtres à meneaux, ses entrelacs sculptés, ses décors raffinés. De la place de la Diligence, on atteint le chemin du Coteau qui domine le village et longe la roche percée d'habitations troglodytiques, ces "maisons à l'envers", comme l'on dit ici. En haut de la falaise, tout devient plat. On contemple un charmant petit moulin qui émerge d'une mer de vignes et le panorama sur la Loire, très beau, mais gâché, au loin, par les cheminées de la centrale nucléaire. En redescendant, on peut rejoindre le village de Candes-Saint-Martin, tout proche, par un sentier pédestre.

544 habitants, 30 m d'altitude **Accès :** (carte 15) à 11 km E de Saumur **À voir :** la champignonnière du Saut-aux-Loups **Aux alentours :** l'abbaye royale de Fontevraud (tél. 02.41.51.71.41) ; les châteaux de la Loire **Foires, festivités :** marché le dimanche matin ; marché aux puces le 2e dimanche du mois ; "Saison musicale" en juillet-août **Hôtels :** *La Marine de Loire* (tél. 02.41.50.18.21), hôtel de charme, 7 chambres 99-180 € ; à Chinon (13 km), *Hôtel Diderot* (tél. 02.47.93.18.87), hôtel de charme, 23 chambres 45-79 € **Mairie** (tél. 02.41.51.70.15) **O. T.** (tél. 02.41.51.70.22).

SAINTE-SUZANNE

53270 (Mayenne)

Qui devinerait que ce charmant village, dressé en triangle sur un éperon rocheux, demeure la seule forteresse que Guillaume le Conquérant ne put jamais prendre ? C'est en effet en 1083 que Guillaume entreprend de mater la révolte des Manceaux soutenue par Hubert II de Beaumont. Retranché dans Sainte-Suzanne, celui-ci résistera à un siège de trois ans et verra sa bravoure récompensée par une offre de paix et la restitution des places fortes confisquées. Moins chanceux par la suite, le château passera aux Anglais lors de la guerre de Cent Ans, avant de revenir à la duchesse d'Alençon, puis à Henri IV. Lors de votre visite, gagnez le cœur du bourg, vous y verrez de belles maisons souvent ornées de sculptures, balcons, fenêtres à meneaux. Puis, par la rue du Château, rejoignez le vigoureux donjon médiéval encadré de vieilles murailles, de douves asséchées, d'espaces verdoyants tenant un peu à l'écart un joli manoir Renaissance. Enfin, suivez la promenade de la Poterne qui offre de belles vues sur les fortifications et sur un immense panorama allant des collines des Coévrons aux paysages de l'Anjou. Pour le bonheur des promeneurs, la circulation automobile est interdite dans le village en juillet et août.

1 027 habitants, 180 m d'altitude **Accès :** (carte 7) à 31 km S-E de Mayenne **À voir :** le château (visites guidées tél. 02.43.58.13.00) ; le musée de l'Auditoire (tél. 02.43.01.42.65) **Aux alentours :** 15 km de sentiers balisés, de nombreux étangs et des rivières pour la pêche ; les églises de Livet-en-Charnie et de Saint-Léger ; le petit village de Blandovet ; les grottes préhistoriques de Saulges **Foires, festivités :** marché le samedi matin ; "Nuits de la Mayenne" en août ; concerts et spectacles à Clairbois (2 km) en été **Mairie** (tél. 02.43.01.40.10) **O. T.** (tél. 02.43.01.43.60).

ASNIÈRES-SUR-VÈGRE

72430 (Sarthe)

Un petit village de carte postale, enfoui dans la verdure au fond d'une vallée où coule une rivière, la Vègre. Il affiche des maisons restaurées de façon discrète, chapeautées de grands toits pentus de tuiles rouges ou d'ardoises gris acier, un pittoresque café qui fait office d'épicerie-tabac, des fontaines, une église romane qui contient de superbes peintures des XIIIe et XVe siècles, et une belle demeure gothique, la Cour-d'Asnières, aux jolies fenêtres géminées. Par une petite rue, on rejoint le centre du bourg et, un peu plus loin, un vieux pont médiéval à dos d'âne. De là, on profite d'une vue ravissante sur la rivière bruissante et verdoyante, sur l'ancien moulin et sur une demeure à tourelle qui se cache dans un fouillis de végétation. Tout à côté du moulin, on peut grimper par un chemin de campagne jusqu'au château du Moulin-Vieux, qui date du XVIIIe siècle. Un village d'un autre temps, paisible, au charme discret.

378 habitants, 30 à 70 m d'altitude **Accès :** (carte 15) à 10 km N-E de Sablé-sur-Sarthe **Aux alentours :** les châteaux de Verdelles (XVe s.) et de Moulin-Vieux ; les manoirs des Claies et de la Tannerie ; l'abbaye de Solesmes **Foires, festivités :** "Asnières-sur-Toiles" (fête des peintres et expositions) le 1er week-end de juin ; Fête du village le samedi après le 14 Juillet ; marché à l'ancienne le dernier dimanche d'août **Mairie** (tél. 02.43.95.30.07) **Infos** (tél. 02.43.92.40.47).

VOUVANT

85120 (Vendée)

Vouvant, enchâssé au creux d'une boucle de la Mère, une charmante rivière, apparaît comme un îlot rocheux. À proximité, on découvre un paysage de bocage et l'immense forêt domaniale de Vouvant-Mervent. Juché en hauteur, le village est entièrement ceint de remparts. Au XIIe siècle, il était à l'abri d'un château dont il ne reste que le donjon appelé "tour Mélusine", référence à la légende qui veut qu'en une nuit la fée, ancêtre des comtes de Lusignan, seigneurs du lieu, ait construit le castel. Les maisons, enduites de chaux, sont disséminées le long de petites rues enchevêtrées qui mènent le promeneur jusqu'à l'église du XIe siècle, remarquable par son portail roman décoré d'animaux et d'entrelacs de fleurs, mais qui a, malheureusement, été endommagé pendant les guerres de Religion. Autre richesse architecturale du bourg, la poterne, puissante ouverture dans les remparts qui commandait l'accès au village. Avant de quitter Vouvant, on vous recommande de gravir les cent-vingt marches de la tour Mélusine pour découvrir, perché 36 mètres plus haut, un splendide panorama.

920 habitants, 78 m d'altitude **Accès :** (carte 15) à 15 km N de Fontenay-le-Comte **À voir :** muséographie de la Mélusine (place du Bail) **Aux alentours :** nombreux sentiers de randonnée ; la forêt domaniale de Vouvant-Mervent ; le château de la Cressonnière ; la vieille ville de Fontenay-le-Comte **Foires, festivités :** "Vouvant village de peintres" (expositions, manifestations diverses et vente aux enchères) de Pâques à octobre ; "Raid Mélusine" fin juin ; Fête folklorique le 2e dimanche d'août **Mairie** (tél. 02.51.00.80.21) **O. T.** (tél. 02.51.00.86.80)

ÎLE D'YEU

85350 (Vendée)

Longue de dix kilomètres et large de quatre kilomètres, l'île d'Yeu marie la beauté sauvage des côtes bretonnes à la douceur sablonneuse des rivages vendéens. Elle a été peuplée dès la préhistoire, ainsi qu'en témoignent les dolmens et les menhirs éparpillés ici et là. Depuis toujours, Yeu doit sa richesse à la pêche, et Port-Joinville, le bourg principal, offre le charme d'un port animé, avec ses chalutiers, ses casiers alignés le long des quais et ses ruelles bordées de maisons de pêcheurs. Dans la rue menant à l'église, les logis datent des XVIIe et XVIIIe siècles. On passe devant la demeure où est mort le maréchal Pétain (il fut emprisonné ici de 1945 à 1951), avant de pénétrer dans l'église (XIXe s.) qui contient de nombreux ex-voto. On poursuit la balade jusqu'au cimetière, puis on grimpe jusqu'à la citadelle (XIXe s.). Mais la plus jolie façon de visiter l'île, c'est de la parcourir à vélo (les loueurs de vélos sont nombreux) pour découvrir le village de Saint-Sauveur et son église romane, les jolies plages de sable fin, les pittoresques hameaux et les points de vue grandioses sur le large.

4 868 habitants **Accès :** (carte 14) par bateau pour Port-Joinville, depuis Fromentine *Yeu-Continent* (tél. 02.51.58.36.66), *V.I.I.V.* (tél. 02.51.39.00.00), traversée : 40 à 60 min selon les bateaux **À voir :** le vieux château, le Port-de-la-Meule, la Côte sauvage, la pointe des Corbeaux **Foires, festivités :** marché tous les matins à Port-Joinville et à Saint-Sauveur en été ; nombreuses animations en été ; "Grand festin" en octobre **Hôtels :** *Hôtel L'Escale* (tél. 02.51.58.50.28), hôtel de charme, 24 chambres 53-75 € ; *Le Cabanon des Pêcheurs* (tél. 02.51.58.42.30), maison d'hôtes de charme, 1 chambre 65-85 € **Mairie** (tél. 02.51.59.45.45) **O. T.** (tél. 02.51.58.32.58).

La région du Centre est le jardin de la France. La nature y est douce et paisible, parsemée de châteaux et de villages anciens. Ce guide vous propose une promenade dans cinq des départements de cette région : l'Indre-et-Loire (contrée qui compte le plus de monuments historiques au kilomètre carré), le Loir-et-Cher, le Loiret, le Cher et l'Indre, ces deux derniers formant le Berry, province qui fut si présente dans l'œuvre de George Sand : "Le Berry n'est pas doué d'une nature éclatante. Ni le paysage, ni l'habitant ne sautent aux yeux par le côté pittoresque, par le caractère tranché. C'est la patrie du calme et du sang-froid. Hommes et plantes, tout y est tranquille, patient."
Terre chargée d'histoire, l'Île-de-France est parée d'églises et de somptueux châteaux. Ce pays de rivières et de riches prairies, de forêts et de vallées verdoyantes, nous offre aussi des villages paisibles qui ont préservé leur douceur de vivre.

APREMONT-SUR-ALLIER

18150 (Cher)

Apremont s'étire aux bords de l'Allier, à la frontière de la Bourgogne et du Berry. Le village est dominé par un très beau château (XVe-XVIIe s.) bâti sur l'emplacement d'une puissante forteresse médiévale dont il ne reste aujourd'hui que cinq tours crénelées. Le bourg, avec ses maisons en grès doré toutes fleuries, se love au pied du château. Les habitations ont été restaurées ou reconstruites dans le style médiéval berrichon, par l'industriel Eugène Schneider, dans les années 30. On aurait pu craindre que l'ensemble ait un côté pastiche trop apprêté, mais on est heureusement surpris par l'harmonie qui s'en dégage, la couleur des pierres, les toits roses, la végétation se mariant avec bonheur aux eaux moirées de la rivière. On visite le château et ses différents salons garnis d'un élégant mobilier, les écuries et le magnifique Parc floral qui borde le village. Apremont est un site classé et fait partie de l'Association des plus beaux villages de France.

87 habitants, 178 m d'altitude **Accès :** (cartes 17-18) à 16 km S-O de Nevers **À voir :** le Parc floral (visite de Pâques à fin septembre) **Aux alentours :** l'écluse ronde des Lorrains (1 km) ; le pont-canal du Guétin (5 km) **Foires, festivités :** fête des Plantes et des Végétaux en mai **Mairie** (tél. 02.48.80.40.17).

AUBIGNY-SUR-NÈRE

18700 (Cher)

Entre Sologne et Berry, Aubigny est une cité commerçante qui s'est enrichie par le cardage de la laine. Ignorons la ville nouvelle de la périphérie pour nous consacrer au vieux bourg enserré de remparts dont il ne reste que trois tours et quelques murs en ruine. Fondé à l'époque gallo-romaine, Aubigny devint au XVe siècle la cité des Stuart, seigneurs écossais qui la reçurent des mains de Charles VII en remerciement de leur aide lors des guerres contre les Anglais. À l'intérieur de l'enceinte, on découvre des logis à colombages, la plupart rebâtis au XVIe siècle. Admirez, notamment, les maisons de François Ier, du pont des Foulons (XVe s., la seule à avoir résisté à l'incendie de 1512), du Bailli, de Saint-Jean. La mairie est installée dans le joli château (XVe-XVIIe s.) dont les Grands Jardins, dessinés par un disciple de Le Nôtre, furent agrandis par la duchesse de Portsmouth. Mais le joyau de la cité est, sans conteste, l'église Saint-Martin édifiée au XIIIe siècle et largement remaniée au XVIe, après l'incendie qui détruisit le bourg. Il faut aussi aller visiter l'ancien couvent des Augustins-Noirs (XVIe s.) et son cloître du XVIIe siècle. Aubigny est une petite ville à l'accent écossais, gaie et pittoresque.

6 055 habitants, 168 m d'altitude **Accès :** (carte 17) à 28 km S-O de Gien **À voir :** musée de l'Auld Alliance France-Écosse ; musée Marguerite-Audoux (ouvert en saison) ; musée Pierre-Rateau **Aux alentours :** les châteaux (privés) de la route Jacques-Cœur (ils se visitent tous) ; le musée de la Sorcellerie ; à Oizon (6 km), le château de la Verrerie ; Briare et son pont-canal **Foires, festivités :** marché le samedi ; Fêtes franco-écossaises en juillet ; foire de la Saint-Michel le 3e dimanche d'octobre **Hôtels :** *Villa Stuart* (tél. 02.48.58.93.30), maison d'hôtes de charme, 5 chambres 84-100 € ; à Oizon (6 km), *Château de la Verrerie* (tél. 02.48.81.51.60), hôtel de charme, 5 chambres 160-360 € **Mairie** (tél. 02.48.81.50.00) **O. T.** (tél. 02.48.58.40.20).

SANCERRE

18300 (Cher)

La plus jolie manière de découvrir Sancerre, c'est de passer par Chavignol, petit village célèbre pour ses fromages, et d'emprunter la "route du Panorama" qui traverse un magnifique paysage de collines plantées de vignes. Sancerre se dispose en couronne sur l'une des buttes dominant la rive gauche de la Loire, poste d'observation entre le Berry et le Nivernais. La cité – qui avait embrassé la religion protestante – résista avec acharnement aux troupes royales en 1573. Dans les rues de la vieille ville, aujourd'hui, on peut découvrir de belles maisons, certaines typiques du style berrichon avec leurs façades en tuffeau et leurs toits d'ardoises, d'autres plus représentatives de l'architecture bourguignonne avec leurs toits de tuiles plates et leurs murs crépis. On admire une multitude de détails intéressants, joli portail, linteau sculpté, tourelle pointue... Par la rue des Juifs, on gagne la place de la Halle, cœur du bourg avec ses boutiques d'artisanat et ses terrasses de café. Un peu plus loin dans la verdure, la tour des Fiefs, donjon du XIVe siècle, seul vestige de l'ancien château. Si vous grimpez ses 195 marches, vous jouirez d'une vue unique sur les toits de la ville. On termine la visite sur l'esplanade de la porte César, pour le beau panorama sur les vignes – qui donnent des vins fameux – et la vallée de la Loire.

1 831 habitants, 342 m d'altitude **Accès :** (carte 17) à 45 km N-E de Bourges **Aux alentours :** les villages de Saint-Satur (3 km), Amigny, Chavignol (4 km) **Foires, festivités :** brocante tous les mois d'octobre à mai ; Foire au crottin de Chavignol fin avril-début mai ; fête des Métiers d'art à Chavignol en mai ; Foire aux vins de Sancerre à la Pentecôte ; marché bio en août ; Foire aux vins de France le dernier week-end d'août ; Foire aux huîtres le dernier week-end d'octobre **Restaurants :** *La Tour* (tél. 02.48.54.00.81) ; *La Pomme d'Or* (tél. 02.48.54.13.30) ; à Chavignol, *Côte des Monts Damnés* (tél. 02.48.54.01.72) **Mairie** (tél. 02.48.78.52.52) **O. T.** (tél. 02.48.54.08.21).

GARGILESSE

36190 (Indre)

Gargilesse se love dans la verdure, au creux de la fraîche vallée de la Creuse. Le village forme un ensemble harmonieux, avec ses vieilles maisons simples et fleuries, sa poterne – vestige de la première forteresse construite au Moyen Âge –, son château reconstruit au XVIIIe siècle et son église romane où l'on pénètre pour admirer les fresques de la crypte, une statue de Vierge en bois polychrome et surtout les beaux chapiteaux ornementés. Très sensible au pittoresque de cette bourgade et à la beauté de son environnement naturel, George Sand s'y installa et en fit le théâtre de quelques-uns de ses romans. Sa maison, transformée en musée, se trouve dans le bas du bourg. Gargilesse accueillit aussi de nombreux peintres, Claude Monet, Théodore Rousseau, Anders Osterlind, séduits par son charme bucolique. Aujourd'hui, de nombreux artistes et artisans d'art habitent le village et la municipalité organise des expositions de peinture en été.

331 habitants, 149 m d'altitude **Accès :** (carte 17) à 14 km S d'Argenton-sur-Creuse **À voir :** la maison de George Sand (tél. 02.54.47.84.14, ouvert d'avril à septembre) **Aux alentours :** circuit George Sand en Berry ; l'église de Dampierre ; le lac d'Éguzon (10 km) **Foires, festivités :** marché aux fleurs et produits fermiers le 2e dimanche de mai ; "Expo dans la rue" (artistes et artisans d'art) le dimanche avant le 15 août ; Festival d'été (harpe et musique de chambre) la 2e quinzaine d'août ; Journées du livre le dernier week-end de septembre **Mairie** (tél. 02.54.47.83.11) **O. T.** (tél. 02.54.47.85.06, en saison).

SAINT-BENOÎT-DU-SAULT

36170 (Indre)

Dans ce pays, le relief est paisible et vallonné. On est d'autant plus surpris d'y découvrir un village perché ! Tel nous apparaît Saint-Benoît-du-Sault, tout droit sorti du Moyen Âge, planté fièrement sur son roc de granit dominant la rivière. C'est probablement cette position de défense parfaite qui incita les moines bénédictins à choisir ce site pour y implanter une abbaye en 974. Le bourg s'installa tout contre le prieuré, à l'intérieur de puissants remparts. La visite du village est pleine de charme. On commence par l'église romane, remaniée aux XIVe et XVIIIe siècles, dont on pousse la porte pour admirer les fonts baptismaux en granit. Ensuite, on gagne la terrasse, où s'élevait autrefois l'ancien prieuré, pour apprécier, en contrebas, la vue sur la vallée et les eaux calmes du Portefeuille. On suit le chemin de ronde par une rue escarpée pour atteindre une double porte en ogive et la partie la plus ancienne du bourg. L'ensemble est d'une belle unité architecturale, la plupart des constructions datant du XVe siècle. On flâne au hasard des ruelles, on admire le beffroi, on s'arrête devant la maison du Gouverneur puis devant celle de l'Argentier (XVe s.), ornée d'une très belle porte cloutée.

766 habitants, 220 m d'altitude **Accès :** (carte 16) à 20 km S d'Argenton-sur-Creuse **Aux alentours :** la Chatille, la Roche, le château de Montgarnaud ; nombreuses églises romanes ; site gallo-romain d'Argentomagus ; vallées de la Creuse et de l'Anglin **Foires, festivités :** marché le samedi matin ; Foire des vins des pays de Loire en avril ; Salon des antiquaires à la Pentecôte ; Foire aux béliers en août ; Fête du village le 15 août ; Foire aux bovins fin août ; marché au gras en décembre **Mairie** (tél. 02.54.47.51.44) **O. T.** (tél. 02.54.47.67.95, en été).

CANDES-SAINT-MARTIN

37500 (Indre-et-Loire)

C'est au confluent de la Vienne et de la Loire que s'est implanté le village. Il est d'une homogénéité rare, ses maisons, superbes (certaines datant du XVe s.), sont toutes construites en tuffeau blanc, la pierre locale. Leur décoration s'inspire de celle des châteaux alentour, leur empruntant mille détails. Avant de monter jusqu'en haut du bourg pour découvrir les habitations troglodytiques creusées dans la falaise, attardez-vous rue du Bas : c'est là qu'habitaient les mariniers de la Loire lorsque Candes était un port de pêche et de batellerie actif. Admirez l'église collégiale des XIIe-XIIIe siècles, édifiée à l'endroit même où mourut saint Martin en l'an 397, événement qui fit de Candes un lieu de pèlerinage. Les rois de France et d'Angleterre y séjournèrent, rendant à cette occasion visite aux archevêques de Tours, dont vous pourrez voir la résidence (XVe s.). De nombreux ateliers d'artisans – potier, céramiste, orfèvre, fabricant de jouets en bois –, et de jolies échoppes de livres anciens, des brocantes, animent les ruelles. Enfin, les adeptes de la marche pourront gravir le petit sentier sur la colline qui surplombe le village ; la vue sur les toits d'ardoises et les deux rivières y est très représentative du charme de la douce France.

227 habitants, 97 m d'altitude **Accès :** (carte 16) à 12 km E de Saumur **Aux alentours :** les châteaux de la Loire (Ussé, Langeais, Villandry) ; l'abbaye de Fontevraud ; la Devinière (maison natale de Rabelais) **Foires, festivités :** marché paysan le samedi matin ; concerts à la collégiale en saison ; parcours artistique et flâneries piétonnes dans le village en juillet-août ; Fête du village le 2e dimanche d'août ; "Jours de Loire" en été (balades en bateau et canoë sur les rivières) ; fête de la Saint-Martin le 2e dimanche de novembre **Mairie** (tél. 02.47.95.90.61).

CRISSAY-SUR-MANSE

37220 (Indre-et-Loire)

Situé au cœur de la Touraine, dans la pittoresque vallée de la Manse, Crissay a conservé l'atmosphère désuète des villages d'autrefois, avec ses maisons resserrées au pied de sa citadelle en ruine. Les habitations, comme l'église (bâtie en 1527) et le château, sont construites en tuffeau, cette belle pierre blanche de Touraine qui resplendit au soleil et prend des reflets changeants sous ciels de pluie. Elles sont magnifiques – notamment les plus anciennes, datées des xve et xvie siècles, entourant la place – avec leurs fenêtres à meneaux, leurs pans de bois, leurs tourelles pointues et leurs beaux toits d'ardoises agrémentés de lucarnes ouvragées. En passant sous la poterne, on arrive jusqu'aux ruines du château construit au xve siècle. Crissay saura vous séduire par le charmant désordre de ses rues, ses jardins et ses murets fleuris. C'est un adorable village campagnard qui a su garder toute son authenticité.

110 habitants, 60 m d'altitude **Accès :** (carte 16) à 16 km S d'Azay-le-Rideau **Aux alentours :** la pittoresque vallée de la Manse ; la route de Courtineau ; les anciennes fermes "La Fretonnière" et "La Boisselière" ; les villages de Saint-Épain et d'Avon-les-Roches **Foires, festivités :** Foire aux vieilleries à la Pentecôte **Mairie** (tél. 02.47.58.54.05).

MONTRÉSOR

37460 (Indre-et-Loire)

Dressé sur les bords de l'Indrois, Montrésor le bien nommé semble être resté préservé de tout enlaidissement moderne. En contrebas, le long de la rivière, les maisons aux murs de tendre tuffeau blanc, aux toits de tuiles plates, s'alignent sagement avant d'escalader peu à peu le coteau. Des logis des XVe et XVIe siècles (dont un en bois) bordent la rue menant à la collégiale gothique (à l'intérieur, beau tableau XVIIe s., tombeau des Bastarnay) et au château à tourelles construit à la Renaissance. L'ensemble du bourg est d'une très belle unité architecturale et de nombreux éléments – lavoir, fontaine, halle des Cardeux nouvellement restaurée –, autour desquels la vie du village s'organisait autrefois, jalonnent le parcours. Pourtant, Montrésor n'eut pas toujours cet aspect paisible ; au XIe siècle, Foulques Nerra, son seigneur, tirant profit de sa situation en promontoire protégé au nord par un ravin et au sud par la rivière, en avait fait une puissante place forte cernée de remparts. C'est sur ces vestiges (on peut voir encore des parties de l'enceinte) que fut édifié l'actuel château dont on admire l'élégance. Il fut acquis en 1849 par le comte Xavier Branicki, ami de Napoléon III, et est resté meublé tel qu'il l'était à cette époque (il se visite). Un village romantique.

395 habitants, 92 m d'altitude **Accès :** (carte 16) à 60 km S-E de Tours **À voir :** le château (tél. 02.47.92.60.04, visite avril-novembre, pièces du trésor des rois de Pologne, superbe collection de tableaux) ;"Les Balcons de l'Indrois", promenade aménagée le long de la rivière **Aux alentours :** les villages de Chemillé (église romane et chapelle du XVIe s.), Beaumont-Village, Novans-les-Fontaines et Villeloin-Coullangé (église du XIIe s.) ; le château de Montpoupon **Foires, festivités :** fête de la Peinture le dimanche après le 14 Juillet ; "Nuits solaires" et théâtre de rue en juillet-août **Mairie** (tél. 02.47.91.43.00) **O. T.** (tél. 02.47.92.70.71).

RICHELIEU

37120 (Indre-et-Loire)

La Fontaine l'avait proclamé "le plus beau village de l'Univers". Richelieu est, en tout cas, l'un des très rares ensembles de style classique construit au XVIIe siècle de par la volonté d'un seul homme, le puissant cardinal de Richelieu, qui voulut bâtir ici sa "ville idéale". Ancrée sur la rive gauche du Mâble, la cité répond aux critères architecturaux de l'époque : ordre et symétrie. Élevée sur un plan rectangulaire "en grille", entourée de fossés – aujourd'hui transformés en jardins – et de murs dans lesquels s'ouvrent des portes, elle répartit ses constructions autour de deux places opposées et symétriques : d'un côté, la place du Marché où l'on trouve la halle, l'église Notre-Dame, le presbytère et l'ancien hôtel de ville (transformé en musée), et de l'autre, la place des Religieuses, entourée de l'hôtel du Receveur, du couvent et du collège. Entre les deux, la Grande-Rue, bordée d'élégants hôtels particuliers en pierre de taille, tous identiques, fait la jonction. Dans la rue de la Galère, les maisons d'artisans, plus simples, très remaniées, conservent leurs proportions d'origine. On quitte la ville par la porte de Châtellerault pour gagner le château, dont il ne reste aujourd'hui qu'un bâtiment surmonté d'un dôme, et l'on admire le parc, propriété de l'Université de Paris. Richelieu ? Un joyau auquel on aimerait redonner son éclat.

2 200 habitants, 51 m d'altitude **Accès :** (carte 16) à 29 km N-O de Châtellerault **À voir :** visite virtuelle en 3D du château ; le musée municipal **Aux alentours :** le château de la Grillère (tél. 02.47.95.66.06) **Foires, festivités :** marché le lundi et le vendredi matin ; Salon de la broderie et de la dentelle le 1er week-end de juillet ; Festival de cape et d'épée en juillet (les années paires) ; Festival de musique classique 1er-15 août ; marché de Noël en décembre **Mairie** (tél. 02.47.58.10.13) **O. T.** (tél. 02.47.58.13.62, en été).

CHAUMONT-SUR-THARONNE

41600 (Loir-et-Cher)

La Sologne et ses vastes paysages de landes et de forêts servent d'écrin au village. Autrefois fortifié, Chaumont s'enroule à l'intérieur du tracé des anciens remparts et rassemble ses maisons autour d'une jolie place gazonnée et d'une église. Le bourg a conservé une harmonieuse unité architecturale : ses demeures s'habillent de briques claires, se coiffent d'ardoises ou de tuiles brunes, se renforcent de colombages ; à admirer notamment, face à l'église, un beau logis du XVIIIe siècle. L'église Saint-Étienne, élevée aux XVe et XVIe siècles sur une construction antérieure, arbore d'épais murs de briques et un délicat clocher ouvragé. Chaumont est un village attachant, original par sa forme concentrique vraiment rare dans ce pays solognot où l'on trouve surtout des villages-rues, tout en longueur. Pour prolonger le plaisir, on peut visiter la Maison de l'artisanat, acheter les bons produits régionaux dans les fermes environnantes ou pêcher en rivière et dans les étangs des alentours. De nombreux sentiers de randonnée balisés vous permettront de découvrir cette belle région qui se pare, à l'automne, de couleurs chatoyantes.

1 085 habitants, 126 m d'altitude **Accès :** (carte 17) à 9 km O de Lamotte-Beuvron **Aux alentours :** la jolie cité de La Ferté-Saint-Aubin et son château ; La Ferté-Beauharnais ; les châteaux de Chambord et de Cheverny **Foires, festivités :** fête de l'Automne en septembre **Hôtels :** *Le Mousseau* (tél. 02.54.88.53.92), maison d'hôtes de charme, 4 chambres 160-250 € ; à Ivoy-le-Marron (5 km), *Auberge du Cheval Blanc* (tél. 02.54.94.00.00), hôtel de charme, 15 chambres 85-95 €, restaurant ; à Villeny (12 km), *Château de la Giraudière* (tél. 02.54.83.72.38), maison d'hôtes de charme, 5 chambres 65-70 € **Mairie** (tél. 02.54.88.84.00).

LAVARDIN

41800 (Loir-et-Cher)

Enfoui dans la verdure, au bord du Loir, Lavardin est blotti au pied des ruines impressionnantes de son château. Le village est vraiment pittoresque. Pour y accéder, on enjambe un vieux pont gothique et l'on se balade dans des rues bordées de maisons anciennes encapuchonnées de beaux toits d'ardoises ou de tuiles. Certaines d'entre elles, bâties aux XVe et XVIe siècles, ont gardé leurs colombages, de jolies fenêtres à meneaux et des lucarnes pointues. On admire la mairie qui abrite des salles voûtées du XIe siècle et, tout près, l'église de style roman primitif au clocher-porche carré (à l'intérieur, très belles peintures murales et jolies colonnes). On aperçoit aussi des caves aux murs couverts de lierre, puis on crapahute jusqu'au château. Ruiné par les troupes d'Henri IV, il conserve, malgré tout, fière allure avec son donjon (XIe s.) haut de 26 mètres, ses courtines, ses vestiges de tours et d'enceintes. Que la vie semble douce dans ce joli village !

260 habitants, 80 m d'altitude **Accès :** (carte 16) à 20 km S-O de Vendôme **Aux alentours :** Vendôme et la vallée du Loir **Foires, festivités :** Championnat du monde de la Chouine le 1er dimanche de mars ; Journée "Peintres au village" à l'Ascension ; marché de Noël le 1er week-end de décembre **Restaurants :** *Le Relais d'Antan* (tél. 02.54.86.61.33) ; à Montoire-sur-le-Loir (2 km), *Le Cheval Rouge* (tél. 02.54.85.07.05) **Mairie** (tél. 02.54.85.07.74).

SOUVIGNY-EN-SOLOGNE

41600 (Loir-et-Cher)

Voici un village typiquement solognot. Ses maisons s'attroupent autour de l'église (XIIe-XVe et XVIe s.) prolongée sur un côté par un pittoresque et vaste auvent de bois, le "caquetoire", où se tenait autrefois le marché et où l'on continue à papoter à la sortie de la messe le dimanche. Son vaste toit pentu de tuiles rousses, son clocher effilé recouvert d'ardoises lui donnent un petit côté austère, mais l'intérieur recèle de jolies peintures murales du XVIe siècle ainsi qu'un retable du XVIIe siècle en bois doré. Tout autour, les logis offrent une belle unité de construction. Comme à la parade, ils exposent fièrement leurs murs de briques roses ou de torchis quadrillés de colombages. Leurs couleurs se mêlent harmonieusement les unes aux autres, inscrivant le dégradé de leurs tons ocre brun sur le fond verdoyant des vieux platanes du terre-plein gazonné de l'église. En face, l'ancien presbytère (XVIIIe s.) expose le jeu de ses pans de bois, tandis qu'une stèle rappelle que l'auteur dramatique Eugène Labiche fut maire du bourg à la fin du XIXe siècle (on lui prépare un musée). Le long des ruelles qui partent en étoile de la place, d'autres maisons, pimpantes et fleuries, complètent le ravissant tableau qu'aucun fil électrique ne vient dépareiller, puisque la municipalité a eu la bonne idée de les enterrer.

450 habitants, 145 m d'altitude **Accès :** (carte 17) à 39 km S-E d'Orléans **À voir :** le musée Eugène-Labiche (ouverture 2010) **Foires, festivités :** Foire aux oies le 1er dimanche de mai **Hôtel :** à Ménestreau-en-Villlette (15 km), *Ferme des Foucault* (tél. 02.38.76.94.41), maison d'hôtes de charme, 3 chambres 80-90 € **Restaurant :** *Auberge de la Grange aux Oies* (tél. 02.54.88.40.08) **Mairie** (tél. 02.54.88.46.10).

TROO

41800 (Loir-et-Cher)

Étagé sur un coteau dominant le Loir, Troo offre la vision paisible d'un village "de poche" surmonté de la tour pointue du clocher de son église. C'est un des plus pittoresques sites troglodytiques de France. Sa falaise de tuffeau tendre est creusée de multiples trous, habitations, galeries (caforts) qui servaient, autrefois, de refuge aux habitants. L'idéal est d'accéder au bourg par la porte des anciens remparts, tout en haut. On s'arrête devant "le puits qui parle" (nommé ainsi à cause de l'écho) coiffé d'un toit de bardeaux et, un peu plus loin, on gagne le bord du plateau pour admirer la collégiale Saint-Martin (XIe, XIIe, XIVe s.) et sa tour-clocher carrée ornée d'arcades et de colonnettes. À l'intérieur : abside romane à fenêtres gothiques, chapiteaux romans, stalles du XVIe siècle, statues – dont une en bois du XVIe siècle –, fonts baptismaux et bénitiers du XVIIe siècle. Tout à côté, la motte féodale d'où l'on jouit d'une vue superbe sur la vallée, et une maison qui occupe l'emplacement du château démoli sur ordre d'Henri IV. Un dédale de petits sentiers et de ruelles dévale jusqu'à la vallée en contrebas. Là se trouvent les vestiges de l'ancienne maladrerie Sainte-Catherine (XIIe s.). Ne manquez surtout pas la visite du hameau de Saint-Jacques-des-Guérets bâti sur l'autre rive du Loir, son église (XIIe s.) renferme des merveilles dont de superbes peintures murales du XIIe siècle.

310 habitants, 126 m d'altitude **Accès :** (carte 16) à 30 km O de Vendôme **À voir :** l'écomusée dans la cave troglodytique **Aux alentours :** l'église de Saint-Jacques-des-Guérets (peintures murales) **Foires, festivités :** brocante à St-Quentin-les-Troo le 1er week-end d'août ; concerts et théâtre en juillet-août **Restaurant :** *Le Cheval Blanc* (tél. 02.54.72.58.22) **Mairie** (tél. 02.54.73.55.00) **S. I.** (tél. 02.54.72.87.50).

YÈVRE-LE-CHÂTEL

45300 (Loiret)

Fier d'être classé parmi les plus beaux villages de France, Yèvre-le-Châtel est un village discret et accueillant, planté sur un promontoire dominant la vallée de la Beauce. La Rimarde, petite rivière chatoyante, le frôle, lui apportant le charme bucolique de ses eaux murmurantes. Mais soyons des visiteurs attentifs et admirons les trois édifices qui font la gloire de la bourgade. Celui qui, le premier, attire le regard, est le puissant château fort en partie ruiné, construit au XIIIe siècle, sans doute par Philippe Auguste. Du haut des quatre tours qui le flanquent, on admire la vue sur toute la vallée avant de redescendre pour jeter un œil à l'église Saint-Gault, mi-romane, mi-gothique, et remarquer les demeures nobles à l'intérieur de l'enceinte. On franchit l'imposante poterne pour se balader dans les rues aux maisons modestes mais charmantes et fleuries. On flâne sur la jolie placette avant d'emprunter le chemin qui mène à l'église Saint-Lubin, impressionnante par ses dimensions pour un si petit village et par l'aspect fantomatique de ses grandioses ruines gothiques. Ce sont les protestants qui, en 1559, durant les guerres de Religion, ruinèrent le château et brûlèrent l'église. Mais ce passé troublé est bien oublié. Aujourd'hui, la végétation partout présente, les jardinets, les enfants dans les rues, les oiseaux virevoltant ici et là, donnent un aspect vivant et joyeux à ce village tranquille.

237 habitants, 100 m d'altitude **Accès** : (carte 9) à 90 km S de Paris et à 6 km E de Pithiviers **À voir** : visite guidée du château d'avril à octobre **Aux alentours** : le village de Boësse et son église (porche roman) **Foires, festivités** : marché des produits du terroir en mai et septembre ; brocante et vide-greniers en juin ; concerts et expositions en été **Hôtel** : à Château-Renard (60 km), *Clos Saint-Nicolas* (tél. 02.38.95.25.79), maison d'hôtes de charme, 3 chambres 50-80 € **Restaurant** : Salon de thé-galerie *Art et Thé* **Mairie** (tél. 02.38.34.23.06).

BARBIZON

77630 (Seine-et-Marne)

Avant d'être adopté au XIXe siècle par quelques peintres paysagistes, Barbizon n'était qu'un petit hameau de bûcherons. Modeste, mais merveilleusement situé, car c'est ici que la forêt de Fontainebleau vient à la rencontre de la plaine de Bière. L'unique rue du village en constitue la frontière et permet de s'enfoncer immédiatement dans la forêt pour rejoindre un site surélevé, bordé de rochers. C'est cette nature qui a inspiré Théodore Rousseau, Jean-François Millet et tous les peintres qui formeront l'école de Barbizon. Préférant un travail en plein air et la simplicité de la vie paysanne, ces artistes abandonnèrent leurs ateliers et l'obligation d'une représentation historique ou mythologique du paysage. L'histoire de Barbizon se confond avec celle de ses peintres. Dans la rue du bourg, chaque maison conserve le souvenir d'un artiste et, si les hôtels et les restaurants sont nombreux, l'endroit est encore tout à fait charmant. Il faut visiter l'auberge du père Ganne et le petit musée de la fameuse école de Barbizon qui expose de nombreux souvenirs et quelques œuvres des peintres ayant vécu dans le village. En 2010, Barbizon va fêter brillamment le 150e anniversaire de *L'Angélus*, le plus célèbre tableau de Jean-François Millet.

1 400 habitants, 80 m d'altitude **Accès :** (carte 9) à 57 km S-E de Paris **À voir :** le musée de l'Auberge Ganne et le musée Théodore-Rousseau ; la maison-atelier de J.-F. Millet **Aux alentours :** les châteaux de Fontainebleau et de Vaux-le-Vicomte ; la forêt de Fontainebleau **Foires, festivités :** nombreuses manifestations en 2010 pour le 150e anniversaire de *L'Angélus* de Millet ; vide-greniers en juin et septembre ; ventes aux enchères en juin et en décembre ; fête des Peintres le 2e dimanche de septembre ; Salons de peinture plusieurs fois par an ; Salon du livre en novembre **Hôtel :** *Hostellerie du Bas-Bréau* (tél. 01.60.66.40.05) **Restaurants :** *L'Angélus* (tél. 01.60.66.40.30) ; *Le Relais de Barbizon* (tél. 01.60.66.40.28) **Mairie** (tél. 01.60.66.41.92) **O. T.** (tél. 01.60.66.41.87).

MORET-SUR-LOING

77250 (Seine-et-Marne)

Moret est niché dans un site enchanteur : le Loing, ses îles verdoyantes, un moulin, un vieux pont, une église, un donjon... On retrouve avec ravissement les vues peintes par Sisley à la fin du XIXe siècle. La visite se fait à pied pour mieux apprécier les trésors qu'offre cette ancienne ville forte qui défendait le royaume de France à la frontière du duché de Bourgogne. À cette époque – le XIIe siècle –, elle était ceinte de remparts renforcés de puissantes tours. On y pénètre aujourd'hui par la porte de Samois ou de Paris, puis on emprunte une rue longée de maisons des XVe-XVIe siècles qui conduit à l'hôtel de ville et à la maison de François Ier (1527) décorée d'une galerie sculptée et d'une porte à salamandre. Sur la place Royale, on s'émerveille devant des habitations à colombages et, rue du Donjon, on s'attarde devant la demeure où vécut Sisley. Quant à l'église Notre-Dame, elle constitue le joyau de Moret. Commencée au XIIe siècle, sa construction s'est achevée au XVe siècle. Chœur roman, portail gothique, nef à trois travées, fresques, tout est à admirer. On n'oublie pas une visite à l'ancien hospice (XVIIe s.) où les bonnes sœurs fabriquaient autrefois les délicieux "sucres d'orge de Moret". Et puis, on flâne le long du Loing pour admirer les anciens logis des tanneurs, les moulins et le charme de la vue.

4 476 habitants, 49 m d'altitude **Accès :** (carte 9) à 10 km S-E de Fontainebleau **À voir :** le musée du Sucre d'orge (tél. 01.60.70.35.63) **Aux alentours :** Montigny-sur-Loing (7 km), Grez-sur-Loing (11 km) **Foires, festivités :** marché mardi et vendredi matin ; marché de printemps mi-mai ; Fête 1900 fin septembre ; Festival de l'humour en octobre **Restaurants :** *Relais de Pont-Loup* (tél. 01.60.70.43.05) ; *Hostellerie du Cheval Noir* (tél. 01.60.70.80.20) **Mairie** (tél. 01.60.73.51.51) **O.T.** (tél. 01.60.70.41.66).

LA ROCHE-GUYON

95780 (Val-d'Oise)

Lorsqu'on arrive à La Roche-Guyon, on est saisi par la beauté du site. Le bourg est dominé par un imposant château, enserré entre la Seine (large de 170 mètres à cet endroit) et une falaise abrupte. De la forteresse originale bâtie au XIIIe siècle, il ne reste que le donjon, juché en haut de la butte rocheuse. Le château, qui a gardé toute sa majesté, a été largement remanié au cours des siècles. Il appartient depuis 1659 à la famille de La Rochefoucauld. François de La Rochefoucauld y écrivit une partie de ses *Maximes,* et c'est dans l'église Saint-Samson (XVe s.) que se trouve le tombeau du premier duc. On grimpe jusqu'au village par une petite rue très escarpée, la Charrière des Bois, et l'on remarque des caves creusées dans la roche. Les maisons, de qualités inégales, ont toutes les mêmes couleurs harmonieuses, des murs clairs et des toits pentus de tuiles ou d'ardoises, les plus belles arborant des pans de bois. L'ancien grenier à sel – la maison de la Gabelle (XVIe s.) – accueille aujourd'hui l'office de tourisme. On peut faire une jolie promenade en empruntant la route des Crêtes. De là-haut, le regard porte sur les toits de la cité, frôle le château, puis s'attarde sur les boucles de la Seine alanguie tout en bas.

554 habitants, 120 m d'altitude **Accès :** (carte 9) à 70 km O de Paris **À voir :** le château et son jardin potager (privé, se visite, tél. 01.34.79.74.42) **Aux alentours :** les jardins de Villarceaux ; les jardins et la maison de Claude Monet à Giverny ; les églises de Haute-Isle et de Vétheuil ; la route des Crêtes **Foires, festivités :** brocante le dimanche en saison ; grande brocante à l'Ascension ; manifestation autour du jardin le 1er week-end de mai au château ; marché de l'Avent fin novembre **Mairie** (tél. 01.34.79.70.55).

Située sur le passage des grandes voies commerciales maritimes méditerranéennes, la Corse connut, dès l'Antiquité, rivalités et conquêtes. Phocéens, Grecs, Romains s'y installèrent, puis, plus tard, ce seront les Pisans (qui ont bâti de magnifiques églises romanes), les Génois et, enfin, les Français au XVIIIe siècle. C'est à la fin du XIXe siècle que les premiers touristes la découvriront comme lieu de villégiature hivernal. La douceur du climat côtier et un arrière-pays riche en paysages d'exception les séduiront. Ajaccio, d'abord, puis Calvi. Par-delà le mythe napoléonien, ils se laisseront surprendre par cette autre Riviera, plus distante et plus âpre. Géographiquement, la Corse est un fragment de l'ensemble alpin. Son altitude moyenne est élevée. Cette donnée physique et des rivages peu sûrs ont conduit la population insulaire à s'installer à mi-pente, sur les coteaux. Elle s'organisait en unités de vallées – les *pievi* – et se consacrait aux cultures propres à la Méditerranée occidentale. Les sites anciens montrent bien le discernement des Corses dans la maîtrise de leur cadre de vie. Villages des hauteurs ou "marines" des bords de mer (dans les régions où l'on naviguait, comme au Cap), maisons de schiste ou de granit, c'est par cet accord heureux entre la nature splendide et les constructions qu'une véritable magie des lieux se produit.

CENTURI

20238 (Haute-Corse)

À quelques encablures du cap Corse, au pied du col de la Serra d'où le panorama sur la mer de Ligurie est à couper le souffle, on découvre la délicieuse marine de Centuri. À la fin du XVIIIe siècle, elle abritait de nombreux commerces, exportait du vin, du bois, de l'huile et importait tout ce qui était nécessaire à une région prospère. Sur les quais, les maisons, agrémentées de voûtes et d'escaliers, étaient conçues pour le négoce et le stockage. La population tirait profit des produits de la mer : dans ces eaux limpides, on pêchait la langouste, les anchois, l'araignée – on les pêche toujours –, tandis que le corail était acheminé vers Bastia et Gênes. Ici, la lumière est exceptionnelle et met en valeur les nuances de gris et de vert des lauzes qui couvrent les toits, le bleu turquoise de la mer conjugué au bleu saphir du ciel. Un adorable et exceptionnel village à ne pas manquer. La commune de Centuri compte aussi de nombreux hameaux qui sont à voir : l'Orche, Cannelle, Ortinola. Blottis sur des sites pentus, avec leurs tours de guet, leurs constructions nobles, ils offrent autant de points de vue d'une grande beauté.

223 habitants **Accès :** (carte 36) à 55 km N-O de Bastia **Aux alentours :** les hameaux de Cannelle, l'Orche, Ortinola et le château Bella Vista **Foires, festivités :** fête de la Saint-Érasme le 2 juin **Hôtel :** *Le Vieux Moulin* (tél. 04.95.35.60.15), hôtel de charme, 18 chambres 100-190 €, restaurant **Mairie** (tél. 04.95.35.60.06).

CORBARA (CURBARA)

20256 (Haute-Corse)

À mi-distance entre Algajola et L'Île-Rousse (*L'Isula Rossa*), Corbara est perché sur les pentes du Monte Guidu. Du rivage, on l'aperçoit à peine, mais le village et ses deux châteaux ruinés maîtrisent du regard toute l'étendue de leur territoire. Les constructions illustrent la diversité de l'architecture méditerranéenne : empilements des maisons, étroits passages, dédales de ruelles ; la cité baigne dans une atmosphère presque mauresque, impression encore accentuée par la végétation environnante d'oliviers et de figuiers de Barbarie. De tous côtés, des restanques, des banquettes de pierres sèches, sont aménagées sur les collines et rappellent que la Balagne était jadis "le jardin de la Corse". Au cœur du bourg, tout près des belles demeures à loggias, on remarque l'église baroque édifiée au XVIIe siècle sur des bases plus anciennes. À l'intérieur, les marbres polychromes du maître-autel et de la clôture du chœur sont justement célèbres. Les figures de saints sur fond or sont des œuvres précieuses entre toutes : elles ont été exécutées par des artistes siennois, au XVe siècle, et appartenaient au trésor du couvent dominicain (XVe s., rebâti au XIXe s.) situé à quelques kilomètres. Guy de Maupassant, voyageur et pertinent observateur de la Corse, y fut reçu par le père Didon au XIXe siècle.

706 habitants, 300 m d'altitude **Accès :** (carte 36) à 5 km S de L'Île-Rousse **À voir :** le musée du Trésor de la collégiale ; le musée (privé) sur l'histoire de la Corse (tél. 04.95.60.06.65) **Aux alentours :** le couvent ; le Monte Sant'Angelo **Foires, festivités :** fête de la Saint-Antoine avec bénédiction des oranges le 17 janvier ; fête de la Saint-Cyprien à Pâques avec messe, procession et Bénédiction des œufs ; concert dans le cadre du festival Estivoce en juillet ; concerts en août ; Fête du village le 15 août avec illuminations **Mairie** (tél. 04.95.63.06.50).

ERBALUNGA

20222 (Haute-Corse)

Posé au bout d'une pointe rocheuse agrémentée d'une vieille tour génoise écroulée, Erbalunga disperse ses maisons autour d'un port minuscule animé de quelques barques de pêcheurs. Berceau de la famille de Paul Valéry, la marine a inspiré de nombreux peintres dans les années 1930. Dans l'ensemble, les habitations sont restées bien authentiques avec leurs toits de lauzes, leurs murs tout simples enduits de gris ou de couleurs délavées, leurs volets multicolores. Le village garde un charme suranné et reste très calme en dehors des week-ends et de l'été. Ici, un café tranquille, là, des petits restaurants typiques, un peu plus loin, l'église Sant'Erasmu construite au XVIIIe siècle. Erbalunga est fidèle à ses traditions et, tous les ans, le Jeudi et le Vendredi saints, les hommes du village et des alentours se réunissent pour une procession solennelle, la *Cerca*. Vous pourrez peut-être prolonger la visite en séjournant au délicieux hôtel *Castel Brando* ou découvrir le sauvage cap Corse en empruntant la route magnifique qui en fait le tour.

800 habitants **Accès :** (carte 36) à 11 km N de Bastia **Aux alentours :** Castello ; la chapelle Santa Maria Assunta (IXe s.) **Foires, festivités :** procession "La Cerca" les Jeudi et Vendredi saints ; fête de la Saint-Érasme, patron des pêcheurs, le 2 juin ; Festival de musique en août ; exposition de peinture la 3e semaine d'août ; pèlerinage de Lavasina en septembre **Hôtel :** *Hôtel Demeure Castel Brando* (tél. 04.95.30.10.30), hôtel de charme, 35 chambres 70-145 € **Restaurant :** *Le Pirate* (tél. 04.95.33.24.20), restaurant gastronomique **Mairie** Brando (tél. 04.95.33.20.84).

LUMIO

20260 (Haute-Corse)

Lumio s'étire en belvédère au-dessus du golfe de Calvi, ses constructions de granit rose émergeant d'une mer d'oliviers. Il domine une église baroque, agrémentée d'un campanile à l'italienne, construite par les villageois au début du second Empire pour remplacer l'église Sant'Antonino devenue trop petite. Plus bas, à l'entrée du village, on s'arrête devant la belle chapelle San Petro e San Paolo (classée), bâtie en granit ocre au XIe siècle. On remarque la façade ornée de deux lions sculptés (XVIIIe s.). Les habitants s'y rendent pieusement en procession chaque année, fin juin. La flânerie dans les rues sinueuses et pentues de la bourgade est charmante, les hautes maisons sont simples, assez austères, comme pour mieux mettre en valeur le luxe baroque de l'église. Des trouées entre les habitations permettent d'observer des points de vues magnifiques sur les collines plantées d'oliviers, cernées au loin par la mer bleue scintillante. Village discret, Lumio est aujourd'hui célèbre grâce à une enfant du pays, Laetitia Casta, qui a racheté la belle maison aux palmiers. Avant de partir, allez voir le "Carubbu", sobre bâtisse en pierre à arcades, construite au XVIIIe siècle par l'abbé Colonna de Leca pour abriter les plus démunis. Vous pourrez enfin faire provision de vins corses du *Domaine U Colombu* à la cave vinicole.

1 057 habitants, 200 m d'altitude **Accès :** (carte 36) à 10 km N-E de Calvi **Aux alentours :** le village en ruine d'Occi ; les tours génoises de Caldano et de Spano ; le site archéologique néolithique du Monte Ortu et le castello de Bragaggia ; la marine de Sant'Ambrocio **Foires, festivités :** "Fiera di a Petra" (foire de la Pierre) mi-juillet ; animations diverses en été **Hôtel :** à Calvi, *La Signoria* (tél. 04.95.65.93.00), très bon restaurant **Restaurant :** *Chez Charles* (tél. 04.95.60.61.71), avec chambres **Mairie** (tél. 04.95.60.89.00).

NONZA

20217 (Haute-Corse)

Lorsqu'on découvre le village de Nonza, perché sur un roc, dominant la mer avec fierté, on a le souffle coupé ! Il est là depuis le Moyen Âge, resserré autour de son église, protégé par la vieille tour édifiée en 1550, défiant le temps et les hommes. Les maisons aux toits de lauzes de couleur gris délavé bordent des ruelles pentues et s'agrippent jusqu'au rebord de la vertigineuse paroi en à-pic sur la mer. Il faut visiter l'église, dont l'autel baroque du XVIIe siècle et les orgues sont classés, aller voir les ruines de l'ancien couvent des Franciscains et surtout grimper jusqu'à la tour pour profiter du superbe panorama sur le golfe de Saint-Florent. Au pied de la falaise, une grande plage de sable noir fait un étonnant contraste avec le bleu du ciel, le rocher ocre, la végétation vert sombre et le petit village couleur acier perché tout en haut. C'est à Nonza qu'est née sainte Julie, patronne de la Corse.

67 habitants, 100 m d'altitude **Accès :** (carte 36) à 20 km N de Saint-Florent **Aux alentours :** de ravissants hameaux et villages tout au long de la D 80 ; le port de Saint-Florent **Foires, festivités :** fête de Sainte-Julie le dimanche après le 22 mai ; "Paese in Luce" le 15 août (procession, chants et illuminations du village) **Hôtels :** *Casa Maria* (tél. 04.95.37.80.95) ; à Oletta (21 km), *La Dimora* (tél. 04.95.35.22.51), hôtel de charme, 15 chambres 145-330 € **Restaurant :** *Auberge Patrizzi* (tél. 04.95.37.82.16) **Mairie** (tél. 04.95.37.82.82).

PENTA-DI-CASINCA

20213 (Haute-Corse)

Bordure extrême de la Castagniccia, la Casinca se répartit entre plaine et montagne. Les habitants résidaient autrefois sur les hauteurs pour se préserver des fièvres des lagunes et des attaques des pirates – la pression barbaresque s'étant fait sentir, ici, jusqu'au XVIIIe siècle. De nos jours, l'activité est concentrée sur la côte, mais les contreforts verdoyants du Monte Sant'Anghjuli président toujours au décor. Surgissant au détour de la route en corniche, Penta-di-Casinca, bâti sur une crête, est disposé en balcon sur la mer Tyrrhénienne. Un énorme rocher (*penta* en corse) joue les sentinelles au bord de la place commune. Plus loin, les maisons aux murs de schiste et aux toits de lauzes se succèdent tout au long d'une rue unique. L'église doit sa décoration à la fraîcheur de l'inventivité populaire. Un lavoir, des fontaines, la juste mesure d'un clocher, tout est affaire d'équilibre, d'harmonie avec l'espace. Une petite épicerie et deux cafés maintiennent une certaine animation, même en hiver. Du belvédère au bout du village, la vue sur toute la Casinca, Bastia et la pointe du cap Corse est magnifique. Le village est classé parmi les sites pittoresques de Corse depuis 1973. À deux pas se trouvent Castellare (*U Castellà*), aimable citadelle, Vescovato (*U Vescuvatu*), Venzolasca (*A Venzulasca*) et les heureuses proportions de leurs places et de leurs églises, puis, un peu plus loin, Loreto (*Loretu*) en superbe à-pic sur la plaine.

250 habitants, 400 m d'altitude **Accès :** (carte 36) à 35 km S de Bastia **Aux alentours :** l'église Saint-Michel dans le cimetière communal ; l'aqueduc romain ; les villages de Loreto, Vescovato, Venzolasca et Castellare **Foires, festivités :** "Paese in Luce" le 15 août avec procession dans les rues du village ; concert en août **Mairie** (tél. 04.95.36.55.44).

PIGNA

20220 (Haute-Corse)

Pigna, dont les origines remontent à l'an 800, est un magnifique village bâti en surplomb sur la vallée du Lazio parsemée de chênes et d'oliviers. On débouche sur une place très joliment dallée de pierres où se trouve l'église à deux clochetons, élevée au XVIIIe siècle à l'emplacement d'une chapelle romane. Les vieilles maisons se resserrent le long des ruelles piétonnes, étroites et caladées, parfois entrecoupées d'escaliers qui aboutissent à l'autre extrémité du village d'où l'on découvre une vue sublime sur la vallée et la mer au loin. Si vous le pouvez, allez aussi jusqu'à la mairie admirer, dans la salle des délibérations du conseil municipal, un très beau tableau du XVIe siècle faisant partie du legs Fesch. Pigna est un ravissant bourg authentique et très vivant. Il a été admirablement rénové par ses habitants, dans le respect des techniques ancestrales. Partout, des fleurs égaient les façades des maisons ; des échoppes d'artisans – potiers, graveurs, facteurs d'instruments – animent les rues et proposent des objets de qualité. Pigna est aussi, et surtout, un important centre culturel, artisanal et musical dont le cœur bat à la *Casa Musicale*, une auberge où se retrouvent les musiciens et tous les passionnés de polyphonie – forme musicale qu'utilisent les chants et la musique traditionnels corses. Ce petit village préservé, fier et bien vivant, vous enchantera.

95 habitants, 180 m d'altitude **Accès :** (carte 36) à 7 km S-O de L'Île-Rousse **À voir :** le site culturel de Vaccaghia **Aux alentours :** l'église de la Trinité d'Aregno **Foires, festivités :** animation culturelle toute l'année (concerts, théâtre) ; "Estivoce" (festival de voix) en juillet **Hôtel :** *U Palazzu* (tél. 04.95.47.32.78), hôtel de charme, 5 chambres 140-300 €, restaurant **Restaurant :** *La Casa Musicale* (tél. 04.95.61.77.31), avec chambres **Mairie** (tél. 04.95.61.77.30).

PINO (Pinu)

20228 (Haute-Corse)

Vers le sud du golfe d'Alisu s'étend la conque de verdure de la commune de Pino, ancien fief médiéval. Le long de la route, de lacet en lacet, les points de vue sur un paysage grandiose se renouvellent sans cesse. La végétation luxuriante, le maquis d'arbousiers, de lentisques et de myrtes sont rythmés par des aménagements de toutes les époques : édifices fortifiés, beaux murs de pierres sèches, chapelles funéraires construites avec grand soin. Les maisons du village s'étagent sur ces pentes. Du début du XVIIIe siècle date l'emphase rococo, avec pilastres et volutes, de l'église paroissiale Santa Maria Assunta, au beau mobilier ancien. Son fronton tourmenté a fière allure, face au couchant. Les édifices baroques du Cap ont beaucoup de prestance. Dans les replis d'une pente, qui portait autrefois vignes et jardins, se cachent bien des hameaux : Stazzona, Tagliato (*Tagliatu*), Metimo (*Metimu*) et son château... Tout en bas, la marine de Scalu montre sa plage de galets, les vestiges d'une tour ronde et, si près du rivage, le surprenant couvent San Francescu.

143 habitants, 0-380 m d'altitude **Accès :** (carte 36) à 45 km N de Saint-Florent **Aux alentours :** le col de Sainte-Lucie et la tour de Sénèque **Foires, festivités :** fête de la Saint-Antoine le 13 juin ; fête de la Sainte-Lucie le 8 septembre ; **Hôtel :** à Centuri (16 km), *Le Vieux Moulin* (tél. 04.95.35.60.15), hôtel de charme, 18 chambres 100-190 €, restaurant **Restaurant :** à Canari, marine de Canelle (10 km), *U Scogliu* (tél. 04.95.30.10.30) **Mairie** (tél. 04.95.35.12.70).

LA PORTA (A PORTA)

20237 (Haute-Corse)

Entre Golu et Tavignanu, la Castagniccia, région plutôt secrète, déploie une succession de vallées profondes et de crêtes bien affirmées. Désormais inclus dans le périmètre du parc naturel régional, ce vaste territoire se consacrait, jadis, à la culture du châtaignier et il lui doit son nom. Les multiples hameaux de schiste sont disposés sur les différents versants, à portée de voix les uns des autres. Ils survivent aujourd'hui dans une altière solitude. Chef-lieu traditionnel de la *pieve* de l'Ampugnani, La Porta est un beau village qui sait ménager ses effets : comme un décor de théâtre, la grande place s'ouvre sur la vallée et les bois à perte de vue. Sur le côté, voici l'église San Ghjuvanbattistu et l'admirable campanile, chefs-d'œuvre indiscutés du baroque insulaire. Les fresques rococo et l'orgue de style italien (fin XVIIIe s.) sont de grande qualité. Depuis La Porta, on peut rallier les parages du San Petrone (1767 m), d'où le panorama s'étend jusqu'aux plus hauts sommets de l'île et jusqu'aux côtes de Toscane. Plus bas, la conque d'Orezza – avec ses sources et ses taillis, ses précieux sanctuaires baroques –, la vallée d'Alesani – ses nobles paysages et son couvent San Francescu. On peut y admirer le panneau dit de "la Vierge à la cerise", gracieuse réalisation siennoise du XVe siècle.

202 habitants, 530 m d'altitude **Accès :** (carte 36) à 60 km S de Bastia **Aux alentours :** le village de Piedicroce, ses églises et le couvent d'Orezza ; les hameaux de Stazzona et de Carcheto **Foires, festivités :** fête de la Saint-Roch le 16 août ; fête de la Saint-Jean-Baptiste le 29 août ; concerts d'orgue et chants lyriques dans l'église en été **Restaurants :** *Restaurant de l'Ampugnani "Chez Risavetta"* (tél. 04.95.39.22.00), délicieuse cuisine corse ; à Piedicroce (6 km), *Le Refuge* (tél. 04.95.35.82.65), avec chambres **Mairie** (tél. 04.95.39.21.48).

ROGLIANO (ROGLIANU)

20247 (Haute-Corse)

Au nord du sauvage cap Corse, en position dominante sur la somptueuse nature environnante, Rogliano étage ses maisons sur les pentes du Monte Poggio. Le village se répartit en sept hameaux, et a ainsi la chance de posséder plusieurs églises, trois châteaux forts en ruine, des tours fortifiées et un couvent (privé). Cela prouve l'importance de la commune du XIIe au XVIe siècle, lorsqu'elle était le fief de la puissante famille Da Mare, vassale de la république de Gênes, qui régnait alors sur tout le nord du cap Corse. Les hautes demeures aux toits de schiste gris-vert sont splendides et s'intègrent admirablement dans le paysage. Les deux églises – Sant'Agnellu dominant la situation, et San-Como-San-Damian, un peu à l'écart, avec son curieux clocher posé de travers – ont été bâties au XVIe siècle. Dans cette dernière, on remarque l'élégante grille du chœur, cadeau de l'impératrice Eugénie qui, visitant le village en 1869, fit également un don pour la construction de la route. On reprend notre souffle pour crapahuter jusqu'aux deux châteaux, Castello et Castellacio (le "mauvais château" surnommé ainsi car il fut rasé par les Génois pour punir l'infidélité de Giacomo Da Mare), puis on poursuit la grimpette jusqu'à la grosse tour génoise carrée (XVIe s.), d'où l'on découvre la vue incroyablement belle qui s'étend du vallon jusqu'à la mer.

458 habitants, 250 m d'altitude **Accès :** (carte 36) à 40 km N de Bastia **Aux alentours :** le petit port de Macinaggio **Foires, festivités :** marché le vendredi de juin à août, les 2e et 4e vendredis du mois hors saison ; procession de Rogliano à Macinaggio le Vendredi saint ; procession de la Vierge le 31 mai **Mairie** (tél. 04.95.35.42.04) **O. T.** (tél. 04.95.35.40.34).

SANT'ANTONINO (SANT'ANTUNINU)

20220 (Haute-Corse)

Sant'Antonino, l'un des plus hauts villages de Balagne, est agrippé à un piton de granit à près de 500 mètres d'altitude. D'après la légende d'Ugo Colonna et de ses compagnons, son origine remonterait au IXe siècle, lorsque apparurent en Balagne des *castra* situés sur des points stratégiques qui permettaient à leurs occupants de surveiller les vallées. Aujourd'hui, le village a gardé son aspect d'acropole en nid d'aigle. Ses maisons de granit se confondent avec le rocher. Massives, elles s'élèvent en hauteur pour compenser le manque d'espace au sol. Les rues sont étroites, entrecoupées de passages voûtés et d'escaliers. Un peu en contrebas, la petite église paroissiale, toute simple, possède un clocher à trois étages. Sant'Antonino a été restauré au cours des dernières années ; ses toitures ont été réparées, ses murs relevés, ses maisons rénovées, mais il a gardé son charme sauvage et rustique. Depuis le haut du village, la vue sur la vallée du Reginu, sur la Balagne et sur la mer est superbe. On peut aussi faire de pittoresques promenades à dos d'âne pour découvrir la campagne environnante.

77 habitants, 500 m d'altitude **Accès :** (carte 36) à 15 km S-O de L'Île-Rousse **Aux alentours :** les villages d'Aregno, de Pigna et de Lavatoggio ; la Balagne ; nombreux sentiers de randonnée **Foires, festivités :** fête de la Saint-Antoine en juin ; fête de Notre-Dame des Grâces en juillet ; "Nuits de piazza cappella" (festival de musique) en été **Restaurants :** *A Pasturella* (tél. 04.95.60.05.65) ; *I Scalini* (tél. 04.95.47.12.92) **Mairie** (tél. 04.95.61.78.38).

BONIFACIO (Bonifaziu)

20169 (Corse-du-Sud)

Place forte spectaculaire, Bonifacio est une vénérable cité qui surprendra les plus blasés. Postée en vigie à la pointe de la falaise, elle contrôle le détroit stratégique entre la Corse et la Sardaigne toute proche, après les Lavezzi. Homère, dans *L'Odyssée*, décrit un mouillage bien à l'abri derrière son rempart de roche, et on est troublé par la comparaison. C'est donc ici qu'Ulysse et ses compagnons auraient combattu les géants Lestrygons ? De nos jours, point de bataille, mais l'animation du quai de la Marine avec ses badauds et ses bateaux se balançant doucement dans les eaux calmes du port. Par une rampe escarpée, on grimpe jusqu'à la ville haute, ses bastions, ses murailles, formidables témoins de l'architecture défensive génoise. Défiant le vide et les flots, certaines maisons sont carrément posées en à-pics vertigineux. L'entrelacs des ruelles invite à la flânerie. À voir, la maison des Podestats et Santa Maria Maggiore (XIIIe s.) avec son fin clocher, sa loggia élégante. Dans la Citadelle, à l'écart, le sanctuaire de San Dumenicu, exceptionnel exemple d'architecture gothique, rare dans l'île. Plus loin, le couvent San Francescu et son église du XIVe siècle bordent l'un des plus beaux cimetières marins qu'on puisse imaginer. Site et cité extraordinaires, à visiter absolument.

3 000 habitants **Accès :** (carte 36) à 27 km S de Porto-Vecchio **Aux alentours :** les grottes marines ; le cap de Pertusato ; le golfe de Sant'Amanza et le port de Gurgazu ; les îles Lavezzi **Foires, festivités :** marché le mercredi ; Semaine sainte et procession à Pâques ; nombreuses animations en été **Hôtels :** 4 hôtels de charme : *A Cheda* (tél. 04.95.73.03.82), 17 chambres 99-519 € ; *Hôtel du Centre nautique* (tél. 04.95.73.02.11), 11 chambres 75-200 €, restaurant ; *Hôtel Genovese* (tél. 04.95.73.12.34), 15 chambres 125-400 € ; *Marina di Cavu* (tél. 04.95.73.14.13), 7 chambres 100-550 € ; *A Loghja di Cavallo Morto* (tél. 04.95.73.05.41), maison d'hôtes de charme, 4 chambres 100-150 € **Mairie** (tél. 04.95.73.00.15) **O. T.** (tél. 04.95.73.11.88).

PIANA

20115 (Corse-du-Sud)

Piana est situé en surplomb sur le golfe de Porto, sur un arrière-plan montagneux – le Monte Cinto – et à proximité d'un lieu exceptionnel : les *calanche*, ces calanques d'une beauté somptueuse mariant le bleu saphir de la mer à tous les tons de rose et rouge des hautes falaises de granit. Le site est classé d'intérêt mondial par l'Unesco, il est entièrement protégé et abrite une flore et une faune riches et variées. L'origine du village remonte à 1725. Aujourd'hui, la promenade dans ses ruelles étroites est vraiment agréable. On flâne sous les eucalyptus vers les petites places ombragées aux maisons typiquement corses, murs blancs et toits de tuiles roses. On atteint l'église, bâtie dans un style italien à la fin du XVIIIe siècle, qui dresse fièrement son très joli campanile. La douceur du climat et la splendeur de la nature inciteront les plus sportifs à emprunter les nombreux sentiers de randonnée qui partent de Piana et explorent tout le massif. Les gourmands, eux, goûteront le fameux *brocciu* fabriqué, toujours de manière traditionnelle, par deux bergers corses.

506 habitants, 400 m d'altitude **Accès :** (carte 36) à 12 km S-O de Porto **Aux alentours :** les “calanche” ; nombreux sentiers de randonnée : circuit du Capu d'Ortu, de Mizzanu, de Palani ; les villages d'Ota, d'Evisa (20 km E de Porto) et de Vico ; la plage d'Arone ; la réserve naturelle de Scandola **Foires, festivités :** procession le vendredi saint ; “Piana in festa” en mai ou juin ; fête de la Forêt en août ; Fête du village le 15 août **Hôtel :** *Les Roches Rouges* (tél. 04.95.27.81.81), hôtel de charme, 30 chambres 90-105 €, restaurant **Mairie** (tél. 04.95.27.80.28) **S. I.** (tél. 04.95.27.84.42).

SAINTE-LUCIE-DE-TALLANO
(Santa Lucia Di Tallà)

20112 (Corse-du-Sud)

Voici les terres de l'Alta Rocc. Sainte-Lucie domine une vallée dont les pans successifs, couverts de chênes-lièges et d'oliviers, s'inscrivent dans la lumière. Des hameaux sont éparpillés, çà et là, dans la verdure, près de rochers escarpés. L'architecture traditionnelle a utilisé le granit pour édifier de solides maisons aux toits de tuiles rose éteint. Ici, tout semble fait pour la défense et l'austérité, les ruelles sont très étroites, les façades percées de petites ouvertures. Certaines habitations agrémentées de mâchicoulis affirment leur origine médiévale. Au XVe siècle, le seigneur du lieu, Rinuccio della Rocca, fonda le couvent San Francescu et le dota de deux splendides œuvres du maître de Castelsardo et de son atelier (le couvent est en rénovation). Les villageois ont entrepris de gros efforts pour mettre en valeur et rénover leur patrimoine architectural et naturel. Comme souvent en Corse, la grand-place ouvre sur le vaste panorama d'une nature magistrale. Un peu plus loin dans les collines, au hameau de Poggio, on peut admirer une ravissante église romane et son appareillage raffiné de dalles de granit blond. Au-delà encore se trouvent les entassements de pierre du Castellu de Cucuruzzu, un oppidum torréen de l'âge du bronze, puis Levie (*Livia*) et ses trésors d'archéologie, Carbini et son église romane à campanile fort admirée de Mérimé.

404 habitants, 450 m d'altitude **Accès :** (carte 36) à 18 km N de Sartène **À voir :** l'écomusée du Moulin à huile (ouvert mai-octobre) **Aux alentours :** la chapelle Saint-Jean-Baptiste ; Levie ; le hameau de Poggio **Foires, festivités :** "Festa di l'Oli novu" en mars ; concerts en été **Restaurant :** *Santa Lucia* (tél. 04.95.78.81.28) **Mairie** (tél. 04.95.78.80.13).

La région du Languedoc-Roussillon est pleine de contrastes. Des paysages très différents s'y succèdent, plus étonnants les uns que les autres. Au nord, les plateaux calcaires des Causses – lieux rudes et solitaires, troués de vallées encaissées – enserrent les splendides gorges du Tarn. Plus bas, on découvre les âpres Cévennes, culminant à 1702 mètres d'altitude au mont Lozère. Leurs pentes sont boisées de châtaigniers ou couvertes de maigres pâturages à moutons. Encore plus au sud s'ouvre la riante plaine du Languedoc, plantée de vignes, qui descend jusqu'à la Méditerranée.
Les villages perchés ou fortifiés, regroupés autour de leur château ou de leur abbaye, s'intègrent parfaitement au paysage qui les entoure : les maisons ont des toits de lauzes, de schiste ou de tuiles rousses, des murs de granit, de pierres grises ou dorées, de calcaire blanc. Les couleurs sont plus austères au nord, plus vives au sud. Partout, les vestiges du passé abondent : châteaux forts juchés en sentinelle à l'entrée des canyons et des vallées, églises romanes parfois fortifiées, demeures d'époque Renaissance.

ALET-LES-BAINS

11580 (Aude)

Alet (prononcez "Alète"), station thermale connue et renommée depuis l'Antiquité, est située sur les rives de l'Aude, dans une délicieuse vallée abritée des vents. Le comte de Razès aurait fondé le monastère au XIe siècle, puis, quelques décennies plus tard, en 1318, le pape Jean XXII l'érigera en évêché. Malheureusement, l'abbaye, construite du XIIe au XIVe siècle et dont les bâtiments et l'église suivaient le tracé des remparts, a été détruite en 1577, lors des luttes religieuses. Aujourd'hui, on peut contempler ses majestueux vestiges de grès ocre, l'abside romane et sa riche décoration, les restes du chœur gothique, les façades de la cathédrale, et l'on reste ébloui par tant de beauté ruinée. Un peu plus loin se trouvent l'église Saint-André, bâtie au XIVe siècle, et la chapelle Saint-Benoît, décorée de délicates fresques gothiques. Mais n'oublions pas le village médiéval, cerné de remparts. Ses rues étroites partent en étoile depuis la place centrale bordée de demeures Renaissance. Il offre au regard ses belles maisons anciennes à encorbellements, quadrillées de pans de bois, fermées de portes cloutées à linteaux sculptés, agrémentées d'arcades, de fenêtres à meneaux et chapeautées de vieux toits de tuiles romaines. À voir notamment, la maison Romane (XIIIe s.), rue Cadène, et la maison Digeon, rue Calvière, ces deux voies aboutissant aux anciennes portes des remparts. Alet a conservé le charme pittoresque des bourgades d'antan.

450 habitants, 206 m d'altitude **Accès :** (carte 31) à 34 km S de Carcassonne **Aux alentours :** les châteaux cathares, donjon d'Arques, château de Puyvert ; le hameau de Saint-Salvayre **Foires, festivités :** fête de l'Eau mi-juin ; concerts dans l'abbaye en juillet-août ; Fête du village le 1er week-end d'août ; festival "Fugue en Aude romane" (théâtre, musique) en juillet ; Festival du court-métrage en août **Hôtel :** à Carcassonne, *Hôtel du Château et Montmorency* (tél. 04.68.11.38.38), hôtel de charme, 37 chambres 65-220 € ; *Bloc G* (tél. 04.68.47.58.20), hôtel de charme, 5 chambres 90-120 €, restaurant **Mairie** (tél. 04.68.69.95.00) **O. T.** (tél. 04.68.69.93.56).

CAUNES-MINERVOIS

11160 (Aude)

Niché au cœur de ce beau et riche pays de vignes qu'est le Minervois, au pied de la Montagne Noire et des gorges de l'Argent-Double, Caunes-Minervois est un village médiéval qui a gardé tout son cachet. Il est célèbre pour son abbaye romane, mais il a tiré sa richesse de ses importantes carrières de marbre (dont un superbe rouge veiné de gris), marbre qui fut utilisé notamment pour la décoration du Grand et du Petit Trianon et de nombreux monuments (à Paris, l'arc de triomphe du Carrousel, l'Opéra, le palais de Chaillot). Il est exporté dans le monde entier. De son passé, Caunes a conservé des ruelles pittoresques et de magnifiques maisons dont certaines remontent aux XIVe et XVe siècles. Sur la place, on admire l'hôtel d'Alibert avec sa délicieuse cour Renaissance agrémentée d'un puits. Mais n'oublions pas l'ancienne abbaye et son église du XIe siècle, dont l'intérieur, en marbre du pays, fut remanié au XVIIIe siècle. Ce village, imprégné de paix et de noblesse, vous laissera une impression inoubliable.

1 510 habitants, 176 m d'altitude **Accès :** (carte 31) à 20 km N-E de Carcassonne **À voir :** le musée de la Protohistoire ; la carrière de marbre **Aux alentours :** la chapelle du Crucifix ; l'ermitage N.-D.-du-Cros (2 km) ; les gorges de l'Argent-Double ; l'église romane de Rieux-Minervois ; les villages de La Livinière (12 km) et de Villalier (13 km) ; le dolmen de Pépieux **Foires, festivités :** marché le mardi et le jeudi matin ; fête du Marbre fin mai-début juin ; Soirées jazz en avril, mai et juin ; concerts et théâtre le vendredi soir en juillet-août ; Fête du village en septembre ; marché de Noël début décembre **Hôtel :** à Carcassonne, *Hôtel du Château et Montmorency* (tél. 04.68.11.38.38), hôtel de charme, 37 chambres 65-220 € **Mairie** (tél. 04.68.78.00.28) **O. T.** (tél. 04.68.78.09.44).

GRUISSAN

11430 (Aude)

Gruissan s'enroule au pied d'un roc surmonté d'un vieux château ruiné dont il ne reste qu'une tour (XIIIe s.), dite tour de Barberousse. Autrefois point de défense avancée de Narbonne, le village était isolé, une île au milieu des étangs. L'église (XIIIe s.) était intégrée aux remparts qui entouraient alors la petite cité. Aujourd'hui, les maisons de pêcheurs, agglutinées le long des rues, ont gardé leur charme intact. Toutes simples – murs crépis de blanc ou d'ocre, volets colorés –, elles se coiffent de toits de tuiles beige rosé. Ici, l'atmosphère est un brin désuète. Hormis les périodes de plein été, Gruissan garde un côté "vacances à la mer années 50" très sympathique. Sur la plage, on découvre le décor du film de Beineix *37,2° le matin*, tiré du roman de Philippe Djian, les fameuses maisons sur pilotis – les "chalets" comme on les appelle dans le coin –, bâties par les pêcheurs au XIXe siècle et reconstruites après la guerre de 1939-1945. Quant à la cité nouvelle, créée dans les années 1970, elle est ouverte vers le grand large. Kitesurfeurs et véliplanchistes se donnent rendez-vous sur la plage de la Vieille-Nouvelle, sauvage et immense, pour jouer avec le vent.

3 500 habitants **Accès :** (cartes 31-32) à 15 km S de Narbonne **Aux alentours :** à 4 km, la chapelle N.-D.-des-Auzils (XVIe s., nombreux ex-voto) et le cimetière marin ; Narbonne et Carcassonne ; les châteaux cathares **Foires, festivités :** marché le lundi, le mercredi et le samedi matin ; pèlerinage à N.-D.-des-Auzils les lundis de Pâques et de Pentecôte ; "Festéjades" le week-end de la Pentecôte ; feux de la Saint-Jean en juin ; fête de la Saint-Pierre les 28 et 29 juin ; fête des Chalets le 15 août ; fête des Vendanges et fête de l'Anguille en octobre **Restaurant :** *L'Estagnol* (tél. 04.68.49.01.27) ; *La Cranquette* (tél. 04.68.75.12.07) **Mairie** (tél. 04.68.75.21.21) **O. T.** (tél. 04.68.49.09.00).

LAGRASSE

11220 (Aude)

En pleines Corbières, Lagrasse s'inscrit dans un paisible paysage de vignes et de collines. On dit que c'est Charlemagne qui fit construire l'abbaye en 799. Au XIIe siècle, le village se développe et aborde la rive opposée de l'Orbieu qu'on relie par un joli pont, toujours là. Pendant la guerre de Cent Ans, il se protège et s'entoure de fortifications dont on peut voir encore de beaux vestiges. Ici, l'habitat est simple et beau : appareillage des murs en pierre calcaire, pans de bois, toits de tuiles canal. On peut admirer encore, sur les remparts longeant la rivière, certaines maisons du XIVe siècle, avec des fenêtres à meneaux de toute beauté. On se promène dans les ruelles étroites, on découvre un puits, on remarque les vieilles halles du XIVe siècle. Mais le bourg s'enorgueillit d'un trésor : une abbaye et son cloître du XVIIIe siècle (vestiges du XIIIe s.), son vieux logis abbatial (XIIIe-XVIIIe s.), son église édifiée à l'emplacement d'une chapelle préromane, fortifiée au XIIIe siècle et flanquée d'un imposant clocher-tour au XVIe siècle. Lagrasse a conservé presque intact son aspect médiéval ; le bourg a toujours vécu de l'artisanat, mais aujourd'hui, son bon vin des Corbières et le tourisme sont ses principales sources de revenus.

600 habitants, 108 m d'altitude **Accès :** (carte 31) à 19 km S-O de Lézignan-Corbières **Aux alentours :** l'abbaye de Fontfroide ; l'église de Saint-Martin-des-Puits ; les villages de Ribaute et de Saint-Pierre-des-Champs ; les sites et les vestiges des châteaux de Termes et de Durfort (18 km) ; les châteaux de Peyrepertuse et de Quéribus (50 km) **Foires, festivités :** marché le samedi matin ; brocante le 3e dimanche du mois de mai à octobre ; "Abracadagrasse" (musique) en juillet ; Biennale des métiers d'art en octobre (les années paires) **Mairie** (tél. 04.68.43.10.05) **O. T.** (tél. 04.68.43.11.56).

AIGUÈZE

30760 (Gard)

Aiguèze est un minuscule village médiéval construit sur un éperon rocheux, en surplomb sur les gorges de l'Ardèche. On le découvre de loin, depuis Saint-Martin-d'Ardèche, sur l'autre rive, avec son ancien donjon, sa tour sarrasine, son clocher et son chemin de ronde, vestige de l'ancienne forteresse. Plus on s'approche, plus on est surpris par l'aspect doux et riant du site, par l'heureux mariage de la pierre des constructions et du rocher, par l'étonnante ampleur de la place pour une si petite bourgade, par l'authenticité des maisons anciennes peu à peu restaurées, par le calme de ses ruelles entrecoupées d'arceaux. La Grand-Rue est pavée, comme autrefois, et quelques demeures montrent avec fierté leur façade Renaissance. L'église, accolée à la falaise, date du XVIe siècle ; elle a malheureusement été coiffée, au XIXe siècle, d'une lourde flèche qui écrase son clocher, mais elle a un joli portail. Des fortifications érigées sur ordre de Charles Martel, il ne reste que les deux tours crénelées défiant le temps. On dévale ensuite, par un pittoresque escalier taillé dans le rocher, jusqu'aux berges de l'Ardèche et l'on s'extasie devant le décor de garrigue, d'eau miroitante et de vieux murs couverts de vigne vierge, sur fond de ciel très bleu. Un petit village hors des sentiers battus, à ne pas oublier !

204 habitants, 90 m d'altitude **Accès :** (carte 33) à 18 km O de Bollène **Aux alentours :** les gorges de l'Ardèche **Foires, festivités :** marché le jeudi matin en juillet-août ; Fête médiévale le 1er week-end de juillet ; Festival flamenco le 1er week-end d'août ; concerts en été ; marché de Noël en décembre **Mairie** (tél. 04.66.82.14.77).

CASTILLON-DU-GARD

30210 (Gard)

Perché sur un escarpement rocheux, face à l'extraordinaire pont du Gard, merveille de l'art antique, ce village médiéval domine une riante plaine plantée de vignes et d'arbres fruitiers (cerisiers notamment). Les maisons moyenâgeuses aux murs de belles pierres dorées (la même pierre a servi à la construction du pont du Gard en 35 av. J.-C.), aux toits de tuiles rondes à génoises, se resserrent à l'intérieur des remparts. Les ruelles – rue des Marchands, rue de la Citernasse –, parfois entrecoupées d'arcades et joliment fleuries, permettent une agréable flânerie. Vous admirerez le presbytère et l'ancienne église romane à tour carrée et clocheton à balustres. Vous pourrez visiter les caves et les ateliers des tailleurs de pierre, faire une halte au bistrot du village, déjeuner ou dîner dans les restaurants réputés de Castillon. En bas, dans le vallon, il faut voir la chapelle romane Saint-Caprais, toute simple et tranquille. Castillon-du-Gard est une merveille. Restauré de manière très authentique (certaines maisons sont classées), parfois peut-être un peu trop "léchée", il a conservé tout le charme de son passé moyenâgeux.

1 005 habitants, 96 m d'altitude **Accès :** (carte 33) à 4 km N de Pont-du-Gard **Aux alentours :** le pont du Gard ; les gorges du Gardon **Foires, festivités :** Fête du village fin juillet ; "Soirées musicales" à l'hôtel *Le Vieux Castillon* en octobre-novembre ; "Castill'art" (peinture) en août ; "Automne musical" en octobre **Hôtel :** *Le Vieux Castillon* (tél. 04.66.37.61.61), restaurant gastronomique **Mairie** (tél. 04.66.37.12.74).

COLLIAS

30210 (Gard)

Collias étage ses maisons au bord d'un plateau surplombant les eaux vertes du Gardon, à son confluent avec l'Alzon. À cet endroit, la vallée s'élargit, formant une petite plaine qui est entièrement plantée de cerisiers. La nature est splendide, un vrai paradis pour les amateurs d'eaux vives, de baignades ou de randonnées. Les maisons typiquement languedociennes arborent des murs de pierres sèches, de beaux toits de tuiles romaines et se pressent autour de l'église bâtie au XIIe siècle. Le village est tout simple, il a gardé sa vocation agricole malgré le développement du tourisme. Du pont qui enjambe le Gardon, vous pourrez contempler la très belle vue sur le bourg, le paysage, et la rivière avec ses plages de sable et de galets. Aux alentours de Collias, dans toute la vallée du Gardon et dans l'arrière-pays, on trouve de nombreuses grottes et plusieurs sites préhistoriques.

852 habitants, 65 m d'altitude **Accès :** (carte 33) à 7 km O de Pont-du-Gard **À voir :** la chapelle de l'Hermitage **Aux alentours :** le pont du Gard (4 km) ; Uzès ; les gorges du Gardon **Foires, festivités :** marché le mercredi matin ; Fête votive le 3e week-end de juillet ; exposition de peintures en été ; marché des produits du terroir le 1er dimanche de décembre **Hôtel :** *Hostellerie Le Castellas* (tél. 04.66.22.88.88), hôtel de charme, 13 chambres 70-250 €, restaurant **Mairie** (tél. 04.66.22.80.91).

LUSSAN

30580 (Gard)

Isolé dans un paysage de garrigue, tout près des gorges de l'Aiguillon, Lussan est posé en belvédère sur la nature environnante. De son passé, il a gardé des vestiges d'enceintes, de vieux logis pittoresques, et un château à quatre tours rondes qui a été construit au XVe siècle sur les bases d'une première forteresse du XIe siècle (à l'intérieur, statue de la source de Fan). Depuis l'esplanade, le regard porte loin à l'horizon. Dans les ruelles, parfois entrecoupées de passages voûtés, on peut voir de vieilles maisons aux pierres jointives, qui se parent de vigne vierge ou de rosiers grimpants, des fontaines murmurantes... Il y a aussi un temple, bâtisse rectangulaire toute simple. Autrefois, Lussan était un village prospère grâce à ses filatures de laine et de soie. Les magnaneries et les troupeaux de moutons abondaient, ses rues étaient animées par la présence de nombreux artisans. Aujourd'hui, c'est une petite bourgade tranquille, qui a conservé son côté campagne et tout son charme. La promenade y est bien agréable.

408 habitants, 300 m d'altitude **Accès :** (carte 32) à 29 km E d'Alès ; à 17 km N d'Uzès **Aux alentours :** Nîmes, le pont du Gard ; de nombreux villages dans la vallée de la Cèze (Saint-André-de-Roquepertuis, Montclus) et près des gorges de l'Ardèche (Le Garn, Saint-Julien-de-Peyrolas, Saint-Paulet-de-Caisson) **Foires, festivités :** Fête votive le dernier week-end de juillet ; marché de producteurs début août ; vide-greniers le 15 août ; "Lussan et ses livres" fin août **Hôtel :** *Les Buis de Lussan* (tél. 04.66.72.88.93), maison d'hôtes de charme, 4 chambres 72-78 € **Mairie** (tél. 04.66.72.90.58).

LA ROQUE-SUR-CÈZE

30200 (Gard)

Pour atteindre le village de La Roque, on franchit la Cèze par un vieux pont moyenâgeux qui compte douze arches. Le village apparaît alors dans toute sa beauté, juché majestueusement sur un roc dominant la rivière. Sur un arrière-plan de garrigue, épousant la pente, ses maisons d'un bel ocre pâle se détachent, harmonieuses et claires, sous la protection d'un château (XIIe s.) et d'une église romane encadrée de grands cyprès. L'atmosphère est paisible et sereine, on a l'impression de se retrouver hors du temps, le paysage prend un petit air de Toscane. Ici, tout a été amoureusement restauré, tout est joli. Les demeures anciennes, aux murs au bel appareil de pierres, sont ornées d'arcades ou de galeries, et coiffées de ravissants toits de tuiles beige rosé à génoises. Elles se pressent le long des ruelles pentues aux pavages inégaux de galets – que l'on appelle ici des calades. En contrebas du bourg, une seconde église a été construite au XIXe siècle. Un précieux village, resté intact dans son écrin de verdure.

202 habitants, 50-110 m d'altitude **Accès :** (carte 33) à 10 km O de Bagnols-sur-Cèze **Aux alentours :** les gorges de la Cèze ; les cascades du Sautadet ; les villages de Cornillon et de Goudargues **Foires, festivités :** animations diverses en été **Hôtel :** à Cornillon (10 km), *La Vieille Fontaine* (tél. 04.66.82.20.56), hôtel de charme, 8 chambres 105-155 €, restaurant **Mairie** (tél. 04.66.82.77.46).

SAUVE

30610 (Gard)

Un village comme on les aime, pas trop "léché", animé et bon vivant, resté prudemment à l'écart des débordements touristiques. En deux mots, il a gardé son authenticité et sa simplicité. Bâti en amphithéâtre tout contre le massif du Coutach, bien abrité par les premiers contreforts du massif des Cévennes, il a conservé de hautes et rustiques maisons moyenâgeuses qui se mirent dans les eaux calmes de la rivière, le Vidourle. Au détour des ruelles tortueuses, on découvre une placette à couverts, un hôtel particulier arborant fièrement ses corniches et ses fenêtres à meneaux, des ateliers d'artisans – ils se sentent bien ici, et donnent à la bourgade une atmosphère un peu fantasque, vraiment charmante. Un peu plus loin, d'autres belles demeures des XVIIe et XVIIIe siècles, puis la tour de Mole et l'hôtel de la Monnaie. On emprunte le vieux pont du XIe siècle pour sauter sur l'autre rive et découvrir le panorama sur le village dominé par la tour de l'ancien château fort ruiné, enfoui sous les micocouliers. C'est grâce à cet arbre très résistant que Sauve est devenu la capitale de la fourche, outil solide et léger qui servait aux travaux des champs. Ses artisans les fabriquent toujours comme autrefois. Amis jardiniers, vous ne pourrez pas résister à la beauté de ces fourches d'antan.

1 690 habitants, 100 m d'altitude Accès : (carte 32) à 30 km S-O d'Alès **À voir :** la mer de Rochers **Aux alentours :** Anduze, le château de Fressac **Foires, festivités :** Carnaval de marionnettes géantes en avril ; fête de la Fourche et de la Cerise en mai ou juin ; fête des Fleurs le jeudi de l'Ascension ; Fête médiévale en juillet ; "Jeudis de l'Été" (animations musicales) en juillet-août **Hôtel :** à Ribaute-les-Tavernes (20 km), *Château de Ribaute* (tél. 04.66.83.01.66), maison d'hôtes de charme, 5 chambres 80-110 € **Mairie** (tél. 04.66.77.50.19) **O. T.** (tél. 04.66.77.57.51).

UZÈS

30700 (Gard)

Pittoresque cité au charme préservé, Uzès domine la vallée de l'Alzon. Ville épiscopale (au Ve s.), puis consulaire et ducale, elle joua un rôle important de place forte puis s'embellit d'hôtels particuliers du XVIe au XVIIIe siècle. On commence la visite par la ravissante place aux Herbes, ses couverts et ses maisons médiévales plus belles les unes que les autres (hôtels d'Aigaliers, de la Rochette, de Trinquelagues, maison de la famille Gide). On se faufile dans l'étroite rue Pélisserie (hôtel Dampmartin, XVIe s.) jusqu'aux tours du Roi et de l'Évêque (XIIe s.). Mais le joyau d'Uzès est, sans conteste, son duché (propriété des Crussol d'Uzès), constitué de bâtiments d'époques diverses, dont l'un, dominé par l'imposante tour Bermonde (XIe s.), arbore une superbe façade XVIIIe. Tout à côté, l'hôtel de ville et le bel hôtel de Castille (XVIIIe s.), l'ancien évêché accolé à la cathédrale Saint-Théodorit (XVIIe s.) et la gracieuse tour Fenestrelle (XIe-XIIe s.), rare exemple de campanile lombard. N'oubliez pas de voir la maison du Portalet (XVIe s.) et l'église Saint-Étienne (XVIIIe s.) flanquée d'un clocher du XIIIe siècle. Une véritable cité de charme, animée et chaleureuse – surtout les jours de marché –, une visite à ne pas manquer. Un seul regret, les voitures qui stationnent place aux Herbes.

8 500 habitants, 134 m d'altitude **Accès :** (carte 33) à 22 km S de Nîmes **À voir :** le musée du Bonbon Haribo (tél. 04.66.22.74.38) ; le musée municipal **Foires, festivités :** marché mercredi et samedi matin ; Journée de la truffe le 3e dimanche de janvier ; Festival de danse en juin ; Foire à l'ail le 24 juin ; Nuits musicales la 2e quinzaine de juillet ; Fête votive et Foire aux vins en août **Hôtels :** *Château d'Arpaillargues* (tél. 04.66.22.14.48), hôtel de charme, 28 chambres 100-235 €, restaurant ; *Hostellerie Provençale* (tél. 04.66.22.11.06), hôtel de charme, 9 chambres 78-140 €, restaurant ; *La Maison de la Bourgade* (tél. 04.66.22.71.10), maison d'hôtes de charme, 4 chambres 110-125 € **Mairie** (tél. 04.66.03.48.48) **O. T.** (tél. 04.66.22.68.88).

VERS-PONT-DU-GARD

30210 (Gard)

Au XIe siècle, le village ne comportait qu'un petit monastère, quelques maisons, une église et des remparts renforcés de tours dont il ne reste aujourd'hui que la tour de l'Horloge. Vers (prononcez "Verse") était entouré de champs de blé, de moulins et de collines. Des carrières de pierre toutes proches ont permis, jadis, la construction du fameux pont du Gard. De nos jours, on peut admirer le long de rues en calade, de jolies maisons bâties de cette même pierre dorée, à l'aspect un peu austère adouci par la gaîté de volets bleus, verts, ou rouge foncé. Sur l'adorable place de l'Église, une statue de la Vierge protège le bourg. Tout à côté, on admire une belle demeure à balcon ouvragé. Dans cette région sèche de garrigues, le village, lui, est incroyablement vert : fleurs, vergers, vignes poussent grâce aux sources abondantes. L'eau est partout présente. Des fontaines, nombreuses – la fontaine des Grenouilles, la fontaine d'Isière –, et des lavoirs la distribuent dans le village. Avant de repartir, vous pourrez faire provision de vin de pays, ou vous régaler de cerises juteuses au printemps. Un bourg bien vivant et agréable, à l'écart des modes, au cœur d'une nature magnifique.

1 573 habitants, 58 m d'altitude **Accès :** (carte 33) à 29 km O d'Avignon **Aux alentours :** le pont du Gard ; les vestiges de l'aqueduc romain d'Uzès-Nîmes ; le château de Saint-Privat ; les gorges du Gardon **Foires, festivités :** fête de l'Asperge en avril ; fête de la Cerise en mai ; Festival de danse folklorique en juillet ; Fête votive le 2e dimanche d'août (lâcher de vachettes, taureaux, musique) **Hôtel :** *Lisa M* (tél. 04.66.22.92.12), hôtel de charme, 4 chambres 120-140 € , restaurant **Mairie** (tél. 04.66.22.80.55).

MINERVE

34210 (Hérault)

À la sortie des gorges de la Cesse et du Brian, Minerve surgit, posé au bord de falaises abruptes, dominant le confluent des deux rivières, dans un fantastique paysage minéral tourmenté. Ce site fut fréquenté dès le paléolithique. L'origine du village remonte au XIe siècle, époque de construction du château et des enceintes. Relié au Causse par un pont-levis, le castel sera l'un des bastions cathares assiégés et détruit par Simon de Montfort en 1210. Des fortifications ruinées, plus tard, sur ordre de Louis XIII, il ne reste que des portes et des pans de murs. Outre les vestiges de la forteresse – dont l'étonnante Candéla, tour-colonne à huit pans à corniches qui supporte le poids des étages –, il faut voir le puits Saint-Rustique (c'est sa destruction qui provoqua la reddition de Minerve) et prendre l'ancien chemin de ronde qui domine les gorges. Il faut aussi visiter l'église romane (visite guidée uniquement, voir l'autel en marbre blanc du Ve s.) et le musée d'Archéologie, parcourir les étroites ruelles bordées d'antiques maisons médiévales, sobrement construites en pierre du Causse. On fait des emplettes dans les boutiques d'artisanat, on goûte (modérément) le vin local, produit depuis des siècles par les vignerons minervois. Minerve a bienheureusement conservé sa belle unité architecturale.

113 habitants, 150 m d'altitude **Accès :** (carte 31) à 30 km N de Narbonne **À voir :** le musée d'Archéologie et de Paléontologie **Aux alentours :** les villages d'Aigne (XIe s.) et de Cesseras **Foires, festivités :** concerts et théâtre en juillet ; "Les Grands Chemins" (concerts, expositions, dégustations de vin) à la Toussaint **Hôtel :** *Relais Chantovent* (tél. 04.68.91.14.18), hôtel de charme, 7 chambres 35-55 €, restaurant **Mairie** (tél. 04.68.91.22.92) **O. T.** (tél. 04.68.91.81.43).

OLARGUES

34390 (Hérault)

Le site d'Olargues était déjà occupé à l'époque romaine. Abrité contre un rocher au pied de l'imposant massif de l'Espinouse, entouré d'une mer de vergers et de vignes, le village se love dans une boucle de la rivière. Il est dominé par une élégante tour du XIe siècle, transformée en clocher au XVe siècle, seul vestige de l'ancien château médiéval. On y monte par l'escalier couvert de la Commanderie, dont chaque marche est taillée dans un seul bloc de pierre, et l'on découvre l'église Saint-Laurent construite au XVIIe siècle avec des éléments des anciens remparts dont on remarque quelques ruines. Les maisons s'éparpillent au sud du roc jusqu'au bord du Jaur, enjambé par le vieux pont du Diable (XIIIe s.) en dos d'âne. Bâties en calcaire blond du pays, coiffées de tuiles canal (alors qu'autrefois on utilisait des lauzes) aux chaudes couleurs, elles se resserrent le long de ruelles pentues, pavées de galets, entrecoupées de pittoresques passages couverts. La végétation, partout présente, adoucit l'éclat de la pierre. Les vergers de cerisiers, de pêchers et la vigne ont fait la richesse du village. La nature environnante est magnifique, les activités de plein air sont nombreuses : pêche, escalade, randonnée feront le bonheur des sportifs.

579 habitants, 185 m d'altitude **Accès :** (carte 31) à 27 km O de Bédarieux **À voir :** le musée des Arts et Traditions populaires **Aux alentours :** le prieuré de Saint-Julien (église romane) ; les gorges d'Héric, le gouffre du Cerisier et le cirque de Farrières ; les lacs de l'Airette et de Vésoles ; les gorges de l'Orb ; le pic de Naudech ; le col de Fontfroide **Foires, festivités :** fête des Fleurs en mai ; fête de la Saint-Laurent en août ; fête du Patrimoine sur un thème médiéval le 2e week-end de septembre ; Foire à la châtaigne en novembre ; marché de Noël en décembre **Mairie** (tél. 04.67.97.70.79) **O. T.** (tél. 04.67.97.71.26).

ROQUEBRUN

34460 (Hérault)

Situé dans le parc régional du Haut-Languedoc, Roquebrun dispose ses maisons de pierres jusqu'au bord de l'Orb. Ici, le paysage prend des allures méditerranéennes : oliviers, chênes, cyprès, figuiers et vignes – qui produisent de très bons vins AOC saint-chinian –, poussent sans contrainte dans cette vallée bien abritée grâce à la douceur du climat. Roquebrun est fier de ses mimosas et de ses orangers qui s'épanouissent en pleine terre, lui donnant un petit air de Côte d'Azur. Sur les hauteurs du village, on peut admirer l'église du XVIIe siècle, qui a conservé des parties plus anciennes, et la vieille tour moyenâgeuse ruinée qui rappelle que le site fut, autrefois, fortifié. Les caveaux des vignerons et la cave coopérative (tél. 04.67.89.64.35) sont là pour vous faire déguster (avec modération, bien sûr) les vins du pays.

600 habitants, 90 m d'altitude **Accès :** (cartes 31-32) à 30 km N de Béziers **À voir :** le Jardin méditerranéen (tél. 04.67.89.55.29) **Aux alentours :** les gorges d'Héric ; les monts de l'Espinouse ; les villages moyenâgeux de Ceps (4 km) et Vieussan (9 km) **Foires, festivités :** petit marché le vendredi matin ; fête du Mimosa le 2e dimanche de février ; Fête du village le dernier week-end de juillet ; Foire des produits du terroir le 2e jeudi de juillet et début août ; "Mirgalhades" fin septembre **Mairie** (tél. 04.67.89.64.54) **O. T.** (tél. 04.67.89.79.97).

SAINT-GUILHEM-LE-DÉSERT

34150 (Hérault)

Saint-Guilhem occupe un site exceptionnel, à l'entrée des gorges du Verdus. Le village est enfoui dans un petit vallon ceinturé de hautes parois rocheuses. Guilhem, petit-fils de Charles Martel et compagnon de Charlemagne, accompagna celui-ci dans maintes expéditions contre les Sarrasins, avant de se lasser des guerres et de la violence ; il abandonna alors le monde pour se consacrer à Dieu. C'est dans cette magnifique vallée sauvage et isolée qu'il édifia, au IXe siècle, un monastère et y déposa un morceau de la vraie Croix (aujourd'hui exposée dans l'abside nord de l'église), précieuse relique offerte par l'empereur. Jusqu'au XIIIe siècle, l'abbaye – forte de la renommée de son fondateur – eut un grand rayonnement, et le bourg connut un développement important. Aujourd'hui, il ne reste malheureusement que la très belle église du XIe siècle et les galeries nord et ouest du cloître, les autres parties ayant été vendues et reconstituées au Cloisters Museum de New York. Saint-Guilhem a néanmoins conservé de magnifiques maisons à baies géminées, linteaux gothiques, meneaux Renaissance et portes ouvragées. Plus haut, à flanc de montagne, on peut grimper jusqu'aux ruines du château de Don Juan, d'où la vue sur les gorges et le cirque de l'Infernet est splendide. Un village exceptionnel, à ne pas manquer.

249 habitants, 80 m d'altitude **Accès :** (carte 32) à 40 km N-O de Montpellier **À voir :** le musée de l'Abbaye, le musée du Village d'antan **Aux alentours :** le cirque de l'Infernet ; la grotte de Clamouse ; les gorges de l'Hérault ; le pont du Diable (3 km) ; Saint-Jean-de-Buèges (20 km) **Foires, festivités :** "Les Heures d'orgues" le mercredi en été ; "Saison musicale" la 1re quinzaine de juillet ; Fête du village en juillet ; "Rencontres musicales" la 3e semaine d'août ; "Noël au village" en décembre **Hôtel :** à Saint-Saturnin-de-Lucian (10 km), *Hôtel du Mimosa* (tél. 04.67.88.62.62), hôtel de charme, 7 chambres 68-95 € **Mairie** (tél. 04.67.57.70.17) **O. T.** (tél. 04.67.57.44.33).

LA SALVETAT-SUR-AGOUT

34330 (Hérault)

En plein cœur du parc naturel régional du Haut-Languedoc, La Salvetat est perchée sur un piton rocheux, à plus de 600 mètres d'altitude au-dessus du confluent de la Vèbre et de l'Agout. Son origine remonte au XIe siècle, lorsqu'une sauveté (lieu où les paysans pouvaient se mettre à l'abri en cas d'attaque) fut créée à côté d'une église et de son prieuré. Le village était une étape et un lieu de refuge pour les pèlerins sur le chemin de Saint-Jacques-de-Compostelle. De son passé, La Salvetat a gardé des ruelles pentues entrecoupées de voûtes, des maisons chapeautées d'ardoises et des vestiges des anciens remparts (des tours et des portes, dont la Portanelle). On admirera l'église Saint-Étienne-de-Cavall (XIe s.), qui renferme une statue de Vierge noire – Notre-Dame d'Entraygues – du XIe siècle. Aujourd'hui, la cité est une station touristique appréciée pour son superbe environnement, ses lacs et ses nombreuses possibilités sportives. Le village fait partie de l'Association des plus beaux villages de France.

1 200 habitants, 700 m d'altitude **Accès :** (carte 31) à 56 km N-E de Mazamet **Aux alentours :** le village de Fraisse-sur-Agout (9 km) ; les lacs de Vézoles, de la Raviège, du Laouzas **Foires, festivités :** marché le jeudi et le dimanche matin ; foire le 2e jeudi de chaque mois ; animations le mardi en juillet-août ; "Estives d'oc" et "Course aux escaliers sauvetois" en juillet ; Fête locale début août ; Foire aux produits du terroir mi-août **Mairie** (tél. 04.67.97.61.47) **O. T.** (tél. 04.67.97.64.44).

LA GARDE-GUÉRIN

48800 Prévenchères (Lozère)

La Garde-Guérin est un ancien village fortifié, bâti dans un site exceptionnel, en surplomb sur les gorges du Chassezac. La citadelle fut construite au XIe siècle par les seigneurs "pariers" (ce qui signifie "tous égaux"), qui avaient pour mission d'assurer la sécurité de la circulation des hommes et des biens sur l'antique voie Régordane reliant les côtes du Languedoc au Massif central. Il n'en reste aujourd'hui que la haute tour de guet et une partie des remparts. Attaquée dès le XIIe siècle par le comte-évêque de Mende qui s'inquiétait de la puissance grandissante des seigneurs de la Garde, la forteresse subit de nombreux assauts et fut finalement incendiée au XVIIIe siècle. Les villageois utilisèrent alors ses pierres pour la construction de leurs maisons. La cité a conservé sa beauté austère d'autrefois : ruelles pavées, beaux logis de pierres à toits de lauzes – certains agrémentés de mur-pignon, d'autres ornés d'écussons anciens ou d'inscriptions –, portes voûtées et fenêtres à meneaux y apportant une touche d'élégance. L'église romane, dédiée à saint Michel, est d'une noblesse simple et parfaite (voûte en berceau, chapiteaux délicatement ouvragés). Le bourg, à l'abandon dans les années 1960, a repris vie grâce aux efforts de l'État et de l'Association de sauvegarde de La Garde-Guérin. Il s'anime aujourd'hui et dispose même d'une auberge, *La Régordane*, un très agréable hôtel de charme.

15 habitants, 850 m d'altitude **Accès :** (carte 32) à 41 km S de Langogne **Aux alentours :** le lac de Villefort ; le château de Castanet ; le mont Lozère (nombreux sentiers de randonnée) **Foires, festivités :** Fête médiévale et vide-greniers en juillet ; fête du Pain en août **Hôtel :** *La Régordane* (tél. 04.66.46.82.88), hôtel de charme, 16 chambres 59-70 €, restaurant **Mairie** Prévenchère (tél. 04.66.46.01.58).

SAINTE-ÉNIMIE

48210 (Lozère)

Au cœur des gorges du Tarn, Sainte-Énimie étage ses maisons sur les flancs verdoyants d'un étroit canyon. La cité doit son nom à la princesse Énimie, fille de Clotaire II et sœur de Dagobert. Atteinte de la lèpre, elle apprit qu'elle guérirait grâce à l'eau d'une source de la vallée du Gévaudan. Le miracle eut lieu, et Énimie fonda un monastère à cet emplacement. Le bourg s'est développé au pied de l'abbaye. Ses ruelles en petits pavés dévalent la pente, offrant un alignement de pittoresques maisons moyenâgeuses. La promenade est charmante. Sur la place, on peut voir une demeure du XIe siècle admirablement restaurée et, à deux pas, l'église bâtie au XIIe siècle et plusieurs fois remaniée ; à l'intérieur, de très belles statues des XIIe et XVe siècles sont exposées. Perchée tout en haut du village, on admire l'abbaye. Incendiée à la Révolution, elle a été en partie restaurée. Les bâtiments anciens comprennent trois salles, dont une salle capitulaire romane. Tout à côté, la chapelle Sainte-Madeleine. En souvenir d'Énimie, vous pourrez vous rendre jusqu'à la source de Burle, ou monter jusqu'à la chapelle de l'Ermitage d'où la vue sur la vallée et les gorges est superbe.

260 habitants, 470 m d'altitude **Accès :** (carte 32) à 22 km S de Mende **Aux alentours :** les gorges du Tarn ; les villages de Saint-Chély, La Malène, Prades et Castelbouc **Foires, festivités :** marché nocturne le jeudi en juillet-août ; "Trail des mouflons" en juin ; Festival de BD médiévale en juillet ; fête des Lys en septembre ; Fête du village et pèlerinage à la chapelle de l'Ermitage le 1er dimanche d'octobre **Hôtel :** à 8 km, *Château de la Caze* (tél. 04.66.48.51.01), hôtel de charme, 17 chambres et suites 114-280 €, restaurant **Mairie** (tél. 04.66.48.50.09) **O. T.** (tél. 04.66.48.53.44).

CASTELNOU

66300 (Pyrénées-Orientales)

Au cœur d'un magnifique cirque de collines, implanté sur les derniers contreforts du Canigou, Castelnou offre la vision superbe d'un village fortifié, couronné par les tours crénelées de son château (qui se visite). Tout le bourg est merveilleusement conservé et protégé, et, bonne idée, la circulation automobile y est interdite. À l'intérieur des remparts, qui datent du XIIIe siècle, on trouve des ruelles escarpées et pavées, des maisons de pierres ocre doré amoureusement restaurées, des escaliers inégaux aux marches de pierre, de jolies portes en bois et un joyeux fouillis de végétation méditerranéenne – lauriers-roses, figuiers, lierre, qui partent à l'assaut des murets. Il y a des boutiques d'artisanat et des restaurants, juste ce qu'il faut pour rendre le village accueillant et gai. À l'extérieur de l'enceinte, l'église romane, ombragée de cyprès, et l'ancienne tour de guet offrent un spectacle harmonieux et paisible. L'ensemble est d'une grande beauté et remarquablement intact. Castelnou est un village exceptionnel, l'un des plus beaux sites du Roussillon.

373 habitants, 350 m d'altitude **Accès :** (carte 31) à 17 km S-O de Perpignan **À voir :** le château (tél. 04.68.53.22.91) **Aux alentours :** l'église de Fontcouverte ; le village de Sainte-Colombe ; L'Ille-sur-Têt (12 km) **Foires, festivités :** marché le mardi ; expositions en été ; Marché du goût et du terroir le 2e week-end d'octobre ; marché de Noël le 23 décembre **Restaurant :** *L'Hostal* (tél. 04.68.53.45.42) **Mairie** (tél. 04.68.53.45.72).

COLLIOURE

66190 (Pyrénées-Orientales)

Petite cité les pieds dans l'eau sur un arrière-plan de montagnes, Collioure offre le charme de ses maisons colorées, de ses barques catalanes, de son église fortifiée, de son château royal (XIIIe s.) séparant gracieusement en deux parties l'anse du port. Un vrai paysage de carte postale, ou plutôt un tableau d'artiste puisque de nombreux peintres, – Matisse, Derain, Braque, Picasso – furent séduits par sa beauté et sa lumière. L'histoire de Collioure remonte aux Phéniciens. Au XIIe siècle, elle est conquise par Alphonse II, roi d'Aragon, et deviendra définitivement française au XVIIe siècle par le traité des Pyrénées. C'est à cette époque que Vauban agrandit et fortifie le château. Aujourd'hui, on flâne dans le vieux quartier du Mouré, quadrillé de ruelles au pavage de galets et de pittoresques maisons. On prend un verre à la terrasse des *Templiers* en regardant le va-et-vient des barques de pêcheurs (la pêche à l'anchois est la spécialité du village). On va jusqu'à l'église Notre-Dame-des-Anges (XVIIe s.) qui possède plusieurs beaux retables et un trésor (mobilier, tableaux, statues XVe-XVIIe s.). Son étonnant clocher rose en forme d'ogive était, jadis, le phare du port. À voir encore, le fort Miradou et la chapelle Saint-Vincent. On est charmé par l'ambiance simple et joyeuse, les couleurs vives, la chaleur de l'accueil, mais évitez les heures trop touristiques pour profiter pleinement de la beauté de Collioure.

2 995 habitants **Accès :** (carte 31) à 25 km S-E de Perpignan **À voir :** le musée d'Art moderne, les maisons Roque et Desclaux **Foires, festivités :** marché le mercredi et le dimanche matin ; "Printemps et Automne en Duo" (folklore catalan) en avril, mai, juin et septembre ; fête de la Saint-Vincent mi-août ; Salon des antiquaires à la Toussaint ; "Cour de Noël" au château Royal en décembre **Hôtel :** *Hôtel Casa Païral* (tél. 04.68.82.05.81), hôtel de charme, 27 chambres 89-187 € **Restaurant :** *Neptune* (tél. 04.68.82.02.27) **Mairie** (tél. 04.68.82.05.66) **O. T.** (tél. 04.68.82.15.47).

EUS

66500 (Pyrénées-Orientales)

Entre la vallée du Conflent et le mont Canigou coiffé de neiges éternelles, Eus (prononcez "Éousse") fut construit, dans un but défensif, sur un mamelon jadis dominé par le château des comtes de Cerdagne. La citadelle fut détruite et remplacée, au XVIIIe siècle, par une imposante église (à l'intérieur, retables et statues XVIIe-XVIIIe s. de grande qualité), typique du style régional, édifiée avec des pierres et des éléments du château, ainsi qu'en témoignent les pans de murs qui l'entourent. C'est de l'ancien chemin de ronde que l'on profite le mieux des points de vue sur la région. Dans le village, les rues sont étroites et pentues, pavées de galets usés par les ans et bordées de maisons anciennes souvent bien restaurées par les habitants, agriculteurs ou artisans. À la sortie de la commune, allez admirer, près du cimetière, une très belle chapelle romane, l'ancienne église, qui comporte deux nefs parallèles et un portail en marbre. Avant de quitter la vallée, un dernier regard permet d'embrasser l'ensemble parfaitement homogène de ce très beau village, l'un des plus beaux de France.

375 habitants, 380 m d'altitude **Accès :** (carte 31) à 45 km O de Perpignan **À voir :** la Maison du patrimoine "La Solana" **Aux alentours :** le mont Canigou ; le village de Marcevol (10 km) ; les abbayes de Saint-Michel-de-Cuxa et de Saint-Martin-du-Canigou ; les grottes des Canalettes ; le fort Libéria **Foires, festivités :** fête de la Saint-Vincent le 22 janvier ; Foire aux plantes au printemps ; Fêtes catalanes à Pâques ; feux de la Saint-Jean et vide-greniers en juin ; Marché d'art et artisanat et expositions en juillet-août ; Festival Boris Vian en août **Mairie** (tél. 04.68.96.06.27).

MOSSET

66500 (Pyrénées-Orientales)

La charmante vallée de Castellane, qui donne accès à l'Aude par le col de Jau, est restée complètement à l'abri des nuisances touristiques, aucune construction récente ne dénature le site. Implanté sur cette voie de passage – c'est par cette route que l'on transportait autrefois le minerai de fer extrait du Canigou – , Mosset (prononcez "Mossète") accroche ses maisons sur un promontoire rocheux, au pied d'un château à tourelle du XVIe siècle. C'est au Moyen Âge que le village s'entoura de remparts (renforcés au XVIe s.) dont on remarque, aujourd'hui encore, de nombreux restes (tours, portes fortifiées). On admire l'église Saint-Julien (XVIIe-XVIIIe s.) qui s'enorgueillit de beaux retables sculptés et de statues intéressantes, preuves de la richesse de la bourgade au XVIIe siècle, lorsque les moulins et les forges implantés au bord de la rivière tournaient à plein régime. On apprécie la belle unité architecturale du bourg, ses murs de pierres ou de moellons calcaires, les tuiles romaines des toitures. Quelques treilles s'accrochent aux balcons, quelques marches entrecoupent les ruelles... ce village déjà méditerranéen distille un charme discret. Au cœur de Mosset, une petite chapelle romane, la Capelleta, vient d'être restaurée. Ici, on tient aux traditions et on en est fier : tous les ans, à Noël, une représentation de la Nativité est chantée en catalan. Un lieu d'une simplicité éblouissante, à la beauté sauvage et hors du temps.

300 habitants, 600 m d'altitude **Accès :** (carte 31) à 12 km N-E de Prades **À voir :** la Tour des parfums **Aux alentours :** le village de Molitg, l'église romane Sainte-Marie-de-Corbiac (privée) **Foires, festivités :** marché le dimanche matin de mai à septembre ; fête de la Sant Jordi en avril ; Foire de printemps fin mai-début juin ; "Lavande en fête" fin juillet ; Fête du village les 15-16 août ; crèche vivante à Noël **Hôtel :** à Prades, *Castell Rose* (tél. 04.68.96.07.57), maison d'hôtes de charme, 5 chambres et suites 69-105 € **Mairie** (tél. 04.68.05.00.80) **O. T.** (tél. 04.68.05.38.32).

PRATS-DE-MOLLO

66230 (Pyrénées-Orientales)

Ce sont des moines de l'abbaye d'Arles-sur-Tech, d'origine andalouse, qui s'installèrent dans ce cirque montagneux et construisirent sur les prats (les prés) une chapelle et une maison d'hôtes. Prats-de-Mollo (prononcez "Moyo") se développa sur la rive droite du torrent et s'entoura de remparts qui furent en partie détruits par un tremblement de terre en 1428. Vauban les renforcera en 1683 et fera construire un fort, le fort Lagarde, que l'on peut toujours admirer aujourd'hui. La ville basse se blottit autour de l'imposante église du XVIIe siècle qui a conservé des éléments romans du bâtiment d'origine, notamment le clocher à créneaux (à l'intérieur, beau retable en bois doré). La ville haute est parcourue d'un lacis de ruelles moyenâgeuses à caniveau central, bordées de hautes maisons aux toits de tuiles. Admirez la belle place del Rey, puis montez l'escalier en pierre sculptée pour découvrir la maison des rois d'Aragon et profiter du magnifique panorama. Vous pourrez ensuite vous faufiler par la porte d'Espagne en contrebas et, de là, jouir d'un superbe point de vue sur la ville close.

1 080 habitants, 735 m d'altitude **Accès :** (carte 31) à 60 km S-O de Perpignan **Aux alentours :** la route des cols de la Seille, de la Guille et d'Ares ; les tours de Cabrens à Serralongue **Foires, festivités :** marché le mercredi (de juin à septembre) et le vendredi matin ; foires le 1er dimanche de juin et le 14 octobre ; Carnaval et fête de l'Ours en février ; Fête du village en juillet ; Fête catalane en août ; Spectacles historiques au fort Lagarde en juillet-août **Mairie** (tél. 04.68.39.72.11) **O. T.** (tél. 04.68.39.70.83).

VILLEFRANCHE-DE-CONFLENT

66500 Prades (Pyrénées-Orientales)

Au XIe siècle, le puissant comte de Cerdagne, en lutte avec le comte de Roussillon, découvre en Villefranche un site stratégique extraordinaire : la ville est profondément encaissée au confluent de deux rivières, le Cady et la Têt. Aussitôt fortifiée, elle commence à jouer son rôle défensif et conservera longtemps cette vocation. À la fin de la guerre de Trente Ans, la France gagne le Roussillon et la Cerdagne. La cité devient alors un poste clé, très vite modernisée par Vauban qui revoit les fortifications, creuse un réseau de galeries et construit le fort Libéria à flanc de montagne. Entièrement édifiée à partir de marbre rose et de ses dérivés, Villefranche est d'une grande beauté et d'une totale unité architecturale. Chaque époque, du XIe au XVIIe siècle, a contribué à son embellissement. Du haut Moyen Âge, il reste la tour d'En Solenell et l'enceinte sud avec son chemin de ronde voûté, pris dans l'épaisseur du mur. L'église Saint-Jacques, au superbe portail roman et au riche mobilier, remonte au XVIIe siècle, ainsi que les quatre tours rondes qui renforcent l'enceinte, le beffroi et plusieurs maisons de notables. Les six bastions d'angle ont été construits par Vauban, la porte d'Espagne et la porte de France ont été édifiées sous Louis XVI... Un ensemble médiéval intact et exceptionnel.

225 habitants, 427 m d'altitude **Accès :** (carte 31) à 49 km S-O de Perpignan **Aux alentours :** Vernet-les-Bains (5 km) ; les abbayes de Saint-Martin-du-Canigou (7 km) et de Saint-Michel-de-Cuxa **Foires, festivités :** fête des Géants (défilé des géants, danses catalanes) à Pâques ; vide-greniers en juin et septembre ; fêtes de la Saint-Jean et de la Saint-Pierre en juin ; fête de la Saint-Jacques (concerts et feu d'artifice) fin juillet ; Rifles traditionnelles (loto) en décembre **Restaurant :** *Auberge Saint-Paul* (tél. 04.68.96.30.95) **Mairie** (tél. 04.68.96.10.78) **O. T.** (tél. 04.68.96.22.96).

Les contreforts du Massif central et les Pyrénées en toile de fond confèrent souvent aux paysages de la région Midi-Pyrénées un caractère plus rude, plus austère que ceux d'Aquitaine. Ici, les maisons se coiffent de lauzes brunes, d'ardoises et, parfois, s'en cuirassent pour se protéger des intempéries. La tuile romaine est souveraine dès que l'on aborde les sites plus ensoleillés, si évocateurs de la douceur de vivre du Sud. Le bois, également, est très présent : ingénieuses charpentes des toitures, colombages souvent prétextes à ornements, colonnes des cloîtres ou des couverts délicatement sculptées. La brique cuite, les galets de la Garonne sont assemblés en effets savants, lorsque l'artiste n'a pas pu utiliser la pierre de taille ; l'imagination artistique était immense.
Partout, l'Histoire s'impose : remparts encore debout, puissants châteaux perchés en sentinelle nous rappellent les temps dangereux d'autrefois. Mais aujourd'hui, les seules invasions, souhaitées cette fois, sont celles de touristes amoureux de cette belle province.

CAMON

09500 (Ariège)

L'Hers a creusé son lit au cœur de coteaux boisés, dans cette belle partie de l'Ariège à la fois agricole et forestière. C'est là, dans une boucle de la rivière, qu'en 778, selon la légende, Charlemagne aurait fondé l'abbaye. On sait, d'une façon plus sûre, qu'un village, placé sous la protection d'un monastère, était établi ici au xe siècle. Camon sera détruit par une inondation en 1279, reconstruit en 1316, mais il faudra attendre l'avènement de Philippe de Lévis, évêque de Mirepoix, pour que de grands travaux soient entrepris. On l'entoure alors de remparts renforcés d'une puissante tour rectangulaire, le "château". Les prieurs successifs embelliront l'église et les bâtiments conventuels aux xviie-xviiie siècles, mais, après la Révolution, le prieuré sera vendu comme bien national. Aujourd'hui, on pénètre dans le village par l'ancienne porte voûtée de l'église. On le découvre, charmant, coiffé de tuiles romanes, encadrant sagement son castel. On suit la promenade qui longe les fortifications où s'adosse la "Maison haute" des xvie-xviiie siècles. Sa façade, en pierre et bois, est agrémentée de fenêtres à meneaux et d'une belle porte de bois clouté. À voir aussi, la tour ronde accolée aux remparts, sur ordre du cardinal Georges d'Armagnac. L'église renferme des peintures, des objets sacerdotaux et un riche mobilier, trésors inscrits à l'inventaire des Monuments historiques.

150 habitants, 337 m d'altitude **Accès :** (carte 31) à 55 km S-O de Carcassonne **Aux alentours :** les cabanons de pierres sèches **Foires, festivités :** fête des Roses le 3e dimanche de mai ; "Bal'ânes aux cab'ânes" en été ; Fête du village le 3e week-end d'août **Hôtel :** *L'Abbaye-Château de Camon* (tél. 05.61.60.31.23), hôtel de charme, 6 chambres 120-260 €, restaurant **Mairie** (tél. 05.61.68.12.07) **O. T.** (tél. 05.61.68.88.26).

MIREPOIX

09500 (Ariège)

Mirepoix est située sur la route qui va de Carcassonne à Lourdes. Son histoire remonte aux Celtes, mais c'est au Moyen Âge, après sa destruction par une inondation, que la cité abandonne les bords de l'Hers pour se rebâtir en des lieux plus sûrs, sur le modèle des villes neuves : axes perpendiculaires divisant le quadrilatère en vingt-huit îlots ou "moulons". C'est après le traité de Brétigny (1364) que des remparts seront édifiés pour lui assurer une meilleure protection, mais il n'en reste aujourd'hui que la porte d'Aval. La beauté de Mirepoix se réclame de l'époque fastueuse de son évêché, les plus belles maisons datant des XIVe et XVe siècles. La place médiévale est encadrée de galeries de bois, les couverts, qui reposent sur de solides poteaux carrés taillés dans des cœurs de chêne. Sur le "grand couvert" se dressent la maison des Consuls et l'hôtel de ville de 1692. La cathédrale fait, à juste titre, la fierté des habitants, sa construction s'est étalée sur cinq siècles ! Son porche et son clocher (fin XVe-début XVIe s.) sont dus à Philippe de Lévis, évêque de Mirepoix, à qui l'on doit également le palais épiscopal. Ensuite ? Il faut flâner dans les ruelles, prendre un verre à la terrasse d'un café, participer à la vie chaleureuse du village, surtout le lundi, jour du marché.

3 100 habitants, 307 m d'altitude **Accès :** (carte 31) à 20 km E de Pamiers **Aux alentours :** l'église de Vals ; le lac de Montbel **Foires, festivités :** marché le lundi matin ; Festival de jazz le week-end de Pâques ; "Parures et parades" (rencontre des métiers d'art) à l'Ascension (les années paires) ; brocante à la Pentecôte et le 11 Novembre ; Salon du livre, fête de la Peinture et Fête historique en juillet ; marché gourmand le week-end du 15 août ; Festival de marionnettes et marché des potiers en août ; fête de la Pomme le 3e week-end d'octobre **Hôtel :** *La Maison des Consuls* (tél. 05.61.68.81.81), hôtel de charme, 8 chambres 75-185 € **Mairie** (tél. 05.61.68.10.47) **O. T.** (tél. 05.61.68.83.76).

SAINT-LIZIER

09190 (Ariège)

Situé sur une colline du Salat, Saint-Lizier apparaît, dominé par l'imposante silhouette du palais des Évêques (XIVe s.), face aux pics enneigés des Pyrénées. C'était, autrefois, la capitale religieuse du Couserans, et la cité s'enorgueillit de deux églises, témoins de son importance passée. Pour commencer, à l'extérieur des remparts, on admire la magnifique cathédrale, construite entre le XIIe et le XVe siècle, avec son beau portail de briques à colonnes de marbre, son clocher octogonal et sa riche décoration intérieure (fresques du XIIe s., boiseries, trésor). Le cloître, exceptionnel, date du XIIe siècle. À côté, on visite l'hôtel-Dieu et sa pharmacie du XVIIIe siècle puis on grimpe sur la terrasse pour profiter de la belle vue sur la montagne. On franchit ensuite l'enceinte romaine par la tour de l'Horloge pour flâner dans les pittoresques ruelles bordées de vieilles maisons des XVe-XVIIIe siècles à colombages et encorbellements. Leurs portes de bois clouté, leurs fenêtres cintrées, leurs encadrements de pierre témoignent du soin apporté par leurs bâtisseurs, notamment rue Notre-Dame et place des Étendes. L'ensemble est d'une grande homogénéité. Et pour finir, il faut aller voir l'ancienne cathédrale Notre-Dame-de-la-Sède (XIIe-XVe s.) qui contient de superbes boiseries. Des visites guidées de la cité sont organisées par l'office de tourisme.

1 616 habitants, 384 m d'altitude **Accès :** (carte 30) à 44 km O de Foix **Aux alentours :** le village de Montjoie (4 km) **Foires, festivités :** Spectacle sur un thème gallo-romain en juillet ; Festival d'art sacré fin mai-début juin ; Festival de musique classique mi-juillet-mi-août ; Fête du village le 3e week-end d'août ; marché bio le 2e week-end d'octobre ; Marché des métiers d'art le 3e week-end d'octobre **Hôtels :** *Villa Belisama* (tél. 05.61.02.83.24), maison d'hôtes de charme, 3 chambres 70-90 € ; à Saint-Girons, *Hôtel Eychenne* (tél. 05.61.04.04.50), hôtel de charme, 37 chambres 71-132 €, restaurant **Mairie** (tél. 05.61.66.16.22) **O. T.** (tél. 05.61.96.77.77).

BELCASTEL

12390 (Aveyron)

Ancienne étape sur la route de Saint-Jacques-de-Compostelle et sur la route du Sel, Belcastel affiche fièrement les tours crénelées de son château, sur les bords escarpés de l'Aveyron. Construite au XIe siècle, agrandie au XVe siècle, pillée au XIXe, sa forteresse a été remarquablement restaurée à la fin des années 1970 par l'architecte Fernand Pouillon, tombé sous le charme de ses ruines grandioses. Aujourd'hui, on découvre un très beau village inséré dans une nature heureusement préservée. On aime ses vieilles ruelles pavées, ses maisons à galeries de bois aux murs de schiste et aux toits de lauzes, sa jolie fontaine, son ancien four à pain et son étroit pont moyenâgeux. Sur l'autre rive se dressent un vieux moulin et une église du XVe siècle qui renferme le monumental tombeau d'Alzias de Saunhac, seigneur de Belcastel. Toutes les demeures sont remarquablement restaurées, et les habitants, amoureux de leur bourgade, entretiennent soigneusement ses vieilles pierres. Pour ajouter encore au plaisir, on peut faire une étape gourmande au restaurant de l'*Hôtel du Vieux Pont*, tenu par les sœurs Fagegaltier qui savent merveilleusement utiliser tous les bons produits de la région. Et puis, si le cœur vous en dit, pourquoi ne pas prolonger le séjour puisqu'elles proposent aussi quelques chambres, juste en face ?

287 habitants, 407 m d'altitude **Accès :** (carte 31) à 25 km O de Rodez **À voir :** le musée de la Forge et des Anciens Métiers ; le château (ouvert 1er avril-15 novembre) **Aux alentours :** le fortin du roc d'Anglars ; le château de Bournazel ; Rodez **Foires, festivités :** marché le vendredi soir en juillet-août ; "Dessine mon village" et feux de la Saint-Jean en juin ; Fête votive le 3e week-end de juillet ; brocante et vide-greniers le 1er dimanche de septembre **Hôtel :** *Hôtel du Vieux Pont* (tél. 05.65.64.52.29), hôtel de charme, 7 chambres 82-98 €, très bon restaurant **Mairie** (tél. 05.65.64.52.25) **O. T.** (tél. 05.65.64.46.11).

BROUSSE-LE-CHÂTEAU

12480 (Aveyron)

Ce vieux village, perché sur un éperon rocheux, porte haut les tours de son château médiéval couronnant les vieux toits de lauzes des logis assoupis au pied de l'église. Brousse se développa du Xe au XVe siècle grâce à sa position stratégique, au confluent du Tarn et de l'Alrance, qui lui permettait de surveiller toute la vallée. Aujourd'hui, le vieux pont gothique enjambe toujours la rivière, et les rustiques maisons des XVIIe et XVIIIe siècles s'alignent tranquillement le long de ruelles pentues. Entrecoupées de marches taillées dans la pierre, elles montent à l'assaut du château, édifié au XIIIe siècle. Récemment restauré par une association très active, La Vallée de l'Amitié, il se visite, et des spectacles y sont organisés en été. L'église, construite en contrebas de la forteresse, présente un clocher roman fortifié et des parties gothiques. Elle est dédiée à saint Jacques le Majeur. Sur l'autre rive, le paisible cimetière planté d'ifs est fier de son bel oratoire.

171 habitants, 250 m d'altitude **Accès :** (carte 31) à 50 km S de Rodez **À voir :** le château (tél. 05.65.99.45.40) **Foires, festivités :** théâtre et concerts au château en juillet-août **Hôtel :** *Le Relays du Chasteau* (tél. 05.65.99.40.15), restaurant **Mairie** (tél. 05.65.99.41.14).

CONQUES

12320 (Aveyron)

Conques est un petit bourg tout simple, installé sur le versant ensoleillé d'une colline. Mais cette apparente modestie cache un vrai joyau, sa magnifique église romane. Remontons le cours de l'Histoire. Au IXe siècle, l'abbaye de Conques semble oubliée dans sa vallée. Son abbé, pour ramener les foules pieuses, dérobe les reliques de sainte Foy, petite vierge miraculeuse vénérée à Agen, et les dépose dans son église. Dès lors, Conques devient un important lieu de pèlerinage. Aujourd'hui, on admire l'église abbatiale (XIe et XIIe s.), dont le tympan, composé de 124 personnages, est un chef-d'œuvre unique. Décorée de vitraux de Pierre Soulages, elle renferme un exceptionnel trésor d'orfèvrerie. Le bourg a gardé, dans l'ensemble, sa belle unité médiévale. Les ruelles pentues ont conservé tout leur pittoresque : pavages de galets, escaliers de guingois, végétation échevelée, jardinets, animent les vieilles pierres dorées des maisons à toits de lauzes. Plus loin, le château des seigneurs d'Humières (XVIe s.), la porte de Vinzelle, un très vieux logis de torchis à pans de bois et la rue Charlemagne, rude à gravir. Tout en haut, la chapelle Saint-Roch (XVIe s.) d'où l'on découvre, d'un côté, Conques dans toute sa splendeur et, de l'autre, le Dourdou et le pont romain. Un inoubliable et incontournable village de charme.

90 habitants, 250 m d'altitude **Accès :** (carte 24) à 38 km N de Rodez **À voir :** le trésor d'orfèvrerie de l'église Sainte-Foy ; le musée Joseph-Fau **Aux alentours :** Rodez, sa cathédrale et ses musées ; la vallée du Lot **Foires, festivités :** Festival de musique du 15 juillet au 15 août (tél. 05.65.71.24.00) ; fête de Sainte-Foy le week-end le plus proche du 6 octobre **Hôtel :** *Hôtel-Restaurant Hervé Busset* (tél. 05.65.72.84.77), hôtel de charme, 10 chambres 170-270 €, restaurant **Mairie** (tél. 0.820. 820.803) **O. T.** (tél. 05.65.72.85.00).

LA COUVERTOIRADE

12230 (Aveyron)

Sur le haut plateau du Larzac surgit, soudain, la masse fortifiée de La Couvertoirade. Cette étonnante silhouette découpée sur les étendues austères du paysage évoque irrésistiblement la vision des ksour bâtis en Orient par les seigneurs croisés. La petite cité, d'abord dépendance du prieuré de l'abbaye de Nant, doit son prestige passé à l'installation des Templiers au XIIe siècle. Ils resteront ses seigneurs temporels et spirituels jusqu'à la suppression de l'ordre et seront alors remplacés par les chevaliers de Malte. On aborde la visite de La Couvertoirade par la tour carrée au nord. À l'intérieur des superbes remparts flanqués de sept tours, on voit, regroupés autour du château, l'église et le cimetière des Templiers. Le clocher, d'allure massive, a huit ouvertures à l'étage supérieur ; à l'intérieur, la croix de Malte orne les clefs de voûte, rappelant la longue présence des Hospitaliers. Quelques très belles demeures ont été construites au XVIIIe siècle, lors de l'apogée démographique et économique du village. Les habitants de la commune, conscients de vivre dans un lieu à haut intérêt touristique, s'attachent à restaurer leur village. Les rues de terre battue ont été repavées (caladées, comme l'on dit ici), le four à pain refonctionne, le moulin a retrouvé ses ailes et son toit. Ils encouragent l'artisanat et vendent les bons produits de leurs fermes. On pourra prolonger l'agréable souvenir de cette visite en achetant des fromages de brebis, des confitures, du pain cuit à l'ancienne ou, encore, les gourmandises cuisinées à partir de volailles grasses.

20 habitants, 800 m d'altitude **Accès :** (carte 32) à 41 km S-E de Millau **Aux alentours :** Le Caylar ; le cirque de Navacelles ; la vallée de la Dourbie ; Roquefort **Foires, festivités :** petit marché le mercredi, le dimanche et les jours fériés ; "Les Mascarades médiévales" en juillet ; concert dans le cadre du festival "Les Estivales du Larzac" en juillet-août ; circuit des 5 villages avec animations en été **Hôtel :** à Saint-Jean-du-Bruel (19 km), *Hôtel du Midi-Papillon* (tél. 05.65.62.26.04), hôtel de charme, 16 chambres 36,30-40,80 €, restaurant **Mairie** (tél. 05.65.58.55.55) **Infos** (tél. 05.65.58.55.59).

ENTRAYGUES-SUR-TRUYÈRE

12140 (Aveyron)

Entraygues, cité "entre les eaux", fait miroiter ses hauts toits de lauzes au confluent du Lot et de la Truyère. Elle aurait été fondée au XIIIe siècle, époque où Henri II, comte de Rodez, construisit le château qui arbore encore fièrement ses tours carrées à mâchicoulis d'origine, alors que son logis a été rebâti au XVIIe siècle après un incendie. Jadis treize tours reliées par de puissants murs (dont il reste des vestiges) bordés de fossés protégeaient la bourgade. Riche en rues médiévales, en "cantous" – ces pittoresques passages couverts –, en maisons à colombages des XVe-XVIe siècles, Entraygues s'enorgueillit de deux ponts gothiques, un sur chaque rivière, le plus beau étant celui qui enjambe la Truyère. Le bourg est joyeux et animé – on y trouve de nombreux commerces –, mais il reste attaché à ses traditions simples. Goûtez la fouace, les cabécous ou la confiture de châtaignes, faits comme autrefois dans les fermes environnantes. Tout autour, la nature est grandiose. La vallée du Lot, les gorges étroites de la Truyère ménagent des paysages à couper le souffle. Les pentes raides sont couvertes de châtaigniers et même de vignes sur les versants sud. C'est aussi un paradis pour les sportifs, amateurs de randonnées ou d'eaux vives.

1 394 habitants, 230 m d'altitude **Accès :** (carte 24) à 46 km S d'Aurillac **Aux alentours :** Le Fel, Pons, Espeyrac (12 km) **Foires, festivités :** marché le vendredi matin ; petit marché le mardi en été ; vide-greniers en juin ; marché des producteurs de pays et animations le mercredi soir en juillet-août ; "Guitare à Entraygues" fin août ; nombreux spectacles (concerts, théâtre) hors saison **Hôtels :** *Hôtel La Rivière* (tél. 05.65.66.16.83), hôtel de charme, 31 chambres 65-105 €, restaurant ; au Fel (10 km), *Auberge du Fel* (tél. 05.65.44.52.30), hôtel de charme, 10 chambres 56-67 €, restaurant **Mairie** (tél. 05.65.44.53.31) **O. T.** (tél. 05.65.44.56.10).

ESTAING

12190 (Aveyron)

L'histoire d'Estaing est liée à celle d'une famille. Le premier dont on doit parler est Dieudonné d'Estaing : il reçut le droit de porter sur ses armes les fleurs de lys royales pour avoir sauvé la vie du roi Philippe Auguste à la bataille de Bouvines. Le plus attachant est l'amiral comte Charles d'Estaing, connu pour ses nombreuses expéditions aux Indes, en Amérique, aux Antilles et qui terminera, malheureusement, sa destinée sur l'échafaud. Le château date principalement des XIIIe et XVe siècles. C'est un ensemble de constructions imbriquées autour d'un donjon. Construit de matériaux disparates – schiste, grès rouge, calcaire, galets du Lot –, il s'élève au-dessus d'une belle terrasse à balustres de pierres. Il a été racheté par l'ancien président de la République Valéry Giscard d'Estaing, qui a entrepris d'importants travaux de rénovation. Juste en face, on trouve l'église qui abrite les reliques de saint Fleuret, patron d'Estaing et évêque de Rodez, à qui l'on doit la construction de l'admirable clocher. Le village se situe au confluent de la Caussanne, qui descend des monts d'Aubrac, et du Lot, non loin de ses gorges sauvages. Dans la vieille cité, on admire plusieurs hôtels particuliers, témoins de son époque prospère. Bâtis de schiste, ils ont d'étonnants toits de lauzes en forme d'écailles de poisson. Château, église, village, vieux pont (XVIe s.) aux arches harmonieuses, plan d'eau formé par un barrage du Lot en aval, tout le site est classé.

612 habitants, 320 m d'altitude **Accès :** (carte 24) à 37 km N-E de Rodez **Aux alentours :** la chapelle de l'Ouradou ; les églises romanes de Vinnac (4 km) et de Sébrazac (7 km) ; Coubisou, Sébrazac, Villecomtal **Foires, festivités :** marché le vendredi soir en juillet-août ; procession de saint Fleuret le 1er dimanche de juillet ; feu d'artifice le 15 août ; "Les Médiévales" le 2e week-end de septembre **Hôtels :** *Auberge Saint-Fleuret* (tél. 05.65.44.01.44) ; à 6 km, *Coubisou* (tél. 05.65.44.14.17), maison d'hôtes de charme, 3 chambres 125-145 € **Mairie** (tél. 05.65.44.70.32) **S. I.** (tél. 05.65.44.03.22).

MONTROZIER

12630 (Aveyron)

Montrozier est un vrai village de carte postale, un petit bijou amoureusement entretenu et préservé par ses habitants. Il se love en bordure de l'Aveyron et domine un paysage serein et foisonnant de forêts et de champs cernés d'arbres. Les ruelles tranquilles conduisent à la place de l'église, toute mignonne. Les vieilles maisons, aux épais murs de pierres, se coiffent de lauzes et se blottissent au pied de l'imposant château (privé, il ne se visite pas) bâti aux XIVe et XVe siècles. Ses logis sont surmontés de mâchicoulis, et il est flanqué d'une tour massive, haute de cinq étages. Un musée du Rouergue retrace, lors d'expositions temporaires, l'histoire archéologique de la région. On a l'impression qu'ici l'Histoire s'est arrêtée au Moyen Âge.

1 320 habitants, 520 m d'altitude **Accès :** (carte 31) à 18 km E de Rodez **À voir :** le musée du Rouergue (archéologie) **Aux alentours :** Bozouls (10 km) et son "trou" **Foires, festivités :** Fête du village le 3e dimanche de juin **Hôtel :** à Bozouls (10 km), *Le Hameau des Brunes* (tél. 05.65.48.50.11), maison d'hôtes de charme, 5 chambres 86-129 € **Mairie** (tél. 05.65.42.29.32).

MUR-DE-BARREZ

12600 (Aveyron)

Serti dans une somptueuse nature préservée, au cœur du Carladez – cette belle région à la fois auvergnate et aveyronnaise, enserrant les sauvages gorges de la Truyère et de la Bromme –, Mur-de Barrez présente l'aspect typique des villages auvergnats : maisons de basalte et larges toits de lauzes. On y pénètre par la porte de Monaco, grande tour carrée qui rappelle que le bourg fut propriété des seigneurs de Monaco de 1643 à 1791. Ici, les maisons ont du caractère : murs épais, toitures pentues à double rang de lucarne, tourelles, pigeonniers, hauts greniers, épis de faîtage, l'habitat était adapté au climat rigoureux. Admirez, dans la Grand-Rue, la belle maison Renaissance (au numéro 16) avec ses fenêtres à meneaux, son blason sculpté dans la pierre et sa corniche à fleurs de lys. D'autres vieilles demeures jalonnent le parcours jusqu'à l'église romane, reconstruite en partie au XVIIe siècle (voir, à l'intérieur, les chapiteaux sculptés, la chaire du XVIIIe s. et le curieux gisant au-dessus de la tribune). Faufilez-vous ensuite jusqu'à l'esplanade du château, dont il ne reste rien, il fut démoli sur ordre de Louis XIII, mais la vue plonge sur les toits du village et porte loin jusqu'aux monts d'Aubrac et du Cantal. Encore un conseil : ne repartez pas sans avoir goûté les gourmandises régionales : l'aligot, le fameux pounti, gâteau aux pruneaux et aux herbes, le cantal fermier et les jambons et les saucissons de la *Charcuterie du Carladez*... un régal !

934 habitants, 800 m d'altitude **Accès :** (carte 24) à 37 km S-E d'Aurillac **Aux alentours :** Albinhac, les Sentiers de l'imaginaire, le barrage de Sarrans, la presqu'île de Laussac, le château de Valon, les gorges de la Truyère **Foires, festivités :** marché le jeudi matin ; Fête patronale le 3e week-end de juillet ; fête des Sentiers de l'imaginaire début août **Hôtel :** à Vilherols (5 km), *Vilherols* (tél. 05.65.66.08.24), maison d'hôtes de charme, 3 chambres 55-61 € **Restaurant :** *Auberge du Barrez* (tél. 05.65.66.00.76) **Mairie** (tél. 05.65.66.00.47) **O. T.** (tél. 05.65.66.10.16).

NAJAC

12270 (Aveyron)

Raimond IV, comte de Toulouse, acheta la seigneurie de Najac à la fin du XIe siècle. La guerre de Cent Ans épargna relativement le Rouergue, mais, après la défaite de Poitiers, Najac fut occupée par les Anglais jusqu'en 1368. Le bourg n'existe que par son château. Perchée sur le contrefort rocheux d'une colline, enserrée par une boucle de l'Aveyron, la forteresse est défendue par d'épaisses murailles renforcées de grosses tours rondes. Du chemin de ronde, la vue en plongée sur la rivière est stupéfiante : la lumière miroite sur les toits d'ardoises du village, ricoche sur l'arête rocheuse où pointe l'église gothique construite sur ordre des Inquisiteurs, avant de piquer vers les flots argentés. Toutes ces beautés de pierre et d'eau sont serties dans une nature miraculeusement vierge. La plupart des maisons ont été édifiées au XVIe siècle, mais on remarque une demeure plus ancienne (XIVe s.) qui arbore d'élégantes fenêtres à colonnettes. On peut admirer, également, deux fontaines, dont l'une, rue du Bourguet, présente une étonnante vasque de granit monolithique. Et puis, le bourg s'étire jusqu'au faubourg, les colombages se font plus humbles…

765 habitants, 185-400 m d'altitude **Accès :** (carte 31) à 83 km S de Figeac **Aux alentours :** les gorges de l'Aveyron ; la vallée du Lot **Foires, festivités :** marché le dimanche matin d'avril à septembre ; Salon du goût le 1er week-end d'avril ; "Théâtre en bastides" début août ; fête de la Saint-Barthélemy (avec distribution de fouaces) en août **Hôtel :** *L'Oustal del Barry* (tél. 05.65.29.74.32), hôtel de charme, 17 chambres 55-80 €, restaurant **Mairie** (tél. 05.65.29.71.34) **O. T.** (tél. 05.65.29.72.05).

PEYRE

12100 (Aveyron)

La route suit nonchalamment les méandres du Tarn, la belle rivière aux eaux vertes. Accolé à une falaise de tuf ocre jaune, Peyre s'étale en balcon, paisible, face à un panorama depuis toujours grandiose, mais aujourd'hui encore plus exceptionnel, puisqu'il ouvre sur un des plus beaux ouvrages d'art du XXIe siècle, le fameux viaduc de Millau, de Norman Foster, qui s'élance, aérien, et enjambe la vallée. Le village est resté authentique. Ses maisons blondes, coquettes, se coiffent de lauzes, se fardent de géraniums, s'abritant ici ou là sous une treille, dévalant le long de ruelles pentues et caladées. Depuis la préhistoire, le site a servi d'abri aux premiers hommes qui trouvaient refuge dans ses cavités creusées dans le rocher. L'église Saint-Christophe, édifiée au XIe siècle, est d'ailleurs en partie troglodytique. Fortifiée au XVIIe siècle, elle fut abandonnée et vendue en 1872. Une fontaine, le bruissement d'un ruisseau argenté apportent de la fraîcheur en été. Les habitants entretiennent avec soin leur village. Leur nouvelle célébrité les dérange un peu, mais ils sont accueillants et regardent avec amusement les touristes défiler avec leurs appareils photo... L'image de cette œuvre moderne exalte encore plus la beauté du vieux village et de la nature environnante magnifiquement préservée.

110 habitants, 370 m d'altitude **Accès :** (carte 31) à 7 km O de Millau **À voir :** à Comprégnac, le Colombier du Capelier ; la Maison de la truffe **Aux alentours :** les caves de Roquefort ; Millau et son musée (industrie de la peau et du gant, collections d'archéologie régionale) **Foires, festivités :** concert de musique en juin ; fête de la Saint-Christophe fin juillet ; fête du Pain le 1er week-end d'août **Hôtel :** à 25 km, *Grand Hôtel de la Muse et du Rozier* (tél. 05.65.62.60.01), hôtel de charme, 38 chambres 85-165 €, restaurant **Mairie** (tél. 05.65.62.31.06) **O. T.** Millau (tél. 05.65.60.02.42).

SAINT-CÔME-D'OLT

12500 (Aveyron)

Site classé, Saint-Côme est situé au carrefour des routes qui relient Espalion à l'Aubrac, Saint-Geniez et Mende. Autant dire en plein passage de transhumances vers les plateaux aveyronnais et lozérien. C'est une belle cité fortifiée, dont le passé a dû être très florissant, à voir les demeures des XVe et XVIe siècles dont les orgueilleux pignons dominent d'étroites ruelles moyenâgeuses. Le tour de ville est circulaire, suivant l'ancien emplacement des fossés. De vieilles portes à l'entrée des rues engagent à pénétrer au cœur de la cité. Le plus ancien monument de Saint-Côme, la chapelle des Pénitents (ou de la Bouysse), est un bijou roman du Xe siècle. Le château date de la Renaissance, comme l'église, dont l'étonnant clocher en forme de vrille évoque la montée d'une flamme vers le ciel. Le portail a conservé ses vantaux sculptés. Près de l'église, on peut admirer un élégant hôtel des XIIe-XVe siècles, c'est l'ancienne demeure des seigneurs de Calmont et de Castelnau. Les environs de Saint-Côme sont riants ; le village est bordé au nord par de verdoyants coteaux, au sud par la masse basaltique de Roquelaure et le pic de Vernus.

1 257 habitants, 350 m d'altitude **Accès :** (carte 31) à 32 km N-E de Rodez **Aux alentours :** la vallée du Lot ; la petite cité d'Espalion (3 km) ; l'église romane de Perse ; Roquelaure (2 km) ; les villages de Flaujac et Saulieux **Foires, festivités :** vide-greniers le 1er dimanche d'août ; Fête du village fin août **Restaurant :** à Espalion, *Le Méjane* (tél. 05.65.48.22.37) **Mairie** (tél. 05.65.44.07.09) **Infos** (tél. 05.65.48.24.46, en saison).

SAINT-LÉONS

12780 (Aveyron)

Au cœur de la douce vallée de la Muze, dans une région restée intacte, ce minuscule village étage ses maisons sur les pentes d'un coteau qui descend jusqu'à la rivière. Saint-Léons s'est créé autour d'un monastère qui dépendait de l'abbaye de Saint-Victor de Marseille. Aujourd'hui, il n'en reste, hélas, que des vestiges, mais on retrouve des éléments du cloître (encadrement de porte, partie de chapiteau) incorporés aux murs de certaines maisons. On admire le château du XVe siècle qui coiffe majestueusement le bourg (on regrette l'ajout moderne de volets). C'est l'un des rares manoirs encore habités de l'Aveyron. On peut ensuite emprunter le sentier botanique (1,5 km) qui serpente sur la colline. Il offre une ravissante promenade et des points de vue superbes sur Saint-Léons. Mais n'oublions pas la gloire locale du village, l'entomologiste Jean-Henri Fabre, enfant du pays, auquel les villageois ont élevé une statue et consacré un petit musée. Comme il est doux de "muzarder" sur les bords de la Muze !

301 habitants, 743 m d'altitude **Accès :** (carte 31) à 53 km S-E de Rodez **À voir :** le musée J.-H.-Fabre (tél. 05.65.58.80.54) ; Micropolis, la Cité des insectes (tél. 05.65.58.50.50) **Aux alentours :** les très beaux villages de Saint-Beauzély (exposition d'instruments aratoires et reconstitution d'une salle de classe XIXe au château), Montjaux (25 km) et Castelnau-Pégayrols (17 km sur la superbe route des gorges de la Muze) **Foires, festivités :** marché de pays le vendredi soir mi-juillet-août ; Fête du village le 3e dimanche d'août **Mairie** (tél. 05.65.61.86.03) **S. I.** (tél. 05.65.61.80.52, en juillet-août).

SAINT-SATURNIN-DE-LENNE

12560 (Aveyron)

Encadré d'une magnifique nature vierge de toute construction moderne, Saint-Saturnin est posé, bien sagement, à la limite nord du causse de Sévérac. C'est un petit village surgi du passé, avec des rues paisibles, une placette adorable bordée de commerces à la mode d'autrefois et des maisons encore habitées par des agriculteurs. Un château du XVIIe siècle et une superbe ferme fortifiée (qui mériteraient d'être classés) montrent que Saint-Saturnin était au cœur d'une riche région agricole et avait un seigneur. La bourgade abrite aussi un trésor : une église romane qui dépendait, autrefois, de l'évêché de Conques. Bâtie en forme de croix latine, elle comporte une coupole et des fenêtres à chapiteaux sculptés. Le clocher a été rajouté à une époque ultérieure. Un village tranquille, loin de l'agitation et des flots de touristes.

365 habitants, 630 m d'altitude **Accès :** (cartes 31-32) à 45 km E de Rodez **Aux alentours :** Lestang (1 km) et ses grottes où l'on affine le bleu des Causses ; Sévérac-le-Château **Foires, festivités :** foire le 4e samedi de mai ; fête de la Saint-Jean à La Roque fin juin ; Fête votive le 3e dimanche de juillet **Mairie** (tél. 05.65.70.49.80) **O. T.** intercantonal (tél. 05.65.70.43.42).

SAINTE-EULALIE-D'OLT

12130 (Aveyron)

Le Lot, que l'on nommait autrefois "Olt", se faufile avec difficulté entre les monts d'Aubrac et les contreforts du causse de Sauveterre puis, soudain, la vallée s'élargit, forme un joli bassin de verdure, et l'on découvre Sainte-Eulalie, nichée au creux de collines plantées de chênes et de châtaigniers. La bourgade occupe la rive droite de la rivière et a vu son ère de prospérité se prolonger jusqu'au XVIIIe siècle grâce à ses manufactures de drap. De nombreuses constructions témoignent encore de la richesse de son passé. Un vieux moulin à roue verticale, édifié au XVIIe siècle pour produire farine et huile de noix, fait office de bar-tabac et a été très bien restauré par son propriétaire. Le château de Curières de Castelnau, plus ancien (XVe s.), occupe le cœur du bourg. Il fut construit à l'emplacement de la grande écurie de l'ancien castel. Quant à l'église, c'est un chef-d'œuvre de l'art roman et gothique. Avec son déambulatoire et ses trois absidioles, c'est une copie en réduction de l'abbatiale de Conques. La flânerie dans les vieilles rues très fleuries, aux maisons construites en galets du Lot parfois renforcées de colombages, animées de nombreux ateliers d'artisans, est délicieuse. C'est la plaisante évocation d'un passé heureux.

329 habitants, 425 m d'altitude **Accès :** (carte 31) à 40 km N-E de Rodez **À voir :** le musée Marcel-Boudou (ouvert en été) ; le Pôle artistique (ateliers d'artisans d'art) **Aux alentours :** les monts d'Aubrac ; le lac de Lous ; le château de Galinières ; le Puy de Campech **Foires, festivités :** "Senteurs et saveurs" en mai ; fête de la Sainte-Épine le 2e dimanche de juillet ; "Musique en pays d'Olt" et vide-greniers en juillet ; vente aux enchères de produits du terroir le 1er novembre **Restaurant :** *Au Moulin d'Alexandre* (tél. 05.65.47.45.85) avec chambres **Mairie** (tél. 05.65.47.44.59).

SAINTE-EULALIE-DE-CERNON

12230 (Aveyron)

On est émerveillé de découvrir les tours et les remparts de Sainte-Eulalie émergeant, comme un décor de cinéma, au cœur d'un vallon de la vallée du Cernon. Ancienne capitale du Larzac et siège de commanderie de Templiers, la cité a conservé pratiquement intactes ses fortifications du XVe siècle en forme de trapèze, avec chemin de ronde, mâchicoulis, portes et archères-canonnières percées dans les murs. L'église romane et le château – belle bâtisse carrée ouvrant sur une cour intérieure – ont été construits par les chevaliers aux XIIe-XIIIe siècles puis remaniés aux XVe et XVIIe siècles. À admirer dans la forteresse, la grande salle voûtée sur croisée d'ogives, le dortoir des frères éclairé de fenêtres à meneaux et l'escalier à tourelle de la cour décoré de peintures du XVe siècle. La partie la plus ancienne de la citadelle donne sur la très jolie place (ancien emplacement du cimetière des Templiers), ombragée de platanes et ornée d'une fontaine du XVIIe siècle. En se promenant dans les rues, parfois joliment pavées comme la rue Basse, on rencontre quelques belles maisons du XVIIe siècle, dont certaines sont incrustées d'éléments plus anciens. Un village d'une belle unité architecturale, au charme intact.

250 habitants, 630 m d'altitude **Accès :** (carte 31) à 28 km S de Millau **Aux alentours :** les villages de La Cavalerie, Lapanouse-de-Cernon, La Bastide-Pradines, Mélac **Foires, festivités :** marché le jeudi ; Festival de musique de chambre début août ; Fête votive le 3e week-end d'août **Hôtel :** à Aguessac (35 km), *Ferme-auberge de Quiers* (tél. 05.65.59.85.10), maison d'hôtes de charme, 5 chambres 56-89 € **Mairie** (tél. 05.65.62.72.99) **Infos** (05.65.62.79.98).

SALLES-LA-SOURCE

12330 (Aveyron)

Lieu de villégiature apprécié des comtes de Rodez dès le XIVe siècle, Salles-la-Source occupe un site boisé magnifique, au débouché de la gorge du Faby. Adossé à une falaise calcaire, le village s'étage en gradins successifs. En bas, le bourg, ses belles maisons de pierre, son église Saint-Paul du XVe siècle et son château à tourelles de la même époque. Plus haut, sur le plateau, une deuxième église plus moderne, Saint-Loup, un autre château, et, enfin, coiffant le tout, la vieille église romane Saint-Laurent, flanquée des restes d'une citadelle médiévale. Le village est traversé par une superbe cascade qui jaillit d'un à-pic de 20 mètres, résurgence d'une rivière souterraine qui alimentait autrefois les nombreux moulins procurant de l'énergie aux filatures implantées à proximité. C'est d'ailleurs dans l'une d'elles qu'est installé le musée du Rouergue, qui évoque les anciens arts et métiers de la région. La bourgade est vivante et animée, les agriculteurs cultivent la vigne sur les coteaux ou se consacrent à l'élevage. Au printemps, ne manquez pas d'aller cueillir le muguet dans les sous-bois, il y pousse en abondance et le village lui a d'ailleurs dédié une fête, le 1er Mai bien sûr.

1 804 habitants, 404 m d'altitude **Accès** : (carte 31) à 12 km N-O de Rodez **À voir** : le musée du Rouergue (arts et métiers traditionnels) **Aux alentours** : le gouffre de Tindoul de la Vayssière ; les églises de Souyri et Cadayrac ; le château du Colombier (parc animalier et jardins) **Foires, festivités** : fête du Muguet le week-end du 1er Mai ; fête des Fruits d'automne et de la Culture occitane le 1er week-end de novembre **Hôtel** : à Bozouls, *Le Hameau des Brunes* (tél. 05.65.48.50.11), maison d'hôtes de charme, 5 chambres 86-129 € **Mairie** (tél. 05.65.67.25.52) **O. T.** (tél. 05.65.71.13.18).

SAUVETERRE-DE-ROUERGUE

12800 (Aveyron)

Magnifique village admirablement préservé, niché au cœur du Ségala, Sauveterre-de-Rouergue vaut vraiment le détour. Cette ancienne bastide royale du XIIIe siècle a conservé son plan en damier, sa grande place entourée d'arcades, ses maisons moyenâgeuses, des vestiges de remparts et une étonnante église-donjon. Fondée par le sénéchal de Rouergue, Guillaume de Mâcon, en 1281, c'était une “terre sauve”, un lieu de protection et de liberté pour ses habitants. Rivale de sa voisine Naucelle, dès le Moyen Âge, elle domina toute la région et devint une cité prospère. Riches bourgeois et artisans construisirent les belles habitations que l'on peut encore admirer aujourd'hui : maisons médiévales à colombages ou encorbellements surmontant les couverts (qu'ici l'on nomme “chistats”), demeures plus nobles en pierre de taille cachant des jardins secrets. Il faut s'attarder place des Couverts devant la belle maison Dalmas-Rességuier, édifiée au XVIIe siècle, où est installée la mairie. De nombreux détails architecturaux démontrent le talent et l'imagination des bâtisseurs de cette époque : admirez les cadrans solaires, les fines sculptures incrustées dans la pierre, les cornières ouvragées. L'ensemble du village a été admirablement restauré. De nombreux artisans d'art s'y sont installés, apportant une touche artistique bienvenue. Une visite à ne pas manquer, et à prolonger, si vous le souhaitez, dans la délicieuse auberge *Le Sénéchal.*

850 habitants, 460 m d'altitude **Accès :** (carte 31) à 30 km S-O de Rodez **À voir :** la Maison des patrimoines **Aux alentours :** le parc animalier de Pradiras ; le château du Bosc à Camjac ; l'église de Boussac **Foires, festivités :** marché le vendredi soir en juillet-août ; “Médiévafolies” fin juin ; Festival en bastide (théâtre de rue) en août ; fête de la Lumière le 2e samedi d'août ; Festival reggae le dernier samedi d'octobre ; fête de la Châtaigne le dernier dimanche d'octobre **Hôtel :** *Le Sénéchal* (tél. 05.65.71.29.00), hôtel de charme, 11 chambres 130-150 €, très bon restaurant **Mairie** (tél. 05.65.47.05.32) **O. T.** (tél. 05.65.72.02.52).

VILLENEUVE-D'AVEYRON

12260 (Aveyron)

Située à la limite du Rouergue et du Quercy, la sauveté (village se plaçant sous la protection d'une abbaye) de Villeneuve fut fondée au XIe siècle, autour d'un monastère bénédictin. Agrandie en bastide au XIIIe siècle par Raimond VII, comte de Toulouse, elle a conservé de cette époque une place à arcades bordée de maisons des XIVe et XVe siècles, dont la belle maison du Prieur, des portes fortifiées – la porte Haute et la tour Savignac – et des vestiges de remparts. Il faut flâner le long des rues aux pavages irréguliers pour détailler la beauté des demeures en pierre blonde du causse : coiffes de tuiles canal, fenêtres à meneaux, encadrements de pierres, portes cintrées, enseignes gravées. Ne manquez pas la visite de l'église du Saint-Sépulcre, bâtie au XIe siècle sur un plan en rosace, remaniée et agrandie au XIVe siècle ; son clocher roman de forme octogonale a été surélevé à cette époque. Jouxtant l'église, la tour Savignac faisait, autrefois, partie des remparts. Villeneuve est un village vivant et animé, surtout le jour du pittoresque marché aux bestiaux.

2 065 habitants, 411 m d'altitude **Accès :** (carte 31) à 10 km N de Villefranche-de-Rouergue **Aux alentours :** Villefranche-de-Rouergue ; l'église fortifiée du village de Sainte-Croix (7 km) ; les grottes de Foissac (10 km N) **Foires, festivités :** petit marché le dimanche matin de juin à octobre ; foire le 1er lundi du mois ; foire aux bestiaux le 1er et 3e lundi du mois ; Fête médiévale le 3e week-end de juillet ; Foire aux chiens le 15 août ; Fête du village le 2e week-end de septembre ; marché de Noël fin novembre **Mairie** (tél. 05.65.81.60.38) **O. T.** (tél. 05.65.81.79.61).

RIEUX-VOLVESTRE

31310 (Haute-Garonne)

Dans la région du Volvestre bordée par l'Ariège et la Garonne, la cité épiscopale de Rieux s'est posée délicatement dans une boucle de l'Arize. C'est en 1317 que le pape Jean XXII, natif de Cahors, crée l'évêché. L'édifice sera remanié et agrandi au fil du temps : au vieux sanctuaire du XIIe siècle seront greffés la nef en briques d'une nouvelle cathédrale, puis le chœur des évêques (XVIIe s.) orné de stalles. La tour-clocher en brique (XIVe s.) a un petit air de campanile florentin ; on la considère comme un chef-d'œuvre du style toulousain. Octogonale, à trois étages d'arcades ajourées, elle s'élance, gracieuse, signalant comme un phare la présence de la cathédrale bien au-delà de la vallée. À voir absolument, le trésor constitué de meubles, de nombreuses pièces d'orfèvrerie (XVIe-XVIIe s.) et, surtout, d'un buste reliquaire en argent (XVIIe s.) de saint Cizi. Quant au palais épiscopal, c'est aujourd'hui un établissement privé. On ne se lasse pas d'admirer toutes ces merveilles architecturales, mais on n'oublie pas le village et le charme de ses vieilles maisons (XIVe-XVIe s.), où la brique et le bois se mêlent harmonieusement. Elles exposent fièrement leurs porches de briques roses ornés de têtes d'hommes en pierre, leurs lourdes portes de chêne qui gardent les entrées des anciens hôtels particuliers, leurs balcons, leurs guirlandes de fer forgé.

2 100 habitants, 210 m d'altitude **Accès :** (carte 30) à 45 km S-O de Toulouse **À voir :** le musée du Papogay ; le Musée lapidaire **Aux alentours :** le site préhistorique de Mas-d'Azil ; le village gaulois ; Montesquieu-Volvestre (bastide du XIIIe s.) **Foires, festivités :** fêtes du Papogay (tir à l'arc, défilé, messe en langue d'oc) le 1er week-end de mai ; "Rendez-vous musical et artisanal" le 3e samedi de juillet ; marché de Noël en décembre **Mairie** (tél. 05.61.98.46.46) **O. T.** (tél. 05.61.87.63.33).

SAINT-BERTRAND-DE-COMMINGES

31510 (Haute-Garonne)

Dressé, inaltérable, sur un piédestal rocheux, Saint-Bertrand semble figé dans le passé. C'est en 72 avant J.-C. que Pompée fonde la ville. Au IVe siècle, les premiers chrétiens y édifient une basilique, puis, c'est au XIe siècle, avec l'arrivée de Bertrand de L'Isle, évêque de Comminges, que sera édifiée l'église romane et créée la seigneurie. La ville haute prendra alors un nouvel essor. Aujourd'hui, on voit de loin le "vaisseau cathédral" qui, sous un toit unique, abrite l'église romane, l'église gothique, édifiée par Bertrand de Goth (futur Clément V), et l'église Renaissance, bâtie par l'évêque Jean de Mauléon. Le cloître s'ouvre au sud : trois de ses galeries sont romanes, la quatrième est gothique. Admirez la délicatesse de ses arcades ouvragées et la beauté sereine de la vue. Dans la ville haute, que l'on rejoint par des escaliers de pierre, les habitations se pressent autour du centre religieux. Demeures nobles, vieilles maisons à colombages, humbles logis médiévaux se blottissent derrière les remparts, leur barbacane et leurs solides portes d'entrée. Puis on redescend dans la plaine pour se recueillir devant la basilique romane Saint-Just de Valcabrère, si touchante et paisible avec son cimetière ombragé de gros cyprès.

248 habitants, 430 m d'altitude **Accès :** (carte 30) à 60 km S-E de Tarbes **À voir :** le trésor de la cathédrale **Aux alentours :** les thermes de Barbazan ; les grottes préhistoriques de Gargas (6 km) ; la villa gallo-romaine de Montmaurin **Foires, festivités :** marché de nuit en été ; Festival de Comminges en juillet-août (concerts à la cathédrale) ; Fête locale en août ; Festival médiéval en août ; Journée de la littérature le 1er week-end d'octobre **Mairie** (tél. 05.61.88.33.12) **Infos** (tél. 05.61.88.37.07).

SAINT-FÉLIX-LAURAGAIS

31540 (Haute-Garonne)

Un conseil : découvrez le village à partir de la route qui monte de la plaine de Revel. Il se découpe alors en ombre chinoise, barré par l'énorme masse du château, les ruines des remparts, un très beau clocher occitan et des moulins. Il en reste six, hélas désarmés : on dit que le bruit de leurs ailes faisait taire le vent d'autan, pourtant si fort... Saint-Félix eut le curieux privilège d'abriter le premier concile cathare (1167). Deux siècles plus tard naît, ici, Guillaume de Nogaret, conseiller de Philippe le Bel, célèbre pour ses démêlés avec le pape Boniface VIII. Autre enfant du pays, et bien plus proche de nous, le musicien Déodat de Séverac, dont la belle maison est sur la place centrale. Le village est beau, peu abîmé, les maisons à colombages sont restaurées, artisans potiers, peintres, doreurs sur bois ont choisi d'y vivre. Le couvert, sur la place, s'appuie sur de très vieux piliers de bois. Un charmant bistrot, *Le Cocagne*, fait un clin d'œil au fastueux passé des temps du pastel. On quitte la place par une petite rue où s'élève l'imposante collégiale jouxtée par la belle maison de la Commanderie. Entrez, la dimension de l'église (orgues du XVIIIe s.) témoigne de l'époque où les chanoines tenaient chapitre à Saint-Félix. Au bout de la rue, on franchit la porte des anciens remparts, pour reprendre la route vers Toulouse, à moins que l'on ne prenne le temps d'une halte de charme à la jolie *Auberge du Poids Public*.

1 350 habitants, 340 m d'altitude **Accès :** (carte 31) à 40 km S-E de Toulouse **Aux alentours :** Saint-Julia ; les châteaux de Montgey, Montmaur, Saint-Paulet ; le canal du Midi **Foires, festivités :** petit marché le mardi matin ; Foire à la cocagne à Pâques ; Festival Déodat de Séverac (musique classique) en juillet ; Marché potier le 3e week-end de septembre ; marché de Noël fin novembre **Hôtel :** *Auberge du Poids Public* (tél. 05.62.18.85.00), très bon restaurant **Mairie** (tél. 05.61.83.01.71) **S. I.** (tél. 05.62.18.96.99).

BASSOUES

32320 (Gers)

L'histoire de Bassoues (prononcez, "Bassousse") commence au XIe siècle avec la fondation d'un monastère bénédictin et s'illustre par une légende : Fris, neveu de Charles Martel, atteint d'une flèche lors de la poursuite des guerriers d'Abd el-Rahman, expire au pied des coteaux de Bassoues et y est enseveli par ses compagnons. La tombe est perdue, puis redécouverte par un paysan, quelques siècles plus tard. Le corps du chevalier, intact, casqué et cuirassé, ses armes au côté, est mis dans un sarcophage de grès et transporté dans l'église construite en son honneur. À trois cents mètres au levant, on peut voir la basilique (XVe s.), très restaurée au XIXe siècle, où dort, enfin en paix, le chevalier chrétien. C'est en 1279 que l'archevêque d'Auch décida de créer une cité à côté du monastère et de la doter de charte et coutumes. Aujourd'hui, on admire la petite bastide gasconne qui a conservé sa forme classique : place carrée, halle couverte que traverse la rue centrale. L'enceinte fortifiée à quatre tours d'angle du XIIIe siècle s'appuie sur le château, hélas défiguré par de nombreux remaniements. L'église, édifiée à la même époque, fut restaurée aux XVIe et XIXe siècles. Mais la plus spectaculaire image de Bassoues, c'est son donjon à l'architecture militaire imposante. La tour du XIVe siècle, appelée "masse", domine de toute sa hauteur la bastide et la protège de son flanc et de ses murs.

374 habitants, 223 m d'altitude **Accès :** (carte 30) à 35 km O d'Auch **À voir :** expositions à thème au Donjon **Aux alentours :** les églises de Marciac, Saint-Mammet à Peyrusse-Grande et Saint-Christaud **Foires, festivités :** marché le dimanche matin ; Fête du village le dimanche après la Pentecôte ; Foire des moissons et des produits régionaux avec marché gascon le 1er dimanche d'août **Mairie** (tél. 05.62.70.90.47) **S. I.** (tél. 05.62.70.97.34).

COLOGNE

32430 (Gers)

Cologne est implanté au cœur d'un verdoyant moutonnement de collines, à la limite de la Lomagne et de la Gascogne toulousaine. Claire bastide de plaine fondée en 1284 sous le double patronage d'Eustache de Beaumarchais, représentant du roi et des comtes de Toulouse, et d'Otton de Terride, seigneur du lieu, elle mêle harmonieusement la pierre à la brique. Les rues, dessinées selon un plan carré, entourent la place et sa halle du XIVe siècle à clocheton décentré, dont la cloche (XVIIe s.) rythme toujours la vie des villageois. Tout comme la halle, les maisons des XVe et XVIe siècles, aux façades de pierres ou de briques, s'appuient sur des poteaux de pierre ou de simples piliers de bois. Les plus anciennes font admirer leurs vieux murs de briquettes roses brodés de colombages. L'église, située à quelques pas, est de grandes dimensions. Élevée au XIVe siècle, elle a été profondément remaniée et agrandie au XIXe siècle. Elle possède un riche mobilier, d'intéressantes pièces d'orfèvrerie religieuse et une collection de vêtements sacerdotaux. Épargné par les excès du tourisme, Cologne a gardé son âme paysanne et sa beauté simple et rustique.

845 habitants, 800 m d'altitude **Accès :** (carte 30) à 50 km N-O de Toulouse **Aux alentours :** le village médiéval de Sarrant ; le château de Bartas **Foires, festivités :** marché le jeudi matin ; animations, marché nocturne, ripailles gasconnes et feu d'artifice le 13 juillet ; Fête locale et vide-greniers le 1er week-end d'août ; marché de Noël fin novembre **Mairie** (tél. 05.62.06.86.08) **S. I.** (tél. 05.62.06.99.30).

FOURCÈS

32250 (Gers)

À deux pas de l'Auzoue, que l'on franchit par un petit pont, voici Fourcès qui se développa d'abord sur une "motte vieille", autour d'un château au donjon de bois. Reconstruite au XVe siècle sur un original plan circulaire, c'est une bastide parfaite, qui enroule ses maisons autour d'une adorable place ombragée de platanes. Les habitations, parées de colombages, se serrent les unes contre les autres, fièrement campées sur des arcades de bois ou de pierres. Des puissants remparts qui la cernaient autrefois, il ne reste, aujourd'hui, qu'une porte ouverte dans l'ancienne tour de l'Horloge et quelques pans de murs. Au sud de la tour, au sommet du mur d'enceinte, on remarque une tête d'homme en pierre : c'est celle du chevalier qui veillera sur la cité jusqu'à la fin des temps, nous dit la légende. Le château actuel aurait été construit aux XVe et XVIe siècles à l'emplacement de l'ancienne place forte démantelée par Édouard III Plantagenêt. Quant à l'église, curieusement édifiée en dehors de l'enceinte, elle est surmontée d'un clocher carré, hélas flanqué d'une flèche pointue rajoutée en 1870. Fourcès est gai et animé, surtout les jours de marché, lorsqu'une foule bigarrée se presse sur la place.

287 habitants, 72 m d'altitude **Accès :** (carte 30) à 64 km N-O d'Auch **À voir :** le musée des Vieux Métiers et des Vieux Outils **Aux alentours :** le cloître et la collégiale de La Romieu ; l'abbaye de Flavan **Foires, festivités :** brocante le 2e dimanche du mois de mai à novembre ; marché aux fleurs le dernier week-end d'avril ; vide-greniers en été ; apéritif-concert le 3e jeudi de juillet ; Marché aux livres le 3e dimanche de juillet ; "Marciac in Fourcès" (jazz) mi-août ; Fête du village le week-end après le 15 août ; marché de Noël en décembre **Mairie** (tél. 05.62.29.40.13) **S. I.** (tél. 05.62.29.50.96).

LARRESSINGLE

32100 (Gers)

Situé à un saut de puce de Condom, au bout d'une route qui serpente à travers coteaux et vignobles, Larressingle est un merveilleux petit bourg fortifié du XIIIe siècle, cerclé d'épais remparts pratiquement intacts, avec courtines et créneaux, renforcés de tours. Ancienne propriété des abbayes d'Agen et de Condom aux XIIe et XIIIe siècles, c'est le plus petit village fortifié de France. On y pénètre par une majestueuse porte précédée d'un pont de pierre qui a remplacé le pont-levis d'autrefois. Sur la place, un massif château-donjon qui était l'ancienne résidence des évêques de Condom jusqu'au XVIe siècle, et l'église, étonnante avec ses deux chœurs et sa nef romane tronquée. Quelques maisons en pierres mordorées se regroupent tout autour. Elles ont conservé des fenêtres à meneaux, des portes arquées et de jolis toits de tuiles brunes. Larressingle est serti dans un écrin de verdure : gazons, fleurs et même palmiers témoignent de la douceur de vivre dans cette charmante région. Vous serez séduits par le cachet de ce bourg de poche.

201 habitants, 271 m d'altitude **Accès :** (carte 30) à 45 km S-O de Condom **À voir :** le musée du Pèlerin (musée de cire) ; la Cité des machines de guerre du Moyen Âge **Aux alentours :** le pont romain de Lartigue ; l'abbaye de Flaran ; les châteaux de Busca-Maniban et de Cassaigne ; la villa gallo-romaine de Séviac ; les églises romanes de Mouchan et de Vopillon **Foires, festivités :** Fêtes médiévales en juillet et août ; représentations théâtrales en été **Hôtel :** à Condom, *Hôtel des Trois Lys* (tél. 05.62.28.33.33), hôtel de charme, 10 chambres 80-150 €, restaurant **Mairie** (tél. 05.62.28.26.25) **S. I.** (tél. 05.62.28.33.76).

LAVARDENS

32360 (Gers)

Construit sur un éperon rocheux au cœur de la plaisante Gascogne, Lavardens domine fièrement un verdoyant vallon. De loin, on est surpris par la masse du château, grosse bâtisse coiffée de tuiles, flanquée de tours carrées élevées sur des piliers incurvés, en surplomb sur la vallée. La solide demeure que l'on voit aujourd'hui, a été édifiée par les Roquelaure au XVIIe siècle, sur les vestiges d'un premier château bâti par les comtes d'Armagnac au XIIe siècle. Elle a conservé des fenêtres à meneaux, une corniche à modillons, un escalier taillé dans le roc. À l'intérieur, on admire les vastes pièces voûtées et de magnifiques pavements à motifs géométriques. Le petit bourg presse ses maisons tout contre le château et les éparpille le long de ruelles escarpées (les carrelots), modelées par le relief. Le village était ceint de remparts, dont il reste quelques vestiges et les belles tours d'angle. On poursuit la balade jusqu'à l'église dotée d'un clocher-tour à toit pointu et renforcée de solides contreforts. On peut, ensuite, faire une pause au petit restaurant installé dans les anciennes écuries du château. Sans conteste, voici l'un des plus pittoresques villages du Gers.

400 habitants, 197 m d'altitude **Accès :** (carte 30) à 20 km N d'Auch **Aux alentours :** Auch, Vic-Fezensac, château d'Herrebouc, Biran, Saint-Lary, Jegun, Ordan, Larroque **Foires, festivités :** marché le mercredi soir tous les 15 jours en été ; concert le dernier week-end de juin ; expositions au château en été et en décembre ; Fête du village mi-septembre ; marché de Noël en décembre **Hôtels :** à Auch, *Hôtel de France* (tél. 05.62.61.71.71), restaurant ; à Lectoure (38 km), *Hôtel de Bastard* (tél. 05.62.68.82.44), hôtel de charme 27 chambres, 46-70 €, restaurant **Restaurant :** *Restaurant du Château* (tél. 05.62.64.58.90) **Mairie** (tél. 05.62.64.52.03).

MONTESQUIOU

32320 (Gers)

Montesquiou ! Ce nom fleure bon la Gascogne, il sonne haut et clair. On imagine des bruits d'épées, des mousquetaires surgissant des coins sombres, des combats sans pitié, mais le bourg, guerrier d'apparence, arcbouté sur sa butte, est aussi paisible que la région qui l'entoure. Ici, à l'ouest du département du Gers, les coteaux sont plantés de vignes, et le climat est déjà adouci par les vents océaniques, des plantes méditerranéennes et exotiques poussent dans les coins abrités. C'est un tout petit village perché, une merveille restée secrète, avec des maisons moyenâgeuses qui ont conservé leurs vieilles pierres et leurs colombages, leurs toits de tuiles patinés. Là, une porte ancienne, vestige des remparts du XIIIe siècle, plus loin, l'église construite au XVe siècle, et encore d'autres demeures, plus aristocratiques, bâties au XVIIIe siècle. On se promène dans le quartier du Barry, si bien préservé que l'on a l'impression de faire un saut dans le passé, en plein Moyen Âge ! Ancien fief de la famille de Montesquiou (leur château n'existe plus), ce petit bijou vous séduira par son charme suranné.

586 habitants, 208 m d'altitude **Accès :** (carte 30) à 29 km O d'Auch **Aux alentours :** l'église (XIVe s.) de Marciac (20 km) **Foires, festivités :** Fête du village fin juin ; concert en avant-première du festival "Jazz in Marciac" fin juillet-début août ; Festival de lecture à haute voix fin août-début septembre ; fête de l'Armagnac en novembre **Hôtel :** *La Maison de la Porte fortifiée* (tél. 05.62.70.97.06), maison d'hôtes de charme, 4 chambres 80-120 € **Mairie** (tél. 05.62.70.91.18).

MONTRÉAL-DU-GERS

32250 (Gers)

Nous sommes sur les coteaux de la Téranèze, et cette belle bastide s'est édifiée à l'emplacement d'un site celtibère, en position défensive au-dessus de l'Auzoue. Créée en 1255 – ce qui la classe parmi les plus anciennes bastides du pays d'Armagnac –, Montréal, qui avait traversé sans trop de mal les moments agités de son histoire, fut malheureusement abîmée lors des guerres de Religion et pendant la Révolution. Elle a heureusement conservé des pans de remparts – notamment une porte – et l'église gothique Saint-Genens en partie fortifiée, décorée d'un très beau portail roman surmonté d'un chrisme des VIIe et VIIIe siècles. Une longue rue dévale vers la place bordée de belles maisons à colombages s'appuyant sur des couverts. Un peu plus loin, un pigeonnier. Les environs immédiats de Montréal témoignent de l'importance de son histoire, à commencer, bien sûr, par la villa gallo-romaine de Séviac, puis l'église gothique de Luzanet, le château de Balarin (XIIIe-XIVe s.) et, enfin, les nombreux points de défense datant de la guerre de Cent Ans : Labarrère, la tour de Luzan faisant face aux forteresses des Armagnacs (Lamothe, Lagraulet, Lauraet). Prenez vraiment le temps d'une longue promenade. Succombez à la tentation de l'armagnac, mais ne manquez surtout pas la merveilleuse "croustade", une pâtisserie gasconne unique en son genre, un rare délice.

1 272 habitants, 105 m d'altitude **Accès :** (carte 30) à 59 km N-O d'Auch **Aux alentours :** l'abbaye de Flaran (XIIe s.) **Foires, festivités :** marché le vendredi matin ; brocante en juin ; Foires médiévales nocturnes en juillet et août ; Fête locale et courses landaises le 2e dimanche d'août **Hôtel :** à Condom (15 km), *Hôtel des Trois Lys* (tél. 05.62.28.33.33), hôtel de charme, 10 chambres 80-150 €, restaurant **Restaurant :** *Chez Simone* (tél. 05.62.29.44.40) **Mairie** (tél. 05.62.29.52.00) **O. T.** (tél. 05.62.29.42.85).

SAINT-CLAR-DE-LOMAGNE

32380 (Gers)

Au cœur de la Lomagne, dominant coteaux et vallons, Saint-Clar apparaît, lumineux. La bastide a l'originalité de posséder deux places à cornières et de se diviser en deux quartiers distincts. Le plus ancien agglutine ses maisons à colombages et ses ruelles tortueuses autour du vieux château et de l'église construits aux XIIe-XIVe siècles. La partie la plus "récente", la bastide neuve, fondée en 1274 par contrat passé entre le roi d'Angleterre, duc d'Aquitaine, et l'évêque de Lectoure, présente un plan classique et ordonné de rues se coupant à angle droit. Sur la place de la Mairie, une magnifique halle du XIIIe siècle, appuyée sur des piliers de bois, est accolée à la mairie, elle-même surmontée par un délicat clocher. Les couverts qui la bordent offrent ombre et fraîcheur, bien plaisantes en été. Le long des venelles animées de boutiques d'artisans, on admire les belles maisons des XVIIe-XVIIIe siècles, sobrement rénovées. On rejoint la place de la République où une massive église néogothique a été édifiée au XIXe siècle, à l'emplacement de l'ancien cimetière. À deux pas, une terrasse-jardin offre une superbe vue d'ensemble sur la vallée de l'Arrats. Saint-Clar est aussi le pays de l'ail blanc, que les paysans vendent le jeudi sous la halle en été.

1 060 habitants, 157 m d'altitude **Accès :** (carte 30) à 36 km E de Condom **À voir :** le musée de l'École publique ; la Maison de l'ail **Aux alentours :** les châteaux d'Avezan et de Gramont ; l'église de Saint-Créac ; la ferme aux Étoiles à Mauroux **Foires, festivités :** marché le jeudi matin ; Fête locale le 1er dimanche de juin ; fête de l'Ail le 1er jeudi d'août, Concours de l'ail le 3e jeudi d'août ; brocante en septembre ; fête de l'Arbre et marché de Noël le 1er dimanche de décembre **Hôtel :** *La Garlande* (tél. 05.62.66.47.31), maison d'hôtes de charme, 5 chambres 52-69 € **Mairie** (tél. 05.62.66.40.45) **O. T.** (tél. 05.62.66.34.45).

TILLAC

32170 (Gers)

Ce petit village, fortifié par le comte d'Armagnac Bernard VII au XIIIe siècle, surplombe une vaste plaine agricole. Ses maisons, bardées de colombages, s'appuient sur des piliers de bois formant des galeries que l'on appelle, ici, des couverts. Elles s'alignent le long d'une rue unique, fermée à chacune de ses extrémités par les deux anciennes portes des remparts dont l'une est surmontée d'un clocheton. Ce sont d'imposantes tours à meurtrières construites, jadis, pour la défense du bourg et de ses habitants. Ne manquez pas la visite de l'église, assez massive, édifiée au XIVe siècle. Tillac est resté vraiment authentique et à l'écart du tourisme. Vous pourrez aussi, avant de repartir, faire provision de délicieux foies gras, de rillettes savoureuses chez les petits producteurs ou dans les fermes de la région, le Gers étant renommé pour ses bons produits fermiers.

303 habitants **Accès :** (carte 30) à 39 km S-O d'Auch **Aux alentours :** le château de Pallanne (XVIIIe s.) ; Monlezun, son église (XVe-XVIe s.) et les ruines de son château fort ; l'église (XIVe s.) de Marciac (10 km N-O) ; le lac de Miélan **Foires, festivités :** Floralies début avril ; brocante fin mai ; Fête du village fin juillet ; concert dans le cadre du festival "Jazz in Marciac" en août **Hôtel :** à Juillac (15 km), *Au Château* (tél. 05.62.66.47.31), maison d'hôtes de charme, 4 chambres 55-65 € **Mairie** (tél. 05.62.70.00.00).

AUTOIRE

46400 (Lot)

Voici un village au caractère quercynois affirmé, si beau, si "neuf", que l'on a peine à croire qu'il est vieux d'au moins huit siècles. Au hasard de la balade le long des ruelles, on découvre, ici, une fontaine, là, une placette entourée de maisons à colombages, plus loin, de vieilles demeures à encorbellements couleur craie à toits de tuiles brunes, et puis une, deux, trois gentilhommières plus pimpantes les unes que les autres, flanquées de tourelles pointues. De l'église, on passe à une terrasse d'où la vue plonge sur le moulin de Limargue et sur le cirque rocheux qui abrite le bourg au sud-ouest. Les vicomtes de Turenne prirent soin de leurs cités vassales et, durant la guerre de Cent Ans, Autoire, comme Saint-Céré, eut peu à souffrir, bien protégée par les puissants remparts de Saint-Laurent. La cité, aujourd'hui, poursuit sa vie paisible, au cœur d'une magnifique région où tout est à voir du haut, pour ses châteaux, jusqu'en bas, pour son cirque, et plus bas encore, pour les grottes de Presque et le gouffre de Padirac, avec sa mystérieuse rivière souterraine.

312 habitants, 300 m d'altitude **Accès :** (carte 24) à 55 km S de Tulle **Aux alentours :** le gouffre de Padirac ; les grottes de Presque ; Rocamadour **Foires, festivités :** Fête du village avec embrasement des falaises en juillet **Mairie** (tél. 05.65.38.05.26) **O. T.** Saint-Céré (tél. 05.65.38.11.85).

CARDAILLAC

46100 (Lot)

Le village est fermement ancré sur un éperon rocheux du Haut-Quercy. Le nom de Cardaillac sonne clair, un peu gascon, c'est que nous sommes à la porte sud du Ségala. Nombreux sont les seigneurs de Cardaillac qui ont fait parler d'eux au cours de l'Histoire : Guillaume V, fondateur de l'abbaye de Leyme, Jean, évêque de Rodez au XIVe siècle, Marques, qui défendit son Quercy pendant la guerre de Cent Ans. Aujourd'hui, l'orgueil de Cardaillac c'est son site – paysage de bois entrecoupés de vallons secrets –, et son fort, véritable ville miniature, à trois tours : la tour des Barons et celle de l'Horloge, massives, carrées, et la tour de Sagnes, ronde, un peu isolée des autres. Une fois franchie la porte qui donne accès au plateau, on se trouve en plein Moyen Âge. Des venelles à caniveau central serpentent entre les maisons bâties en grès ocre. Les rues ont des noms évocateurs : rue du Sénéchal, de la Magnanerie, de la Bataillerie. De nombreux et intéressants détails anciens subsistent, ogives, enseignes sculptées... On déniche une maison en terrasse, défiant le vide, qui a été bien restaurée, d'autres, plus humbles, s'appuyant les unes sur les autres, dans le silence des ruelles. Mais un regain d'intérêt pour la tradition se dessine, de vieux métiers revivent, des artisans s'installent, des commerces à la mode d'autrefois subsistent, comme l'épicerie-tabac-journaux, au charme désuet.

534 habitants **Accès :** (carte 24) à 10 km N de Figeac **À voir :** le "Musée éclaté" (arts populaires) **Aux alentours :** Rocamadour ; le gouffre de Padirac **Foires, festivités :** marché le dimanche matin ; Foire du renouveau en mai ; Fête du village 1re quinzaine d'août ; foire de la Saint-Martin en novembre **Hôtel :** à Fons (10 km), *Domaine de la Piale* (tél. 05.65.40.19.52), maison d'hôtes de charme, 4 chambres 80-110 € **Mairie** (tél. 05.65.40.14.32).

CARENNAC

46110 (Lot)

Ravissante cité moyenâgeuse, Carennac mêle avec bonheur le charme de ses maisons coiffées de tuiles brunes à la tranquille douceur des eaux de la Dordogne. Des anciens remparts, il ne reste qu'une tour du XVe siècle et une porte fortifiée. Le village se regroupe autour du prieuré-doyenné (Xe s., remanié aux XVe-XVIIe s.) où vécut Fénelon de 1681 à 1695. On passe par une porte en ogive ouverte dans l'enceinte, pour découvrir l'église romane au splendide portail sculpté – le tympan représente les apôtres aux pieds du Christ – et le cloître, bien restauré, qui comprend une galerie romane et trois galeries de style gothique flamboyant. L'ensemble des bâtiments conventuels est très intéressant. Jouxtant l'église, un petit château du XVIe siècle dresse ses tourelles romantiques au bord de la rivière. Fénelon y aurait écrit son *Télémaque*. Une petite île sur la Dordogne a été baptisée "île de Calypso" en souvenir. Nul doute qu'après la visite de Carennac, on trouvera vraiment justifiée cette petite ode composée à sa gloire par l'illustre abbé : "En quelque climat que j'erre, / Plus qu'en tout autre lieu, / Cet heureux coin de la terre / Me plaît et rit à mes yeux."

373 habitants, 112 m d'altitude **Accès :** (carte 24) à 40 km S-E de Brive-la-Gaillarde **À voir :** expositions au château **Aux alentours :** le gouffre de Padirac (8 km S) ; Rocamadour ; les grottes de Lacave ; le château de Castelnau-Bretenoux **Foires, festivités :** feux de la Saint-Jean en juin ; brocantes en été ; fête de la Prune début août ; Fête patronale mi-août ; "Mois de la pierre" en novembre **Hôtel :** *Hostellerie Fénelon* (tél. 05.65.10.96.46) **Mairie** (tél. 05.65.10.94.62) **O. T.** (tél. 05.65.10.97.01).

LACAPELLE-MARIVAL

46120 (Lot)

Lacapelle-Marival est bâtie dans un paysage à l'aspect déjà méridional : collines douces, bois et prés mêlés, teintes chaudes des constructions passant du jaune mordoré à l'ocre. Cette couleur du grès est spécifique à la région, la pierre, ici, est un peu bigarrée, incrustée de petits cristaux de quartz qui font comme des clins d'œil au soleil. La bourgade arbore une place ombragée de platanes avec un château massif, carré, doté d'un chemin de ronde à mâchicoulis, flanqué d'échauguettes et surmonté d'un toit à quatre pans. C'est l'ancien fief des Cardaillac, les puissants seigneurs du Quercy. Face à la forteresse, voici l'église et les restes des remparts. On en franchit la porte pour déboucher sur le quartier médiéval. Là, on découvre de hautes maisons à armatures en ogives, resserrées autour d'une belle halle couverte de tuiles romanes. Plus haut se trouve un couvent, édifié au XVIIIe siècle sur une vaste terrasse jouissant d'un superbe point de vue sur la vallée. Le village est animé tout au long de l'année. Les habitants ont su rester fidèles à leur art de vivre, à leurs traditions gourmandes, et de nombreux artistes ont choisi ce coin charmant pour enrichir leur inspiration.

1 307 habitants, 431 m d'altitude **Accès :** (carte 24) à 20 km N-O de Figeac **Aux alentours :** l'église romane du Bourg (3 km) ; l'église (XIIIe s.) de Rudelle (5 km) ; le château d'Aynac (11 km) **Foires, festivités :** foire les 2e et 4e lundis du mois ; Foire artisanale le 1er mai ; animations en été ; Fête votive le 15 août ; Foire de la châtaigne en octobre ; animations en décembre **Hôtel :** à Gramat (17 km), *Moulin de Fresquet* (tél. 05.65.38.70.60), maison d'hôtes de charme, 5 chambres 67-114 € **Mairie** (tél. 05.65.40.80.24) **O. T.** (tél. 05.65.40.81.11).

LOUBRESSAC

46130 (Lot)

On voit de loin le village, perché en nid d'aigle sur un promontoire en surplomb sur les vallées de la Dordogne, de la Cère et de la Bave. Le baron de Castelnau lui accorde sa première charte en 1211. Ruiné par la guerre de Cent Ans, le bourg sera repeuplé, au XVe siècle, par des Auvergnats et des Limousins. Aujourd'hui, Loubressac conserve de nombreux atouts : la beauté de sa pierre ocre, l'harmonie de son architecture et son extraordinaire panorama sur la vallée, incluant le château de Montal, les tours de Saint-Laurent, Saint-Céré et le puissant château de Castelnau. Commençons la visite : on franchit une porte fortifiée, on passe devant la belle maison des Gardes (XVe s.), au porche ponctué de pans de bois, pour rejoindre l'église Saint-Jean-Baptiste, dont la construction commença au XIIIe siècle pour s'achever en 1520. Le portail représente le Christ en majesté et ouvre sur une nef voûtée d'ogives, à quatre chapelles. Il faut monter jusqu'au château du XVe siècle, remanié au XVIIe siècle, pour admirer son majestueux donjon d'entrée. En face se dresse la maison de l'Intendant bâtie au XVe siècle. Amoureux des vieilles pierres et d'authenticité, ne manquez pas de lever les yeux vers ce village discret qui, de loin, cache sa beauté.

485 habitants, 375 m d'altitude **Accès :** (carte 24) à 65 km S-E de Brive **Aux alentours :** les châteaux de Montal (XVIe s.) et de Castelnau (5 km N) **Foires, festivités :** "Printemps de Loubressac" début mai ; Fête du village fin juin ; brocante fin août **Hôtel :** *Le Relais de Castelnau* (tél. 05.65.10.80.90) **Mairie** (tél. 05.65.38.18.30) **O. T.** (tél. 05.65.10.82.18, en saison).

MARTEL

46600 (Lot)

Fondée au XIIe siècle, juste à côté d'une église édifiée par Charles Martel après sa victoire contre les Arabes en 732, la cité prend le nom du vaillant guerrier et est choisie comme capitale par les vicomtes de Turenne. Elle résiste courageusement aux nombreux assauts anglais, bien abritée derrière ses remparts, mais doit se soumettre en 1360, après le traité de Brétigny. De la fin du XIIIe siècle au XIVe siècle, les années prospères se succèdent, on construit partout avec la belle pierre blanche du Causse. Riches hôtels, maisons nobles et bâtiments militaires s'élèvent, massifs, austères et élégants. On les contemple encore aujourd'hui : la puissante tour de Tournemire, seul vestige des anciens remparts, l'église gothique Saint-Maur à tour-clocher de 48 mètres formant donjon et la belle halle du XVIIIe siècle encerclée de jolies maisons, place des Consuls. Il faut voir aussi le très bel hôtel de la Raymondie (actuel hôtel de ville), de 1330, avec son beffroi crénelé et sa ravissante cour intérieure, la maison Fabri et les pittoresques habitations de la rue de Tournemire. La promenade dans ce délicieux village vous laissera une agréable impression de paix et de sérénité.

1 529 habitants, 216 m d'altitude **Accès :** (carte 24) à 30 km S de Brive-la-Gaillarde **À voir :** le musée gallo-romain (ouvert juillet-août) **Aux alentours :** le Puy-d'Issolud (14 km) ; les églises de Vayrac, de Saint-Michel-de-Bannières et de Mézel ; le village de Gignac **Foires, festivités :** marché le mercredi et le samedi matin ; brocante le 8 mai ; Festival de Bandas en juillet ; Foire de la laine le 23 juillet ; Festival de la BD et brocante fin juillet ; fête de la Bière mi-août ; brocante à Gluges le 1er week-end de septembre ; marché de Noël en décembre ; marché aux truffes en décembre-janvier **Mairie** (tél. 05.65.37.30.03) **O. T.** (tél. 05.65.37.43.44).

ROCAMADOUR

46500 (Lot)

Il faut arriver à Rocamadour par la route de L'Hospitalet pour découvrir une vue à couper le souffle : vieilles maisons, églises, tours empilées les unes sur les autres comme dans un jeu de construction, s'agrippant, s'incorporant au roc vertigineux surplombant les gorges de l'Alzou. Classé deuxième site de France (après Le Mont-Saint-Michel), sa notoriété est ancienne : les pèlerins venaient déjà y prier la Vierge noire et saint Amadour, au Moyen Âge. De nos jours, les touristes du monde entier convergent vers la petite cité autrefois enclose, et toujours verrouillée par cinq portes (du Figuier, Salmon, Hugon...). De belles maisons anciennes des XIVe-XVe siècles – l'hôtel de ville, la maison de la Louve, celle de la Pommette, entre autres – jalonnent le parcours jusqu'au sanctuaire. Les chrétiens, jadis, montaient à genoux les marches de l'escalier menant au lieu saint constitué de sept églises et chapelles, bâties du XIe au XIIIe siècle, mais qui ont été très remaniées au XIXe siècle. Encore plus haut, par un chemin de croix ombragé, on rejoint le château (XIXe s.) accolé à un fort des XIIIe-XIVe siècles qui protégeait le bourg. De ce promontoire, la vue est saisissante. Ce village est à voir absolument, mais il est très touristique. Prévoyez de le visiter tôt le matin, tard le soir, ou hors saison.

631 habitants, 265 m d'altitude **Accès :** (carte 24) à 40 km S de Brive-la-Gaillarde **Aux alentours :** la grotte des Merveilles ; les grottes de Lacave ; le canyon de l'Alzou **Foires, festivités :** fête des Fromages à la Pentecôte ; Festival des éclectiques en juillet ; "Cantica sacra" en août ; Rassemblement de montgolfières le dernier week-end de septembre **Hôtels :** *Hôtel Beau Site* (tél. 05.65.33.63.08), hôtel de charme, 36 chambres 53-84 €, restaurant ; *Domaine de la Rhue* (tél. 05.65.33.71.50), hôtel de charme, 13 chambres 75-160 € ; *Les Esclargies* (tél. 05.65.38.73.23), hôtel de charme, 16 chambres 68-138 € **Mairie** (tél. 05.65.33.63.26) **O. T.** (tél. 05.65.33.22.00).

SAINT-CÉRÉ

46400 (Lot)

L'imposant ensemble de Saint-Laurent dresse ses tours des XIIe et XVe siècles – vestiges de l'ancien château des seigneurs de Turenne – et ses remparts, au carrefour stratégique entre le Limousin, l'Auvergne et le Quercy. Saint-Céré se blottit à ses pieds, sur une île enserrée par les deux bras de la Bave. La cité a gardé tout son charme : on aime le quai au bord de la rivière, les vieilles maisons avec leurs jardins touffus, les ponts à l'ancienne qui jouent à saute-ruisseau, la petite chapelle des Récollets. On admire les nombreux hôtels particuliers des XVe, XVIe et XVIIe siècles, coiffés de tuiles brunes, aux façades à encorbellements ou parfois brodés de pans de bois, notamment sur la jolie place du Mercadial. On remarque, à l'angle de la maison de Jean de Séguier (XVe s.), un "taoulié", un banc de pierres qui servait autrefois d'étal aux pêcheurs. La flânerie dans la vieille ville permet de bien jolies découvertes, des bistrots et des commerces à la mode d'autrefois animent agréablement les ruelles. À voir aussi, l'église Sainte-Spérie (XIIIe s.) restaurée au XVIIIe siècle, l'hôtel de Puymule (XVe s.) flanqué d'une tour ronde, l'hôtel Ambert et, derrière le presbytère, un bel ensemble de maisons des XVe et XVIe siècles.

3 702 habitants, 150 m d'altitude **Accès :** (carte 24) à 54 km S-E de Brive-la-Gaillarde **À voir :** l'atelier-musée Jean-Lurçat (en saison) **Aux alentours :** les châteaux de Montal, Assier et Castelnau ; le village de Sousceyrac ; les grottes de Presque ; le gouffre de Padirac **Foires, festivités :** marché le dimanche matin ; marché de producteurs de pays et marchés nocturnes en juillet et août ; foire les 1er et 3e mercredis du mois ; Festival de musique classique fin juillet-mi-août ; Fête votive et Rencontres archéologiques en septembre **Hôtel :** *Villa Ric* (tél. 05.65.38.04.08), hôtel de charme, 5 chambres 79-109 €, restaurant **Mairie** (tél. 05.65.10.01.10) **O. T.** (tél. 05.65.38.11.85).

SAINT-CIRQ-LAPOPIE

46330 (Lot)

Saint-Cirq-Lapopie, "situé au détour de ces falaises qui, dans la vallée du Lot, jalonnent les catacombes de la préhistoire", a quelque chose de magique et illustre tout le mystère médiéval. Sa position est extraordinaire : il s'agrippe à une falaise qui domine le Lot de plus de 80 mètres. Le village s'étend le long d'une rue escarpée, coupée de venelles pittoresques, de délicieux jardins, de "carriérous" et d'escaliers reliant les unes aux autres des maisons anciennes parées de pans de bois, de toits pentus de tuiles brunes, de fenêtres à meneaux, de linteaux sculptés, de portes en bois chantourné. L'église (XVe s.), en surplomb, possède un massif clocher-tour. Tout cela est d'une parfaite harmonie, l'architecture du bourg, ses volumes, ses couleurs se fondent dans le site environnant et accrochent magnifiquement la lumière. En dessous du Carol, on aperçoit le mirador de la demeure du peintre Henri Martin, et une très belle habitation à tour-pigeonnier (XIIIe s.), l'auberge des Mariniers, où vécut André Breton. Les anciennes échoppes de chaudronniers et de tourneurs sur bois sont occupées, aujourd'hui, par de nombreux artisans d'art. Au sommet du rocher de Lapopie, les ruines de l'ancien château moyenâgeux couronnent la cité. Un des plus beaux villages de France, en majeure partie classé Monument historique.

216 habitants, 223 m d'altitude **Accès :** (carte 31) à 30 km E de Cahors **À voir :** le musée de la Fourdonne ; le musée Rignault **Aux alentours :** le château de Cénevières (7 km) ; les grottes préhistoriques du Pech-Merle (12 km) ; les villages de Calvignac et Larnagol ; la vallée du Lot **Foires, festivités :** marché le mercredi après-midi en juillet-août ; "Les Mardis de Saint-Cirq" (concerts) en été ; Fête du village en juillet **Hôtel :** *Auberge du Sombral* (tél. 05.65.31.26.08), hôtel de charme, 8 chambres 50-80 € **Mairie** (tél. 05.65.31.24.14) **O. T.** (tél. 05.65.31.29.06).

ARREAU

65240 (Hautes-Pyrénées)

Ancienne capitale du pays des Quatre-Vallées – Aure, Barousse, Nesse et Magnoac –, Arreau se situe au confluent du Louron et des Nestes d'Aure. Les habitations, coiffées d'ardoises, se serrent les unes contre les autres et se répartissent le long des deux Nestes qui scintillent et rebondissent sur les galets. Juste avant le pont qui enjambe la rivière, on voit le château des Nestes et, sur la rive droite de la Neste du Louron, l'église Saint-Exupère (XIIIe s.). Son portail à colonnettes est en marbre des Pyrénées. C'est tout près d'Arreau que se trouvent les célèbres carrières de marbre rouge de Sarrancolin. Les maisons anciennes à l'architecture montagnarde préservée – certaines datées des XVIe-XVIIIe siècles –, arborent des galeries de bois. À admirer particulièrement, la maison du Lys (XVIe s.), qui s'élève en encorbellement au-dessus d'un rez-de-chaussée de pierre (ses colombages sont une véritable œuvre d'art), la maison Molié (XVIIIe s.) avec ses galeries et ses colonnes de marbre, et la halle-mairie à clocheton (XVIIe s.) et pans de bois qui s'appuie sur des couverts en anse de panier. Au cœur du bourg, l'église Notre-Dame présente, accolé à une nef romane, un clocher-tour du XVIe siècle à baies géminées.

845 habitants, 730 m d'altitude **Accès :** (carte 30) à 25 km S de Lannemezan **À voir :** le musée des Cagots (arts et traditions de la vallée de l'Aure) **Aux alentours :** Sarrancolin (carrières de marbre et église du XIIIe s.) ; les églises peintes du Louron ; la maison de l'Ours à Saint-Lary ; le parc national des Pyrénées ; le col d'Aspin **Foires, festivités :** marché le jeudi matin ; Fête du village en juin ; fête du Gâteau à la broche fin juillet **Hôtels :** *Hôtel d'Angleterre* (tél. 05.62.98.63.30) ; à Pinas (28 km), *Domaine de Jean-Pierre* (tél. 05.62.98.15.08), maison d'hôtes de charme, 3 chambres 50-55 € **Mairie** (tél. 05.62.40.75.60) **O. T.** (tél. 05.62.98.63.15).

SAINT-SAVIN

65400 (Hautes-Pyrénées)

Saint-Savin se blottit dans une vallée préservée au cœur des Pyrénées, à trois kilomètres au sud d'Argelès. On atteint le village par une petite route de montagne qui permet d'admirer les rudes et sauvages paysages pyrénéens. Le site fut occupé dès l'époque gallo-romaine, et un premier monastère y aurait été édifié pour recueillir le corps de saint Savin. Les comtes de Bigorre l'enrichirent au Xe siècle en donnant aux moines toute la vallée environnante. Aujourd'hui, la place principale du village a gardé, en grande partie, son aspect moyenâgeux et sa simplicité avec ses couverts reposant sur des piliers de bois. L'imposante église (XIe-XIIe s.), fortifiée au XIVe siècle, abrite un bénitier roman, un très beau Christ en bois polychrome et des orgues du XVIe siècle, dont le buffet est décoré de masques ; son puissant clocher-tour est surmonté d'un fin toit pointu. Le contraste entre son importance et la taille du village rappelle le rôle religieux de premier plan que joua Saint-Savin dans le passé. De la terrasse qui borde la place, on découvre un panorama grandiose sur toute la vallée d'Argelès et les hameaux environnants.

370 habitants, 540 m d'altitude **Accès :** (carte 29) à 35 km S de Tarbes **À voir :** le trésor d'Art sacré (en saison) **Aux alentours :** la chapelle de Pietat ; le petit village d'Uz ; le cirque de Gavarnie ; le pont d'Espagne **Foires, festivités :** concerts à l'abbatiale en été ; Fête du village le 15 août **Hôtels :** *Le Viscos* (tél. 05.62.97.02.28), hôtel de charme, 7 chambres 53-88 €, restaurant ; à Viscos (10 km), *La Grange aux Marmottes* (tél. 05.62.92.91.13), hôtel de charme, 14 chambres 70-105 €, restaurant **Restaurant :** à Arcizans-Avant (2 km), *Auberge Le Cabaliros* (tél. 05.62.97.04.31), avec chambres **Mairie** (tél. 05.62.97.02.29).

CASTELNAU-DE-MONTMIRAL

81140 (Tarn)

Castelnau-de-Montmiral, petit chef-d'œuvre médiéval cerné de remparts, surplombe la vallée de la Vère. Comme son nom l'indique, le village, construit vers 1222, fait partie des "castelnaux", agglomérations construites par des seigneurs dans la dépendance de leur château et sous leur protection. Des six portes ouvertes dans les remparts, il n'en reste que trois aujourd'hui ; quant au château érigé au XIIIe siècle, il a été détruit pendant la Révolution. Cependant, la promenade à l'intérieur de l'enceinte est charmante. La pittoresque place de la Mairie est bordée de maisons aux façades de toutes sortes – pierre de taille, pans de bois, brique, crépi – qui s'appuient sur des couverts de pierres ou de bois ; l'hôtel de ville et la maison Bozat remontent au XVIIe siècle. L'église, profondément remaniée, date essentiellement des XVe et XVIe siècles. Tout autour, les petites rues sont animées, la bourgade est vraiment charmante et accueillante.

895 habitants, 289 m d'altitude **Accès :** (carte 31) à 35 km O d'Albi **Aux alentours :** Albi, sa vieille ville, sa superbe cathédrale et son musée Toulouse-Lautrec **Foires, festivités :** marché le mardi matin ; fêtes de la Pentecôte ; Fête du village mi-août ; Foire au miel et produits du terroir le 15 août **Mairie** (tél. 05.63.33.10.18) **O. T.** (tél. 05.63.33.15.11, en saison).

CORDES-SUR-CIEL

81170 (Tarn)

En 1222, le comte de Toulouse, Raimond VII, choisit le roc inexpugnable de Mordagne, qui domine la plaine du Cérou, pour bâtir Cordes, sa cité défensive, qu'il entoure de puissants remparts. Résidence de chasse des seigneurs du Languedoc, elle connaît des temps fastueux et un grand rayonnement artistique et culturel. Ses artisans travaillent le lin, le chanvre, le cuir. Ses seigneurs l'embellissent. Au XIVe siècle, on construit la halle, on renforce les fortifications. Il en subsiste le portail peint et des portes (Ormeaux, Planol, de l'Horloge et Barbacane). C'est cette magnifique bastide à l'italienne, pur joyau d'art gothique, que nous pouvons admirer, intacte aujourd'hui, grâce à l'action de sauvegarde entreprise par ses habitants et des artistes dans les années 1920. On parcourt à pied les vieilles rues pavées pour s'imprégner de leur atmosphère raffinée. Les merveilles des XIIIe-XIVe siècles sont innombrables : maisons du Grand-Veneur, du Grand-Fauconnier, du Grand-Écuyer, pour ne citer que les plus nobles. Leurs façades de grès rosé, à plusieurs étages de galeries, avec baies géminées, ogives, colonnettes, chapiteaux sculptés sont d'une lumineuse beauté. L'église, plusieurs fois remaniée, présente un chevet et deux chapelles (XIIIe s.), un clocher-donjon (XIVe s.) et une nef agrandie au XVe siècle. Un spectacle à couper le souffle, et un panorama grandiose à admirer du haut de la tour de guet.

1050 habitants, 289 m d'altitude **Accès :** (carte 31) à 25 km N d'Albi **À voir :** le musée d'Art moderne, le musée Portal, Historama, le musée de l'Art du sucre, le jardin des Paradis **Foires, festivités :** marché le samedi matin ; marchés nocturnes en juillet-août ; Fêtes gastronomiques en avril et septembre ; fêtes du Grand-Fauconnier le 14 Juillet ; Festival de musique en juillet **Hôtels :** *Le Grand-Écuyer* (tél. 05.63.53.79.50), restaurant gastronomique ; *Domaine de La Borie Grande* (tél. 05.63.56.58.24), maison d'hôtes de charme, 3 chambres 90 € ; *Les Vents Bleus* (tél. 05.63.56.86.11), maison d'hôtes de charme, 5 chambres 90-150 € **Mairie** (tél. 05.63.56.00.40) **O. T.** (tél. 05.63.56.00.52).

LAUTREC

81440 (Tarn)

Albi, avec sa splendeur architecturale et son beau musée, fait naturellement partie des visites incontournables de la région. Mais n'oublions pas Lautrec, petit bourg médiéval qui se trouve un peu à l'écart, mais qui est si joli ! L'ancienne place forte doit son nom à ses vicomtes, les lointains ancêtres de Toulouse-Lautrec, peintre de génie. De tous côtés, le panorama est splendide. Le village n'est pas à une grande altitude mais il est situé de telle sorte que la vue embrasse toute la plaine de Castres, face à la ligne de la Montagne Noire. Des murailles, nouvellement restaurées, entourent la ville, où l'on pénètre par la porte du Mercadial. À l'angle de la place, deux magnifiques demeures à colombages, dont les toits se frôlent, enserrent la rue de La Caussade aux pavés de guingois. Elle dévale vers la porte fortifiée du XIIIe siècle, seule rescapée des huits tours qui renforçaient autrefois les remparts. La place centrale est entourée de gracieuses maisons à encorbellement (XIVe s.), posées sur piliers de bois. Un grand porche donne accès à la place des Marronniers et à la petite rue de l'église, où se trouve la belle collégiale dédiée à saint Rémy. Du calvaire, juché au sommet du bourg, on peut contempler la vue sur les monts de Lacaune, la Montagne Noire et la riante plaine castraise.

750 habitants, 360 m d'altitude **Accès :** (carte 31) à 30 km S d'Albi **À voir :** le musée archéologique (ouvert sur demande, voir O. T.) **Aux alentours :** le château de Malvignol **Foires, festivités :** marché le vendredi matin, marché à l'ail de juillet à janvier ; Fête du village fin mai ; vide-greniers le 3e dimanche de juin ; fête de l'Artisanat le 3e dimanche de juillet ; fête de l'Ail rose le 1er vendredi d'août ; "Festivaoût" (concerts) et "Pains et saveurs" en août **Hôtel :** *La Terrasse de Lautrec* (tél. 05.63.75.84.22), maison d'hôtes de charme, 4 chambres 75-115 € **Mairie** (tél. 05.63.75.90.04) **O. T.** (tél. 05.63.75.31.40).

MONESTIÉS

81640 (Tarn)

Implanté au creux d'un vallon au bord du Cérou, Monestiés est un tout petit village oublié, très joli et pittoresque, qui a gardé de sa splendeur passée une atmosphère de douce noblesse. Il fut, autrefois, le chef-lieu de la baronnie des archevêques d'Albi, qui ont enrichi la chapelle Saint-Jacques (XIe-XVIe s.) de belles statues du XVIIIe siècle, d'une magnifique pietà et d'une exceptionnelle Mise au tombeau composée de onze personnages en calcaire polychrome, datant toutes deux du XVe siècle. Un vieux pont de pierre enjambe la rivière et, en suivant la berge, on atteint l'ancienne porte fortifiée. Une fontaine, une vieille tour du XVIIe siècle, l'église Saint-Pierre (XVIe s.) – admirez son clocher –, qui contient un magnifique retable du XVIIe siècle et un important tableau du XVIIIe siècle, constituent les autres richesses du village. La balade dans les rues aux maisons anciennes, qui ont gardé leur belle unité, dégage un charme discret. On évoque avec nostalgie l'époque où le moindre petit bourg renfermait avec simplicité des trésors.

1 400 habitants, 200 m d'altitude **Accès :** (carte 31) à 25 km N d'Albi **À voir :** le musée Bajen-Vega (peintures) **Aux alentours :** le château de Combefa ; le village de Salles ; le lac de Roucarié ; Albi et ses musées **Foires, festivités :** marché le jeudi soir en juillet-août ; Foire gourmande en avril ; Nuit du musée Bajen-Vega en mai ; fête de l'Âne, vide-greniers et "Rendez-vous au jardin" en juin ; "Estiv'arts" (expositions) de mi-juin à septembre ; Festival de musique en juillet ; fête du Cheval en septembre ; brocante en novembre ; marché de Noël en décembre **Mairie** (tél. 05.63.80.14.00) **O. T.** (tél. 05.63.76.19.17).

PENNE-DU-TARN

81140 (Tarn)

Construit dans un site impressionnant des gorges de l'Aveyron, Penne est comme suspendu au roc en à-pic, couronné par les tours – aujourd'hui relevées – de son château fort. On pénètre dans le village par une ruelle pavée, bordée de maisons anciennes à pans de bois ou en pierre, certaines en encorbellement. Çà et là, des escaliers, des passages étroits ménageant des points de vue époustouflants sur les environs, une placette, des portes-tours fortifiées, vestiges des remparts, forment un ensemble pittoresque. L'église-forteresse, construite au XIIe siècle, comporte un imposant clocher et des restes de créneaux. Depuis le vieux château (privé, il se visite) que l'on atteint par un chemin escarpé, la vue sur le village et les gorges est vertigineuse. Des vestiges de remparts et de tours montrent l'importance de la forteresse dans le passé. Les seigneurs de Penne, partisans des comtes de Toulouse, menèrent une lutte sans merci contre Simon de Montfort et ses troupes au XIIe siècle, puis contre les Anglais pendant la guerre de Cent Ans. La citadelle fut démantelée par les protestants lors des guerres de Religion, au XVIe siècle. Récemment racheté par un architecte toulousain, le château reprend vie. Des travaux gigantesques ont été entrepris. Ses vieux murs sont remontés, la chapelle consolidée, le passage couvert restauré. Un village attachant, au cœur d'une région splendide.

60 habitants, 131-347 m d'altitude **Accès :** (carte 31) à 35 km E de Montauban **Aux alentours :** le village de Montricoux (église XVIe s. et vestiges du château XIIIe s.) ; les grottes du Bosc ; l'abbaye cistercienne de Beaulieu ; la Commanderie templière de Vaour et son dolmen ; les gorges de l'Aveyron et la forêt de Grésigne **Foires, festivités :** Journée des moulins mi-juin ; vide-greniers fin juin ; fête de la Chasse et de la Nature début juillet ; fête de Belaygues le dernier week-end de juillet ; Fête du village et marché médiéval le 1er week-end d'août **Mairie** (tél. 05.63.56.31.11) **O. T.** du pays de Vaour (05.63.56.36.68).

PUYCELSI

81140 (Tarn)

Émergeant de la forêt de Grésigne, entre Gaillac et Caussade, en position de forteresse, Puycelsi coiffe un plateau rocheux posé comme une couronne sur la vallée de la Vère. Les remparts suivent la ligne de crête pour s'arrêter net sur l'à-pic de 85 mètres de haut qui les rend inutiles. Le château du Petit-Saint-Roch est flanqué de deux tours dont les fenêtres géminées étaient, jadis, prévues pour laisser passer le canon des armes à feu. Un peu en contrebas, la place du Fus rappelle qu'ici l'on fabriquait rouets et fuseaux. Une rue très pentue mène à la belle maison des Gardes et à la porte de l'Irissou, tandis que le chemin de ronde tournicote jusqu'à la tour de la Prison. La place de la Mairie est peut-être l'endroit le plus séduisant du village ; la Maison commune, très bien restaurée, nous apparaît telle qu'elle était au XVIe siècle. En face, la maison Féral arbore une élégante façade du XVIe siècle. La chapelle Saint-Roch, avec son clocher-porche, a été construite par les habitants après la peste de 1705. Le bourg mérite vraiment le détour : il reste d'admirables demeures, hélas ruinées, qui ne demandent qu'à revivre.

495 habitants, 300 m d'altitude **Accès :** (carte 31) à 22 km N-O de Gaillac **Aux alentours :** la forêt de Grésigne **Foires, festivités :** Festival de chants chorals fin juillet ; Fête du village début août **Hôtel :** *L'Ancienne Auberge* (tél. 05.63.33.65.90), hôtel de charme, 8 chambres 70-120 €, restaurant **Mairie** (tél. 05.63.33.11.14) **O. T.** (tél. 05.63.33.19.25, en saison).

AUVILLAR

82340 (Tarn-et-Garonne)

Auvillar, *Alta Villa* au temps des Gallo-Romains, descendit de sa colline pour essaimer au bord de la Garonne où, plus tard, l'on creusa un port qui fit sa fortune. Au XIIIe siècle, ses habitants accueillent un monastère dominicain (1275). La guerre de Cent Ans n'a pas épargné la cité, les huguenots non plus qui, en 1562 et 1574, détruiront la ville, la tour Saint-Pierre et le château. Aujourd'hui, dans le bourg d'En-Haut, rue Obscure, on peut encore admirer une tourelle en briques polygonales et de belles maisons à pans de bois. L'église Saint-Pierre (XIVe s.) a été restaurée au XIXe siècle, dans son style initial. Sur la place de la Halle bordée d'adorables logis à colombages et briques roses, on note les cornières en plein cintre ou en anse de panier des couverts. Au centre, la très jolie halle aux grains, chapeautée de tuiles, toute ronde, se campe sur des colonnades de style toscan. Rue des Nobles, de belles demeures seigneuriales s'alignent comme à la parade (à voir, notamment, la maison de Bertrand de Goth, futur Clément V), tandis qu'en descendant du château, on est subjugué par le grandiose panorama sur la Garonne et le port. Il faut aller également jeter un coup d'œil à l'église Sainte-Catherine (monogramme du Christ de l'époque carolingienne), au bord du fleuve.

921 habitants, 115 m d'altitude **Accès :** (carte 30) à 30 km S-E d'Agen **À voir :** le musée d'Art et Traditions populaires ; le musée de la Batellerie **Aux alentours :** l'abbatiale de Moissac ; le château Saint-Roch ; les villages de Flamarens, Gramont, Lachapelle et Saint-Cirice **Foires, festivités :** marché fermier le dimanche matin ; Festival de jazz en juin ; fête de la Saint-Noé le dimanche après la Pentecôte ; brocante les 13-14 juillet ; "Viens Peindre" fin juillet ; marché potier en octobre ; marché nocturne de Noël le 2e samedi de décembre **Restaurant :** *L'Horloge* (tél. 05.63.39.31.61) **Mairie** (tél. 05.63.39.57.33) **O. T.** (tél. 05.63.39.89.82).

BRUNIQUEL

82800 (Tarn-et-Garonne)

L'histoire de la cité commence au XIIe siècle, lorsque Bertrand de Bruniquel, son seigneur, construit le premier château. Au XVIe siècle, la bourgade est l'une des premières à se libérer du joug catholique. Bientôt considérée comme "place de sécurité", elle devient l'une des quinze places protestantes du Haut-Languedoc. Les jalons du passé sont ici nombreux : on remarque la fontaine des Malades et l'église (hélas remaniée), reconstruite après la révocation de l'édit de Nantes avec les pierres du temple protestant. On emprunte la promenade du Ravelin, qui part de l'église vers le Rocas et sa place, s'étendant au pied du mur Vieilh et ouvrant sur la campagne par la porte Basse. La rue Droite traverse la cité, et presque toutes les venelles convergent vers la place du Mazel. De la première citadelle, il ne reste que l'ancien donjon de construction romane. Le château Jeune, né d'un partage familial, date de la fin du XVe siècle. Quant au castel Biel, il évoque un autre temps, avec sa galerie Renaissance et sa tour octogone. Les remparts ont été démantelés après la paix de Montpellier en 1622. Dans le village, un peu partout, les maisons conservent bien vivante la mémoire du Moyen Âge : arcades, étals de pierre d'une boutique, fenêtre géminée d'une maison de notable... Séduits par l'authenticité de Bruniquel, de nombreux artistes et artisans s'y sont installés.

561 habitants, 130 m d'altitude **Accès :** (carte 31) à 28 km E de Montauban **Aux alentours :** le château de Montricoux ; la grotte de la Madeleine ; la forêt de Grésigne **Foires, festivités :** "Verttige" marché aux plantes le 1er dimanche de mai ; Festival Offenbach en juillet-août ; fête des Vendanges le 3e dimanche de septembre ; "À la rencontre des créateurs" en décembre **Mairie** (tél. 05.63.67.24.91) **O. T.** (tél. 05.63.67.29.84).

CAYLUS

82160 (Tarn-et-Garonne)

À la frontière du Quercy et du Rouergue, là où les rivières creusent de profondes gorges dans le calcaire des causses, châteaux et villages jalonnent le parcours. La route en lacets grimpe fermement jusqu'à Caylus, perché sur un roc dominant un large cirque où coule la Bonnette. Le vieux donjon ruiné (XIIIe s.) contrôlait autrefois la vallée. Le village semble assoupi autour d'une place qui a conservé ses couverts et sa massive halle (XVe s.) soutenue par de lourds piliers de pierre. Les logis moyenâgeux arborent des murs de calcaire ocre, des portes arquées, des toits de tuiles ou d'ardoises – l'Auvergne est proche. On contemple la maison des Loups et son pignon à gargouilles, avant de rejoindre l'église fortifiée. À l'intérieur : nef (XIVe s) reposant sur de fines colonnettes, chœur du XVe siècle et impressionnant Christ en bois sculpté par Zadkine en 1954. On longe ensuite le mur d'enceinte édifié en 1347 pendant la guerre de Cent Ans, qui évoque les violences de ces années troublées. Mais Caylus a bien oublié le bruit des armes ; ne résonnent plus, aujourd'hui, dans ses rues tranquilles que les cris joyeux des fermiers les jours de marché, lorsqu'ils offrent leurs bons produits du terroir, agneaux, foies gras, fromages. Les alentours du village sont magnifiques, de nombreux sentiers de randonnée parcourent la campagne jalonnée de "gariottes", ces abris de berger en pierres sèches typiques de la région.

1800 habitants, 235 m d'altitude **Accès :** (carte 30-31) à 47 km N-E de Montauban **Aux alentours :** les moulins à eau et les pigeonniers ; la chapelle N.-D. de Livron (2 km) **Foires, festivités :** marché le mardi et le samedi matin ; Fête du village à la Pentecôte ; marché potier le 15 août **Mairie** (tél. 05.63.67.06.17) **O. T.** (tél. 05.63.67.00.28).

LAUZERTE

82110 (Tarn-et-Garonne)

Lauzerte, "la Tolède quercynoise", s'est lovée au cœur d'un paysage vallonné, entre les vallées du Lendou et de la Barguelonne. Construite en 1176 par Raimond V, comte de Toulouse, c'est une bastide, mais elle n'en a pas la forme classique car elle a dû se plier aux configurations étroites du terrain. Malgré ses épais remparts et sa position perchée, Lauzerte a connu l'occupation anglaise et les horreurs des guerres de Religion. Aujourd'hui, les échos de ces batailles sont bienheureusement lointains. On admire la vaste place centrale et son vieux pavage (hélas bizarrement soulevé d'un côté), ses couverts, qui ménagent des zones d'ombre, et ses maisons posées de guingois, en pierre ou à colombages, coiffées de tuiles brunes. La plus mignonne est, peut-être, la petite demeure à pans de bois, toute fleurie, "coincée" entre les autres, plus massives. Une halte au charmant café, un peu de recueillement devant l'église à contreforts, puis on continue la visite en remarquant, au passage, les fenêtres gothiques et Renaissance, les jolies portes des habitations. On oubliera bien vite les quelques laideurs de notre époque, en contrebas, pour ne retenir de ce délicieux village que la douceur de la lumière se reflétant sur la pierre claire du Quercy.

1 515 habitants, 224 m d'altitude **Accès :** (carte 30) à 30 km N de Moissac **À voir :** le jardin du Pèlerin **Aux alentours :** la région du Quercy blanc ; les villages de Montcuq, Castelsagrat, Montjoi, Roquecor ; le château de Brassac ; Moissac **Foires, festivités :** marché le mercredi et le samedi matin ; "Place aux fleurs" le 3e dimanche d'avril ; "Nuits de Lauzerte" début août ; Festival du Quercy blanc et brocante le 15 août ; "Place aux nouvelles" (festival de littérature) mi-septembre ; Journée de l'arbre fin novembre **Mairie** (tél. 05.63.94.65.14) **O. T.** (tél. 05.63.94.61.94).

SAINT-ANTONIN-NOBLE-VAL

82140 (Tarn-et-Garonne)

Noble-Val... c'est la beauté de son site qui permit de nommer ainsi la première cité bâtie dans un cirque magnifique, surplombé par l'impressionnant roc d'Anglars, à la sortie des gorges sauvages de l'Aveyron. On franchit le pont à trois arches qui conduit à la ville médiévale, lacis de ruelles tortueuses et pittoresques, où l'on découvre un enchevêtrement de vieilles demeures de styles et d'époques divers. À cause des dégâts dus aux inondations, nombreuses dans le passé, on reconstruisait les maisons les unes sur les autres ; on passe donc, dans la même rue, du XIIe au XVIIIe siècle. On flâne rue Guilhem-Peyre, la rue noble, en remarquant la Caserne des Anglais, on s'arrête devant la Maison du Roy perchée sur des arcades, on s'émerveille devant l'hôtel de ville, joyau du XIIe siècle, dont la façade est portée par trois arcades en arc brisé, la quatrième supportant la tour (remarquez la délicatesse des colonnes sculptées du 1er étage). Sur la même place, d'autres beaux logis, datés des XIIe-XIVe siècles. Plus loin, rue Rive-Salat, on s'amuse à "saute-ruisseau" en enjambant la Bonnette. Çà et là, on admire encore un vieux pressoir, une croix... Une visite riche de découvertes.

1 919 habitants, 127-323 m d'altitude **Accès :** (carte 31) à 47 km E de Montauban **À voir :** le musée ethnologique, géologique et de la préhistoire (ouvert en saison) ; le moulin à huile de noix **Aux alentours :** Montricoux ; l'abbaye de Beaulieu ; le château de Cas Espinas ; les grottes du Bosc **Foires, festivités :** marché le dimanche matin ; fête de l'Œuf à Pâques ; Journée des moulins le 3e dimanche de juin ; fête des Moissons en juillet ; Salon d'art contemporain mi-juillet-mi-août ; fête des Battages le 1er dimanche d'août ; Fête du village le 2e week-end d'août **Mairie** (tél. 05.63.30.60.23) **O. T.** (tél. 05.63.30.63.47).

La région Nord-Champagne-Picardie est riche de contrastes : paysages de plateaux, de vallées, de forêts, de rivières, d'étangs et de marais, champs à perte de vue, beauté sauvage de la baie de Somme et du parc naturel régional du Marquenterre. Les villages sont très différents selon les régions : construits de briques et d'ardoises au nord-est, ils présentent, en Artois et sur la côte, des maisons basses, blanchies à la chaux avec des portes et des fenêtres gaiement colorées, puis, au sud-ouest, ils prennent un aspect presque normand.
Malgré les guerres que cette région eut à subir au cours des siècles, de nombreux témoignages du passé ont subsisté : les cathédrales d'Amiens, de Beauvais – joyaux de l'art gothique –, ou le château de Pierrefonds – chef-d'œuvre du gothique flamboyant, relevé de ses ruines et fortement restructuré par Viollet-le-Duc au XIXe siècle.
Vous serez surpris par la beauté tranquille de la région Nord-Picardie où la nature, l'art et l'histoire se mêlent si agréablement.

MONTREUIL-SUR-MER

62170 (Pas-de-Calais)

Ceinturée de remparts, la petite cité de Montreuil surplombe la vallée de la Canche. Le bourg fut, autrefois, un port de mer. C'est en l'an 900 que le comte de Ponthieu éleva la première citadelle ; cinq siècles plus tard (en 1532), la ville sera assiégée et rasée par les troupes de Charles Quint. La forteresse que l'on peut voir aujourd'hui date de 1550 et mêle des vestiges de tours du XIIIe siècle à des éléments fortifiés des XVIe et XVIIe siècles (certains dus à Vauban). Le tour des remparts constitue une agréable promenade avant d'entrer pour aborder la visite du village. On flâne le long des rustiques ruelles pavées, bordées de maisonnettes blanchies à la chaux, aux vieux toits de tuiles. On admire l'église Saint-Saulve, ancienne abbatiale des Bénédictins, construite au XIe siècle, remaniée au XIIIe et au XVIe siècle (à l'intérieur, trésor d'art sacré, très beaux tableaux du XVIIIe s.). Un peu plus loin, sur la place, vous remarquerez la chapelle de l'Hôtel-Dieu, de style flamboyant. Ce sont ces rues pittoresques et ce ciel du Nord aux lumières changeantes qui séduisirent de nombreux peintres à la fin du XIXe siècle. Ils formèrent la fameuse "école de Montreuil", illustrée par Thaulow, Cazin, Gorre…

2 428 habitants, 50 m d'altitude **Accès :** (carte 1) à 50 km N d'Abbeville **Aux alentours :** la vallée de la Course ; Montcravel, l'abbaye de Valloires **Foires, festivités :** marché le samedi matin ; brocante le 14 Juillet ; Spectacle son et lumière fin juillet-début août ; Festival des soupes le dernier dimanche d'octobre (les années paires) **Hôtels :** *Auberge de la Grenouillère* (tél. 03.21.06.07.22), hôtel de charme, 4 chambres 120-140 €, restaurant ; à 7 km, *La Prairière* (tél. 03.21.81.02.99), maison d'hôtes de charme, 4 chambres 100-120 € **Restaurant :** *Château de Montreuil* (tél. 03.21.81.53.04), restaurant gastronomique **Mairie** (tél. 03.21.06.01.33) **O. T.** (tél. 03.21.06.04.27).

HAUTVILLERS

51160 (Marne)

Hautvillers est situé dans le parc régional de la Montagne de Reims. Entouré de bois et de vignes, c'est un village champenois typique qui, depuis le XVIIe siècle, doit sa renommée à dom Pérignon, cellérier de l'abbaye, qui aurait eu, le premier, l'idée de faire pétiller le vin de Champagne... Les maisons du bourg arborent des murs de moellons enduits, des fenêtres et lucarnes aux encadrements de briques, des portails en arcade. Elles sont ornées de magnifiques enseignes de vignerons en fer forgé, représentant les différentes étapes du travail de la vigne et du vin. Car c'est le vin qui fait, bien sûr, la richesse du village : classée 1er cru, la commune s'enorgueillit de ses 275 hectares de vignes où l'on cultive les trois cépages champenois – pinot noir, pinot meunier et chardonnay. La promenade le long des rues pavées à l'ancienne est plaisante et conduit jusqu'à l'ancienne abbatiale, fondée par le roi Dagobert en 660, surmontée d'un clocher roman à bulbe. On admire le chœur décoré de boiseries de chêne (XVIIe-XVIIIe s.), les stalles, les grands tableaux, et l'on se recueille avec gratitude devant le tombeau de dom Pérignon... On peut aussi, sur rendez-vous, visiter les caves creusées dans les anciennes carrières.

867 habitants, 200 m d'altitude **Accès :** (carte 10) à 6 km N-O d'Épernay **Aux alentours :** Ay (église Saint-Brice, pressoir Henri-IV) ; à 5 km O, le village de Damery et son église (XIIe-XIIIe s.) **Foires, festivités :** fête de la Saint-Vincent le 22 janvier ; Fête du village mi-juin **Hôtel :** à Épernay (6 km) *Le Clos Raymi* (tél. 03.26.51.00.58), hôtel de charme, 7 chambres 100-160 € **Mairie** (tél. 03.26.59.40.19) **O. T.** (tél. 03.26.57.06.35).

LONGPONT

02600 (Aisne)

C'est à l'endroit où la voie romaine Meaux-Soissons enjambait la rivière Savière que fut édifié le village, dans un paysage de marais, en bordure de la forêt de Retz. Le lieu est célèbre depuis 1131, époque où saint Bernard y fonda un monastère. L'église abbatiale fut consacrée en 1227 en présence de Saint Louis et de Blanche de Castille. L'abbaye était prospère, et cette richesse ne manqua pas d'attirer les pillards. Longpont verra ainsi se succéder Anglais, Bourguignons, protestants... Pour leur faire face, les moines avaient construit une enceinte dont il reste la porte du XIVe siècle, et quatre tourelles. L'abbaye et ses terres seront vendues plus tard, à la Révolution. Aujourd'hui, de l'immense église il ne reste que la façade principale se dressant, fantomatique, tel un décor de théâtre. Derrière, vous découvrirez quelques piliers perdus au milieu de la verdure. Vous visiterez aussi des bâtiments conventuels : le chauffoir (XIIIe s.), l'aile ouest remaniée au XVIIIe siècle, avec son vaste hall, et le cellier (devenu salle d'accueil), ainsi qu'une partie du cloître ; le reste est occupé par l'église paroissiale. Quant au village, malgré une destruction quasi totale en 1918, il conserve beaucoup de charme grâce à une très habile restauration.

298 habitants, 80 m d'altitude **Accès :** (carte 10) à 20 km S de Soissons **Aux alentours :** la forêt de Retz ; le château de Villers-Cotterêts ; le château de Montgobert et son musée du Bois et de l'Outil ; le château fort de Pierrefonds **Hôtel :** *Hôtel de l'Abbaye* (tél. 03.23.96.02.44), hôtel de charme, 11 chambres 66-83 €, restaurant **Mairie** (tél. 03.23.72.85.54).

GERBEROY

60380 (Oise)

Perché sur une butte du pays de Bray, Gerberoy est le paradis des roses, des glycines, des clématites, toute une végétation exubérante qui déborde des vieux murs, envahit les ruelles et frange les pavés. Jadis, sur ces hauteurs à la frontière du royaume de France et du duché de Normandie, Normands et Anglais croisèrent le fer avec les Français. Guillaume le Conquérant y affronta son propre fils en 1079, à l'époque où Robert Courteheuse avait des vues sur la Normandie. Le village fut encore mis à mal par Jean sans Terre, puis par les Bourguignons et les Ligueurs, avant que peste et incendie ne le dévastent, aux XVIe et XVIIe siècles. Après tous ces malheurs, Gerberoy s'endormit... C'est le peintre Henri Le Sidaner qui le réveilla au début du XXe siècle. Séduit par son charme, il acheta une maison, créa une association – Les Amis de Gerberoy –, une fête des Roses, et y invita ses amis peintres. Aujourd'hui classé parmi les plus beaux villages de France, Gerberoy est toujours aussi attrayant, avec ses remparts, ses jardins qui s'étagent en terrasses sur l'emplacement de l'ancien château, ses ruelles pavées, sa halle ancienne, la petite collégiale Saint-Pierre et le puits communal restauré. Dans la Grand-Rue, on admire le logis qui aurait accueilli Henri IV blessé à Aumale en 1592, et cette fameuse maison normande au bois bleu qui a fait de la figuration dans de nombreux films.

101 habitants, 188 m d'altitude **Accès :** (cartes 1-9) à 63 km E de Rouen **À voir :** le musée municipal (en saison) **Aux alentours :** Saint-Germer-de-Fly (route 915 direction Gisors) **Foires, festivités :** fête des Roses le 3e dimanche de juin ; "Les Moments musicaux de Gerberoy" début juin **Restaurant :** *Hostellerie du Vieux Logis* (tél. 03.44.82.71.66) **Mairie** (tél. 03.44.82.33.63) **Infos** (tél. 03.44.82.54.86).

SAINT-VALERY-SUR-SOMME

80230 (Somme)

La baie de Somme a conservé son caractère sauvage et préservé. Arrimé à la côte, Saint-Valery (prononcez "Saint Val'ry") a deux visages : petit port et cité balnéaire côté mer, et village médiéval cerné de remparts côté terre. C'est une abbaye, fondée en 627 sur l'ermitage du moine Valery, qui est à l'origine du développement de la cité. Les vents de l'histoire ont soufflé sur la région : on y voit, les vaisseaux de Guillaume, duc de Normandie, appareillant pour partir à la conquête de l'Angleterre ; Richard Cœur de Lion ravager le sanctuaire ; les Bourguignons, les Anglais et les Français s'y affronter durant la guerre de Cent Ans ; Jeanne d'Arc passer lors de son transfert vers Rouen... De nos jours, on flâne tranquillement dans la vieille ville aux ruelles pavées, close par les portes de Nevers – massive construction de grès, de galets et de briques (XIVe-XVIe s.) – et Guillaume (XIIe s.). On pénètre dans l'église gothique Saint-Martin, accolée aux remparts ; on remarque son bel appareillage de silex et de grès en damier, ses deux nefs et son triptyque Renaissance. Puis l'on rejoint les quais bordés de villas. L'atmosphère change, devient plus balnéaire. Comme dans un tableau d'Eugène Boudin, la mer couleur argent se fond dans les gris-bleu délavés du ciel, donnant un charme subtil au paysage. On se lance ensuite à l'assaut du Courtgain, l'ancien quartier des marins, et de ses venelles escarpées aux minuscules maisons peintes en blanc, pour atteindre le point culminant du village, le Calvaire, d'où l'on jouit d'une belle vue sur la baie.

2 700 habitants, 0-27 m d'altitude **Accès :** (carte 1) à 18 km N-O d'Abbeville **À voir :** l'écomusée Picarvie ; l'Herbarium **Aux alentours :** le parc ornithologique du Marquenterre **Foires, festivités :** marché le dimanche matin ; "Transbaie" au printemps ; "Peintres dans la rue" en juin ; fêtes Guillaume en juillet ; fête de la Mer fin juillet-début août ; marché de Noël début décembre **Hôtel :** à 10 km, *Le Bois de Bonance* (tél. 03.22.24.11.97), maison d'hôtes de charme, 4 chambres 67-135 € **Mairie** (tél. 03.22.60.82.16) **O. T.** (tél. 03.22.60.93.50).

Un clocher pointu, quelques maisons à colombages autour d'une place, des vaches sous des pommiers, de verts pâturages, telle est la Normandie, côté terre. Côté mer, ce sont des criques encaissées dans des falaises, ou de longues plages de sable frangées de villas néobaroques construites au début du XIXe siècle, quand la capitale découvrit les bains de mer... En Normandie, les clichés ont la vie dure, mais ils sont si charmants !
Quelques ruines viennent troubler cette paisible apparence. La Normandie a connu bien des batailles, bien des conquêtes depuis les fiers Northmen, pillards vikings, déjà appelés Normands, qui ont construit, à l'aube du premier millénaire, le plus puissant des duchés. Forteresses, châteaux, abbayes témoignent d'un passé aussi prestigieux qu'agité. Les villageois s'en souviennent, et racontent volontiers les batailles de jadis autour d'un verre de cidre, à moins qu'ils ne vous content une des légendes qui peuplent cette si douce région.

BALLEROY

14490 (Calvados)

À la frontière du Calvados et de la Manche, les maisons toutes simples et toutes identiques de Balleroy s'alignent le long de la grande rue et semblent faire, comme à la parade, une haie d'honneur au château. Le terrain se prête au jeu en s'incurvant un peu à l'approche du magnifique castel construit par François Mansart, de 1626 à 1636, pour Jean de Choisy, conseiller de Louis XIII. Vous remarquerez l'harmonieuse utilisation de la pierre blanche de Caen et du schiste rouge du pays. S'inscrivant dans une suite de très beaux jardins à la française dessinés par Le Nôtre – jeu de balustrades et de douves, parterres et broderies de buis –, il est encadré d'élégants pavillons et de dépendances. Ce château (privé) se visite, et vous pourrez admirer la richesse de sa décoration intérieure, notamment le plafond du salon peint par Mignard et la rare série de portraits royaux. Le petit bourg fait la révérence devant tant de beauté et de majesté ; il se range sagement sur les flancs du château, vers la petite vallée de la Drôme. Au-delà de la rivière, très poissonneuse, commence la forêt des Briards, l'une des plus belles de Normandie, composée de hêtres et de chênes.

787 habitants, 90 m d'altitude **Accès :** (carte 7) à 15 km S-O de Bayeux **À voir :** le château, les jardins et le musée des Montgolfières (en saison) **Foires, festivités :** marché le mardi matin **Hôtel :** au Breuil-en-Bessin (10 km), *Hostellerie du Château de Goville* (tél. 02.31.22.19.28), hôtel de charme, 10 chambres 85-165 €, restaurant **Restaurant :** *Manoir de la Drôme* (tél. 02.31.21.60.94), restaurant gastronomique **Mairie** (tél. 02.31.21.60.26).

BEAUMONT-EN-AUGE

14950 (Calvados)

Dans le pays d'Auge, c'est du promontoire de Beaumont-en-Auge, village haut perché, que la vallée de la Touques se laisse le mieux découvrir. Au loin, on entrevoit Canapville et ses vieilles demeures. Plus près, l'église de Saint-Étienne-La-Thuie dresse son fin clocher. Un beau panorama que l'on contemple en compagnie de Pierre Simon de Laplace, enfant du pays, astronome, mathématicien et physicien, dont la statue se dresse près de sa maison natale. L'école militaire où il fit ses études est en face. La grande bâtisse, construite en 1060 par Robert Bertran, vicomte de Roncheville, fut d'abord un prieuré bénédictin, avant de devenir collège royal en 1741, puis école militaire en 1776. De son riche passé, Beaumont a conservé de belles demeures du XIXe siècle, aux façades de pierres appareillées de briques, aux balcons finement ajourés, qui viennent rompre l'alignement des maisons brodées de colombages plus anciennes. Les trois rues montent rapidement vers la place et l'église (XIIe-XVIIe s.), qui a gardé sa tour centrale d'origine.

510 habitants, 94 m d'altitude **Accès :** (carte 8) à 37 km N-E de Caen **À voir :** le musée Langlois (peintures, à la mairie) **Aux alentours :** à Saint-Hymer (8 km), l'église du XIVe siècle et les vestiges romans du prieuré **Foires, festivités :** Fête du village le 3e week-end de juillet ; Festival de l'imaginaire début août ; vide-greniers le 3e dimanche d'août **Restaurant :** *Auberge de l'Abbaye* (tél. 02.31.64.82.31) **Mairie** (tél. 02.31.64.85.41).

BEUVRON-EN-AUGE

14430 (Calvados)

C'est le plus augeron des villages, une véritable carte postale, avec ses maisons à pans de bois bien rangées, sa place centrale et ses halles, sa petite rivière et ses manoirs disséminés dans la campagne... c'est presque trop beau pour être vrai ! La bourgade possède de lointaines origines, elle a été le fief de la famille d'Harcourt jusqu'à la Révolution. Mais le Beuvron d'aujourd'hui est beaucoup plus neuf : les halles ont été construites il y a une petite quarantaine d'années avec des vieux bois, et un programme de restauration des façades a été soigneusement mené. Beuvron-en-Auge affiche fièrement tout un jeu de colombages – verticaux, obliques, croisés, comblés au torchis, parés de tuilots ou de briques – sur ses maisons des siècles passés... et prend aussi le soin d'ajouter, outre les fleurs, des échoppes d'artisans et de brocanteurs pour animer le tout. Le tour de la bourgade étant effectué, allez donc vous perdre dans la campagne. Passez devant le manoir de la Hogue, puis crapahutez par un petit chemin jusqu'à la chapelle Saint-Michel-de-Clermont, émotions bucoliques garanties !

230 habitants, 50 m d'altitude **Accès :** (carte 7) à 28 km E de Caen **Aux alentours :** le manoir de Crèvecœur-en-Auge ; le haras de Victot-Pontfol ; la route du Cidre **Foires, festivités :** Foire aux géraniums en mai ; "Boogie-woogie" en mai et mi-octobre ; brocante mi-août ; Fête du port de Bayeux mi-septembre ; fête du Cidre fin octobre ; fête de la Saint-Nicolas en décembre **Restaurant :** *Le Pavé d'Auge* (tél. 02.31.79.26.71), restaurant gastronomique **Mairie** (tél. 02.31.79.23.31) **Infos** (tél. 02.31.39.59.14, ouvert juillet-août et week-end).

HONFLEUR

14600 (Calvados)

Port de commerce maritime et fluvial situé à l'embouchure de la Seine, Honfleur est resté, en son cœur, un vrai village. Commencez la promenade par le Vieux-Bassin et ses bateaux de pêche, admirez les maisons du quai Sainte-Catherine – de petits chefs-d'œuvre – entièrement cuirassées d'ardoises patinées par le temps. Voyez la Lieutenance, seul vestige des fortifications détruites par Louis XIV pour pouvoir agrandir la cité. Continuez la flânerie dans les ruelles aux noms pittoresques, bordées de vieux logis (XVe et XVIe s.) en torchis et pans de bois ou de demeures plus nobles en pierre de taille. Visitez les Greniers à sel créés par Colbert et le Manoir vigneron qui abrite le musée. N'oubliez pas les deux églises : Sainte-Catherine, à nef double, construite entièrement en bois aux XVe et XVIe siècles, et Saint-Étienne, au clocher recouvert de tuiles de châtaignier. Vous ne pourrez que succomber au charme délicieux de cette cité, ville natale du musicien Erik Satie et du peintre Eugène Boudin, qui a su immortaliser avec tant de bonheur ses ciels changeants.

8 352 habitants **Accès :** (carte 8) à 76 km O de Rouen **À voir :** le musée Eugène-Boudin, le musée du Vieux Honfleur ; la Maison Erik-Satie **Foires, festivités :** marché bio le mercredi, marché le samedi matin, marché nocturne le mercredi en juillet-août ; brocante le 1er dimanche du mois ; "Chroniques nomades" (photos) fin mai ; fête des Marins à la Pentecôte ; Festival de jazz mi-août ; Festival d'humour en septembre ; fête de la Crevette en octobre ; Festival du cinéma russe en novembre ; marché de Noël en décembre **Hôtels :** 4 hôtels de charme : *L'Absinthe* (tél. 02.31.89.23.23), 10 chambres 115-185 €, restaurant ; *Hôtel des Loges* (tél. 02.31.89.38.26), 14 chambres 110-135 € ; *La Maison de Lucie* (tél. 02.31.14.40.40), 10 chambres 150-220 € ; *Les Maisons de Léa* (tél. 02.31.14.49.49), 25 chambres 120-200 € ; 3 maisons d'hôtes de charme : *La Cour Sainte-Catherine* (tél. 02.31.89.42.40), 5 chambres 75-95 € ; *Le Clos Bourdet* (tél. 02.31.89.49.11), 5 chambres 145-190 € ; *La Petite Folie* (tél. 02.31.88.71.55), 5 chambres 140 € **Mairie** (tél. 02.31.81.88.00) **O. T.** (tél. 02.31.89.23.30).

HOULGATE

14510 (Calvados)

Niché dans le vallon du Drochon, entre Seine et Orne, Houlgate, "le chemin du trou", appartient au chapelet de plages chics qui s'égrènent le long de la côte normande. En 1854, à la belle époque de la découverte des bains de mer, la cité attira la plus sérieuse des clientèles du monde des affaires. C'était l'époque de la construction des grandes villas, de l'édification du *Grand Hôtel* (1870), dont la rotonde d'angle couronnée d'un dôme faisait l'admiration générale. Sa plage de sable très fin attira des touristes célèbres : le prince Napoléon, l'impératrice Alexandra Fiodorovna de Russie, le roi de Naples... Camille Saint-Saëns y écouta la mer, tout comme Claude Debussy, et Zola vint y passer des vacances très bourgeoises. Houlgate conserve toujours le charme de cette époque, avec sa digue-promenade, ses parcs fleuris et ses maisons typiques de l'architecture balnéaire du XIXe siècle ; flânez rue des Bains, rue du Pré-Landry ou rue Henri-Dobert, c'est là que vous en découvrirez les plus beaux exemples ; puis, prenez la route de la Vallée pour admirer un pur joyau normand, l'étonnant manoir de Beuzeval.

1 930 habitants **Accès :** (carte 7) à 27 km N-E de Caen **Aux alentours :** la falaise des Vaches-Noires **Foires, festivités :** marché le jeudi matin et tous les jours en été ; "Houlgate plein vent" au printemps ; "Week-end à thème" en mai-juin ; "Été musical" à l'église Saint-Aubin mi-juillet-mi-août ; "Festi-Jazz" le 3e week-end d'août ; Festival du film européen en automne **Hôtel :** à Villers-sur-Mer (7 km), *Hôtel Outre-Mer* (tél. 02.31.87.04.64), hôtel de charme, 12 chambres 98-175 € **Mairie** (tél. 02.31.28.14.00) **O. T.** (tél. 02.31.24.34.79).

LE BEC-HELLOUIN

27800 (Eure)

Entre Seine et Risle s'étend le plateau du Roumois. Il y a plus de neuf siècles, le chevalier Herluin de Brionne, qui avait fondé une petite communauté religieuse dans le voisinage, décida de s'installer dans ce vallon baigné par une petite rivière, le Bec. La première église abbatiale fut consacrée en 1041. Plusieurs fois détruite et reconstruite, l'abbaye fut ruinée sous la Révolution et l'Empire. L'église abbatiale fut transformée en carrière de pierres et le reste des bâtiments en dépôt de remonte pour la cavalerie. C'est sur une intervention de Pierre Mendès France que les militaires quittèrent Le Bec, laissant la place aux moines qui, depuis septembre 1948, restaurent patiemment l'abbaye. On peut, aujourd'hui, faire le tour des sévères bâtiments conventuels, flâner dans le parc et admirer la bibliothèque dans l'ancien réfectoire mauriste du XVIIIe siècle, ensemble dominé par la puissante tour Saint-Nicolas (XVe s.), seul vestige de la grande église abbatiale. Le village et ses maisons à colombages sagement restaurées et repeintes, aux fenêtres et balcons abondamment fleuris, se pelotonnent autour de l'église paroissiale et de sa place gazonnée.

417 habitants, 60 m d'altitude **Accès :** (carte 8) à 45 km N-E de Lisieux **Aux alentours :** le château d'Harcourt et son arboretum (12 km) ; le château de Livet-sur-Authou **Foires, festivités :** Fête du village et vide-greniers le week-end le plus proche du 14 Juillet ; exposition de peintures en été **Restaurant :** *Auberge de l'Abbaye* (tél. 02.32.44.86.02) **Mairie** (tél. 02.32.44.86.40).

LYONS-LA-FORÊT

27480 (Eure)

Lové au cœur de la plus belle hêtraie de France (la forêt s'étend sur plus de 10 000 hectares), Lyons-la-Forêt s'est édifié naturellement sur la rive gauche de la Lieure, derrière des remparts dont quelques éléments de murailles apparaissent encore. Le village est absolument ravissant et préservé. Sur la place, les halles, superbe construction du XVIIe siècle au toit immense, abritent toujours le marché. Elles ont servi de décor au film de Jean Renoir *Madame Bovary.* Tout autour, les pimpantes maisons à colombages – remarquez celle qui présente un encorbellement incroyablement bombé – accueillent de nombreux antiquaires. Çà et là, quelques murs de briques, quelques lucarnes pointant sur les toits, des treilles de rosiers et des géraniums éclatants apportent de la fantaisie. Au fil des rues, vous pourrez admirer la sergenterie et le prieuré, le couvent des Cordeliers, reconverti en manufacture d'indiennes sous la Révolution, et le couvent des Bénédictins devenu école. Dans la rue de l'Enfer, on voit la demeure de Maurice Ravel qui venait chercher, ici, le calme et l'inspiration. Dans le vieux quartier du Bout-du-Bas, de l'autre côté de la rivière, se trouve la belle église Saint-Denis (XIIe-XVe s.), aux murs en damiers de grès et de silex. À l'intérieur, admirable Christ en bois du XVIe siècle. Un amour de village.

807 habitants, 95 m d'altitude **Accès :** (cartes 1-8) à 35 km E de Rouen **Aux alentours :** la forêt de Lyons ; l'abbaye de Mortemer ; le château de Vascœuil ; le château de Fleury-la-Forêt **Foires, festivités :** marché les jeudi, samedi et dimanche matin ; Foire à tout le 1er Mai ; Foire artisanale à la Pentecôte ; fête des Fleurs le 1er week-end de juillet ; fête de la Saint-Denis en octobre **Hôtels :** *Hôtel de la Licorne* (tél. 02.32.48.24.24), hôtel de charme, 14 chambres 98-210 € ; *Les Lions de Beauclerc* (tél. 02.32.49.18.90), hôtel de charme, 6 chambres 59-97 €, restaurant **Mairie** (tél. 02.32.49.60.87) **O.T.** (tél. 02.32.49.31.65).

AUDERVILLE

50440 (Manche)

Le Finistère normand, ultime promontoire, était jadis une falaise abrupte. Les maisons basses d'Auderville, faites de moellons de grès et de granit, couvertes d'épaisses ardoises de schiste, se blottissent les unes contre les autres pour échapper à l'emprise du vent. Même l'église, à la puissante ossature de granit, ne s'élève que d'un logement à claire-voie abritant les cloches. Des cloches qui, prétendent les anciens, se mettent d'elles-mêmes en branle pour sonner l'alarme lors des grandes tempêtes. Au bout de la route, après avoir traversé un paysage de champs entourés de murets, on atteint le petit port de Goury, station de sauvetage à double cale de lancement, pour répondre à toutes les éventualités. Car nous sommes juste en face du terrible raz Blanchard. La croix Vendémiaire, plantée face à la mer, rappelle la disparition, en juin 1912, de l'un des premiers sous-marins français. Auderville abrite sans doute l'un des plus grands cimetières marins de France. De nombreuses charpentes – celles des maisons les plus anciennes – ont été faites avec les mâts retaillés à l'épinette des bateaux rejetés sur les grèves, après les naufrages. Derrière l'église d'Auderville, un chemin mène au hameau de Roche qui doit son appellation à *Gargantua*.

291 habitants, 60 m d'altitude **Accès :** (carte 6) à 28 km N-O de Cherbourg **Aux alentours :** le sentier des Douaniers **Mairie** (tél. 02.33.52.85.92) **O. T.** (tél. 02.33.04.50.26).

BARFLEUR

50760 (Manche)

À la pointe nord-est de la presqu'île du Cotentin, Barfleur est la plus petite commune du département de la Manche. Un peu moins de sept cents habitants y occupent à peine une centaine d'hectares. Port romain puis viking, avant d'être le premier havre normand au temps de Guillaume le Conquérant, Barfleur n'est plus qu'un village marin. Mais s'il a perdu ses ambitions défensives de l'époque normande, à la suite d'une riposte sanglante d'Édouard III d'Angleterre, il reste un petit port terriblement photogénique et séduisant, qui attire chaque année de nombreux peintres. Les maisons, sagement alignées le long du quai et de la rue principale, construites dans le granit gris du pays, se couvrent de schiste. Elles offrent la particularité d'être ornées de curieuses crêtes de toit dentelées, surmontées, sur les pignons et les lucarnes, d'épis de faîtage, ces éléments de terre cuite vernissée en forme d'animaux ou de personnages stylisés. La grande rue conduit à l'église Saint-Nicolas, édifiée au XVIIe siècle et remaniée au XIXe. Juchée sur un éperon rocheux, entourée d'un minuscule cimetière marin, elle domine la mer. Avant de repartir, allez boire un verre au charmant *Café de France*, sur le port, pour partager, pendant quelques instants, la vie des chaleureux habitants.

650 habitants **Accès :** (carte 7) à 27 km E de Cherbourg **Aux alentours :** le phare de la pointe de Barfleur (4 km) ; l'île de Tatihou ; l'église de Montfarville (fresques) **Foires, festivités :** marché le samedi matin, le mardi matin en saison ; "Été musical" en juillet-août ; Salon de la carte postale le 1er dimanche d'août ; marché du terroir le 15 août ; Salon des antiquaires en août et en décembre **Hôtels :** *Hôtel Le Conquérant* (tél. 02.33.54.00.82), hôtel de charme, 10 chambres 70-108 €, crêperie ; *La Fèvrerie* (tél. 02.33.54.33.53), maison d'hôtes de charme, 4 chambres 65-78 € **Mairie** (tél. 02.33.23.43.00) **O. T.** (tél. 02.33.54.02.48).

GENÊTS

50530 (Manche)

Jamais, de toute la côte du Cotentin, Le Mont-Saint-Michel n'apparaît aussi proche. Il est vrai que deux lieues seulement séparent le village de l'abbaye. Ces deux lieues-là étaient empruntées à pied, aux XVe et XVIe siècles, par des milliers d'enfants qui se rendaient au Mont pour le pèlerinage des pastoureaux. Après une ultime étape dans l'église romane de Genêts, ils passaient au pied du rocher de Tombelaine, avant de marcher tout droit sur le Mont. À cette époque, Genêts était un port très actif. Édifié autour d'un prieuré, aujourd'hui disparu, le bourg est constitué de petites maisons chapeautées d'ardoises, aux murs de grès et de schiste, avec de beaux encadrements de portes et de fenêtres en granit taillé. L'ensemble, d'une grande harmonie et d'une sobriété rare, est desservi par un réseau de ruelles entremêlées qui débouchent sur des voies plus importantes menant au port, désormais ensablé et recouvert d'une vaste pelouse d'herbu.

439 habitants **Accès :** (carte 6) à 9 km O d'Avranches **Aux alentours :** Le Mont-Saint-Michel à 8 km (traversée des grèves à pied vers Tombelaine et Le Mont-Saint-Michel en suivant le guide du bec d'Andaine d'avril à octobre) **Foires, festivités :** Fête du village à la Pentecôte ; pèlerinage à pied au Mont-Saint-Michel en juillet ; Foire aux livres le 4e dimanche de juillet ; Fête des prés salés début août **Restaurants :** *Chez François* (tél. 02.33.70.83.98) ; à Saint-Léonard, *Café-épicerie de Bernard Boudot* (tél. 02.33.70.81.31) **Mairie** (tél. 02.33.70.83.42) **Maison de la Baie** (tél. 02.33.89.64.00).

LE MONT-SAINT-MICHEL

50116 (Manche)

La légende raconte que l'archange saint Michel apparut en songe à l'évêque d'Avranches, Aubert, et lui ordonna de construire un sanctuaire sur le mont Tombe, ce qu'il fit. Du VIIIe au XVIe siècle, l'abbaye, magnifique chef-d'œuvre de granit, fut sans cesse agrandie, fortifiée, embellie et visitée, inlassablement, par les pèlerins de la chrétienté. Aujourd'hui, "la Merveille de l'Occident" apparaît, superbement restaurée, dans toute sa majesté. On arpente la Grand-Rue, bordée de boutiques de souvenirs, comme dans tout lieu très touristique, mais, surtout, de superbes demeures de granit gris qui s'agrippent au rocher, cachant de petites cours et de ravissants jardins. En suivant les remparts, on grimpe jusqu'au "vrai" Mont, l'abbaye, merveille du XIIIe siècle, qui s'étage sur trois niveaux : l'élégant cloître et le réfectoire (XIIIe-XVe s.), la salle des Hôtes et la salle des Chevaliers (XIIIe s.), le cellier et l'aumônerie. Un classement tardif comme Monument historique, par décret de Napoléon III, a sauvé le Mont qui fut, un temps, transformé en prison ! Aujourd'hui, il doit faire face à un autre péril, l'ensablement, mais les travaux de désensablage de la baie ont commencé, le Mont sera de nouveau une île en 2015. Essayez de visiter la cité abbatiale tôt le matin, tard le soir, ou, mieux encore, hors saison, lorsque, abandonnée par les foules de touristes, elle retrouve calme et sérénité.

47 habitants **Accès :** (carte 6) à 131 km S-O de Caen **À voir :** le musée de la Mer et de l'Écologie, le Logis Tiphaine (maison Du Guesclin, XIVe s.), le musée historique, l'Archéoscope ; visites nocturnes de l'abbaye en juillet-août **Foires, festivités :** Pèlerinage à travers les grèves en juillet ; fête de la Saint-Michel d'automne en septembre **Hôtels :** à St-Quentin-sur-le-Homme (20 km), *Le Gué du Holme* (tél. 02.33.60.63.76), hôtel de charme, 10 chambres 65-95 €, restaurant **Mairie** (tél. 02.33.60.14.06) **O. T.** (tél. 02.33.60.14.30).

MOUTIERS-AU-PERCHE

61110 (Orne)

Entre les forêts de Saussay et de Logny, dans le vallon de la Corbionne, se niche le village de Moutiers-au-Perche où saint Lhomer, venant de Chartres, construisit un monastère qui prospéra sous le règne de saint Benoît. Mais les invasions normandes lui furent fatales ; seule la tour du prieuré témoigne aujourd'hui de ce passé. Par un jeu de constructions étagées, la bourgade semble vouloir monter à l'assaut de la colline située au nord, à la recherche du soleil. Les maisons rustiques aux murs de pierres recouverts d'enduits de sable et de chaux présentent les premiers appareillages de briques autour des portes et des fenêtres. En haut de la rue principale, qui se termine en raidillon, on découvre un beau panorama sur la Corbionne et l'église, qui se distingue par son clocher à dôme d'ardoises. À l'intérieur, les piliers sont décorés de curieux retables en pierre peinte. Au-delà commence le royaume des chênes et des hêtres qui, avec le pin sylvestre, peuplent les forêts du Perche, forêts protégées depuis le XVIIe siècle grâce à Colbert.

507 habitants, 236 m d'altitude **Accès :** (carte 8) à 66 km E d'Alençon **Aux alentours :** à Mortagne-au-Perche, le musée Alain et le Musée percheron **Foires, festivités :** vide-greniers en juin ; exposition de peinture en juillet ; Salon du chocolat le week-end du 1er novembre **Hôtels :** *Villa Fol Avril* (tél. 02.33.83.22.67), hôtel de charme, 9 chambres 70-140 € ; *Domaine de la Louveterie* (tél. 02.33.73.11.63), maison d'hôtes de charme, 5 chambres 88-155 € **Mairie** (tél. 02.33.73.91.45).

LA PERRIÈRE

61360 (Orne)

Perchée sur une butte rocheuse, en position dominante sur toute la campagne percheronne, La Perrière (du latin *petraria*, carrière de pierre) est une ancienne place fortifiée (son château fut détruit au XVe siècle). Le village est charmant, l'atmosphère champêtre, poétique. Les maisons se cachent dans des jardins, sous de vieux murs croulant sous la glycine ou derrière des courettes fleuries. La teinte de leurs murs, enduits ou en pierre, va de l'ocre blond au rouge sombre, couleur de ce grès ferrugineux caractéristique de la région, que l'on appelle ici "grison" ou "roussard". Leur architecture est soignée, enjolivée de détails raffinés, – lucarnes, tourelles, linteaux ouvragés – les faisant ressembler à de petits manoirs. L'église carrée, campée sur son roc, est flanquée du cimetière. Le panorama, de là-haut, vaut le coup d'œil. Le village est classé. Sa douceur et son charme bucolique ont attiré de nombreux "émigrants", parfois célèbres, venus de la ville. Les rapports ne sont pas toujours tendres entre gens d'ailleurs et villageois. On se regarde parfois en coin, mais on ne résiste pas au charme suranné du salon de thé-brocante tenu par un vieil Anglais. La Perrière était autrefois la capitale des brodeuses de filet perlé, très à la mode dans les années 1925-1930. Cette activité délicate occupait toutes les femmes du village. Aujourd'hui, la Maison du filet garde la mémoire de cet artisanat traditionnel.

300 habitants, 200 m d'altitude **Accès :** (carte 8) à 33 km E d'Alençon **À voir :** la Maison du filet **Aux alentours :** la forêt de Bellême et son chêne vieux de 300 ans **Foires, festivités :** Marché d'art le week-end de la Pentecôte ; Marché d'artisanat d'art en septembre ; vide-greniers le 1er dimanche d'octobre **Hôtel :** à Moutiers-au-Perche (38 km), *Domaine de la Louveterie* (tél. 02.33.73.11.63), maison d'hôtes de charme, 5 chambres 88-155 € **Mairie** (tél. 02.33.25.94.55) **S. I.** (tél. 02.33.73.35.49).

SAINT-CÉNERI-LE-GÉREI

61250 (Orne)

Dans la région des Alpes mancelles, Saint-Céneri-le-Gérei s'est logé sur une petite crête, à l'intérieur d'une boucle de la Sarthe. L'humble village, composé de maisons toutes simples, faites de moellons de grès gris rosé, chapeautées de petites tuiles brunes, s'organise autour de l'église romane au clocher à baies géminées et à toiture en bâtière, perchée sur un promontoire granitique. À l'intérieur, des fresques du XIVe siècle, très belles, ont été malheureusement mal restaurées. À l'entrée du bourg, on peut encore apercevoir quelques traces du château fortifié, construit à l'époque du duché de Normandie, qui barrait l'éperon rocheux. En empruntant le petit pont de pierre qui enjambe la Sarthe, les promeneurs peuvent se rendre à la chapelle de Saint-Céneri, où l'ermite Céneri, d'origine italienne, décida de s'installer, en 669, pour fonder un oratoire, puis un monastère qui fut incendié par les envahisseurs normands.

152 habitants, 140 m d'altitude **Accès :** (carte 7) à 13 km S-O d'Alençon **Aux alentours :** à Alençon, le musée des Beaux-Arts et de la Dentelle ; Bagnoles-de-l'Orne ; la forêt d'Écouves ; les Alpes mancelles ; Saint-Léonard-des-Bois ; le château de Fresnay-sur-Sarthe **Foires, festivités :** marché aux fleurs en mai ; Rencontre des peintres à la Pentecôte ; vide-greniers en juillet ; marché de Noël en décembre **Mairie** (tél. 02.33.26.60.00) **O. T.** Alpes mancelles (tél. 02.43.33.28.04).

LA BOUILLE

76530 (Seine-Maritime)

Au siècle dernier, aux beaux jours et les dimanches, La Bouille était prise d'assaut par les Rouennais venus par le fleuve pour y déjeuner dans les bonnes auberges. Le village s'étire le long de la Seine, sous la falaise. Les vieilles ruelles étroites, bordées de maisons à colombages, entourent l'église (XVe s.) et le Grenier à sel (XVIe s.). On y flâne agréablement en s'arrêtant devant les devantures des antiquaires et des galeries de peinture. À ne pas manquer, la place Saint-Michel et sa maison du XVe siècle ornée d'une statue de l'archange. Les plus belles demeures font face au fleuve. L'une d'elles abrita Hector Malot, l'auteur de *Sans famille*, quand il n'était que le fils du maire de La Bouille. La place centrale, ouverte, elle aussi, sur la Seine, s'appelle "place du Bateau". Elle rappelle que La Bouille fut un port où passait tout le trafic de marchandises vers la Basse-Normandie et la Bretagne. Au XVIe siècle, le bateau de La Bouille était un coche d'eau, tiré par des chevaux depuis le chemin de halage, qui effectuait le voyage entre La Bouille et Rouen en quatre heures... Aujourd'hui, c'est un simple bac qui vous emmènera sur l'eau pour une traversée tranquille du fleuve.

799 habitants, 5 m d'altitude **Accès :** (cartes 1-8) à 18 km S-O de Rouen **Aux alentours :** le château de Robert-le-Diable à Moulineaux ; les manoirs de Marbeuf et de Villers ; l'abbaye Saint-Georges à Saint-Martin-de-Boscherville **Foires, festivités :** marché le mercredi matin ; brocante le 1er dimanche du mois de mars à octobre ; Salon de la sculpture en mars ; Salon des vins en mars et en octobre ; Salon de la peinture de l'Ascension à la Pentecôte ; Foire à tout le 14 Juillet ; Journée peinture en septembre ; Salon des peintres amateurs en octobre ; Salon des antiquaires en novembre ; marché de Noël le 1er week-end de décembre **Hôtel :** à 2 km, *Domaine du Bas-Caumont* (tél. 02.35.68.64.50), maison d'hôtes de charme, 3 chambres 65-80 € **Restaurants :** *Les Gastronomes* (tél. 02.35.18.02.07) ; *La Poste* (tél. 02.35.18.03.90) **Mairie** (tél. 02.35.18.01.48).

CLÈRES

76690 (Seine-Maritime)

À Clères, près de Rouen, les maisons de briques rouges semblent faire une haie d'honneur à la Clérette, la petite rivière qui fait chanter les nombreuses fontaines taillées dans la craie blanche du pays. De petits ponts en passerelles, on joue à saute-ruisseau pour aboutir à la place centrale, où trône une ancienne halle à pans de bois construite au XVIIIe siècle. Le castel, édifié sur les ruines d'un ancien château fort, a été constamment embelli du XIVe au XVIe siècle. Ravissant, ses façades les plus anciennes font alterner avec bonheur pans de bois, grès, briques et silex. Quant à sa partie ouest, profondément remaniée au XIXe siècle, elle arbore finalement un décor néogothique. Au début du siècle, son propriétaire, Jean Delacour, naturaliste, décida d'acclimater de nombreuses espèces animales dans le parc. Aujourd'hui, dans ce zoo devenu établissement public, on fait des rencontres étranges : kangourous, antilopes, paons, flamants roses et autres mammifères exotiques se pavanent tranquillement sur les gazons normands... Clères s'enorgueillit aussi d'un intéressant musée de l'Automobile.

1 284 habitants, 130 m d'altitude **Accès :** (cartes 1-8) à 20 km N de Rouen **À voir :** le parc zoologique (tél. 02.35.33.23.08) **Aux alentours :** les chapelles des hameaux du Tôt et de Cordelleville ; le château de Fontaine-le-Bourg ; la ferme Raimbourg (3 km) ; le musée des Sapeurs-Pompiers à Montville (7 km) **Foires, festivités :** marché le vendredi après-midi ; fête de la Jonquille fin mars ; Foire à tout-brocante au printemps et à l'automne **Hôtel :** à Croix-Mare (30 km), *Auberge du Val au Cesne* (tél. 02.35.56.63.06), hôtel de charme, 5 chambres 90 €, restaurant **Restaurant :** à Frichemesnil (4 km), *Au Souper Fin* (tél. 02.35.33.33.88) avec chambres **Mairie** (tél. 02.35.33.23.31) **O. T.** (tél. 02.35.33.38.64).

ÉTRETAT

76790 (Seine-Maritime)

À la fin du siècle dernier, oubliant son passé de simple bourgade de pêcheurs, Étretat recevait le Tout-Paris : Maupassant s'installait à La Guillette, Offenbach tenait salon à la villa Orphée, Hermine Lecomte du Noüy se croyait dans un décor d'opéra-comique. Maurice Leblanc avait placé le repaire d'Arsène Lupin dans l'Aiguille d'Étretat, rebaptisée "l'Aiguille Creuse". Étretat et ses falaises restent, aujourd'hui, l'un des sites les plus visités de la Normandie. Entre ses deux portes naturelles, la porte d'aval – à l'arche naturelle ponctuée de son aiguille –, et la porte d'amont – avec, à son sommet, la chapelle Notre-Dame-de-la-Garde et le monument dédié à Nungesser et Coli –, le village s'est agrandi de part et d'autre du casino. Sa vieille halle normande, surmontée d'un fin clocheton, fait office de cœur stratégique à partir duquel les nombreux touristes s'égaillent pour admirer les villas à tourelles, ou pour se balader le long de la digue-promenade dédiée à Claude Monet.

1 640 habitants **Accès :** (carte 8) à 17 km S-O de Fécamp **À voir :** le château Les Aygues ; le Clos Arsène-Lupin (ouvert en été et vacances scolaires) **Aux alentours :** le château de Cuverville ; la Côte d'Albâtre **Foires, festivités :** marché le jeudi matin ; Bénédiction de la mer à l'Ascension ; Journée des arts le dernier dimanche de juillet ; "Festival Galetjades" en juillet-août ; Festival Offenbach en août ; Salon du livre fin octobre ; fête du Hareng fin octobre-début novembre **Hôtels :** *Le Domaine Saint-Clair* (tél. 02.35.27.08.23), hôtel de charme, 21 chambres 62-292 €, restaurant ; *Villa les Charmettes* (tél. 02.35.27.19.08), maison d'hôtes de charme, 3 chambres 110-125 € **Mairie** (tél. 02.35.27.01.23) **O. T.** (tél. 02.35.27.05.21).

JUMIÈGES

76480 (Seine-Maritime)

La Seine forme sa seconde boucle en aval de Rouen, encerclant presque le village. Jumièges, ce sont avant tout des ruines, celles de la plus puissante des abbayes normandes, fondée en 654 par saint Philibert, saccagée et incendiée en 851 par Oskar le Viking, relevée puis achevée sous Guillaume le Conquérant qui revint d'Angleterre pour sa consécration, en 1067. La Révolution mit fin à son rayonnement. Mais Notre-Dame-de-Jumièges, mutilée, est encore plus spectaculaire avec ses arcs romans qui se dressent, fantomatiques, parmi la verdure et les arbres. Le village avec sa petite place, sa mairie, ses quelques maisons bourgeoises et son bureau de poste – qui ressemble à un petit manoir de carte postale – se pelotonne tout contre l'abbaye. Au XIIe siècle, les moines avaient, fort sagement, fait construire l'église un peu à l'écart, en hauteur, pour qu'elle ne soit pas arasée, mais elle ne fut jamais terminée.

1 729 habitants, 150 m d'altitude **Accès :** (cartes 1-8) à 28 km E de Rouen **Aux alentours :** au Mesnil-sous-Jumièges, le manoir d'Agnès Sorel ; le parc naturel régional des boucles de la Seine normande ; le pont de Normandie ; la vallée de la Seine **Foires, festivités :** expositions d'avril à septembre ; fête de la Saint-Pierre fin juin ; marché de Noël et Salon de l'ours et de la poupée le 1er dimanche de décembre **Hôtel :** *Domaine du Clos des Fontaines* (tél. 02.35.33.96.96), hôtel de charme, 18 chambres et suites 90-220 € **Restaurant :** *Auberge des Ruines* (tél. 02.35.37.24.05) **Mairie** (tél. 02.35.37.24.15) **O. T.** (tél. 02.35.37.28.97).

RY

76116 (Seine-Maritime)

Un simple fait divers, les mésaventures conjugales de l'officier de santé Eugène Delamare et de son épouse Delphine, née Couturier, a fait la gloire de Ry, petit village proche de Rouen, niché dans la jolie vallée du Crevon. Cela aurait pu n'émouvoir que les seuls habitants de cette bourgade paisible, mais Gustave Flaubert écrivit *Madame Bovary*, et Ry devint célèbre... C'est donc à une rêverie littéraire que nous invite ce petit bourg avec son auberge, sa mairie aux trois colonnes ioniques, ses maisons à colombages sagement rangées le long de la rue. L'église du XIIe siècle présente un beau porche Renaissance en bois sculpté et une tour-lanterne à corniche. Il ne faut pas manquer la visite du pavillon de chasse du château de la Huchette, près du hameau de Villers ; c'est là qu'Emma avait ses rendez-vous galants avec Rodolphe.

618 habitants, 75 m d'altitude **Accès :** (cartes 1-8) à 17 km E de Rouen **À voir :** la galerie Bovary (500 automates dans un ancien pressoir du XVIIIe s.) **Aux alentours :** la forêt de Lyons (abbaye de Mortemer et château de Fleury-la-Forêt) ; le château de Martainville ; le château de Vascœuil **Foires, festivités :** marché le samedi matin ; expositions de peintures d'avril à octobre ; Foire à tout fin avril-début mai ; marché fermier et artisanal à Auzouville-sur-Ry (6 km) en mai ; Fête du village et Foire à tout le dernier dimanche d'août **Hôtel :** à Amfreville-sous-les-Monts (30 km), *Le Moulin de Connelles* (tél. 02.32.59.53.33), hôtel de charme, 13 chambres et suites 130-310 €, restaurant **Mairie** (tél. 02.35.23.60.61) **O. T.** (tél. 02.35.23.19.90).

VARENGEVILLE-SUR-MER

76119 (Seine-Maritime)

Varengeville, délicieusement enfoui sous une verdure débordante, est perché sur une falaise, à une petite centaine de mètres au-dessus de la mer, et à deux pas de Dieppe. Le bourg ressemble à un jardin, avec ses chemins creux bordés de talus fleuris, ses petites maisons basses entourées d'une végétation au désordre très ordonné, ses somptueux parcs comme ceux de la famille Mallet et de la princesse Sturdza, où l'on pratique avec bonheur l'art de la botanique. La plus belle des allées conduit au manoir de Jean Ango, du XVIe siècle. Cet armateur dieppois découvrit le site de New York aux côtés de Jean Verrazano, avant d'être le banquier de François Ier. Sa résidence secondaire allie le traditionnel normand de l'époque au raffinement de la première Renaissance italienne ; admirez aussi le splendide pigeonnier. L'église du XIIIe siècle aurait été, selon une légende, maintenue en à-pic au bord de la falaise par la volonté de saint Valery. Dans le fameux et émouvant cimetière marin qui l'entoure repose le peintre Georges Braque, dont un vitrail décore l'église.

1 211 habitants, 80 m d'altitude **Accès :** (carte 1) à 7 km O de Dieppe **À voir :** le parc des Moutiers ; le jardin Shamrock (collection d'hortensias) ; la chapelle Saint-Dominique **Aux alentours :** le phare d'Ailly ; le château de Miromesnil ; les jardins de la princesse Sturdza à Sainte-Marguerite-sur-Mer **Foires, festivités :** Foire à tout fin octobre ; marché de Noël le 1er dimanche de décembre **Hôtel :** à Dieppe-Pourville (3 km), *La Villa Florida* (tél. 02.35.84.40.37), maison d'hôtes de charme, 4 chambres 73-78 € **Mairie** (tél. 02.35.85.12.46).

VEULES-LES-ROSES

76980 (Seine-Maritime)

Longtemps village de pêcheurs et de tisserands, Veules est situé sur la Côte d'Albâtre. C'est au XIXe siècle que la bourgade est devenue une station balnéaire à la mode, sous l'impulsion d'Anaïs Aubert, sociétaire de la Comédie-Française, qui y entraîna ses amis. L'acteur Mélingue s'y fit construire un castel, le littérateur Paul Meurice y reçut Victor Hugo... la station était lancée ! Les peintres, musiciens, compositeurs et acteurs qui la fréquentèrent ajoutèrent joliment "les Roses" à son nom, tandis que les villas fleurissaient sur ses pentes. Veules, c'est aussi "le plus petit fleuve de France", qui prend sa source en bordure du plateau cauchois pour emprunter le chemin des Champs-Élysées. C'est lui qu'il faut prendre comme guide, plutôt que de se rendre sur la plage, aujourd'hui encadrée de pavillons modernes. Il vous conduira derrière l'église (XVIe s.), au solide clocher carré du XIIIe siècle, ou sous le beau calvaire en grès, décoré de petits personnages, du jardin Saint-Nicolas.

700 habitants, 0-73 m d'altitude **Accès :** (carte 1) à 24 km O de Dieppe **Aux alentours :** l'église de Blosseville (3 km, clocher XIIe s., beaux vitraux Renaissance) ; la chapelle du Val (XIIe-XIIIe s.) ; le hameau du Mesnil-Durdent (7 km) ; Saint-Valery-en-Caux **Foires, festivités :** marché le mercredi matin, marché de nuit en juillet et août ; fête du Cresson le dimanche de Pâques ; Salon de la route de l'art en avril-mai ; vide-greniers le 1er dimanche de juin et de septembre ; "Art des rives" le 1er week-end de mai (les années paires) ; Salon des antiquaires à la Pentecôte ; Marché de l'art début juillet et début août ; fête de la Mer le 14 août ; marché de Noël le 1er week-end de décembre **Hôtel :** *Relais Hôtelier Douce France* (tél. 02.35.57.85.30), hôtel de charme, 21 suites 99-159 € **Restaurant :** *Les Galets* (tél. 02.35.97.61.33) **Mairie** (tél. 02.35.97.64.11) **O. T.** (tél. 02.35.97.63.05).

VILLEQUIER

76490 (Seine-Maritime)

À mi-chemin entre Rouen et la mer, la Seine dessine son plus large méandre. C'est là que se love Villequier et que s'effectuait, jadis, le changement entre les pilotes de Seine, les "margats", et ceux de l'estuaire, les "perroquets", qui guidaient les navires vers l'amont ou l'aval du fleuve. C'est à cet endroit que, le 4 septembre 1843, Charles Vacquerie et sa jeune épouse Léopoldine, fille aînée de Victor Hugo, se noyèrent. À l'entrée du village, face au lieu du naufrage, la statue de Victor Hugo affligé se dresse, bouleversante. Tournant le dos à la route départementale, ouverte sur le fleuve, la belle demeure de la famille Vacquerie est devenue le musée Victor-Hugo. Elle a gardé l'atmosphère chargée de souvenirs des maisons de famille du XIXe siècle. Toutes les habitations du village, aux beaux murs de pierres, briques ou silex, ouvrent sur la rivière, donnant au quai en bord de Seine le rôle de rue principale, et beaucoup de charme. Charles et Léopoldine reposent dans le petit cimetière qui entoure l'église, au-dessus du village. En pénétrant à l'intérieur du sanctuaire, on découvre une belle nef du XVIe siècle couverte d'un lambris en berceau et ornée de têtes d'animaux fantastiques.

822 habitants, 5 m d'altitude **Accès :** (cartes 1-8) à 45 km N-O de Rouen **À voir :** le musée Victor-Hugo **Aux alentours :** la chapelle de Barre-y-Va ; l'église (XVIe s.) du hameau de Bibus ; les châteaux de Villequier, du hameau de La Guerche, de Caumont, d'Ételan ; le parc de Brotonne **Foires, festivités :** marché aux plantes en avril ; "Peintres dans la rue" en mai ; week-end "Art, culture et artisanat" en juin ; Foire à tout en septembre ; Foire aux arbres et plantes en octobre **Restaurant :** *Auberge du Grand-Sapin* (tél. 02.35.56.78.73), avec chambres **Mairie** (tél. 02.35.56.78.25) **O. T.** Caudebec-en-Caux (tél. 02.32.70.46.32).

YPORT

76111 (Seine-Maritime)

Encaissé dans la muraille de craie que le pays de Caux dresse face à la mer sur la Côte d'Albâtre, Yport prend des allures de modèle réduit, ce qui séduisit de nombreux peintres, des impressionnistes aux fauves. Sur la plage, des galets. Ils ont même envahi le village, on les retrouve appareillés dans les murs des maisons et dans ceux de l'église au clocher-porche (à l'intérieur, chemin de croix de Jef Friboulet), flanquée de tourelles, qui fut construite par les pêcheurs d'Yport pour affirmer leur indépendance par rapport au village voisin de Criquebeuf-en-Caux. Sur la plage, on prend le soleil à l'abri de la pointe Chicart qui coupe les vents d'ouest, et, au jusant, on y vient chercher étrilles et bouquets entre les rochers tapissés de varech. On ramasse aussi les galets, comme jadis, quand c'était un petit métier. Au bois de Hogue, on raconte aussi qu'une dame séduisait tous les voyageurs qui passaient sur ses terres, puis les jetait à la mer...

1 013 habitants **Accès :** (carte 8) à 7 km S-O de Fécamp **Aux alentours :** Fécamp et ses musées **Foires, festivités :** marché le mercredi matin ; fête de la Mer et de la Peinture les 14-15 août **Mairie** (tél. 02.35.27.30.24) **O. T.** (tél. 02.35.29.77.31).

Ce pays, fait de terre et d'eau, comporte des paysages variés, recouverts de la même douce lumière dorée. Plages de sable fin des bords de l'Océan, large plaine du Poitou, humide et étonnant Marais poitevin, collines vallonnées couvertes de vignes et de blé de la Charente : tout, dans cette région, respire la paix et la douceur de vivre.

Au fil des ans, les hommes ont marqué le paysage de leur empreinte : églises et abbayes romanes, forteresses féodales, villages fortifiés et châteaux Renaissance jalonnent les chemins.

Terre tranquille, cette région a su préserver son authenticité et son art de vivre. Il faut partir à la découverte de son passé et des trésors toujours vivants que constituent ses villages.

AUBETERRE-SUR-DRONNE

16390 (Charente)

Il y a mille raisons de visiter Aubeterre. La principale tient au charme bucolique de ses ruelles pentues, pavées de vieux galets, parsemées de jardins touffus. Les maisons pimpantes arborent des façades de craie blanche, décorées de galeries de bois ou de balcons débordants de fleurs multicolores. Le village domine la verdoyante vallée de la Dronne et descend jusqu'à la rivière, enfouie dans la végétation. Sur la place, au centre du bourg, une statue veille sur les villageois ; elle représente Ludovic Trarieux, enfant du pays et fondateur de la Ligue des droits de l'homme. La ravissante église Saint-Jacques, juchée tout en haut, a conservé une très belle façade romane, mais le véritable joyau à admirer se situe en contrebas du bourg : l'église monolithe Saint-Jean, bâtie au XIIe siècle, entièrement creusée dans le roc. Haute de plus de 20 mètres, elle abrite une crypte du VIe siècle. Aubeterre est resté une bourgade vivante et chaleureuse. La promenade y est délicieuse : on y trouve des galeries d'art, de jolies boutiques, un salon de thé et même une plage de sable blanc, pour des baignades en été. Juste ce qu'il faut d'animation... C'est déjà la douceur de vivre du Sud !

368 habitants, 100 m d'altitude **Accès :** (carte 23) à 50 km O de Périgueux **À voir :** l'espace Ludovic-Trarieux **Aux alentours :** les villages de Bonnes (5 km) et de Lusignac (15 km) ; le manoir de Maine-Giraud, demeure d'Alfred de Vigny (25 km) **Foires, festivités :** marché le dimanche matin ; "Faîtes de l'art" à l'Ascension ; fête patronale de la Saint-Jacques fin juillet ; "Nuits musicales d'Aubeterre" en juillet-août ; marché de Noël en décembre **Mairie** (tél. 05.45.98.50.33) **O. T.** (tél. 05.45.98.57.18).

TUSSON

16140 (Charente)

Le site de Tusson a été occupé depuis des temps fort anciens, mais le village lui-même s'est constitué autour d'une abbaye édifiée au XIIe siècle puis fortifiée pendant la guerre de Cent Ans. Au Moyen Âge, Tusson était un important lieu culturel, spirituel et économique. À la fin du XVIIIe siècle, le village se consacrait essentiellement à l'agriculture, ses foires étaient réputées dans toute la région ; les habitants étaient riches et prospères, ils construisirent de belles maisons accolées aux demeures de la Renaissance. Au XIXe siècle, l'activité déclina considérablement à cause des ravages du phylloxéra sur la vigne. Le bourg se dépeupla alors inexorablement. Aujourd'hui, grâce à l'énergie de nombreux bénévoles, notamment le club Marpen, la cité a retrouvé son beau visage d'autrefois et l'on peut voir, au cours de la visite, les vestiges de l'abbaye (XIIe-XVe s.), l'église du XIIIe siècle restaurée et ses fresques contemporaines, les vieux logis retapés et des ateliers d'artisans qui ont redonné vie aux ruelles. On reste émerveillé devant le Logis de Marguerite d'Angoulême qui remonte au XVIe siècle. Le village est sauvé, le site est protégé, l'ensemble constitue un merveilleux exemple d'architecture charentaise.

344 habitants, 120 m d'altitude **Accès :** (carte 22) à 35 km N d'Angoulême **À voir :** le musée de la Vie rurale ; la Maison du patrimoine et le Jardin monastique médiéval **Aux alentours :** les villages de Nanteuil-en-Vallée (22 km) et d'Empuré (11 km) **Foires, festivités :** brocante en avril ; Salon des bouquinistes fin mai ; brocante le 1er week-end de juillet ; animations diverses le dimanche en été **Mairie** (tél. 05.45.31.70.49) **Infos** (tél. 05.45.30.32.87, en saison).

VILLEBOIS-LAVALETTE

16320 (Charente)

Planté sur une butte, le château puissamment fortifié de Villebois-Lavalette domine et protège le village. Son histoire se rattache à celle des Lusignan, qui édifièrent une première forteresse au XIIe siècle. Démantelée par la suite, il n'en subsiste, aujourd'hui, que les ouvrages défensifs et la chapelle. Le corps central fut remplacé par l'édifice actuel qui date du XVIIe siècle. De nombreux hôtes illustres y ont séjourné, mais c'est le duc d'Épernon, mignon d'Henri II et propriétaire du manoir, qui laissera le souvenir le plus vif. Contrepoint populaire à l'imposant édifice seigneurial, les très belles halles ont été également construites au XVIIe siècle, et elles accueillent toujours le marché du samedi matin. On flâne dans la rue principale, typique de l'architecture charentaise avec ses petites maisons en moellons taillés dans le calcaire et chapeautées de tuiles creuses. Le style Renaissance y domine, donnant à Villebois-Lavalette une élégance harmonieuse, mais la bourgade a déjà un petit air du Sud, son architecture étant influencée par le Périgord tout proche.

772 habitants, 180 m d'altitude **Accès :** (carte 23) à 28 km S-E d'Angoulême **Aux alentours :** le château de la Mercerie (4 km) ; les villages de Gardes-le-Pontaroux (5 km, église romane), de La Rochebeaucourt (8 km, église du XIIIe s.), de Charras (15 km, église romane fortifiée au XIVe s., château du XVIIe s.), de Lusignac (26 km) **Foires, festivités :** marché le samedi matin ; foire le 2e samedi de chaque mois ; Foire des Rameaux ; brocante en juillet ; fête de la Saint-Augustin en août ; marché de Noël en décembre **Mairie** (tél 05.45.64.90.04) **O. T.** (tél. 05.45.64.71.58).

ÎLE DE RÉ

17630 (Charente-Maritime)

Désormais reliée au continent par un pont à péage, l'île de Ré a conservé, malgré tout, son caractère insulaire et son charme. Longue de trente kilomètres, "l'île blanche" est le paradis des amoureux de la nature. Le village de La Flotte est charmant avec son petit port de pêche, ses rues piétonnes, ses maisons blanches aux volets verts, fleuries de roses trémières, et les accueillantes terrasses de ses cafés. Allez visiter l'église Sainte-Catherine (XVIe-XVIIIe s.), puis partez à la découverte des autres villages et beautés de l'île : le magnifique fort de La Prée, les vestiges de l'abbaye des Chateliers (XIIe s.), Saint-Martin – la capitale de l'île, magnifiquement fortifiée par Vauban (et classée au patrimoine mondial de l'Unesco) –, Ars avec ses pittoresques ruelles et son célèbre clocher, Les Portes, son petit bois de Trousse-Chemise et sa réserve ornithologique, sans oublier les marais salants et le phare des Baleines. Le vélo est idéal pour visiter l'île : des circuits (100 km de pistes cyclables) sont organisés et vous pourrez ainsi profiter, en toute tranquillité, des beautés et des parfums de la nature. Mais Ré est très touristique en été...

10 000 habitants **Accès :** (carte 14) par pont-viaduc depuis La Rochelle **À voir :** la Maison du Platin (écomusée, en saison) **Foires, festivités :** marché tous les matins à La Flotte ; braderie le dernier jeudi de juillet et août **Hôtels :** 7 hôtels de charme : à Ars, *Hôtel Le Sénéchal* (tél. 05.46.29.40.42), 22 chambres 50-230 € ; au Bois-Plage, *Les Bois Flottais* (tél. 05.46.09.27.00), 18 chambres 81-125 € ; *Hôtel de l'Océan* (tél. 05.46.09.23.07), 30 chambres 75-180 €, restaurant ; à La Couarde, *Le Vieux Gréement* (tél. 05.46.29.82.18), 19 chambres 70-120 € ; à Saint-Clément, *Hôtel Le Chat Botté* (tél. 05.46.29.21.93), 20 chambres 57-152 € ; à Saint-Martin, *La Maison Douce* (tél. 05.46.09.20.20), 9 chambres 120-175 € **Restaurants :** *La Baleine Bleue* (tél. 05.46.09.03.30) ; *Au Bord'un Zinc* (tél. 06.88.96.84.46) ; *Serghi* (tél. 05.46.09.03.92) ; *L'Écailler* (tél. 05.46.09.56.40) ; *Taxi Brousse* (tél. 05.46.29.90.33) **Mairie** La Flotte (tél. 05.46.09.60.13) **O. T.** La Flotte (tél. 05.46.09.60.38) **Port** La Flotte (tél. 05.46.09.67.66).

MORNAC-SUR-SEUDRE

17113 (Charente-Maritime)

Repaire de naufrageurs, avant d'être fortifié et de subir, sans dommage, la guerre de Cent Ans, puis les guerres de Religion, Mornac est, aujourd'hui, un joli bourg charentais planté au milieu des marais de la Seudre. Jadis, ses habitants vivaient de la pêche et du ramassage du sel. Ce n'est qu'au XIXe siècle qu'ils se consacrèrent à l'élevage des huîtres de Marennes. De nos jours, le long des chenaux, on trouve toujours les petites cabanes colorées des ostréiculteurs posées de guingois. À la tombée du jour, la lumière devient magique, et l'on ne peut détacher son regard du paysage qui prend alors des teintes subtiles. Du port partent des ruelles étroites et pittoresques qui rejoignent le cœur du village. Les vieilles maisons basses, en pierre couleur de craie blanche et aux volets verts et bleus, s'alignent maladroitement, leurs murs ont oublié de se tenir droits. On ne manque pas la visite de l'église fortifiée du XIIe siècle (remaniée au XVe s.), puis on jette un coup d'œil aux nombreuses boutiques d'artisans, avant d'arriver devant la grande halle qui abrite encore le marché.

662 habitants **Accès :** (carte 22) à 10 km N de Royan **Foires, festivités :** marché le jeudi et le dimanche matin ; Fêtes romanes en avril ; brocante et marché de produits régionaux à Pâques ; Journée de l'art et des saveurs à la Pentecôte ; brocante début août ; Rassemblement de bateaux traditionnels en juillet ou août ; Marché potier en septembre ; marché de Noël en décembre **Hôtel :** à Vaux-sur-Mer (8 km), *Résidence de Rohan* (tél. 05.46.39.00.75), hôtel de charme, 44 chambres 65-136 € **Mairie** (tél. 05.46.22.75.13) **O. T.** (tél. 05.46.22.61.68).

SAINT-SAUVANT

17610 (Charente-Maritime)

À mi-chemin entre Saintes et Cognac, Saint-Sauvant est un tout petit village, “monté sur un talon de galoche”, la “galoche” étant ce piton rocheux qui émerge de la luxuriante vallée du Coran. Typiquement charentais, il nous séduit, avec ses maisons basses aux volets clairs et ses toits couverts de tuiles canal. Ici, les teintes sont douces, rehaussées par la vivacité des fleurs. Dès les beaux jours, les roses trémières bordent les ruelles et les impasses. Le bourg s’articule autour d’une artère qui enlace la butte, avant d’aller rejoindre le sommet du roc et son église fortifiée du XIIe siècle. Ce bel exemple du riche patrimoine de la Saintonge romane nous rappelle qu’au Moyen Âge, les pèlerins, en route pour Saint-Jacques-de-Compostelle, préféraient éviter Saintes pour s’arrêter ici. Autre témoignage, la tour sarrasine (également du XIIe s.), qui surveillait la voie romaine reliant Saintes à Lyon. Le village a su rester discret, il a conservé son authenticité, son atmosphère paisible, ce qui séduit artistes et artisans. Depuis peu, il offre aussi le charme d’un joli hôtel design, pour profiter un peu plus longtemps de la beauté sereine du lieu.

529 habitants, 150 m d’altitude **Accès :** (carte 22) à 13 km O de Cognac **À voir :** le musée de Saint-Césaire ; le Jardin médiéval ; la Poterie (à la sortie du village) **Aux alentours :** Cognac (château François Ier, visite des chais) ; Saintes (arènes romaines, crypte de Saint-Eutrope, cathédrale Saint-Pierre, abbaye aux Dames) ; Saint-Bris-des-Bois (6 km, abbaye de Fontdouce) **Foires, festivités :** Représentations théâtrales en été **Hôtel :** *Design Hôtel des Francs Garçons* (tél. 05.46.90.33.93), hôtel de charme, 5 chambres 88-108 € **Mairie** (tél. 05.46.91.50.10).

SAINT-SAVINIEN

17350 (Charente-Maritime)

Saint-Savinien est lové dans une boucle de la Charente, au cœur de la douce Saintonge romane. La première occupation du site date de l'époque romaine. Aujourd'hui, ses vieilles maisons, bordées de jardinets qui dévalent jusqu'à la rivière, se reflètent paisiblement dans l'eau. Elles sont construites en belle pierre blonde, cette pierre qui, extraite des carrières proches du village, était transportée, jadis, sur des gabarres (barques à fond plat) le long de la Charente puis acheminée dans toute l'Europe. Saint-Savinien fut un port très actif dès le XVIIIe siècle et le resta jusqu'aux années 1930. Pierre de taille, bois, vins, tonneaux d'eaux-de-vie de Cognac et de Saintonge, produits agricoles et sel de mer transitaient ici. La balade dans le village est plaisante : on peut admirer l'église (XIIe-XIVe s.), dont la façade romane est surmontée d'un massif clocher à échauguette, le château de la Cave (en partie ruiné), jadis entouré d'eau, édifié pour résister aux assauts normands, et les vestiges de l'ancienne abbaye des Augustins (XIIIe-XVIe s.). La rivière et la nature environnante donnent au village un aspect champêtre vraiment séduisant.

2 536 habitants, 6-67 m d'altitude **Accès :** (carte 22) à 15 km S-O de Saint-Jean-d'Angély **Aux alentours :** le village de Taillebourg (5 km) ; le château et les jardins de la Roche-Courbon (10 km) ; l'abbaye royale de Saint-Jean-d'Angély ; Saintes ; les châteaux de Crazannes (XVe s., chapelle romane) et de Panloy (XVIIIe s., ne se visite pas) ; les églises romanes du val de Saintonge **Foires, festivités :** marché le samedi matin ; fête de Printemps fin avril ; spectacles, exposition d'art et d'artisanat en juillet ; Foire aux vins et à la bonne chère le 1er week-end d'août ; brocante fin août **Mairie** (tél. 05.46.90.20.03) **O. T.** (tél. 05.46.90.21.07).

TALMONT-SUR-GIRONDE

17120 (Charente-Maritime)

Talmont est posé, comme une perle rare, sur une presqu'île dominant l'estuaire de la Gironde. Le lieu est surtout connu pour sa magnifique église Sainte-Radegonde. Ce sont des moines bénédictins qui, à la fin du XIIe siècle, l'édifièrent en à-pic au-dessus des flots. À marée basse, on peut descendre au pied de la falaise pour admirer plus agréablement la beauté pure du style roman saintongeais de l'édifice. On passe devant un petit cimetière marin avant de retrouver le village, ses ruelles et ses logis entretenus avec amour par les habitants qui, à la belle saison, fleurissent jardins et trottoirs de roses trémières, la fleur emblème de la région. Les maisonnettes sont blanches avec des volets bleus ou roses. S'attarder place de la Mairie, sous l'immense tilleul bientôt centenaire, est un vrai plaisir. Les boutiques de souvenirs sont là, elles aussi, car Talmont attire de nombreux visiteurs. Il faut également descendre jusqu'au port, pour flâner sur les remparts qui longent la falaise et profiter de la jolie vue sur la baie et le bourg.

84 habitants, 6 m d'altitude **Accès :** (carte 22) à 15 km S-E de Royan **À voir :** le musée de Talmont (histoire locale et petit musée de la Pêche, ouvert avril-septembre) **Aux alentours :** les vestiges archéologiques du moulin du Fâ ; les grottes de Meschers-sur-Gironde (5 km N-O) ; le musée agricole du château de Didonne **Foires, festivités :** brocante en juillet ; Frairie traditionnelle le 2e dimanche d'août **Hôtel :** à Vaux-sur-Mer (18 km), *Résidence de Rohan* (tél. 05.46.39.00.75), hôtel de charme, 44 chambres 65-136 € **Mairie** (tél. 05.46.90.43.87) **Infos** (tél. 05.46.90.16.25, en saison).

COULON

79510 (Deux-Sèvres)

Au cœur de la Venise verte, Coulon est un pittoresque village qui se mire dans les eaux tranquilles de la Sèvre. Les nombreuses barques amarrées le long du quai apportent leurs touches colorées de vert, rouge, gris, bleu – couleurs que l'on retrouve sur les volets des maisons. Les noms des rues de la bourgade sont charmants, ils évoquent la vie médiévale et les activités des habitants : "rue du Port-aux-Moules", "rue du Four", "place du Pêchoir"... Au hasard de la marche, le promeneur s'arrêtera pour admirer quelques beaux édifices, comme la maison Renaissance des seigneurs de Coulon et l'église, avec son puissant clocher roman attaché à une délicate nef gothique. Mais il lui faudra aussi emprunter une "plate" pour naviguer le long de la Sèvre et sur les nombreux canaux couverts de lentilles d'eau. Véritables routes du Marais poitevin, ils sont le fruit des efforts constants d'une population désireuse de domestiquer l'eau qui engorgeait les terres et les rendait inutilisables. Une technique très ancienne, mise en pratique, au XIe siècle, par les moines de l'abbaye de Maillezais.

2 174 habitants, 6 m d'altitude **Accès :** (carte 15) à 10 km O de Niort **À voir :** l'écomusée de la Maison du marais poitevin **Aux alentours :** promenades en barque dans le marais ; les villages de Magné et de La Garette **Foires, festivités :** marché le vendredi et le dimanche matin ; marchés nocturnes en juillet-août ; Fête maraîchine en été ; "Marais en fête" le 15 août **Restaurants :** *Le Central* (tél. 05.49.35.90.20) avec chambres ; *Au Marais* (tél. 05.49.35.90.43) avec chambres **Mairie** (tél. 05.49.35.90.26) **O. T.** (tél. 05.49.35.99.29).

ANGLES-SUR-L'ANGLIN

86260 (Vienne)

Les ruines fantomatiques d'un château – édifié au XIIe siècle par les comtes de Lusignan à l'aplomb d'une falaise – surplombent Angles, semblant défier pour l'éternité quelque ennemi imaginaire. La ville haute s'organise autour d'une belle place moyenâgeuse, d'une église romane et des vestiges d'une forteresse. Les maisons arborent des façades Renaissance, des toits à quatre pentes, de tuiles plates ou d'ardoises, qui rappellent l'architecture de la Touraine toute proche. C'est dans cette partie du village que se trouve la maison natale du cardinal Jean Baluc, emprisonné par Louis XI. De la place, une rue pavée cascade vers l'Anglin et son vieux moulin à roue, passe le pont, et saute sur l'autre rive où est située la ville basse. On y admire l'abbatiale Sainte-Croix, à portail du XIIIe siècle, et des logis du XVe siècle, bien préservés, pourvus d'escaliers de pierre à l'extérieur. Au début du siècle, la bourgade était très connue pour ses brodeuses. Les "jours d'Angles" ornaient les trousseaux des gens raffinés et le linge élégant des paquebots de rêve qui traversaient l'Atlantique, comme le *Normandie*. Aujourd'hui, heureusement, deux brodeuses perpétuent ce délicat savoir-faire et quelques boutiques vendent leurs ouvrages.

365 habitants, 115-120 m d'altitude **Accès :** (carte 16) à 35 km S-E de Châtellerault **À voir :** la Maison des jours d'Angles" (tél. 05.49.48.61.70) **Aux alentours :** à La Puye, le jardin des Rosiers ; le parc naturel de la Brenne **Foires, festivités :** marché le samedi et le dimanche matin ; Spectacle pyrotechnique le 1er dimanche d'août ; "Les Artisanales médiévales" mi-juillet ; Festival du livre le week-end du 15 août ; brocante en septembre **Hôtels :** *Le Relais du Lyon d'Or* (tél. 05.49.48.32.53), restaurant ; *Artémisia* (tél. 05.49.84.01.83), maison d'hôtes de charme, 2 chambres 65-70 € **Mairie** (tél. 05.49.48.61.20) **O. T.** (tél. 05.49.48.86.87).

La Provence est une terre magique. Magie de la lumière qui transfigure chaque paysage, chaque village en tableaux merveilleux, magie bleu turquoise de la Méditerranée, magie folle du vent lorsque le fameux mistral est en furie, magie de son accent chantant qui ensoleille chaque phrase. Terre imprégnée d'histoire, cette région a gardé de nombreuses richesses de son passé : vestiges antiques de la civilisation romaine, églises et abbayes romanes, monuments et hôtels particuliers des XVIIe et XVIIIe siècles, aux harmonieuses proportions. Vous découvrirez en Provence des villages splendides, nichés en rond dans la plaine, alanguis aux bords d'une rivière, ou extraordinairement perchés sur un roc presque inaccessible – comme Peillon ou Gourdon –, ce qui leur permettait d'assurer la défense de leurs habitants et la surveillance de la vallée. Ils portent tous en eux les traces des civilisations anciennes, et expriment, avec force, la joie de vivre de ce lumineux pays.

BANON

04150 (Alpes-de-Haute-Provence)

On est ici au pays de Giono, sauvage pays de lavande et de lumière. On voit de loin Banon, vieux village médiéval, planté sur une roche abrupte dominant la plaine. D'entrée, il dessine une image bien nette : un tapis bleu-violet, des maisons claires ceinturées de remparts et une église à lanternon qui coiffe le tout. Ignorez le bourg XIXe de la plaine, pour vous consacrer au village ancien. Grimpez par la rue de la Bourgade, passez sous le portail à mâchicoulis du XIVe siècle, admirez le caladage en "pas de l'âne"de la ruelle avant de lever le nez vers les hautes demeures du XIVe au XVIIIe siècle aux crépis beige rosé, jaune tendre, vert anis. Certaines arborent de belles portes à linteaux, d'autres sont brodées de treilles, toutes se couvrent de toits de tuiles rondes de tous les tons d'ocre. Peut-être vous arrêterez-vous à la librairie *Le Bleuet* pour une parenthèse culturelle. Elle offre aux amoureux des livres ses étagères chargées de bouquins. Ensuite, baguenaudez tranquillement de-ci, de-là. Quelques arbres, quelques places puis, par la rue du Four-Banal, vous rejoindrez l'ancien Hôtel-Dieu et l'église (désaffectée) construite à l'emplacement du château fort. Sur le terre-plein de la citadelle disparue, on est en plein ciel, la vue plonge sur toute la plaine. Banon est resté discret, authentique, il ne fait pas d'esbroufe, mais il est connu dans le monde entier pour son savoureux fromage de chèvre emballé de feuilles de châtaignier.

1 000 habitants, 800 m d'altitude **Accès :** (cartes 33-34) à 25 km N-O de Forcalquier **Foires, festivités :** marché le mardi et le samedi matin ; fête du Fromage fin mai ; brocante, concerts et expositions en été ; marché de Noël début décembre **Hôtel :** à Forcalquier, *Charembeau* (tél. 04.92.70.91.70), hôtel de charme, 25 chambres 62-100 € **Mairie** (tél. 04.92.73.20.08) **Infos** (tél. 04.92.72.19.40).

COLMARS-LES-ALPES

04470 (Alpes-de-Haute-Provence)

Situé à 1250 mètres d'altitude, sur les rives du haut Verdon, au cœur d'une nature préservée – le parc du Mercantour est tout proche –, ce village fortifié est un lieu de détente et de sport idéal : les sentiers de randonnée sont nombreux et bien balisés, le Verdon fougueux attire les passionnés de kayak, et les stations de ski sont à proximité. À l'intérieur des remparts admirablement préservés, on découvre des rues étroites, des placettes avec fontaines ainsi qu'une église composite, à la fois romane et gothique, adossée aux murs d'enceinte. Au XVIIe siècle, sur instructions de Vauban, les doubles fortifications de la cité furent améliorées : en aval, le fort de France, en amont, le fort de Savoie, gardaient efficacement la bourgade et la frontière provençale. On peut encore les admirer aujourd'hui, elles donnent à Colmars un aspect imposant et exceptionnel. Sensibles à leur bel environnement, les villageois remplacent peu à peu les vieux toits de tôle rouillés qu'ils utilisaient par économie par des beaux toits de bardeaux, comme autrefois. Les traditions architecturales anciennes sont de nouveau encouragées, et le village retrouve ainsi son visage d'antan. Enserré dans un écrin de montagnes et baigné d'une lumière éclatante, Colmars surgit, intact, du passé.

385 habitants, 1 250 m d'altitude **Accès :** (carte 34) à 44 km S de Barcelonnette **À voir :** le fort de Savoie (XVIIe s.) ; la Maison-musée des métiers d'autrefois (ouverte en été) **Aux alentours :** la cascade de La Lance ; le panorama de la Colette ; l'oratoire Saint-Jean à Chabannier ; le parc national du Mercantour ; nombreux sentiers de randonnée ; le train des Pignes (de Digne à Nice) **Foires, festivités :** marché le mardi et le vendredi matin de mai à octobre ; expositions au fort de Savoie en juillet-août ; Fête médiévale en août ; fête des Escapades le 1er dimanche des vacances de Toussaint **Mairie** (tél. 04.92.83.43.21) **O. T.** (tél. 04.92.83.41.92).

ENTREVAUX

04320 (Alpes-de-Haute-Provence)

Implanté sur la rive gauche du Var, Entrevaux offre un spectacle exceptionnel : de hautes maisons aux toits de tuiles rousses, bien abritées derrière des remparts, se prosternant au pied d'un roc inexpugnable sur lequel trône un château. Évêché depuis le Ve siècle, la cité s'appelait Glanate et occupait l'autre rive du Var. Pour fuir les dangers d'inondations et d'invasions, les habitants s'installèrent sur la rive actuelle entre le Xe et le XIVe siècle. C'est au XVIIe siècle que seront construites les fortifications dues à Vauban, la cathédrale et la plupart des logis que l'on peut encore admirer aujourd'hui. La promenade est incroyable : un lacis d'étroites ruelles, d'escaliers, d'arches de pierre s'offre à vous. Seule une petite place et quelques arbres apportent une respiration. Vous admirerez les enceintes avec leurs tours et leurs échauguettes, les trois portes fortifiées à pont-levis, la cathédrale et son étonnant clocher crénelé du XVIIe siècle, qui présente un caractère à la fois austère, défensif et raffiné ; à l'intérieur, bel ensemble de retables et de tableaux du XVIIe siècle et petit musée dans la sacristie. Puis, s'il vous reste encore un peu de souffle, grimpez jusqu'au château par le chemin fortifié à neuf rampes. De là-haut, le regard ricoche sur les toits mordorés avant d'embrasser toute la vallée du Haut-Var ; le spectacle est grandiose. Il existe aussi un pittoresque moyen de transport pour atteindre Entrevaux depuis la côte, le petit "Train des Pignes", qui sillonne la vallée de Nice à Digne.

863 habitants, 475 m d'altitude **Accès :** (carte 34) 68 km N-O de Nice **À voir :** la Poudrière (au château) ; le musée de la Moto ; le four à pain **Aux alentours :** le hameau d'Enriez ; les villages d'Annot, de Puget-Théniers et de Touët-sur-Var ; l'écomusée de Puget-Rostang ; les gorges du Cians et de Daluis **Foires, festivités :** marché le vendredi matin ; foires en avril, juin et septembre ; fête de la Saint-Jean en juin **Restaurant :** à Touët-sur-Var, *Auberge des Chasseurs* (tél. 04.93.05.71.11) **Mairie** (tél. 04.93.05.34.10) **S. I.** (tél. 04.93.05.46.73).

LURS

04700 (Alpes-de-Haute-Provence)

Le village occupe un site perché au-dessus de la vallée de la Durance. Au Moyen Âge, Lurs était un gros bourg, propriété de l'évêché de Sisteron qui, au XVIIIe siècle, y avait fondé un séminaire sur la route de Forcalquier. Sauvé de l'abandon au début du XXe siècle par Maximilien Vox, un artiste graphiste et imprimeur – ami de Jean Giono – tombé sous le charme de ces vieilles pierres, le village a été restauré avec authenticité. Il est superbe, aujourd'hui, avec son beffroi à campanile qui enjambe la petite rue d'accès à la cité, ses hautes maisons à encorbellements, ses portes anciennes, sa place "en balcon" au-dessus du pays de *Regain*. À deux pas, le château, et la promenade des Évêques bordée d'oratoires qui mène à la chapelle Notre-Dame-de-Vie. La végétation, partout présente, ajoute des touches colorées et champêtres. Tous les étés, depuis 1955, se tiennent à Lurs les fameuses "Rencontres internationales d'arts graphiques" qui réunissent typographes, informaticiens, écrivains, artistes, tous les professionnels des arts graphiques et de la communication. Lurs, merveilleux village, a gardé tout son caractère et sa beauté naturelle.

351 habitants, 623 m d'altitude **Accès :** (carte 34) à 14 km E de Forcalquier **Aux alentours :** le prieuré de Ganagobie, le village de Dauphin **Foires, festivités :** concerts, expositions et théâtre en été ; Fête du village le dernier week-end de juillet ; pèlerinage à Notre-Dame-des-Anges le lundi de Pentecôte et le 2 août ; Rencontres internationales d'arts graphiques la 2e quinzaine d'août **Hôtel :** à Forcalquier, *Charembeau* (tél. 04.92.70.91.70), hôtel de charme, 25 chambres 62-100 € **Mairie** (tél. 04.92.79.95.24) **O. T.** (tél. 04.92.79.10.20, en saison).

MOUSTIERS-SAINTE-MARIE

04360 (Alpes-de-Haute-Provence)

Ce sont des moines venus de l'abbaye de Lérins qui fondèrent Moustiers, au Ve siècle. Au XVIIe siècle, le village connut une grande période de prospérité, de nombreux ateliers de faïence, dont celui du fameux Pierre Clérissy, s'y installèrent. Les productions de Moustiers étaient célèbres dans toutes les cours européennes mais, malheureusement, la mode changea et les fabriques fermèrent définitivement au XIXe siècle. Les fours ne se rallumeront qu'en 1925 sous l'impulsion de Marcel Provence. On emploie souvent le mot de "crèche" pour caractériser Moustiers : le village est serti dans un site magnifique, entre deux pics montagneux reliés par une chaîne en métal – exploit du chevalier de Blacas au XIIe siècle, d'après la légende. Le charmant désordre des logis s'organise autour de placettes ombragées et de ruelles animées. L'église se coiffe d'un joli clocher roman orné de baies à l'italienne et abrite un chœur gothique à trois nefs. On s'attarde dans les nombreuses boutiques d'artisanat, on déjeune, en été, à l'ombre de la *Treille Muscate*, on profite de la superbe vue sur les alentours. Et tout là-haut, au bord du ravin, la chapelle Notre-Dame-de-Beauvoir (XIIe-XVIe s.) – que l'on rejoint par un raidillon caladé – veille sur le village.

630 habitants, 634 m d'altitude **Accès :** (carte 34) à 50 km E de Manosque **À voir :** le musée de la Faïence (tél. 04.92.74.61.64) **Aux alentours :** le lac de Sainte-Croix ; les gorges du Verdon ; Riez **Foires, festivités :** marché le vendredi matin ; marchés nocturnes en juillet-août ; fête de la Cité de la faïence le dernier week-end de mai (les années paires) ; Fête votive du 31 août au 8 septembre **Hôtels :** 3 hôtels de charme : *La Bastide de Moustiers* (tél. 04.92.70.47.47), 12 chambres 190-400 €, restaurant ; *Le Clos des Iris* (tél. 04.92.74.63.46), 7 chambres 63-70 € ; *La Ferme Rose* (tél. 04.92.75.75.75), 12 chambres 80-150 € **Restaurants :** *La Ferme Sainte-Cécile* (tél. 04.92.74.64.18) ; *La Treille Muscate* (tél. 04.92.74.64.31) **Mairie** (tél. 04.92.74.66.19) **O. T.** (tél. 04.92.74.67.84).

SIMIANE-LA-ROTONDE

04150 (Alpes-de-Haute-Provence)

Environné de lavandes, le village se dresse fièrement au sommet d'une butte. Ses maisons semblent partir à l'assaut de la célèbre rotonde du XIIe siècle, perchée tout en haut, vestige de l'ancien château fort qui appartenait à la puissante famille féodale des Simiane-Agoult. Garez votre véhicule en bas du bourg, passez le portail de la cité – remarquez la maison de Ponson du Terrail, l'auteur de *Rocambole,* à deux pas –, puis grimpez par les ruelles étroites bordées de maisons anciennes en pierre ocre, bien restaurées. Admirez leurs belles portes de bois, les quelques linteaux sculptés et certains détails d'architecture raffinés. Jetez un œil à la halle couverte avant de pénétrer dans l'église Sainte-Victoire, rare exemple de gothique flamboyant provençal. Pour terminer, contemplez la rotonde-donjon, dont l'intérieur est divisé en deux étages ; sous sa voûte résonnent, à la belle saison, les notes du Festival de musique ancienne. Si vous le pouvez, visitez Simiane en mai-juin, vous pourrez alors respirer les parfums délicats des roses (plus de 500 variétés) dans le parc de l'abbaye de Valsaintes, ou, en été, lorsque les lavandes sont en fleurs : le village, incrusté dans un magnifique écrin bleu violet, connaît sa période la plus animée.

540 habitants, 650 m d'altitude **Accès :** (carte 33) à 24 km N-E d'Apt **À voir :** l'abbaye de Valsaintes ; la chapelle Notre-Dame-de-Pitié ; les anciens moulins à vent **Aux alentours :** Dauphin ; le prieuré de Salagon ; Saint-Michel-l'Observatoire ; les gorges d'Oppedette et le Colorado de Rustrel **Foires, festivités :** "L'Abbaye en roses" en juin ; Festival de musique ancienne en août ; vide-greniers le dimanche le plus proche du 15 août **Hôtels :** *Le Clos des Amandiers* (tél. 04.92.75.99.98), maison d'hôtes de charme, 3 chambres 85-110 € ; *Les Granges de Saint-Pierre* (tél. 04.92.75.93.81), maison d'hôtes de charme, 3 chambres 64 € **Mairie** (tél. 04.92.75.91.40) **Infos** (tél. 04.92.75.90.14, en saison).

LA GRAVE - LA MEIJE

05320 (Hautes-Alpes)

La Grave s'est implantée au cœur du massif des Écrins, sur les pentes d'un versant abrupt et ensoleillé, face à l'imposant pic de la Meije et de ses glaciers. C'est l'une des plus anciennes et des plus importantes stations d'alpinisme françaises. Le sommet de la Meije (3983 m) fut vaincu en 1877 par les guides Gaspard père et fils qui accompagnaient leur client, M. Boileau de Castelnau. La partie ancienne du bourg est restée authentique avec ses austères maisons du XVIIe siècle en pierre, aux toitures d'ardoises ou de bardeaux. Les ruelles escarpées grimpent jusqu'à la ravissante église romane, de style lombard, entourée d'un petit cimetière où reposent les alpinistes victimes de la montagne. En bas, le bourg moderne – avec ses grosses maisons, ses hôtels et ses commerces en bordure de route – a moins de charme, mais l'ensemble est abondamment fleuri en été, gai, animé. Le site est absolument grandiose. On est impressionné par l'imposante face nord de la Meije, si lointaine et si proche. Aujourd'hui, on peut (presque) l'atteindre grâce au téléphérique qui monte jusqu'au pied du sommet (3200 m), ce qui permet d'admirer le grandiose panorama ou de descendre les pentes à ski, en hiver.

530 habitants, 1 450 m d'altitude, station de sports d'hiver **Accès :** (carte 27) à 35 km N-O de Briançon **Aux alentours :** l'oratoire du Chazelet ; le Jardin alpin du Lautaret (en été) ; le parc national des Écrins (tél. 04.92.21.08.49) ; Villar-d'Arène et son four à pain **Foires, festivités :** marché le jeudi matin ; "Rencontres expéditions Himalaya" en janvier ; Festival Olivier Messiaen en juillet ; "Rencontres de la Haute-Romanche" en août ; fête de la Chasse le 1er week-end d'août ; fête de la Montagne et des Guides le 15 août **Hôtels :** *Les Chalets de la Meije* (tél. 04.76.79.97.97) ; *La Meijette* (tél. 04.76.79.90.34) **Mairie** (tél. 04.76.79.90.29) **O.T.** (tél. 04.76.79.90.05) **Bureau des guides** (tél. 04.76.79.90.21).

SAINT-VÉRAN

05350 (Hautes-Alpes)

Saint-Véran, le plus haut village du Queyras, est également le plus haut d'Europe, puisqu'il éparpille ses habitations entre 1990 et 2042 mètres d'altitude. Il est constitué de plusieurs quartiers (le Villard, Pierres-Belles, la Ville...) que l'on atteint par une route qui zigzague à flanc de montagne. On admire les maisons de bois ou de pierre aux toits de lauzes ou de bardeaux, les galeries des greniers à fourrage (les fustes), les puits, les fontaines en bois, les fours à pain (chaque quartier avait le sien), les croix de mission, les cadrans solaires... Les logis sont isolés les uns des autres, ce qui évitait la propagation des incendies à tout le hameau. L'église (XVIIe s.) présente un très beau porche à colonnes supportées par des lions, œuvre d'artistes italiens. On monte ensuite jusqu'à la chapelle Notre-Dame-de-Clausis (6 km, route interdite aux voitures en été), d'où la vue, par beau temps, est splendide. Le village est très animé : de nombreuses boutiques d'artisanat offrent un beau choix d'objets en bois sculpté, un coutelier forgeron vient d'y installer son atelier, et le maire a eu la bonne idée d'interdire la circulation automobile en été. Tout autour, la nature est magnifique ; l'ensoleillement favorise l'épanouissement des fleurs d'altitude, les nombreux sentiers de randonnée et les pistes de ski permettent aux amoureux de la montagne et aux sportifs de passer de bons moments en toutes saisons.

270 habitants, 1 990-2 042 m d'altitude, station de sports d'hiver **Accès :** (carte 27) à 58 km S-E de Briançon **À voir :** le musée "Le Soum" ; la Vieille maison traditionnelle **Aux alentours :** le parc régional du Queyras ; le fort de Château-Queyras ; le village d'Arvieux (jouets en bois) ; route du col d'Izoard **Foires, festivités :** fêtes du Pain en été ; pèlerinage à la chapelle de Clausis le 16 juillet **Hôtel :** *Les Chalets du Villard* (tél. 04.92.45.82.08), hôtel de charme, 24 studios 75-150 € **Mairie** (tél. 04.92.45.83.91) **O. T.** (tél. 04.92.45.82.21).

BIOT

06410 (Alpes-Maritimes)

Biot (prononcez "Biotte") est construit sur une butte, non loin de la mer. Dans un environnement fleuri – ici, on cultive les roses et toutes les fleurs "à bouquet" –, on découvre un village qui a gardé beaucoup de charme malgré les flots de touristes qui se déversent, l'été, dans ses rues. Une fois franchies les portes des Migraniers et des Tines (XVIe s.), on flâne au cœur de ruelles pentues pour contempler les hautes demeures couleur d'ocre, accolées les unes aux autres. Au centre du bourg, il y a la fameuse place des Arcades, si charmante avec ses vieilles maisons à galeries voutées, animées de terrasses de cafés et de boutiques d'antiquités. Cachée un peu en retrait, voici l'église qui comporte trois nefs et renferme deux retables de Louis Bréa. Puis on va boire un verre au *Café de la Poste* avant d'aller visiter le musée Fernand-Léger, installé dans l'ancienne propriété du peintre. Biot est renommé depuis toujours pour sa fabrique de verre soufflé à bulles et le talent de ses artisans potiers. Comme tous les beaux villages de cette région, il est très touristique ; nous vous conseillons donc de le visiter en dehors des mois de plein été ou en début de matinée.

399 habitants, 80 m d'altitude **Accès :** (carte 34) à 22 km S-O de Nice **À voir :** le musée Fernand-Léger ; le musée d'Histoire et de Céramiques biotoises ; l'écomusée du Verre ; le musée arboretum de Bonsaïs **Aux alentours :** Marineland, le parc de la mer **Foires, festivités :** marché le mardi matin ; ouverture du four à pain communal le 1er week-end du mois ; fête du Mimosa en février ; "Les Templiers" en mars ; "Les Heures musicales" en mai-juin ; fête de la Saint-Julien en août ; fête des Vendanges en septembre ; calendrier de l'Avent et marché gourmand en décembre ; "Féeries de Noël" en décembre ; Messe de minuit provençale à Noël **Hôtel :** au Cap-d'Antibes (10 km), *La Jabotte* (tél. 04.93.61.45.89), hôtel de charme, 10 chambres 60-123 € **Restaurants :** *Les Terraillers* (tél. 04.93.65.01.59), restaurant gastronomique ; *Chez Odile* (tél. 04.93.65.15.63) **Mairie** (tél. 04.92.91.55.80) **O. T.** (tél. 04.93.65.78.00).

COARAZE

06390 (Alpes-Maritimes)

Coaraze se campe à plus de 600 mètres d'altitude, dans la haute vallée du Paillon, à deux pas du parc du Mercantour. Perché en nid d'aigle, le village profite d'un ensoleillement et d'une lumière exceptionnels. La route serpente et monte rudement jusqu'à la place-jardin ornée de deux fontaines d'où partent des ruelles pentues, pavées de galets, bordées de maisons médiévales en pierre ou aux murs enduits à l'italienne. De-ci, de-là, des escaliers tortueux, des arcades, des passages couverts rompent le rythme. Partout, une exubérante végétation pare la beauté simple des murs. On grimpe jusqu'à l'église du XVIIIe siècle, on en pousse la porte pour admirer son décor baroque et une très belle Vierge du XVIIe siècle. Sur la place, les cadrans solaires en céramique font des clins d'œil au soleil. Ils ont été dessinés par Cocteau, Goetz, Ponce de Leon. Différents coins du village offrent des points de vue splendides sur les environs, collines verdoyantes cernées au loin par la majestueuse cime de Rocca Seira. Le bourg, restauré avec intelligence et authenticité, accueille de nombreux artistes attirés par son charme et la pureté de la lumière. Une agréable auberge permet de prolonger le plaisir de la visite de ce délicieux village.

659 habitants, 640 m d'altitude **Accès :** (carte 35) à 25 km N de Nice **Aux alentours :** la chapelle N.-D.-des-Sept-Douleurs, les ruines du village de Roccasparvièra ; le parc national du Mercantour ; la vallée des Merveilles ; Berre-les-Alpes ; le hameau de l'Engardin **Foires, festivités :** brocante le 1er mai ; feux de la Saint-Jean fin juin ; "Les Estivales" (concerts) en été ; fête de l'Olivier le 15 août ; Rencontres chorales en août ; marché de Noël en décembre **Mairie** (tél. 04.93.79.34.80) **S. I.** (tél. 04.93.79.37.47, en saison).

ÈZE

06360 (Alpes-Maritimes)

Èze est un extraordinaire village perché sur un piton rocheux en à-pic sur la Méditerranée. Le site est grandiose. On pénètre dans le bourg médiéval par une porte fortifiée (XIVe s.) et l'on flâne dans des ruelles étroites bordées de maisons parfaitement rénovées, de boutiques d'artisans, de restaurants. On arrive sur le Planet où se trouve la belle demeure des Riquiers (XIIe-XVIe s.), premiers seigneurs d'Èze. Les pierres resplendissent sous l'éblouissante lumière méditerranéenne, l'architecture ménage de tous côtés des échappées vers la mer. Bougainvillées, rosiers, plumbagos s'échappent des vieux murs, escaladent les façades... On crapahute ensuite jusqu'au sommet du village, couronné par les vestiges de l'ancien château (XIVe s.) bâti en nid d'aigle et détruit par Louis XIV en 1706. On visite le jardin exotique : son assortiment de plantes rares et "succulentes" (aloès, agaves, euphorbes, cactus...) est exceptionnel, et on a le souffle coupé par le panorama somptueux sur toute la rade, le cap Ferrat, la baie de Villefranche. En redescendant, on visite la chapelle des Pénitents-Blancs (XIVe s.) et l'église reconstruite au XVIIIe siècle dans un beau style baroquisant (fonts baptismaux du XVe s.), puis l'on gagne le bord de mer en suivant le sentier fléché que Nietzsche aimait emprunter, autrefois. Èze est très touristique en été, mais il fait partie des villages incontournables et inoubliables.

2 742 habitants, 429 m d'altitude **Accès :** (carte 35) à 8 km N-E de Nice **À voir :** le jardin d'Èze **Foires, festivités :** marché médiéval en avril ; concerts et expositions en été ; Fête patronale le 15 août ; Journée du goût en octobre **Hôtels :** à Villefranche (3 km), *Hôtel Welcome* (tél. 04.93.76.27.62), hôtel de charme, 34 chambres 74-228 € ; à Saint-Jean-Cap-Ferrat (5 km), *Hôtel Brise Marine* (tél. 04.93.76.04.36), hôtel de charme, 16 chambres 155-178 € **Restaurants :** *Château de la Chèvre d'Or* (tél. 04.92.10.66.66), restaurant gastronomique ; *Château Èza* (tél. 04.93.41.12.24), restaurant gastronomique ; *Le Troubadour* (tél. 04.93.41.19.03) **Mairie** (tél. 04.92.10.60.60) **O. T.** (tél. 04.93.41.26.00).

GOURDON

06620 (Alpes-Maritimes)

Gourdon est accroché au sommet d'une falaise vertigineuse qui domine les sauvages et splendides gorges du Loup. L'origine du village remonte à la plus haute Antiquité. Il eut à subir différents assauts guerriers au cours des siècles ; presque entièrement détruit au XVe siècle, il sera reconstruit un siècle plus tard. Aujourd'hui, Gourdon est une bourgade vivante et très animée. Les maisons anciennes, bien rénovées, sont resserrées derrière le château. Cette imposante citadelle, restaurée au XVIIe siècle, fut édifiée au XIIe siècle sur les soubassements d'une forteresse sarrasine du IXe siècle. Flanquée de tours, coiffée de tuiles rondes, elle abrite un intéressant musée d'histoire et de peintures naïves. Les jardins qui l'entourent, dessinés par Le Nôtre, permettent de se reposer agréablement. Il faut flâner dans les ruelles, entrer dans les boutiques d'artisans qui proposent des objets en bois sculpté, de la verrerie, un miel délicieux, des savons parfumés. Il faut s'attarder sur la petite place de l'église, d'où la vue sur la vallée et la mer est somptueuse, et ne pas manquer la visite de l'église d'époque romane, qui a été remaniée au début du XVIIe siècle.

384 habitants, 758 m d'altitude **Accès :** (carte 34) à 14 km N-E de Grasse **À voir :** le jardin, le château (meubles et armes des XVe-XVIIe s.) et le musée d'Art moderne **Aux alentours :** la chapelle Saint-Ambroise (6 km) ; la chapelle Saint-Juste à Pont-du-Loup **Foires, festivités :** Festival de l'élevage à l'Ascension ; fête de la Saint-Arnoux en juillet ; fête de la Saint-Vincent le dernier week-end de juillet ; Festival de théâtre en août ; "Les Hivernales de théâtre" de décembre à mars **Hôtels :** à Vence (13 km), *Auberge des Seigneurs et du Lion d'Or* (tél. 04.93.58.04.24), hôtel de charme, 6 chambres 85-95 €, restaurant ; *La Maison du Frêne* (tél. 04.93.24.37.83), maison d'hôtes de charme, 4 suites 150 € **Mairie** (tél. 04.93.42.54.83) **S. I.** (tél. 04.93.09.68.25).

LE HAUT-DE-CAGNES

06800 Cagnes-sur-Mer (Alpes-Maritimes)

La vieille cité est incrustée dans un merveilleux paysage de collines à la végétation ébouriffée et parfumée, où cyprès, palmiers, mimosas et figuiers forment un véritable écrin au château, construit au XIVe siècle par Rainier Ier Grimaldi. Délaissez la ville moderne et sa foule, en bas, et montez à pied jusqu'au vieux Cagnes pour découvrir ses ruelles charmantes pavées de galets, entrecoupées de marches de pierre, bordées de maisons des XVe et XVIIe siècles. Admirez les remparts percés de portes, l'église Saint-Pierre à nef gothique et baroque (portail de 1762), puis grimpez jusqu'au château. Construit en 1309, il a été remodelé en 1620 par Henri Grimaldi. D'aspect sévère et féodal à l'extérieur, la forteresse est toute grâce et élégance à l'intérieur : portail de marbre, ravissant patio, galeries à arcades, plafonds délicatement peints... vous serez subjugués. En contrebas de la place du château, jetez un coup d'œil aux belles fresques de la chapelle Notre-Dame-de-Protection, érigée entre le XIVe et le XVIIe siècle. Ayez aussi une pensée émue pour les nombreux artistes qui furent séduits par la beauté de Cagnes. Renoir, installé au domaine des Collettes, y passa les dernières années de sa vie, peignant sans relâche.

640 habitants dans le vieux village, 91 m d'altitude **Accès :** (carte 35) à 13 km O de Nice **À voir :** le château (musée d'Art moderne méditerranéen, musée de l'Olivier, donation Suzy Solidor) ; l'Espace Solidor ; le musée Renoir (domaine des Collettes) **Foires, festivités :** fête des Mais le 1er Mai ; brocante en juillet, août et septembre ; "Jazz au château" en juillet-août ; Fête de la Saint-Roch en août ; Veillée pastorale et crèche vivante à Noël **Hôtel :** *Le Cagnard* (tél. 04.93.20.73.21), restaurant **Restaurants :** *Fleur de Sel* (tél. 04.93.20.33.33) ; *Josy-Jo* (tél. 04.93.20.68.76) **Mairie** (tél. 04.93.22.19.00) **O. T.** (tél. 04.93.20.61.64).

LUCÉRAM

06440 (Alpes-Maritimes)

Le village médiéval se dresse fièrement, défiant le vide, au sommet d'un roc calcaire, dans un environnement abrupt de montagnes et de ravins. Occupé à l'origine par une tribu ligure, le site fut construit dès l'époque romaine et se développa grâce à son emplacement privilégié sur la route du Sel, entre Piémont et Savoie. Les villageois se constituèrent en république, et leurs privilèges furent reconnus par la reine Jeanne en 1349. Des remparts construits par les Templiers au XIVe siècle, il ne reste aujourd'hui que quelques vestiges de murs et une tour haute de quinze mètres On se promène le long de ruelles en escaliers, pavées, surmontées de voûtes et d'arcades, qui sont bordées de maisons anciennes – certaines datées du XVe siècle. La balade ménage de jolies surprises, là, une fenêtre géminée, ici, une lourde porte sculptée, plus loin, une fontaine, un four à pain. L'église Sainte-Marguerite, construite à la fin du XVe siècle, a été agrandie et richement décorée au XVIIIe siècle. Elle renferme de beaux retables de Louis Bréa ainsi qu'un magnifique trésor (pièces d'orfèvrerie et statue en argent et vermeil des XVe-XVIe s.). Depuis la terrasse, la vue est admirable : le regard glisse sur les toits roses du village, ricoche sur le roc et se perd au fond de la vallée du Paillon, enchâssé dans la verdure.

1 048 habitants, 650 m d'altitude **Accès :** (carte 35) à 28 km N-E de Nice **À voir :** le musée des Vieux Outils et Traditions, le musée de la Crèche ; le moulin à huile (XVIIe s.) **Aux alentours :** les chapelles Saint-Grat et N.-D.-de-Bon-Cœur ; le col de Turini **Foires, festivités :** Carnaval à Mardi gras ; fête du Pain et Journée du patrimoine en juin ; "Festin de Sainte- Marguerite" en juillet ; vide-greniers et "Festin de Sainte-Rosalie" en août ; Foire agricole en octobre ; circuit des crèches en décembre-janvier ; marché de Noël en décembre ; Pastorale des bergers à Noël **Mairie** (tél. 04.93.91.60.50) **O. T.** (tél. 04.93.79.46.50).

MOUGINS

06250 (Alpes-Maritimes)

Mougins est soigneusement installé sur une colline, dans un environnement merveilleusement verdoyant, mais un peu trop urbanisé. Le bourg a conservé des vestiges de remparts comme la porte Sarrasine qui date du XIVe siècle, époque où il appartenait à l'abbaye de Lérins. On parcourt les rues en spirale, longées de belles maisons impeccablement restaurées aux crépis couleurs pastel, avec juste ce qu'il faut de végétation pour adoucir la pierre. Çà et là, des placettes, des fontaines, des voûtes, des escaliers apportent de la fantaisie à la balade. On rejoint la place de la Mairie, son vieil ormeau et son bel hôtel de ville installé dans l'ancienne chapelle des Pénitents-Blancs. On atteint le sommet du village et l'église, d'où la vue sur les îles de Lérins est vraiment sublime. Picasso, Dora Maar et Man Ray découvrirent le village en 1935 ; ils aimaient déambuler dans ses ruelles, alors tranquilles. Mougins, aujourd'hui, est envahi de touristes à la belle saison, mais, si on le visite en dehors des périodes estivales, il retrouve tout le charme des vieux villages de la Côte d'Azur.

284 habitants, 230 m d'altitude **Accès :** (carte 34) à 6 km N de Cannes **À voir :** le musée d'Histoire locale, le musée de la Photographie ; l'espace culturel et le musée Gottlob **Aux alentours :** les chapelles N.-D.-de-Vie, Saint-Barthélemy et N.-D.-du-Brusc **Foires, festivités :** marché piémontais en avril ; "Mougins Flora" mi-mai (les années impaires) ; "Arts dans la rue" en juillet (les années paires) ; Festival international de gastronomie en septembre ; crèche et marché de Noël en décembre **Hôtel :** *Le Manoir de l'Étang* (tél. 04.92.28.36.00), hôtel de charme, 15 chambres 125-275 €, restaurant **Restaurants :** *Le Moulin de Mougins* (tél. 04.93.75.78.24), restaurant gastronomique, avec chambres ; *L'Amandier de Mougins* (tél. 04.93.90.00.91) ; *La Bistrot de Mougins* (tél. 04.93.75.78.34) ; *Brasserie de la Méditerranée* (tél. 04.93.90.03.47) **Mairie** (tél. 04.92.92.50.00) **O. T.** (tél. 04.93.75.87.67).

PEILLON

06440 (Alpes-Maritimes)

Saisissant village minéral dont les maisons, étroitement enchevêtrées, se confondent avec le rocher qui leur sert de socle. Le site est vraiment spectaculaire. Accroché en à-pic au sommet d'une falaise, le bourg a gardé son aspect médiéval intact, sa beauté pure : la même pierre calcaire ocre a servi à la construction des demeures moyenâgeuses, au pavage des escaliers et des rues. De tous côtés, des décrochements, des passages voûtés, des ponts qui enjambent des ruelles permettant ainsi l'accès aux maisons empilées les unes sur les autres, comme dans un jeu de construction. Et, ici, pas de circulation automobile ! Les escaliers sont raides à monter, mais on atteint un monde hors du temps... paix et sérénité sont garanties. Une végétation ébouriffée adoucit avec bonheur l'aspect minéral du village. À voir absolument : la chapelle des Pénitents-Blancs et ses très belles fresques du xve siècle et, tout en haut du bourg, éclaboussée de lumière, l'église Saint-Sauveur, du xviiie siècle. Visite à ne pas manquer !

1 229 habitants, 375 m d'altitude **Accès :** (carte 35) à 15 km N-E de Nice **Aux alentours :** un sentier de randonnée relie Peillon à Peille (2 heures de marche environ) ; le monastère de Laguet **Foires, festivités :** fête de la Saint-Sauveur le 1er week-end d'août ; fête de la Saint-Augustin fin août ; concerts et expositions en été ; brocante et fête de la Sainte-Thècle en septembre ; fête de la Bière en octobre ; marché de Noël fin novembre ; Foire aux santons fin novembre-mi-décembre **Mairie** (tél. 04.93.79.91.04) **S. I.** (tél. 06.24.97.42.25).

SAINT-PAUL-DE-VENCE

06570 (Alpes-Maritimes)

Saint-Paul apparaît, au loin, comme une couronne délicatement posée sur une colline plantée de cyprès, de palmiers, d'orangers. Une véritable vision de rêve. Le village a conservé pratiquement intacts ses remparts du Moyen Âge, renforcés par François Ier en 1537. On pénètre dans la cité par la porte de Vence pour tomber en arrêt devant le puissant canon en bronze daté de 1544, avant d'admirer, sur la place, la célèbre fontaine et le lavoir de pierre. Dans la rue Grande qui traverse la bourgade, des ateliers d'artisans ou des boutiques de souvenirs occupent les rez-de-chaussée des belles maisons bâties aux XVIe et XVIIe siècles. On monte jusqu'à l'église (XIIe-XIIIe s.) qui contient des statues et des tableaux du XVIIe siècle. On termine la balade par un tour le long des remparts, d'où l'on jouit d'une vue splendide sur les environs. Le village a été découvert dans les années 1920 par des peintres séduits par son site et sa lumière. Modigliani, Soutine prenaient pension dans une petite auberge tranquille, *La Colombe d'Or*. Plus tard, de nombreux artistes – Picasso, Prévert, Simone Signoret et Yves Montand – y séjourneront. Ne quittez pas Saint-Paul sans avoir visité la fondation Maeght, située à deux pas, sur la colline des Gardettes.

300 habitants, 182 m d'altitude **Accès :** (carte 35) à 7 km N de Cagnes **À voir :** la fondation Maeght ; le musée de St-Paul et le musée d'Histoire locale **Foires, festivités :** marché d'Yvette les mardi, jeudi, samedi, dimanche ; marché paysan le mercredi matin ; fête de l'Huile et Printemps des poètes en mars ; "Nuits de la Courtine" en juillet-août ; fête de la Sainte-Claire en août ; fête des Châtaignes et Semaine du goût en octobre ;"Noël à Saint-Paul" en décembre **Hôtels :** *La Colombe d'Or* (tél. 04.93.32.80.02), restaurant ; *Le Hameau* (tél. 04.93.32.80.24), hôtel de charme, 14 chambres 105-170 € ; *Les Vergers de Saint-Paul* (tél. 04.93.32.94.24), hôtel de charme, 15 chambres 145-160 € ; à Vence, *La Maison du Frêne* (tél. 04.93.24.37.83), maison d'hôtes de charme, 4 suites 150 € ; *Aux trois lits qui chantent !* (tél. 04.93.32.67.03), maison d'hôtes de charme, 4 chambres 48-69 € **Mairie** (tél. 04.93.32.41.00) **O. T.** (tél. 04.93.32.86.95).

SAINTE-AGNÈS

06500 (Alpes-Maritimes)

C'est le village littoral le plus haut d'Europe, il est situé à 780 mètres d'altitude, à un jet de pierre de la Méditerranée et de Menton. On y parvient par les lacets d'une route étroite qui grimpe à flanc de montagne et traverse un paysage en terrasses plantées d'oliviers et de mimosas. Cette localité, merveilleusement ensoleillée, lovée au pied d'un imposant rocher, présente des maisons anciennes aux toits de tuiles rondes, un lacis de ruelles pavées de galets, entrecoupées de voûtes et animées de boutiques d'artisans. L'église Notre-Dame-des-Neiges, datée du XVIe siècle, comporte une nef et des chapelles latérales ; on y admire les tableaux religieux, les fonts baptismaux anciens et le tabernacle en bois doré. Au terme de quinze minutes de marche, on atteint les ruines du château et le jardin médiéval, au sommet d'une rude paroi de calcaire rose. De là, on admire un panorama magnifique sur toute la baie, de Menton à la frontière italienne. La légende raconte que les premiers habitants de Sainte-Agnès s'étaient réfugiés dans les grottes d'une falaise, juste à côté d'une chapelle bâtie par une princesse romaine convertie au christianisme. Aujourd'hui, le village est bien vivant : des concerts, des expositions, une fête de la Lavande et des concours de boules sont organisés dès l'approche des beaux jours.

1104 habitants, 780 m d'altitude **Accès :** (carte 35) à 10 km N de Menton **À voir :** le Jardin médiéval ; le fort de la ligne Maginot **Aux alen-tours :** nombreuses promenades pédestres ; le village de Gorbio **Foires, festivités :** expositions en été ; fête de la Lavande et du Temps passé en juillet ; Festival du cinéma en septembre ; fête de l'Automne et des Champignons en octobre **Hôtel :** à Roquebrune (8 km), *Hôtel Les Deux Frères* (tél. 04.93.28.99.00), hôtel de charme, 10 chambres 75-110 €, restaurant **Mairie** (tél. 04.93.35.84.58) **O. T.** (tél. 04.93.28.35.31).

SAORGE

06540 (Alpes-Maritimes)

Saorge s'accroche en amphithéâtre au-dessus des gorges de la vallée de la Roya. Fortifiée par les ducs de Savoie, la cité avait, au Moyen Âge, un important rôle stratégique puisqu'elle contrôlait la route du col de Tende. Le vieux village se visite à pied et l'on découvre avec ravissement ses ruelles pavées coupées de volées de marches, ses maisons anciennes aux lourds toits de lauzes, ses portes de bois, ses terrasses d'où la vue plonge sur la nature préservée. L'église Saint-Sauveur, construite au XVe siècle, fut incendiée et restaurée au XVIIIe siècle. Elle arbore une très belle porte sculptée, surmontée d'une ogive à pilastres cannelés. À l'intérieur : fonts baptismaux du XVe siècle, tabernacle en marbre du XVIe siècle, autel et retables du XVIIe siècle, très belle Vierge en bois doré du XVIIIe siècle. À huit cents mètres, au sud-est, on découvre, blotti au milieu des oliviers, le couvent des Franciscains de style italien, édifié au XVIIe siècle. Il comporte un petit cloître orné de peintures murales rustiques. Un peu plus loin, il faut visiter l'église de la Madonna-del-Poggio, chef-d'œuvre de l'art roman primitif. De style lombard, son clocher de six étages mesure près de 30 mètres de hauteur. Dans la nef, on admirera des chapiteaux au décor végétal, des retables et surtout des peintures murales de la fin du XVe siècle, attribuées à Giovanni Baleison. L'ensemble du village de Saorge est classé.

398 habitants, 520 m d'altitude **Accès :** (carte 35) à 75 km N-E de Nice **Aux alentours :** les chapelles Sainte-Anne (2 km), Sainte-Croix (2 km), de Paspus (2 km) ; le hameau de Maurion **Foires, festivités :** fête de l'Olive le dimanche des Rameaux ; fête de la Saint-Roch en août ; fête de la Châtaigne en octobre-novembre ; "La Vallée des Santons" (expositions de crèches) du 15 décembre au 15 janvier **Mairie** (tél. 04.93.04.51.23).

SOSPEL

06380 (Alpes-Maritimes)

Magnifique village situé dans un vallon planté d'oliviers et cerné de montagnes, Sospel étale ses hautes maisons au confluent de la Bévéra et du Merlanson. Ici, l'atmosphère est déjà un peu italienne. Sur la rive droite, la plus anciennement bâtie, on peut admirer la place Saint-Michel, avec sa magnifique église et ses demeures médiévales à arcades, dont la plus antique est le palais Ricci. L'église Saint-Michel, bâtie au XIIe siècle, fut reconstruite au XVIIIe siècle dans un style baroque italien. De l'édifice original, il ne subsiste que le clocher. À l'intérieur, on peut admirer deux très beaux retables (dont l'un est attribué à Louis Bréa), des sculptures et des bas-reliefs. Un pont fortifié datant du XIe siècle, le Pont-Vieux, permet de rejoindre la rive gauche. Là, on s'émerveille devant la très belle place Saint-Nicolas, avec son ancien palais communal, son pavage ancien et sa délicate fontaine. Le village est heureusement resté bien authentique : il n'y a pas eu de rénovations abusives, les maisons ont gardé leurs couleurs délavées, vieux rose, ocre-jaune, leurs volets à persiennes, vert amande ou bleu indigo, leurs vieux balcons et leur linge flottant aux fenêtres ; les boutiques ont le charme suranné des années d'avant-guerre. Souhaitons que rien ne change.

3 250 habitants, 375 m d'altitude **Accès :** (carte 35) à 15 km N de Menton **À voir :** le musée des Fortifications au fort Saint-Roch (ouvert en saison, tél. 04.93.04.14.41) **Aux alentours :** les villages perchés de la Roya ; la vallée des Merveilles **Foires, festivités :** marché le jeudi et le dimanche matin ; "Les Barroquiales" le 1er week-end de juillet ; concerts et théâtre en été ; foire de la Saint-Michel en septembre ; foire de la Saint-Crépin en octobre **Hôtel :** *Domaine du Paraïs* (tél. 04.93.04.15.78), maison d'hôtes de charme, 4 chambres 55-67 € **Mairie** (tél. 04.93.04.33.00) **O. T.** (tél. 04.93.04.15.80).

TOURRETTES-SUR-LOUP

06140 Vence (Alpes-Maritimes)

Tourrettes offre l'extraordinaire vision de maisons imbriquées les unes aux autres, en à-pic sur un éperon rocheux surplombant les gorges du Loup. Fief de la famille de Villeneuve, le village fut fondé à l'époque médiévale, et c'est Antoine de Villeneuve qui fit construire le château en 1437. La visite commence par la place de la Libération, plantée d'arbres, où se dresse l'église Saint-Grégoire-le-Grand (XIIIe-XVIe s.) qui renferme tableaux et retables. Pour continuer jusqu'au vieux bourg, on passe sous l'une des deux portes fortifiées, vestiges des anciens remparts, et l'on rejoint la Grand-Rue. Tout le long, des échoppes d'artisans témoignent de la vitalité de cette jolie bourgade, et, là encore, on admire les belles maisons aux pierres jointives, les toits de tuiles rondes à génoises dentelées, les escaliers aux marches de guingois, les multiples détails d'architecture témoignant de l'habileté des artisans bâtisseurs. On fait une pause au *Café du Midi* ou au comptoir du *Café des Sports*, pour apprécier la joie de vivre communicative des villageois, puis on repart vers le château, un peu massif, qui comporte un donjon crénelé du XIIIe siècle – reste de la première forteresse –, englobé dans un bâtiment du XVe siècle.Tout autour de Tourrettes, on cultive les violettes sur des restanques plantées d'oliviers. Au printemps l'aspect est vraiment féerique !

3 921 habitants, 401 m d'altitude **Accès :** (carte 34) à 26 km N-O de Nice **Foires, festivités :** marché le mercredi matin ; vide-greniers au printemps et à l'automne ; fête des Violettes en mars ; concerts en été ; fête de Marie-Madeleine fin juillet ; Marché potier en septembre ; concerts en décembre **Hôtels :** *Histoires de bastide* (tél. 04.93.58.96.49), maison d'hôtes de charme, 4 chambres 150-200 € ; *La Rochelière* (tél. 04.93.58.81.38), maison d'hôtes de charme, 4 chambres 110-130 € **Restaurants :** *Les Bacchanales* (tél. 04.93.24.19.19) ; *Auberge de Tourrettes* (tél. 04.93.59.30.05) **Mairie** (tél. 04.93.59.30.11) **O. T.** (tél. 04.93.24.18.93).

LES BAUX-DE-PROVENCE

13520 (Bouches-du-Rhône)

Élu comme lieu de refuge dès la préhistoire, cet éperon rocheux a constitué, de tous temps, une plate-forme inexpugnable. Au XIe siècle, les seigneurs des Baux y construisent une forteresse et, de là, étendent leur domination sur toute la région. Jusqu'au XVe siècle, la vie des Baux sera troublée par de nombreux et sanglants épisodes guerriers. À la Renaissance, la cité connaît une courte période de paix, un renouveau, grâce au connétable Anne de Montmorency et à la famille de Manville. De nombreux hôtels particuliers sont bâtis, le château est restauré. Au XVIIe siècle, Louis XIII ordonne la destruction de la citadelle, considérée comme un lieu de contestation et de révolte. Aujourd'hui, le fracas des armes est oublié, mais l'on est toujours époustouflé par la vision de ces ruines fantomatiques défiant le vide. Perdu dans cet univers grandiose, le village a conservé son austère beauté minérale. On grimpe jusqu'à la place Saint-Vincent, on visite l'église (XIIe s.), l'hôtel des Porcelets, on admire les aristocratiques demeures antiques parfaitement restaurées. Ce somptueux et incontournable village-musée est très touristique. Il est préférable de le découvrir hors saison, ou le soir, lorsque ses ruelles médiévales désertées et ses magnifiques hôtels Renaissance retrouvent leur aspect fier et solitaire.

457 habitants, 150 m d'altitude **Accès :** (carte 33) à 18 km S-O d'Arles **À voir :** le musée Brayer, le musée des Santons, la fondation Louis-Jou, la Cathédrale d'images **Aux alentours :** le pavillon de la Reine-Jeanne, le val d'Enfer ; l'abbaye de Montmajour **Foires, festivités :** Journée des peintres en mai ; concerts en été ; Bénédictions de voitures anciennes en juillet ; Festival Zin Zan en août ; Fêtes médiévales et "La dame, l'amour et le vin" en septembre ; Festival de la pierre et du patrimoine en octobre ; dégustation de l'huile d'olive nouvelle en décembre ; "Noël aux Baux-de-Provence" avec aubade dans les rues, Messe de minuit avec pastrage, crèche vivante et feu d'artifice **Hôtel :** *Mas de l'Oulivié* (tél. 04.90.54.35.78), hôtel de charme, 25 chambres 110-280 € **Mairie** (tél. 04.90.54.34.03) **O. T.** (tél. 04.90.54.34.39).

CASSIS

13260 (Bouches-du-Rhône)

Bordé à l'est, par le cap Canaille et à l'ouest, par les sublimes calanques, Cassis (prononcez "Cassi") est un ravissant petit port niché dans un environnement de collines plantées d'oliviers et de vignes donnant un vin blanc réputé. Le quartier du port a été tracé aux XVII-XVIIIe siècles, lorsque les habitants, n'ayant plus à craindre les incursions barbaresques, abandonnèrent le vieux village perché sur le rocher – dont il subsiste quelques vestiges (propriété privée), pour s'installer au bord de l'eau. On flâne sur le quai bordé de hautes maisons aux crépis colorés, on se perd dans le dédale des ruelles dont l'étroitesse procure une ombre bienvenue en été, on lève le nez vers les balcons fleuris, les terrasses incrustées dans les toits de tuiles rondes ; on visite l'église (XVIIIe s.) et on admire le bel hôtel de ville de la même époque. Ensuite ? On va prendre un verre au *Bar de la Marine* pour regarder le va-et-vient des bateaux, on part à la découverte des calanques, ces sauvages fjords méditerranéens et, en hiver, on mange des oursins au soleil sur la terrasse de *Chez Brun* ou du *Canaille*. On profite de la gaîté du village et de l'accueil chaleureux de ses habitants. La proximité de Marseille en ayant fait un lieu très fréquenté les week-ends et en été, nous vous conseillons de visiter Cassis hors saison ou le matin, pour apprécier son charme et son éclat lumineux.

8 000 habitants **Accès :** (carte 33) à 23 km S-E de Marseille **À voir :** le musée des Arts et Traditions populaires **Aux alentours :** les calanques ; le cap Canaille ; la route des Crêtes **Foires, festivités :** marché le mercredi et le vendredi matin ; "Printemps du livre" en avril-mai ; fête de la Mer et des Pêcheurs en juin ; "Nuits vagabondes" en juillet-août ; fête du Vin et de la Saint-Éloi le 1er dimanche de septembre ; Festival de l'humour et Salon des antiquaires et de l'art contemporain en novembre ; marché de Noël en décembre **Hôtels :** *Le Clos des Arômes* (tél. 04.42.01.71.84), hôtel de charme, 14 chambres 65-85 € ; *Le Jardin d'Émile* (tél. 04.42.01.80.55), hôtel de charme, 7 chambres 80-135 €, restaurant **Restaurant :** *Villa Madie* (tél. 04.96.18.00.01) **Mairie** (tél. 04.42.01.66.66) **O. T.** (tél. 08.92.25.98.92).

EYGALIÈRES

13810 (Bouches-du-Rhône)

Eygalières est serti au cœur des Alpilles, au pied d'un vallon planté de cyprès et d'oliviers, paysage sauvage et lumineux qui évoque la Grèce. En bas, on trouve le village moderne, avec ses maisons du XIXe siècle, sa place ombragée de platanes et son bar-tabac. Plus haut, le village ancien, agrippé au rocher, couronné par le vieux donjon, seul vestige de l'ancien château. Pour y parvenir, on emprunte une ravissante rue caladée, bordée de maisons bien rénovées dans l'ensemble, qui s'habillent de crépis clairs et se coiffent de tuiles roses. Plus haut encore, au sommet de la colline, on découvre les ruines du château et la tour de l'Horloge (XVIIe s.), construite avec les pierres du castel. On contemple la vue splendide sur le moutonnement des toits du village, la plaine de la Durance et les Alpilles, la beauté infinie de la nature... On ira ensuite visiter l'église Saint-Laurent bâtie au XIIe siècle (son clocher est du XIXe s.), la chapelle des Pénitents (XVIIe s.) qui abrite le musée du Vieil-Eygalières et, à un kilomètre du village sur la route d'Orgon, la très jolie chapelle Saint-Sixte (XIIe s.) ombragée de vieux cyprès.

1 851 habitants, 150 m d'altitude **Accès :** (carte 33) à 10 km S-E de Saint-Rémy-de-Provence **À voir :** le musée du Vieil-Eygalières **Aux alentours :** Saint-Rémy-de-Provence **Foires, festivités :** marché le vendredi matin ; pèlerinage à la chapelle Saint-Sixte le mardi de Pâques ; fête de la Saint-Laurent début août **Hôtels :** *Hôtel La Bastide d'Eygalières* (tél. 04.90.95.90.06), hôtel de charme, 12 chambres 68-135 € ; *Mas doù Pastré* (tél. 04.90.95.92.61), hôtel de charme, 14 chambres 125-180 € ; *Mas de Val Ample* (tél. 04.90.95.94.33), maison d'hôtes de charme, 2 chambres 110-130 € **Restaurants :** *Le Bistrot d'Eygalières "Chez Bru"* (tél. 04.90.90.60.34), restaurant gastronomique ; *Sous les Micocouliers* (tél. 04.90.95.94.53) **Mairie** (tél. 04.90.95.91.01).

VENTABREN

13122 (Bouches-du-Rhône)

Petit village de poche perché en balcon sur une colline, Ventabren domine toute la plaine d'Aix-en-Provence. On parcourt un dédale de ruelles qui mène aux ruines de l'ancien château de la Reine-Jeanne (XIIe s.), d'où l'on jouit d'un panorama superbe sur la vallée, la chaîne de l'Étoile et l'étang de Berre. On emprunte la pittoresque Grand-Rue en escalier, bordée de maisons anciennes aux volets bleus, aux murs couverts de vigne vierge ou abondamment fleuris de lavande et de géraniums. La lumière éclabousse le bourg et fait resplendir les tons ocre de la pierre des constructions. Dans l'église, on admire un beau tableau (XVe s.) de l'école d'Avignon représentant la Vierge. Ventabren a conservé aussi un moulin à vent, un ancien lavoir et une fontaine. Ses environs sont parsemés de nombreux vestiges préhistoriques et celto-ligures. On est séduit par ce village attachant, pimpant et gai, où il fait bon flâner et prendre le temps de vivre.

4 850 habitants, 140 m d'altitude **Accès :** (carte 33) à 13 km O d'Aix-en-Provence **À voir :** le Musée archéologique **Aux alentours :** Aix-en-Provence et ses nombreux musées **Foires, festivités :** marché le mardi et le vendredi matin ; marché de printemps en avril ; feux de la Saint-Jean en juin ; vide-greniers en septembre ; Fête votive en octobre ; Salon des antiquaires en novembre ; foire artisanale de la Sainte-Barbe en décembre **Hôtels :** à Aix-en-Provence, *Hôtel des Quatre-Dauphins* (tél. 04.42.38.16.39), hôtel de charme, 13 chambres 55-100 € ; *Le Pigonnet* (tél. 04.42.59.02.90), hôtel de charme, 49 chambres 135-800 €, restaurant ; à Luynes, *Le Clos des frères Gris* (tél. 04.42.24.13.37), maison d'hôtes de charme, 5 chambres 90-135 € **Restaurant :** *La Table de Ventabren* (tél. 04.42.28.79.33) **Mairie** (tél. 04.42.28. 80.14) **O. T.** (tél. 04.42.28.76.47).

BARGÈME

83840 (Var)

Bargème ! On l'aperçoit de loin, juché au sommet d'un piton rocheux, dominé par les tours de son château médiéval ruiné. Perché à 1 097 mètres d'altitude, c'est le plus haut village du Var. On y pénètre par la porte de Garde (XVIe s.) qui s'ouvre dans les anciens remparts, et l'on est séduit par le charme de ses venelles moyenâgeuses enjambées de voûtes, coupées par-ci, par-là, d'escaliers de guingois. Ses maisons en pierre ocre offrent la délicatesse de leurs toits à génoises, tandis que la place exhibe fièrement sa fontaine et son vieux lavoir. Le château a été construit par la famille des Sabran de Pontevès au XIIIe siècle. Forteresse réputée imprenable, elle fut pourtant dévastée lors des guerres de Religion. Sur l'esplanade, la chapelle Notre-Dame-des-Sept-Douleurs (XVIIe s.) a été édifiée par les villageois pour expier leur crime : en 1595, ils avaient assassiné leur seigneur, Antoine de Pontevès. Dans l'église romane dédiée à saint Laurent, vous remarquerez un très beau retable représentant le Martyre de saint Sébastien. Pour préserver le silence et la beauté du village, la municipalité a eu la bonne idée d'interdire la circulation automobile. Pendant l'été, Bargème organise des soirées de musique ancienne. L'ensemble du site est classé.

117 habitants, 1 097 m d'altitude **Accès :** (carte 34) à 42 km N-E de Draguignan **Aux alentours :** les chapelles N.-D.-des-Sept-Douleurs, Sainte-Pétronille, Saint-Laurent, Saint-Antoine ; le pays du Verdon **Foires, festivités :** fête de la Saint-Laurent le 2e dimanche d'août ; "Été musical" (concerts de musique ancienne) 15 juillet-15 août **Hôtel :** à Trigance (17 km), *Château de Trigance* (tél. 04.94.76.91.18), hôtel de charme, 8 chambres 117-177 €, restaurant **Mairie** (tél. 04.94.50.21.94).

BORMES-LES-MIMOSAS

83230 (Var)

Bormes-les-Mimosas est un pittoresque village perché, construit au XIIe siècle, à quelques kilomètres de la mer et juste à la limite de la forêt du Dom, au milieu d'une végétation superbe de cyprès, de pins, d'oliviers et de mimosas. Ignorez le bourg et le port modernes, grimpez jusqu'au vieux Bormes pour flâner le long de ruelles aux noms charmants (la montée du Paradis, la venelle des Amoureux), dallées, entrecoupées de passages couverts (les "cuberts") et d'escaliers, longées de maisons construites en pierre rouge de Bormes ou crépies de couleurs ensoleillées. Partout des jardins à profusion embaument l'air du parfum des mimosas. Vous atteindrez l'église Saint-Trophime datée du XVIIIe siècle, à la façade ornée d'un cadran solaire ; à l'intérieur, deux retables et des bustes en bois doré, également du XVIIIe siècle. Au sommet de la colline, le vieux château (privé) des XIIe-XVIe siècles appartenait, jadis, aux seigneurs de Fos. De la terrasse, vous admirerez un magnifique panorama sur la baie et les îles d'Hyères. Visitez aussi la chapelle Saint-François-de-Paule, bâtie en 1519 par les habitants pour remercier le saint de sa protection durant l'épidémie de peste, et jetez un œil à l'ancien cimetière enfoui dans la verdure. Ce village est plein de charme hors saison, mais très touristique en été.

6 399 habitants, 300 m d'altitude **Accès :** (carte 34) à 40 km E de Toulon **À voir :** le musée d'Art et d'Histoire **Aux alentours :** le fort de Brégançon (XVIe s., résidence du président de la République) ; le sentier littoral du cap Bénat ; la route des Crêtes ; les jardins du Domaine du Rayol **Foires, festivités :** marché le mercredi matin ; "Mimosalia" le dernier week-end de janvier ; Corso fleuri le dernier dimanche de février ; Fête du village le week-end de Pentecôte ; "Santo coupo" fin septembre ; Foire aux santons le 1er week-end de décembre **Hôtel :** *Hostellerie du Cigalou* (tél. 04.94.41.51.27), hôtel de charme, 17 chambres 90-245 €, restaurant **Restaurant :** *Lou Portaou* (tél. 04.94.64.86.37) **Mairie** (tél. 04.94.05.34.50) **O. T.** (tél. 04.94.01.38.38).

LA CADIÈRE-D'AZUR

83740 (Var)

Campée sur sa colline, La Cadière surplombe un ravissant vallonnement de vignobles, de cyprès et d'oliviers. C'est le pays de l'huile et du vin, de la douceur de vivre. Ancienne possession des comtes de Provence, la cité appartint, dès le xe siècle, à l'abbaye de Saint-Victor de Marseille. De l'enceinte qui la protégeait au Moyen Âge, il ne reste aujourd'hui que trois portes, dont la porte Mazarine (1657). On se balade dans les ruelles enjambées de voûtes (notamment dans la rue Paradis, la bien nommée), longées de murets et de jardinets débordants de fleurs de toutes sortes. On chemine jusqu'à l'église Saint-André (xvie s.) – qui a été agrandie aux xviie et xviiie siècles (admirez à l'intérieur le bel autel en marbre polychrome) – dont le mur extérieur forme rempart, puis on visite la chapelle des Pénitents-Blancs, bâtie en 1507 sur l'emplacement de l'ancien château féodal, et celle des Pénitents-Noirs, datée de 1634. On remarque la belle porte en bois clouté de l'hôtel de ville, la délicatesse du campanile ouvragé (xvie s.) de la tour de l'Horloge, les élégantes façades Renaissance de la place des Consuls. Les villageois ont su mettre en valeur leur patrimoine architectural, mais ils apprécient aussi les bonnes idées. À l'initiative de François Dufour, ils se sont pris de passion pour la lecture et ont créé un prix littéraire "Un Livre au Village", qu'ils décernent chaque année au mois de mai.

4 857 habitants, 150 m d'altitude **Accès :** (carte 34) à 44 km E de Marseille **Aux alentours :** les routes des vins de Bandol, des Oratoires, des Vieux-Moulins **Foires, festivités :** marché le jeudi matin ; fête du Livre en mai ; fête des Vendanges fin août ; défilé des santons et marché de Noël mi-décembre **Hôtel :** *Hostellerie Bérard* (tél. 04.94.90.11.43), hôtel de charme, 41 chambres 93-174 €, restaurant gastronomique **Mairie** (tél. 04.94.98.25.25) **O. T.** (tél. 04.94.90.12.56).

CALLIAN

83440 (Var)

Le village primitif était construit dans la plaine, mais, après sa destruction en 1391, les villageois l'ont rebâti prudemment au sommet d'une butte escarpée. On voit de loin ses maisons ocre rose, couronnées par les tours rondes de son vieux château des XIIe-XVIe siècles. La rue principale mène à une jolie place avec fontaine où sont installées des terrasses de café, à l'ombre des platanes. On s'y presse à l'heure de la pétanque et du pastis pour écouter les derniers potins. Une petite boutique désuète fait office de tabac et de maison de la presse. D'autres ruelles dallées et fleuries partent à l'assaut du château (privé), de style Renaissance provençale, et de la chapelle des Pénitents-Blancs construite au XIIe siècle. N'oubliez pas l'église Notre-Dame : de grandes dimensions, surmontée d'un imposant clocher au toit de tuiles vernissées de couleurs vives, elle fut bâtie au XVIIe siècle. Callian est une bourgade gaie et vivante, qui a conservé son art de vivre d'autrefois, son charme et la convivialité traditionnelle des villages provençaux.

2 700 habitants, 325 m d'altitude **Accès :** (carte 34) à 40 km N-E de Draguignan **Aux alentours :** Fayence ; le lac de Saint-Cassien ; les gorges de la Siagne ; les chapelles N.-D.-de-la-Rose et Saint-Donat **Foires, festivités :** "Les Olivades" en janvier ; Floralies en avril ; fête de Sainte-Maxime mi-mai ; Festival de violoncelle fin juin ; fête du Terroir et de l'Artisanat le 1er dimanche de juillet ; Festival de rues mi-juillet ; "Greniers dans la rue" le dernier dimanche de juillet ; fête de la Saint-Donat avec aïoli début août ; soupe au pistou fin août ; Festival de quatuors à cordes en pays de Fayence en octobre ; Foire aux santons en décembre **Mairie** (tél. 04.94.39.98.40) **O. T.** (tél. 04.94.47.75.77).

LE CASTELLET

83330 (Var)

Accroché au sommet d'une butte rocheuse, ce riant village est le pendant de La Cadière qui lui fait face, de l'autre côté de la plaine. Ancienne propriété des seigneurs des Baux, Le Castellet défiait ses attaquants, bien ramassé derrière ses fortifications. C'est par les deux portes ouvertes dans les anciens remparts, le Portail et le Portalet, que l'on pénètre au cœur du bourg. D'emblée, on est séduit par les petites rues en pente aux pavages inégaux, par les maisons des XVIIe et XVIIIe siècles coiffées de tuiles canal, par les murets de pierres sèches débordant de fleurs, les escaliers rustiques. On rejoint la place du Champ-de-Bataille où se trouvent le château (XIe s., rebâti au XVe s.) et l'église du XIIe siècle. De l'esplanade, on regarde la vue qui porte loin sur la plaine et le massif de la Sainte-Baume. Ce beau village, bien restauré, est très touristique en été ; les boutiques d'artisanat et de souvenirs sont nombreuses, mais l'accueil est toujours spontané et chaleureux. Il a servi de décor à de nombreux films, notamment *La Femme du boulanger,* de Marcel Pagnol, en 1938.

3 849 habitants, 200 m d'altitude **Accès :** (carte 34) à 50 km S-E de Marseille **Aux alentours :** la chapelle romane N.-D.-du-Vieux-Beausset (6 km) ; les villages du Vieux-Beausset, d'Évenos, de Broussan **Foires, festivités :** manifestations diverses en été (concerts, théâtre) ; Messe de minuit provençale à Noël **Hôtel :** à La Cadière, *Hostellerie Bérard* (tél. 04.94.90.11.43), hôtel de charme, 41 chambres 93-174 €, restaurant gastronomique **Mairie** (tél. 04.94.98.57.90) **Infos** (tél. 04.94.32.79.13)

CORRENS

83570 (Var)

On longe l'Argens, la rivière bondissante, pour découvrir Correns, un amour de village niché dans un environnement admirablement protégé, au creux du vallon Sourn. On tombe sous le charme de son vieux château médiéval à campanile – qui fut modifié au XVIe siècle –, de ses quelques maisons Renaissance, de sa belle église du XVIIIe siècle, de ses ruelles paisibles, de ses fontaines et de ses chaleureux habitants. Vignes, oliviers, légumes, fruits et fleurs, ici, presque tout (90 % des surfaces agricoles) est cultivé biologiquement. Est-ce le grand respect accordé à la nature ? Il règne entre tous les habitants une harmonie heureuse, ils conversent joyeusement, s'entraident, se retrouvent avec plaisir au petit café sur la place. Dans une région si touristique, quelle chance de découvrir un village préservé, resté miraculeusement à l'écart des foules ! Et puis, il y a une délicieuse auberge qui propose des chambres pleines de charme et une savoureuse cuisine élaborée à partir des produits bio des petits producteurs du coin.

675 habitants, 164 m d'altitude **Accès :** (carte 34) à 16 km E de Barjols **Aux alentours :** le vallon Sourn **Foires, festivités :** marché le vendredi matin ; Foire aux plants le 1er jeudi de mai ; marché de Pâques le dimanche avant Pâques ; "Joutes musicales" à la Pentecôte ; soupe au pistou le 3e samedi de juillet ; fête de la Saint-Germain le 1er week-end d'août ; brocante le 2e dimanche d'août ; foire "Bio et Naturel" le 3e week-end d'août **Hôtel :** *Auberge du Parc* (tél. 04.94.59.53.52), hôtel de charme, 5 chambres 100-130 € **Mairie** (tél. 04.94.37.21.95) **O. T.** (tél. 04.94.37.21.31).

COTIGNAC

83570 (Var)

Le village est construit au pied d'une haute falaise de tuf (80 m), percée de grottes et surplombée par les ruines de l'ancien château fort des seigneurs de Castellane. Cotignac est le vrai gros bourg provençal joyeux et animé – surtout le mardi, jour du marché –, plein de charme, avec son cours ombragé de platanes, ses cafés, ses boutiques à la mode d'autrefois, ses hautes maisons des XVIe-XVIIIe siècles de tous les tons d'ocre, coiffées de tuiles roses et brunes, ses nombreuses fontaines (il y en a dix-huit !). On flâne jusqu'à la place de la Mairie pour admirer l'hôtel de ville (XVIIIe s.) encastré dans le roc, la jolie fontaine et la devanture inchangée de l'échoppe du cordonnier. On continue la balade pour voir le beffroi, puis l'église, construite au XVIe siècle et remaniée au XVIIIe siècle (à l'intérieur, superbe maître-autel en marbre polychrome du XVIIIe s.) et le théâtre de verdure. Par des chemins escarpés, on crapahute jusqu'au sommet de la falaise pour admirer la cascade des toits et la vue sur le vallon et les vignes. Avant de partir, on ira boire un verre au charmant *Café du Cours* pour partager les conversations des villageois et s'attarder encore un peu dans ce délicieux village.

2 026 habitants, 230 m d'altitude **Accès :** (carte 34) à 20 km N-E de Brignoles **Aux alentours :** la chapelle romane N.-D.-des-Grâces ; l'abbaye du Thoronet (XIIe s.) ; la cascade de Sillans **Foires, festivités :** marché le mardi matin, marché paysan le vendredi matin de mi-juin à mi-septembre ; foires aux Métiers d'art en mai, juillet, août ; brocantes en juin, juillet, août, octobre ; Festival de cinéma du Rocher 15 juillet-15 août ; Foire du coing fin octobre ; foire de la Saint-Martin en novembre **Hôtel :** *La Radassière* (tél. 04.94.04.63.33), maison d'hôtes de charme, 4 chambres 85 € **Mairie** (tél. 04.94.72.60.20) **O. T.** (tél. 04.94.04.61.87).

ENTRECASTEAUX

83570 (Var)

En surplomb sur la verdoyante vallée de la Bresque, Entrecasteaux, seigneurie de Castellane, fut le fief des comtes de Provence au XIVe siècle, puis des Grignan au XVIe siècle (Mme de Sévigné y séjourna), avant d'appartenir à l'amiral Bruny d'Entrecasteaux. Dominé par son imposant château (privé), le village a conservé une partie de son charme passé, avec son cours ombragé de platanes, ses hautes maisons anciennes, son vieux pont de pierres, son église fortifiée. L'eau, abondante, alimente des fontaines et un joli lavoir du XVIIIe siècle. Le spectacle de son château, bâti au XIe siècle, reconstruit au XIIIe siècle, agrandi et embelli aux XVIIe et XVIIIe siècles, vous épatera. Côté bourgade, il présente l'aspect d'une haute et austère forteresse mais, côté rivière, il a l'abord élégant et riant d'une demeure à l'italienne. Son propriétaire a entrepris une scrupuleuse restauration et se plaît à le meubler dans le goût de l'époque. On peut le visiter sur rendez-vous (voir l'office de tourisme). En contrebas du castel, un jardin tranquille, l'ancien jardin du château, aujourd'hui parc public. Son plan fut, à l'origine, dessiné par Le Nôtre.

868 habitants, 156 m d'altitude **Accès :** (carte 34) à 13 km O de Lorgues **Aux alentours :** les chapelles N.-D.-de-l'Aube (XIIe s.) et Sainte-Anne (XVIIIe s.), l'abbaye du Thoronet (XIIe s.) **Foires, festivités :** marché le vendredi matin ; brocante en mai, juillet et septembre ; feux de la Saint-Jean en juin ; fête de la Sainte-Anne et fête du Livre en juillet ; fête de la Saint-Sauveur début août ; Festival de musique de chambre et fête des Produits du terroir en août ; fête du Miel en septembre ; marché de Noël en décembre **Restaurants :** *La Fourchette* (tél. 04.94.04.42.78) ; à Lorgues (13 km), *Bruno* (tél. 04.94.73.92.19), restaurant gastronomique, avec chambres **Mairie** (tél. 04.94.37.22.88) **S. I.** (tél. 04.98.05.22.05).

LA GARDE-FREINET

83680 (Var)

Le village est superbement situé en pleine forêt, dans le massif des Maures, à mi-chemin entre la vallée de l'Argens et la baie de Saint-Tropez. La légende raconte que des Sarrasins s'étaient retranchés ici, dans une forteresse inexpugnable (à l'emplacement du fort Freinet), après avoir pillé toute la région... mais aucune trace ne demeure de leur passage. Aujourd'hui, les maisons du bourg, aux beaux murs de pierre ou joliment crépies de rose ou d'ocre jaune, se pressent sagement autour de l'église. Végétation ébouriffée, escaliers inégaux, fontaines, petite place avec café, ici encore, on tombe sous le charme. On musarde au hasard dans les venelles enchevêtrées ; le regard s'attarde sur de jolis détails, des corniches dentelées, quelques linteaux ouvragés... peu de fausses notes dans la rénovation des vieilles demeures. Les plus courageux emprunteront le sentier de randonnée qui grimpe rudement jusqu'aux ruines de l'ancien château fort, mais ils seront récompensés de leurs efforts par l'extraordinaire panorama : à perte de vue des vallonnements de chênes-lièges et de châtaigniers, et la Méditerranée bleu saphir étincelante, au fond. Les amoureux de la nature pourront également partir à la découverte du massif des Maures, de nombreuses randonnées à thème sont organisées par le Conservatoire du patrimoine (tél. 04.94.43.08.57).

1753 habitants, 360 m d'altitude **Accès :** (carte 34) à 102 km E d'Aix-en-Provence **Aux alentours :** l'abbaye du Thoronet ; la chartreuse de la Verne **Foires, festivités :** marché le mercredi et le dimanche matin ; Fête du village le 1er week-end d'août ; Semaine du goût en octobre ; fête de la Châtaigne fin octobre ; "Les Bonheurs de Noël" et Foire aux santons en décembre **Mairie** (tél. 04.94.55.21.00) **O. T.** (tél. 04.94.43.67.41).

GASSIN

83990 (Var)

Amarré à la proue d'une butte, à 201 mètres d'altitude, Gassin est un ravissant village qui a gardé son charme méridional et sa tranquillité, à quelques encâblures seulement de la cohue de Saint-Tropez. Il avait, autrefois, un rôle de vigie : sa position stratégique lui permettait de surveiller la côte et de donner l'alerte en cas d'attaques barbaresques. Aujourd'hui, après avoir garé votre voiture en contrebas du bourg, vous parcourrez avec bonheur les ruelles étroites aux maisons crépies de couleurs tendres, parsemées de jarres fleuries, bordées de murets de pierres. Vous atteindrez la ravissante place des Barrys ouverte en balcon sur un panorama éblouissant. Le regard porte loin au-dessus des forêts de chênes-lièges et des champs de vignes, jusqu'à la mer... On est subjugué par la beauté du paysage, le bleu azur du ciel rivalisant avec le bleu turquoise de la Méditerranée. Attardez-vous pour boire un verre à l'ombre des micocouliers, sur la délicieuse terrasse de l'auberge *Bello-Visto*, mais n'oubliez pas qu'il vous reste encore à visiter la petite église romane toute simple, avant de quitter à regret ce village de charme.

2 727 habitants, 200 m d'altitude **Accès :** (carte 34) à 7 km S-O de Saint-Tropez **Aux alentours :** les moulins de Paillas (3,5 km) ; le golfe de Saint-Tropez **Foires, festivités :** fête provençale de la Saint-Jean en juin ; fête de la Saint-Laurent en août ; messe de Noël provençale **Restaurant :** *Auberge La Verdoyante* (tél. 04.94.56.16.23) **Mairie** (tél. 04.94.56.62.00).

GRIMAUD

83310 (Var)

Ce sont des Phocéens qui, vers 600 avant J.-C., fondèrent, près du rivage, le tout premier village, mais les incessantes attaques des Sarrasins contraignirent les habitants à se réfugier sur les hauteurs. Au Xe siècle, les terres sont données à Gibelin Grimal pour le remercier d'avoir défendu le bourg, et c'est son successeur, Grimaldus, qui élèvera la forteresse et donnera son nom à l'agglomération. Aujourd'hui, les ruines du château, démantelé au XVIIe siècle sur ordre de Mazarin, dominent toujours majestueusement l'étagement des maisons et l'entrelacs des rues. La végétation est partout présente : des bougainvillées échevelées escaladent les façades, des palmiers déploient leurs palmes, des micocouliers ombragent les placettes. Rue des Templiers, on peut admirer des arcades de basalte et des encadrements de portes en serpentine, mais ne partez pas sans avoir vu l'église romane Saint-Michel qui contient un très beau bénitier en marbre. Grimaud a su retrouver sa vocation maritime grâce à la construction très réussie, dans les années 1970, de Port-Grimaud dû à l'architecte François Spoerry.

3 800 habitants, 100 m d'altitude **Accès :** (carte 34) à 10 km O de Saint-Tropez **À voir :** le musée des Arts et Traditions populaires **Aux alentours :** les chapelles des Pénitents-Blancs, Saint-Roch, N.-D.-de-la-Queste ; la chartreuse de la Verne **Foires, festivités :** marché le jeudi matin ; concerts toute l'année ; Foire de la laine à l'Ascension ; fête du Moulin fin juin ; "Les Grimaldines" en juillet-août ; Fête du village mi-août ; fête de la Saint-Michel fin septembre ; fête de la Saint-Hubert en novembre **Hôtel :** *Le Verger Maelvi* (tél. 04.94.55.57.80), hôtel de charme, 10 chambres 95-260 € **Restaurants :** *La Bretonnière* (tél. 04.94.43.25.26) ; *Les Santons* (tél. 04.94.43.21.02) **Mairie** (tél. 04.94.55.69.00) **O. T.** (tél. 04.94.55.43.83).

MONS-EN-PROVENCE

83440 (Var)

Mons est agrippé à un promontoire rocheux, dans un site sauvage et magnifique. Le village fut fondé au Moyen Âge par une colonie ligure, mais le site fut occupé dès l'Antiquité : les Romains y captaient les sources de la Siagnole pour alimenter en eau la ville de Fréjus. Décimé par la peste au XIVe siècle, le bourg fut repeuplé au XVe siècle par des familles venues de Ligurie. Mons a gardé l'aspect caractéristique des villages de Provence. Les rues sont longées de maisons – la plupart bien restaurées – au bel appareillage de pierres et aux portes de bois ouvragé. La place Saint-Sébastien est ornée d'une fontaine du XVIIIe siècle, et, depuis l'esplanade et par temps clair, on profite d'un très beau point de vue sur les Alpes et les îles de Lérins. Tout à côté, l'ancienne chapelle des Pénitents-Blancs (XVIIe s.) contient un très beau retable du XVIIIe siècle. Il faut voir aussi l'église romane Notre-Dame, remaniée plusieurs fois ; à l'intérieur, on peut admirer un rare ensemble de retables baroques. De nombreux sentiers de randonnée permettent de parcourir cette très belle région.

684 habitants, 814 m d'altitude **Accès :** (carte 34) à 40 km N-E de Draguignan **À voir :** le musée Marine et Montagne (maquettes de navires et artisanat rural) ; l'écomusée de la Maison monsoise **Aux alentours :** la chapelle Notre-Dame (route de Callian) ; les gorges de la Siagne **Foires, festivités :** fête de la Sainte-Agathe en février ; fête de la Saint-Pierre en juin ; Foire à tout le 1er dimanche de juillet ; Fête du village avec aïoli le 15 août ; "Musique en pays de Fayence" en octobre ; marché de Noël en novembre **Hôtel :** à Fayence (15 km), *Moulin de la Camandoule* (tél. 04.94.76.00.84), hôtel de charme, 11 chambres 72-149 €, très bon restaurant **Mairie** (tél. 04.94.39.22.39) **S. I.** (tél. 04.94.76.39.54).

MONTFERRAT

83131 (Var)

Il faut emprunter la route qui rejoint Draguignan à Comps-sur-Artuby et traverser les superbes gorges de Châteaudouble pour découvrir l'adorable village de Montferrat. La bourgade compte juste quelques maisons provençales pimpantes, des petits jardins de curé qui dévalent en pente douce jusqu'à la rivière, et une pittoresque place qui accueille le café et l'épicerie du village. Il y a aussi une vieille boulangerie qui fleure bon le pain, des cascades pour la fraîcheur, et une douceur de vivre que l'on ne trouve que dans le Sud. Deux ponts enjambent l'Artuby (c'est le nom de la rivière) et permettent l'accès au terrain de boules ombragé de platanes, lieu de réunion des villageois le soir, à l'heure sacrée de la pétanque. Resté à l'écart des grandes voies de circulation, et donc des flots touristiques, Montferrat est authentique et paisible ; il a gardé le charme discret de la Provence "d'avant", quand jeunes et vieux vivaient et travaillaient au village en parfaite harmonie.

642 habitants, 460 m d'altitude **Accès :** (carte 34) à 14 km N de Draguignan **Foires, festivités :** marché le vendredi matin ; vide-greniers le 1er dimanche d'août ; fête de la Saint-Roch mi-août ; Messe provençale à Notre-Dame-de-Beauvoir et fête du Cheval le 1er week-end de septembre **Mairie** (tél. 04.94.50.21.91) **O. T.** (tél. 04.94.39.06.81).

ÎLE DE PORQUEROLLES

83400 Hyères (Var)

Un petit paradis exotique à quelques encablures de la côte surpeuplée, Porquerolles... 7 kilomètres de long, 3 kilomètres de large, la plus grande des îles d'Hyères, la plus belle. Afin de mettre fin à différents projets de spéculation immobilière, l'État se porta acquéreur des trois quarts de sa surface en 1971. Grâce à cela, sans être un parc naturel comme Port-Cros, la faune et la flore sont protégées, la réglementation y est particulière. Dans l'île, on circule à vélo. Les maisons sont simples, crépies de tous les tons de rose et d'ocre. Elles arborent des volets bleus, jaunes, verts ou rouges, se fardent de bougainvillées, de lauriers-roses et de chèvrefeuilles, se rangent, comme à la parade, autour de la place d'Armes qui a gardé un petit air colonial avec ses eucalyptus et son église de carte postale. Tout en haut, protégeant l'île de sa masse imposante, veille le fort Sainte-Agathe. Côté nord, on trouve des plages de sable blanc, côté sud, des falaises incrustées de calanques aux eaux limpides... Et puis il y a le charme de la vie îlienne : faire le tour de l'île en pointu, pique-niquer sur la plage de Notre-Dame, jouer aux boules sur la place, prendre un verre *Côté-Port*, dîner à la *Plage-d'Argent*... Comment résister à la magie de cette île qui, malgré les énormes vedettes qui déversent en été leurs flots de visiteurs débraillés, reste un vrai trésor ?

350 habitants **Accès :** (carte 34) par bateau depuis la Tour Fondue (tél. 04.94.58.21.81), durée de la traversée 15 min **À voir :** le fort Sainte-Agathe ; le Conservatoire botanique (tél. 04.94.58.31.16) ; le moulin **Foires, festivités :** "Jazz in Porquerolles" et fête de la Sainte-Anne en juillet ; Fête du village le 15 août ; concerts à l'église et concours de boules en été ; fête du Livre fin octobre **Hôtels :** *Le Mas du Langoustier* (tél. 04.94.58.30.09) ; *Le Porquerollais* (tél. 04.94.12.32.70), restaurant ; *L'Oustaou* (tél. 04.94.58.30.13) **Restaurants :** *L'Arche de Noé* (tél. 04.94.58.32.48) ; *La Plage-d'Argent* (tél. 04.94.58.32.48) **Mairie** (tél. 04.94.58.30.19) **Port** (tél. 04.94.58.30.72).

RAMATUELLE

83350 (Var)

Lorsque l'on quitte Saint-Tropez par la route des plages de Pampelonne, on aperçoit un village qui se détache au-dessus des vignobles, sur un fond de collines plantées de chênes-lièges et de pins : c'est Ramatuelle, que l'on rejoint par une petite route en lacets qui grimpe et contourne les anciens remparts pour déboucher au cœur du bourg, sur la très jolie place de l'Ormeau. Le vieil ormeau est mort, mais un gros olivier – arbre symbole de la Provence et de la paix – le remplace. La placette est charmante, avec ses terrasses de café toujours animées. Tout à côté, on trouve l'église, qui présente un intéressant portail en serpentine du XVIIe siècle et une tour du XIIIe siècle, vestige des anciens remparts auxquels elle était accolée. La balade dans les rues est un ravissement : hautes maisons provençales croulant sous un fouillis de végétation, pans de toits beige rosé, placettes dallées, escaliers aux marches de guingois en pierre, portes de bois chantourné, sans oublier la beauté des nombreux points de vue sur la plaine de Pampelonne. Ramatuelle est un merveilleux village préservé qui semble le gardien de la douceur de vivre provençale. Dans le petit cimetière repose le comédien Gérard Philipe.

2 200 habitants, 146 m d'altitude **Accès :** (carte 34) à 12 km S de Saint-Tropez **Foires, festivités :** marché le jeudi et le dimanche matin ; "Santons et couleurs de Provence" en avril ; Festival de théâtre et variétés début août ; Festival de jazz et Fête du village en août ; "Provence de Noël" en décembre **Hôtels :** *La Ferme d'Augustin* (tél. 04.94.55.97.00), hôtel de charme, 46 chambres 130-310 € ; *La Figuière* (tél. 04.94.97.18.21), hôtel de charme, 41 chambres 140-320 €, restaurant **O. T.** (tél. 04.98.12.64.00).

SAINT-TROPEZ

83990 (Var)

Saint-Tropez... jet-set et paillettes, lieu invivable, l'été, lorsque "people" et badauds l'investissent. Mais si vous y allez hors saison, lorsque les vrais Tropéziens reprennent possession de leur village et que la plupart des boutiques sont fermées, vous retrouverez alors un petit port méditerranéen tranquille et authentique avec ses hautes maisons de pêcheurs aux crépis colorés – rose bonbon, bleu lavande, vert tilleul –, ses venelles serpentant en tous sens, son petit marché aux poissons, ses odeurs d'oursins... Gagnez le quartier de la Ponche, qui a gardé tout son charme, admirez la jolie place de l'Ormeau, l'église ocre rouge et son clocher de style baroque italien. Prenez un verre chez *Sénéquier*, jouez aux boules sur la place des Lices, furetez chez les antiquaires rue du Clocher, achetez des sandales tropéziennes chez *Rondini*... Alors, vous aussi succomberez au charme de ce petit port "suspendu, étiré sur la mer", que, comme Colette, vous aurez vu "aérien, lilas à la nuit tombante puis d'acier neuf au clair de lune". Vous comprendrez pourquoi Maupassant, Colette, Signac, Matisse et bien d'autres en sont tombés amoureux...

5 700 habitants **Accès :** (carte 34) à 37 km S du Muy **À voir :** les musées de l'Annonciade et de la Citadelle ; la chapelle Sainte-Anne (XVIIe s.) **Foires, festivités :** marché le mardi et le samedi matin ; "Bravades de Saint-Tropez" du 16 au 18 mai ; Printemps des antiquaires en mai ; Salon des antiquaires fin août-septembre ; "Les Voiles de Saint-Tropez" (régates de vieux gréements) début octobre ; Noël à Saint-Tropez en décembre **Hôtels :** *La Ponche* (tél. 04.94.97.02.53) ; *Le Yaca* (tél. 04.94.55.81.00) ; *Le Pré de la Mer* (tél. 04.94.97.12.23), hôtel de charme, 12 chambres 150-290 € **Mairie** (tél. 04.98.12.66.66) **Restaurants :** *Leï Mouscardins* (tél. 04.94.97.29.00), restaurant gastronomique ; *Banh Hoi* (tél. 04.94.97.36.29) ; et les restaurants des plages : *Les Graniers* (tél. 04.94.97.38.50) ; *Lei Salins* (tél. 04.94.97.04.40) ; *Club 55* (tél. 04.94.55.55.55) ; *Les Jumeaux* (tél. 04.94.79.84.21) **Mairie** (tél. 04.94.55.90.00) **O. T.** (tél. 04.94.97.45.21).

SEILLANS

83440 (Var)

Situé à quelques kilomètres de Fayence, Seillans, dont l'origine remonte à l'occupation romaine, s'est implanté sur les pentes du mont Auzière. C'est l'image idéale du village provençal, avec ses hautes demeures crépies coiffées de tuiles romaines, ses ruelles pentues, pavées de galets, qui montent vers le château et son enceinte en partie conservée. Dans la rue des Remparts défilent une tour du XVIIe siècle percée d'étroites meurtrières, puis une église à nef romane qui fut remodelée en 1477. Tout en haut du bourg, le château arbore une tour, un donjon et un logis du XVIIe siècle, qui mêlent harmonieusement leurs lignes courbes et droites d'époques différentes. L'endroit le plus charmant est, sans conteste, la place du Thoron avec ses grands arbres, le frais clapotis de sa fontaine jouxtant l'*Hôtel des Deux Rocs* installé dans un ancien hôtel particulier du XVIIe siècle. De là, le regard porte sur la campagne et ses vallons boisés à perte de vue. Seillans est aussi très connu pour sa production de fleurs aromatiques et pour son excellent miel. Le peintre Max Ernst y a vécu les dernières années de sa vie ; Gounod, Alphonse Karr y ont séjourné.

2 125 habitants, 366 m d'altitude **Accès :** (carte 34) à 35 km N-E de Draguignan **Aux alentours :** la chapelle romane N.-D.-de-l'Ormeau (retable du XVIe s.) ; Bargemon ; le lac de St-Cassien ; les gorges du Verdon **Foires, festivités :** fête des Fleurs à la Pentecôte (les années paires) ; Fête provençale de N.-D.-des-Selves le 1er week-end de juillet ; fête de Saint-Cyr-Saint-Léger le dernier dimanche de juillet ; festival "Musique cordiale" en août ; marché potier le 15 août ; "Musiques en pays de Fayence" en octobre ; fête de l'Olive fin novembre ; marché et exposition de Noël fin novembre-début décembre **Hôtels :** *Hôtel des Deux Rocs* (tél. 04.94.76.87.32), hôtel de charme, 13 chambres 75-135 €, restaurant ; à 4 km, *Le Mas des Combes longues* (tél. 04.94.47.65.27), maison d'hôtes de charme, 3 chambres 90-100 €, table d'hôtes **Mairie** (tél. 04.94.50.45.46) **O. T.** (tél. 04.94.76.85.91).

TOURTOUR

83690 (Var)

Tourtour est construit à plus de 600 mètres d'altitude dans une région immense, sauvage et isolée, à la limite des Préalpes du Sud et de la plaine du Var. Vallonnements et collines vierges de toute construction sont, à perte de vue, recouverts de forêts de chênes et de pins, le paysage est à couper le souffle ! Le village a conservé son aspect médiéval, avec ses rues bordées de maisons anciennes, ses passages voûtés, ses petites boutiques, ses fontaines. La place des Ormeaux, typique de toute bourgade provençale, a perdu ses ormeaux remplacés par deux oliviers et une fraîche fontaine. On peut déjeuner à la charmante *Farigoulette*, le café-tabac du village, côté place, pour profiter de l'animation, ou côté vallée, pour s'extasier devant la vue grandiose sur la nature infinie. Un peu à l'écart se trouvent le château (XVIe s.) avec ses quatre tours rondes coiffées de toits pointus – il abrite la mairie – et l'église Saint-Denis (XIe s.) qui a, malheureusement, été très rénovée au XIXe siècle. Sur l'esplanade, on ne se lasse pas de contempler l'exceptionnel panorama qui s'étend sur plus de 180 degrés, du massif des Maures à la Méditerranée, jusqu'à la montagne Sainte-Victoire à l'ouest.

507 habitants, 635 m d'altitude **Accès :** (carte 34) à 10 km N-E de Salernes **À voir :** le musée des Fossiles (ouvert en été, tél. 04.94.70.54.74) **Aux alentours :** le village de Villecroze ; la route du Haut-Var **Foires, festivités :** marché le mercredi et le samedi matin ; fête de l'Œuf à Pâques ; brocantes et marchés artisanaux de mai à septembre ; concerts en été ; Fête du village le 1er week-end d'août ; fête de la Saint-Denis le 2e week-end d'octobre **Hôtels :** *La Bastide de Tourtour* (tél. 04.98.10.54.20), restaurant ; *La Petite Auberge* (tél. 04.94.70.57.16), restaurant ; *Le Mas des Collines* (tél. 04.94.70.59.30) **Restaurants :** *La Farigoulette* (tél. 04.94.70.57.37) ; *Les Chênes Verts* (tél. 04.94.70.55.06), restaurant gastronomique, avec chambres ; *La Table* (tél. 04.94.70.55.95) **Mairie** (tél. 04.98.10.25.25) **O. T.** (tél. 04.94.70.59.47).

TRIGANCE

83840 (Var)

Bâti au cœur de la Haute-Provence, à la limite des gorges du Verdon, dans un paysage sauvage de restanques, à 800 mètres d'altitude, Trigance domine fermement le paysage. Sa forteresse, flanquée de tours rondes crénelées, s'aggrippe au rocher surplombant des maisons de pierre formant rempart. L'ensemble du village est d'une grande homogénéité, car le même matériau a été utilisé pour la construction des habitations et du château fort. Le bourg fut, au IXe siècle, la propriété de l'abbaye de Saint-Victor de Marseille, avant de devenir le fief des comtes de Provence au XIe siècle. La flânerie dans la bourgade est vraiment agréable : vous découvrirez des ruelles escarpées, caladées, entrecoupées d'escaliers de pierre, couronnées d'arceaux, des vieux puits, des maisons claires aux murs de pierres jointives crépies, aux toits de tuiles de tous les tons de rose, sans oublier l'église romane Saint-Michel et le joli campanile du XVIIe siècle. Vous monterez ensuite jusqu'à l'imposant château fort, transformé en hôtel, pour admirer la vue depuis la terrasse. Des représentations théâtrales y sont données sur l'esplanade, en été.

152 habitants, 800 m d'altitude **Accès :** (carte 34) à 42 km N de Draguignan **Aux alentours :** les gorges du Verdon, le lac de Sainte-Croix, nombreux sentiers de randonnée (GR 9) **Foires, festivités :** "Été théâtral" mi-juillet à mi-août ; fête du Terroir et fête de la Saint-Roch mi-août **Hôtel :** *Château de Trigance* (tél. 04.94.76.91.18), hôtel de charme, 8 chambres 117-177 €, restaurant **Mairie** (tél. 04.94.76.91.01).

ANSOUIS

84240 (Vaucluse)

Ansouis occupait, au Moyen Âge, une position stratégique de contrôle de la route d'Aix à Apt, en plein cœur du pays d'Aigues. Le village, bien conservé, est dominé, comme autrefois, par son magnifique château du XIIe siècle, ancienne possession de la famille de Sabran-Pontevès. Avant de l'atteindre, on traverse la grande place et l'on parcourt les ruelles escarpées aux maisons joliment restaurées, les plus anciennes datant des XVe et XVIIe siècles. Plus haut, l'église paroissiale Saint-Martin (XIIIe s.) était autrefois intégrée à l'enceinte. Admirez, à l'intérieur, les bustes reliquaires, les panneaux de bois et le retable du XVIIe siècle. Couronnant le bourg, le château, à la fois place forte médiévale et élégante bastide du XVIIe siècle, a conservé un donjon, des tourelles, ainsi que des remparts dotés de créneaux et de mâchicoulis. Le grand corps de logis de la façade méridionale a été remanié après les guerres de Religion, dans le style des hôtels aixois du XVIIe siècle. La visite, très intéressante, permet d'admirer des meubles et des tapisseries de grande qualité. Les jardins, superbes, sont plantés de buis taillés et remarquablement entretenus. Depuis la terrasse, la vue sur les toits du bourg, la plaine et la montagne Sainte-Victoire est somptueuse.

1 057 habitants, 295 m d'altitude **Accès :** (carte 33) à 35 km N d'Aix-en-Provence **À voir :** le château ; le musée de la Vigne et du Vin ; le musée extraordinaire Georges-Mazoyer **Aux alentours :** La Tour-d'Aigues ; l'abbaye de Silvacane **Foires, festivités :** marché le dimanche matin d'avril à octobre ; concerts toute l'année ; Salon des artistes en avril ; "Les Botanilles" (fête des plantes et marché) en mai ; Fête du village en juillet ; fête de la Saint-Elzéar en septembre ; concert à Noël **Hôtels :** *Un patio en Luberon* (tél. 04.90.09.94.25), maison d'hôtes de charme, 5 chambres 55-80 € ; à Lourmarin (10 km), *Auberge La Fenière* (tél. 04.90.68.11.79), hôtel de charme 16 chambres 180-380 €, restaurant gastronomique **Restaurant :** *La Closerie Gourmande* (tél. 04.90.09.90.54) **Mairie** (tél. 04.90.09.83.79) **O. T.** (tél. 04.90.09.86.98).

AUREL

84390 (Vaucluse)

Fondée au XIIe siècle par les Hospitaliers de Saint-Jean-de-Jérusalem, Aurel domine la plaine de Sault. On aperçoit de loin le village, avec son dégradé de maisons claires d'où pointe le clocher massif de l'église. Accolée au château, intégrée aux fortifications, elle présente deux nefs et d'épais murs de pierres provenant d'une carrière toute proche qui exploitait la molasse marine. La même pierre a servi à l'édification du château (XIIIe s.), des remparts et de certaines demeures, conférant une belle harmonie de couleurs à l'ensemble de la bourgade. D'autres murs sont recouverts de crépis clairs, contrastant avec les teintes chaudes des toitures. L'ensemble est simple et rustique. Les ruelles s'enroulent le long de la pente ménageant de jolies découvertes : ici, un muret de pierres sèches, là, une porte de bois fleurie de géraniums rouges, plus loin un escalier aux marches de guingois. Tours et détours offrent des points de vue magnifiques sur la plaine. La belle lumière, le charme discret du village ont séduit de nombreux peintres, comme Seyssaud et Ambrogiani dans les années 60.

181 habitants, 796 m d'altitude **Accès** : (carte 33) à 41 km N d'Apt **À voir** : la chapelle Notre-Dame-des-Suffrages (XIIe s.) **Aux alentours** : l'église romane de Saint-Christol ; le mont Ventoux **Foires, festivités** : vide-greniers en mai ; Fête votive le 3e week-end de juillet ; expositions de peintures en juillet-août **Mairie** (tél. 04.90.64.00.76).

LE BARROUX

84330 (Vaucluse)

Le Barroux, ce nom claque au vent, et impose de loin l'image de la beauté altière d'un imposant château fort du XIIe siècle, flanqué de tours crénelées. La forteresse appartenait, à l'origine, aux seigneurs des Baux. Elle fut remaniée au XVIe siècle par la famille de Roviglasc qui, s'inspirant de l'architecture italienne, ajouta d'élégantes fenêtres à meneaux, des galeries à colonnettes délicatement sculptées et des grilles ouvragées, adoucissant ainsi son aspect sévère. La bourgade a été soigneusement restaurée, les rues repavées, les toits refaits, les maisons ravalées. La pierre mordorée des murs donne une belle unité à toutes les constructions qui ont conservé leur aspect authentique et leur simplicité. On grimpe jusqu'au château, impressionnant par sa haute taille, et l'on reprend son souffle sur la terrasse, d'où le regard plonge sur l'enchevêtrement des toits rosés du village cascadant jusqu'à la plaine, avec le mont Ventoux et les Dentelles de Montmirail en toile de fond. En redescendant, on ira jusqu'au prieuré de la Madeleine, tout proche, pour acheter du pain cuit comme autrefois par les moines.

579 habitants, 347 m d'altitude **Accès :** (carte 33) à 10 km N de Carpentras **Aux alentours :** Avignon, Vaison-la-Romaine **Foires, festivités :** marché provençal le samedi matin ; fête de l'Abricot le 14 Juillet ; Fête médiévale le 15 août **Hôtel :** *L'Aube Safran* (tél. 04.90.62.66.91), maison d'hôtes de charme, 5 chambres 130-170 € **Mairie** (tél. 04.90.62.43.11).

LE BEAUCET

84210 (Vaucluse)

Au cœur du Comtat Venaissin, ce village, perché à flanc de colline sur un rocher couronné de cyprès et de grands pins, est surplombé par un château fort ruiné, dont les vieilles pierres couleur d'ocre se confondent avec le roc. Le Beaucet est resté merveilleusement préservé et authentique : des remparts, quelques beaux restes de tours du XIVe siècle, des maisons de pierres qui rosissent au soleil, des toits de tuiles rondes, des ruelles tortueuses et pentues enfouies dans la verdure, et une jolie petite église du XIIe siècle, toute simple, qui montre fièrement son clocher. On dirait le décor d'une crèche, surtout le samedi le plus proche du 16 mai, lorsque les villageois se rendent en procession jusqu'à l'ermitage de Saint-Gens pour obtenir la pluie, ce qu'ils font depuis le XVe siècle... Un adorable village qui, en outre, offre le charme d'une auberge où l'on peut se régaler d'une très bonne cuisine provençale.

354 habitants, 300 m d'altitude **Accès :** (carte 33) à 10 km S-E de Carpentras **Aux alentours :** l'ermitage de Saint-Gens (XIIe s.) ; La Roque-sur-Pernes **Foires, festivités :** Fête du village le week-end après le 14 Juillet ; soupe au pistou le 1er samedi d'août **Hôtel :** à Venasque (6 km), *La Maison aux volets bleus* (tél. 04.90.66.03.04), maison d'hôtes de charme, 5 chambres 75-92 € **Restaurant :** *Auberge du Beaucet* (tél. 04.90.66.10.82) **Mairie** (tél. 04.90.66.00.23).

BÉDOIN

84410 (Vaucluse)

Bédoin se blottit au pied du Ventoux, dans un site bien protégé du mistral. On le reconnaît de loin grâce à la silhouette typique de son église construite au XVIIIe siècle. Des Sarrasins auraient fondé le village vers 730. Au XIIIe siècle, Barral des Baux, seigneur de Monteux et de Bédoin, octroie aux habitants le mont Ventoux et un certain nombre de privilèges, dont l'usage libre des fours et moulins. Incendié à la Révolution sur ordre du Comité de salut public, le village verra soixante-trois de ses citoyens exécutés et son économie ruinée. De nos jours, la commune offre un agréable dédale de ruelles pavées cernant des placettes ombragées pourvues de fontaines murmurantes, des maisons anciennes crépies de couleurs tendres, coiffées de tuiles et, disséminés ici et là, quelques vestiges de remparts. L'église (ne se visite pas) a été remaniée au XIXe siècle. Admirez son fronton de style jésuite (à l'intérieur, elle conserve quatorze panneaux attribués à Mignard). À voir également, non loin du village, les chapelles du Moustiers (XIIe s.) et de la Madelène (XIe s.). Le mont Ventoux, tout proche, offre de nombreuses activités sportives (randonnées, ski) et la richesse de sa flore et de sa faune. Malheureusement, quelques pavillons modernes déparent un peu la vue d'ensemble du village.

2 700 habitants, 308 m d'altitude **Accès :** (carte 33) à 14 km N de Carpentras **Aux alentours :** les Demoiselles coiffées (2 km) ; les carrières de sable ; le hameau des Baux **Foires, festivités :** marché le lundi matin ; marché paysan du mardi au samedi soir de mars à septembre ; vide-greniers le samedi matin en été ; feux de la Saint-Jean le 23 juin ; Foire artisanale en juillet et en août ; Fête votive en août **Hôtels :** *Hôtel des Pins* (tél. 04.90.65.92.92), hôtel de charme, 25 chambres 60-105 €, restaurant **Mairie** (tél. 04.90.65.60.08) **O. T.** (tél. 04.90.65.63.95).

BONNIEUX

84480 (Vaucluse)

On voit Bonnieux de loin, lové au pied de son église romane auréolée de cèdres. Le village a gardé des vestiges des remparts qui le protégeaient autrefois. Ses maisons et hôtels particuliers des XVIe, XVIIe et XVIIIe siècles témoignent de la richesse de cette cité qui appartint à la papauté jusqu'à la Révolution. Linteaux sculptés, arches de pierre, portes de bois clouté, armoiries enchâssées dans la pierre, nombreux sont les détails architecturaux qui suscitent l'admiration. Il faut visiter le musée de la Boulangerie, installé dans de belles caves voûtées (remarquez le joli escalier du XVIIIe s.), voir l'hôtel de Rouville (XVIIe s.) où se trouve la mairie, admirer les très beaux tableaux du XVe siècle dans l'église Neuve, puis monter jusqu'à l'église Vieille par un escalier assez raide, taillé dans la pierre. On atteint d'abord le tertre en contrebas, puis l'église romane (à l'intérieur, superbe retable en bois doré du XVe siècle), remaniée et agrandie au XVe siècle, délicatement ombragée de grands cyprès et de cèdres. L'ensemble compose un tableau d'une grande sérénité. Un village exceptionnel, à visiter absolument.

1 417 habitants, 400 m d'altitude **Accès :** (carte 33) à 12 km S-O d'Apt **À voir :** le musée de la Boulangerie **Aux alentours :** Sivergues ; le pont Julien ; le prieuré de Saint-Symphorien ; le village des Bories ; la forêt de cèdres **Foires, festivités :** marché le vendredi matin ; Marché potier à Pâques ; vide-greniers à l'Ascension ; Semaine musicale, Foire aux vins et Fête votive en août ; "Les Duos de Bonnieux" (concerts le dimanche soir) en juillet **Hôtels :** *Auberge de l'Aiguebrun* (tél. 04.90.04.47.00), hôtel de charme, 9 chambres 180-250 €, restaurant ; *Bastide de Capelongue* (tél. 04.90.75.89.78), hôtel de charme, 17 chambres 220-380 €, restaurant ; 3 maisons d'hôtes de charme : *La Bouquière* (tél. 04.90.75.87.17), 4 chambres 78-98 € ; *Mas des Deux Puits* (tél. 04.90.74.32.80), 4 chambres 90-130 € ; *Les Trois Sources* (tél. 04.90.75.95.58), 4 chambres 80-140 € **Restaurants :** *Le Fournil* (tél. 04.90.75.83.62) ; *Le Café de la Gare* (tél. 04.90.75.82.00) **Mairie** (tél. 04.90.75.80.06) **O. T.** (tél. 04.90.75.91.90).

BRANTES

84390 (Vaucluse)

Il faut prendre la peine de découvrir ce minuscule village fortifié, coiffant un rocher au-dessus du Toulourenc. Il paraît bien fragile, perdu dans ce paysage immense, ses toits rosés émergeant entre rocs et végétation. Brantes est resté complètement à l'abri des touristes, et l'on y trouve des venelles tranquilles, caladées (pavées de galets ronds) et bordées de beaux logis anciens en pierres sèches, des passages voûtés, des escaliers aux vieilles marches polies par le temps et les pas des hommes, une petite église à clocher carré et, tout en haut, les ruines d'un château. La montée est rude, mais la récompense est à la hauteur : le regard porte à perte de vue sur la plaine du Toulourenc et le majestueux mont Ventoux. Brantes, aujourd'hui, revit grâce à la présence d'artisans inspirés par la magnificence du paysage.

65 habitants, 546 m d'altitude **Accès :** (carte 33) à 30 km E de Malaucène **Aux alentours :** le col du Comte, le mont Serein **Foires, festivités :** feux de la Saint-Jean en juin ; Fête votive le week-end après le 15 août **Mairie** (tél. 04.75.28.09.46).

CRESTET

84110 (Vaucluse)

Peut-être un des seuls villages encore secrets et authentiques de cette belle région de Vaison-la-Romaine et des Dentelles de Montmirail. Crestet, comme son nom l'indique, se déploie sur une crête, sous la protection de son château (qui ne se visite pas), ancienne propriété des évêques de Vaison. Tout le village est piétonnier, les fils électriques ont été enterrés, ce qui prouve l'attention que la municipalité accorde à l'esthétique et au bien-être. Les rues escarpées ont gardé un charme rustique. Elles sont caladées, entrecoupées de volées de marches usées et s'agrémentent d'une végétation sauvage – figuiers, lierre ou vigne vierge poussant en liberté. Sur la petite place de l'église, une ravissante fontaine offre une halte rafraîchissante. Lavoir et vieux puits témoignent encore de la vie quotidienne d'autrefois. Quant à l'église, dédiée à saint Sauveur, elle a été bâtie au XIe siècle puis remaniée au XVIIIe siècle. Du haut du village, au pied du château, la vue s'étend sur la vaste plaine de l'Ouvèze plantée de vignobles, cernée, au loin, de montagnes.

441 habitants, 300 m d'altitude **Accès :** (carte 33) à 4 km S de Vaison-la-Romaine **Aux alentours :** Vaison-la-Romaine ; les ruines de l'abbaye de Prébayon ; nombreux sentiers de randonnées dans les Dentelles de Montmirail **Foires, festivités :** Fête votive le dernier week-end de juin **Restaurant :** à Vaison, *Le Brin d'Olivier* (tél. 04.90.28.74.79) **Mairie** (tél. 04.90.36.06.72).

CRILLON-LE-BRAVE

84410 (Vaucluse)

C'est grâce au compagnon d'Henri IV, Berton de Balbe, que le village a gagné sa réputation de bravoure et son surnom de "brave". Fièrement campé sur son rocher, Crillon étage ses habitations au pied de son château, haute et belle demeure du XVe siècle, et de son église des XIIe-XIVe siècles. Les maisons, très bien restaurées, présentent une agréable harmonie de matières et de couleurs – pierres dorées ou crépis ocre clair se mariant aux tuiles rosées des toits à génoises. La balade dans les ruelles est charmante : arceaux, portes de bois, beaux encadrements de pierres apportent une touche de raffinement aux plus simples maisons. Autrefois entouré de remparts, Crillon n'en conserve aujourd'hui que quelques vestiges, dont une porte du XVIe siècle. Il faut voir la jolie chapelle Saint-Michel du XIe siècle, qui est décorée de rares fresques du XIVe siècle, hélas très fanées par le temps. Et puis, si vous ne vous résignez pas à quitter ce lieu attachant, vous pourrez prolonger le plaisir en séjournant au château transformé en hôtel. Du haut du village et depuis les jardins à l'italienne de l'hostellerie, on s'extasie devant la vue splendide sur la cascade des vieux toits de Crillon, la verte vallée et le majestueux mont Ventoux, au loin.

420 habitants, 310 m d'altitude **Accès :** (carte 33) à 12 km N de Carpentras **Aux alentours :** le village de Caromb (4 km) **Foires, festivités :** vide-greniers en juillet ; Fête votive le 1er week-end d'août **Hôtel :** *Hostellerie de Crillon-le-Brave* (tél. 04.90.65.61.61), restaurant **Mairie** (tél. 04.90.65.60.61).

GORDES

84220 (Vaucluse)

Magnifique village perché, couronné par un imposant château et une église à contreforts, Gordes empile ses maisons sur une crête escarpée, s'intégrant parfaitement au paysage. La première forteresse construite au Moyen Âge (il en reste une tour à mâchicoulis) fut remodelée à la Renaissance par Bertrand de Simiane. Aujourd'hui, on peut l'admirer dans toute sa splendeur, grâce à une restauration réalisée dans les années 1970 par le peintre Victor Vasarely. L'architecture extérieure, plutôt austère, cache des pièces intérieures raffinées (admirez les plafonds à la française et la cheminée au premier étage). En contrebas, l'église (XVIIIe s.) et une bâtisse du XIIIe siècle avec salle à piliers-colonnes. La balade le long des ruelles en calade, escarpées, entrecoupées de passages voûtés et d'escaliers est très plaisante. Le bourg, avec ses maisons de pierres sèches, ses vestiges médiévaux, présente une belle unité architecturale. Des rues en surplomb, on profite de remarquables points de vue sur la vallée. Très animé et très touristique en été, Gordes retrouve tout son charme hors saison.

2 092 habitants, 373 m d'altitude **Accès :** (carte 33) à 17 km N-E de Cavaillon **À voir :** le musée Pol-Mara (au château) ; les caves du palais Saint-Firmin **Aux alentours :** le village des Bories ; l'abbaye de Sénanque (XIIe s.) ; le musée du Vitrail et le moulin des Bouillons (route de Saint-Pantaléon, ouverts en saison) **Foires, festivités :** marché le mardi matin ; fête de la Saint-Vincent fin janvier ; marché des Tisserands à Pâques ; Marché potier en juillet ; fête des Vins et Festival des soirées d'été en août ; Fête votive en octobre ; concours de photos en novembre **Hôtels :** *Le Mas du Loriot* (tél. 04.90.72.62.62), hôtel de charme, 8 chambres 105-135 € ; *Le Mas des Romarins* (tél. 04.90.72.12.13), hôtel de charme, 13 chambres 99-195 € ; *Au Ralenti du lierre* (tél. 04.90.72.39.22), maison d'hôtes de charme, 5 chambres 76-96 € **Restaurants :** *L'Estellan* (tél. 04.90.72.04.90) ; *Le Mas Tourteron* (tél. 04.90.72.00.16) **Mairie** (tél. 04.90.72.02.08) **O. T.** (tél. 04.90. 72.02.75).

GOULT

84220 (Vaucluse)

Ancienne possession de la famille d'Agoult, à laquelle il doit son nom, Goult est un village charmant qui a conservé deux portes, vestiges des remparts du XIVe siècle qui le protégeaient autrefois. Au XVIIIe siècle, le bourg était prospère, des artisans faïenciers en faisaient la renommée. Aujourd'hui, il présente toujours une belle homogénéité architecturale : ses maisons des XVIe et XVIIIe siècles, bien rénovées, ont d'épais murs de calcaire blond, des fenêtres encadrées de pierre, des pièces voûtées, des toits de tuiles provençales. Certaines demeures, les plus anciennes, ont gardé par-ci, par-là, des détails intéressants, portes en arceau, linteaux sculptés, blason gravé. La bourgade est bienheureusement restée préservée des afflux de touristes, tout en étant joyeuse et animée. Des petits commerces subsistent : on y trouve une boulangerie, une épicerie, deux boucheries et un délicieux bar-tabac à la mode d'autrefois, le *Café de la Poste*, pour prendre un verre sur la place à l'ombre des micocouliers ou se régaler de bons petits plats provençaux. Peut-être y croiserez-vous quelque célébrité ayant une maison dans le coin, mais... chut, restez discrets. La commune s'enorgueillit aussi d'une bien jolie église romane à portail ouvragé et d'un château (privé) très restauré qui le domine paisiblement. La douceur de vivre...

1 310 habitants, 250 m d'altitude **Accès :** (carte 33) à 18 km E de Cavaillon **Foires, festivités :** Fête du miel le 3e dimanche de juillet ; Festival de jazz le 1er week-end d'août ; Fête votive en septembre ; petit marché le 1er week-end d'octobre **Restaurants :** *Café de la Poste* (tél. 04.90.72.23.23) ; *Auberge de la Bartavelle* (tél. 04.90.72.33.72) **Mairie** (tél. 04.90.72.20.16) **Infos** (tél. 04.90.72.38.58).

LACOSTE

84480 (Vaucluse)

Lacoste dresse fièrement les ruines immuables de son impressionnant château au sommet d'un roc escarpé occupé par l'homme dès le néolithique. Rivale protestante de Bonnieux la catholique, la petite cité connut des moments dramatiques lors des répressions contre les Vaudois, au XVIe siècle. Au XVIIIe siècle, le château revint en héritage à François-Gaspard de Sade, grand-père du "divin marquis". La magnifique demeure fut pillée lors de la Révolution, et ses pierres servirent de matériaux de construction aux habitants du village. Lacoste présente une admirable unité architecturale, les maisons, les vestiges des anciens remparts, le pavage des ruelles et la citadelle sont faits de la même pierre calcaire blonde. On est saisi par la beauté minérale du lieu. Le dernier propriétaire du château avait entrepris un courageux travail de restauration. Aujourd'hui, la forteresse appartient au couturier Pierre Cardin qui a de nombreux projets culturels, festivals de musique, de théâtre, etc. L'avenir s'annonce animé, le nouveau seigneur du lieu étant connu pour son esprit créatif et son dynamisme. De nombreux artistes ont été séduits par l'aspect sauvage de Lacoste, l'écrivain André Breton, le peintre Jacques Hérold y séjournèrent.

430 habitants, 330 m d'altitude **Accès :** (carte 33) à 15 km S-O d'Apt **Aux alentours :** l'ancienne abbaye Saint-Hilaire, chapelle XIIe-XIIIe s. (2 km O par D 109) **Foires, festivités :** marché le mardi matin ; Festival du château (art lyrique et théâtre) de mi-juillet à mi-août ; Fête votive le dernier week-end de juillet **Hôtel :** à Apt, *Le Couvent* (tél. 04.90.04.55.36), maison d'hôtes de charme, 5 chambres et suites 90-140 € **Mairie** (tél. 04.90.75.82.04).

LAURIS

84360 (Vaucluse)

Lauris se voit de loin : le vieux village est perché sur un roc surplombant la plaine de la Durance. Les charmantes maisons aux murs de pierres mordorées ou crépis de couleurs pastel se regroupent au pied de l'imposant château. Reconstruit au XVIIIe siècle sur les ruines de l'ancien castel médiéval, il a conservé des jardins en terrasses ornés de fontaines et de bassins et des vestiges des anciens remparts (XVIe s.). L'église, bâtie au XVIIIe siècle, arbore un clocher surmonté d'un délicat campanile ouvragé du XIXe siècle. À l'intérieur, remarquez l'orgue (classé) du début du XIXe siècle. La balade dans les rues du village est pittoresque, maisons fleuries aux portes anciennes encadrées de linteaux sculptés, fontaines à mascarons, petites places au vieux pavage, le tranquille bonheur de vivre d'un village provençal. Un peu plus loin, sur le coteau Saint-Martin, se trouve la chapelle Saint-Roch dédiée au saint patron de la localité. Les vignes qui couvrent la plaine produisent des vins AOC côtes-du-luberon à déguster (avec modération) à la *Cave des Vignerons* ou au *Domaine de Fontenille*. Pour les amateurs de nature, de nombreux sentiers de randonnée parcourent les environs.

3 400 habitants, 200 m d'altitude **Accès :** (carte 33) à 6 km O de Cadenet **À voir :** le Conservatoire du jardin de plantes tinctoriales (tél. 04.90.08.40.48) **Aux alentours :** la chapelle Saint-Roch ; Puget ; les gorges du Régalon **Foires, festivités :** marché le lundi matin, marché paysan le samedi après-midi ; Foire aux fleurs en avril ; vide-greniers le samedi de Pentecôte ; fête de la Saint-Roch début août ; Reconstitution historique mi-septembre ; fête de la Coucourde début octobre ; marché de Noël le 2e week-end de décembre **Hôtels :** 3 maisons d'hôtes de charme : *La Bastide du Piécaud* (tél. 04.90.08.32.27), 4 chambres 85-95 € ; *La Carraire* (tél. 04.90.08.36.89), 5 chambres 70-80 € ; *La Maison des Sources* (tél. 04.90.08.22.19), 4 chambres 75-92 € **Mairie** (tél. 04.90.08.20.01) **O. T.** (tél. 04.90.08.39.30).

LOURMARIN

84160 (Vaucluse)

Lourmarin est situé au pied de la combe de l'Aiguebrun, dans un très bel environnement de vignes et d'oliviers. Lieu de foi protestante, ses habitants furent massacrés au XVIe siècle par Maynier d'Oppède. Aujourd'hui, Lourmarin dispose paisiblement ses maisons des XVIIe et XVIIIe siècles un peu à l'écart de son église romane et du château. Ce dernier, construit par la famille d'Agoult au XVe siècle, était devenu le refuge de gitans au XIXe siècle, et il était dans un état de délabrement avancé. Par bonheur, en 1921, un industriel lyonnais, Robert Laurent-Vuibert, le racheta et le restaura complètement, avant d'en faire don à l'académie d'Aix. Le château est constitué de deux parties : le château vieux, du XVe siècle, avec sa tour crénelée, et le château neuf, Renaissance, avec ses fenêtres à meneaux et ses galeries à l'italienne. À l'intérieur, très beaux meubles et tableaux. À deux pas, dans le petit cimetière de Lourmarin, reposent Albert Camus et Henri Bosco. Mais n'oubliez pas de flâner dans les pittoresques rues du village. Écoutez le clapotis des fontaines, admirez le vieux beffroi, faites des emplettes dans les charmantes boutiques qui proposent tissus régionaux et gourmandises locales, ou allez déjeuner chez Reine Sammut à l'*Auberge de la Fenière*.

1 127 habitants, 230 m d'altitude **Accès :** (carte 33) à 19 km S d'Apt **Aux alentours :** l'abbaye de Silvacane (cloître du XIIIe s.) ; le village de Cucuron **Foires, festivités :** marché le vendredi matin ; "Sun Art" (art contemporain africain) en mai ; Marché des créateurs mi-mai et mi-août ; Salon des antiquaires en mai et septembre ; Festival des musiques d'été au château de juillet à septembre ; foires artisanales en été ; Fête votive fin août ; Journées du livre ancien en septembre **Hôtels :** *Auberge La Fenière* (tél. 04.90.68.11.79), hôtel de charme, 16 chambres 180-380 €, restaurant gastronomique ; *Hôtel Bastide de Lourmarin* (tél. 04.90.07.00.70), hôtel de charme, 17 chambres 85-220 €, restaurant ; *Villa Saint-Louis* (tél. 04.90.68.39.18), maison d'hôtes de charme, 5 chambres 65-75 € **Restaurant :** *L'Antiquaire* (tél. 04.90.68.17.29) **Mairie** (tél. 04.90.68.04.13) **O. T.** (tél. 04.90.68.10.77).

MÉNERBES

84560 (Vaucluse)

Ce village dessine, en plein ciel, l'image d'un navire ancré sur un éperon rocheux : à la proue, sa citadelle, et son château, en poupe. Lors des guerres de Religion, au XVIe siècle, la cité fut investie par surprise par les calvinistes qui, de ce promontoire, résistèrent aux troupes catholiques pendant plus de quinze mois. La citadelle (XIIe-XVIe s.) arbore encore aujourd'hui une partie de ses défenses à tours et mâchicoulis. La bourgade offre un lacis de petites rues bordées de belles demeures anciennes, dont l'hôtel de Tingry (XVIe-XVIIe s.). Vous admirerez la place de l'Hôtel-de-Ville avec son beffroi à campanile du XVIIe siècle, la chapelle Saint-Blaise (XVIIIe s.), puis, à l'autre extrémité, l'église du XIVe siècle, richement décorée. En contrebas, depuis le cimetière abandonné, on profite d'un beau panorama sur la vallée du Coulon et les villages de Gordes et de Roussillon. Ménerbes est un village magnifique ; juste un regret, la construction du groupe scolaire, qui gâche un peu la vue d'ensemble.

1 120 habitants, 230 m d'altitude **Accès :** (carte 33) à 15 km E de Cavaillon **À voir :** le musée du Tire-Bouchon au *Domaine de la Citadelle* (tél. 04.90.72.41.58) ; la Maison du vin et de la truffe **Aux alentours :** l'abbaye de Saint-Hilaire (3 km O par D 109) **Foires, festivités :** marché aux fromages de chèvre en avril ; "Rencontre des toiles" (expositions) en saison ; Fête votive en août ; petit marché aux truffes le dernier dimanche de décembre **Hôtels :** *La Bastide de Soubeyras* (tél. 04.90.72.94.14), maison d'hôtes de charme, 5 chambres 95-165 € ; *La Magnanerie* (tél. 04.90.72.42.88), maison d'hôtes de charme, 5 chambres 95-105 € **Restaurant :** *Café Véranda* (tél. 04.90.72.33.33) **Mairie** (tél. 04.90.72.22.05) **O. T.** Bonnieux (tél. 04.90.75.91.90).

OPPÈDE-LE-VIEUX

84580 (Vaucluse)

Bâti sur un inexpugnable roc en à-pic couronné de pins, le fier village d'Oppède offre un étagement de maisons et d'hôtels Renaissance dominés par les ruines d'un château féodal construit par le comte Raymond VI de Toulouse. Déserté, au début du XXe siècle, par ses habitants qui s'installèrent dans la plaine, plus facile d'accès, le village a retrouvé vie et beauté dans les années 1950-1960, sous l'impulsion d'artistes et d'écrivains tombés amoureux fous du vieux bourg abandonné. Aujourd'hui bien vivant et heureusement préservé de toute rénovation abusive, Oppède offre à nos regards émerveillés son décor grandiose de hautes demeures défiant le vide, d'arches sculptées, de passages voûtés, d'escaliers envahis de lierre. Autour de la belle place carrée, les maisons nobles s'alignent harmonieusement. Plus haut, par les calades brodées d'herbes sauvages, on atteint l'église Notre-Dame d'Alydon (XIIIe s., remaniée aux XVIe et XIXe s.), solidement appuyée sur ses contreforts et couronnée d'un clocher polygonal. Mais la grimpette n'est pas terminée, plus haut encore, la ruelle devenant chemin pierreux, on arrive jusqu'au vieux château ruiné pendant la Révolution et, de là, suprême récompense, le regard embrasse toute la vallée du Calavon.

1 150 habitants, 247 m d'altitude **Accès :** (carte 33) à 12 km E de Cavaillon **Aux alentours :** le parc naturel régional du Luberon ; Apt **Foires, festivités :** marché le samedi matin ; brocante en juin ; "Rencontre des artistes à Oppède-le-Vieux" et fête de la Saint-Laurent en août **Hôtel :** *Bastide Le Mourre* (tél. 04.90.76.99.31), maison d'hôtes de charme, 6 maisons 160-275 € la nuit, 960-1 800 € la semaine **Mairie** (tél. 04.90.76.90.06).

ROUSSILLON

84220 (Vaucluse)

Roussillon porte bien son nom. Roux, rouge, il est célèbre dans le monde entier pour les dix-huit nuances d'ocre de son "vallon des Fées", falaises au relief tourmenté, anciennes carrières que l'érosion et le mistral continuent de raviner. Samuel Beckett s'y réfugia pendant la Seconde Guerre mondiale. Cet épisode est confirmé par un passage de sa pièce *En attendant Godot* : "Nous avons fait les vendanges, tiens, tiens, chez un nommé Bonnelly, à Roussillon... Là-bas, tout est rouge !" On passe sous le beffroi à campanile de la tour de l'Horloge, pour entrer dans la partie ancienne du village qui présente une unité architecturale exceptionnelle. Toutes les maisons sont bien restaurées, et leurs hautes façades – enduites évidemment de tous les tons d'ocre, du jaune vif au rouge sang – s'intègrent remarquablement au site. Quelques balcons, des volets de toutes les couleurs, des treilles, des jardinets sauvages ajoutent à leur séduction. Sur la place de la Mairie (belle construction du XVIIIe siècle), d'agréables terrasses de café permettent de s'attabler pour profiter du charme du lieu, avant de partir à l'assaut du castrum d'où l'on découvre un panorama grandiose sur la plaine d'Apt et le Ventoux. Attention, Roussillon va vous ensorceler, ce village est magique !

1 170 habitants, 345 m d'altitude **Accès :** (carte 33) à 10 km N-O d'Apt **À voir :** l'église romane remaniée au XVIe s. (fonts baptismaux du XVIIe s.) ; le Conservatoire des ocres et pigments appliqués (tél. 04.90.05.66.69) ; la Chaussée des géants et le Sentier de l'ocre **Aux alentours :** Gargas (7 km) ; Apt et son marché du samedi matin **Foires, festivités :** marché le jeudi matin ; "Saint-Jean des couleurs" en juin ; Festival Beckett en juillet ; Festival de quatuors à cordes en été ; Marché potier début septembre **Hôtels :** *Le Clos de la Glycine* (tél. 04.90.05.60.13), hôtel de charme, 8 chambres 105-175 €, restaurant ; *Les Tilleuls* (tél. 04.90.05.64.61), maison d'hôtes de charme, 2 chambres 85-105 € ; *Bastide de Cassiopée* (tél. 04.90.04.65.35), maison d'hôtes de charme, 5 chambres 100-110 € **Restaurant :** *Le Bistrot de Roussillon* (tél. 04.90.05.74.45) **Mairie** (tél. 04.90.05.60.16) **O. T.** (tél. 04.90.05.60.25).

SAIGNON

84400 (Vaucluse)

Perché sur un promontoire rocheux dominant la vallée du Calavon, Saignon est enserré entre deux puissants rochers sur lesquels trois châteaux forts, placés en vigie, assuraient autrefois la protection du pays d'Apt. Aujourd'hui, seules quelques ruines attestent de ce passé guerrier, mais l'on peut heureusement admirer encore l'église Notre-Dame, magnifique construction romane (agrandie au XVIIe s.), étonnante par ses dimensions et son décor raffiné. Les maisons du village dévalent la côte, laissant voir leurs beaux appareillages de pierres ocre, la chaude couleur de leurs toitures. De-ci, de-là apparaissent des restes de remparts ou d'anciens fossés. La bourgade présente une superbe unité architecturale. Elle avait d'ailleurs séduit l'écrivain argentin Julio Cortazar, qui vint y trouver refuge dans les années 50. De nos jours, ce sont des Parisiens discrets ou des Anglais qui retapent les vieilles maisons du coin. Saignon, bien sûr, n'est pas à l'abri des touristes qui viennent en nombre sillonner ses ruelles l'été. Mais comme ici, il n'y a ni boutique de souvenirs, ni bistrots pittoresques, ils ont tôt fait de repartir vers des horizons plus propices à leurs attentes mercantiles. Et l'hiver, vous aurez la chance de découvrir un pays rude, sauvage, qui retrouve toute son âme et son authenticité.

1 045 habitants, 500 m d'altitude **Accès :** (carte 33) à 5 km S-E d'Apt **À voir :** l'église de l'ancienne abbaye Saint-Eusèbe (XIIe s., privée) **Aux alentours :** Apt et son marché du samedi matin ; le Mourre Nègre (1 125 m) **Foires, festivités :** vide-greniers en juin ; expositions toute l'année ; concerts en été ; Mois du cinéma de mi-juillet à mi-août ; Fête votive mi-août **Hôtels :** *Auberge du Presbytère* (tél. 04.90.74.11.50), hôtel de charme, 16 chambres 60-145 €, restaurant ; *Chambre de séjour avec vue* (tél. 04.90.04.85.01), maison d'hôtes de charme, 5 chambres 80-100 € **Mairie** (tél. 04.90.74.16.30).

SAINT-SATURNIN-LÈS-APT

84490 (Vaucluse)

Fermement adossé à son rocher, bien à l'abri du mistral, Saint-Saturnin a conservé des vestiges de ses trois enceintes (XIIIe, XIVe, XVIe s.), des ruines de son château (XIe s.), ancienne possession des seigneurs d'Agoult, et quelques moulins à vent. Le village, charmant, s'étale sur le flanc d'une colline, en balcon sur une riche plaine agricole. Le long des rues s'égrènent des maisons anciennes qui ont conservé de jolis détails des siècles passés : balcons à cariatides, portes en bois sculpté, encadrements de fenêtres ouvragés, médaillons incrustés. On est impressionné par l'imposant portail Ayguier (XVe s.), les tours de l'Horloge et du Portalet (XIIe s.), les portes de Rome et de Roque, qui témoignent du soin apporté à leur défense par les premiers villageois. L'ancienne église romane a malheureusement été reconstruite au XIXe siècle, mais elle renferme une belle statue de Vierge en bois du XIVe siècle et des tableaux du XVIe siècle. On emprunte un raidillon caladé, bordé de vestiges d'habitations intégrées au rocher, pour atteindre le village primitif. La montée est rude, mais la récompense est grande : on contemple les restes du "château", ou plutôt de la chapelle romane (complétée plus tardivement) à nef unique intégrée à l'ancien donjon, et la vue splendide sur tous les environs. On redescend jusqu'au petit barrage surplombant le bourg, on jette un coup d'œil aux deux moulins, avant de redégringoler par les escaliers jusqu'au village.

2 341 habitants, 365 m d'altitude **Accès :** (carte 33) à 9 km N d'Apt **Aux alentours :** Les Bassacs ; le colorado de Rustrel **Foires, festivités :** marché le mardi matin ; fête du hameau de La Tuillière le 1er dimanche de juillet ; braderie le 14 Juillet ; Fête votive et fête de la Terre le 1er dimanche d'août ; concerts en été ; Fête provençale en novembre **Restaurants :** *Domaine des Andéols* (tél. 04.90.75.50.63) avec chambres ; *Le Saint-Hubert* (tél. 04.90.75.42.02), avec chambres **Mairie** (tél. 04.90.75.43.12).

SAULT

84390 (Vaucluse)

Perché sur un plateau taillé entre deux rivières, la Nesque et le Croc, et anciennement couvert de forêts de chênes (*saltus*), Sault est un village adorable qui a conservé de belles ruines de son ancien château fort, des passages voûtés, des maisons moyenâgeuses et Renaissance et quelques hôtels particuliers datant du XVIIIe siècle, le tout rassemblé autour de la belle église Saint-Sauveur (XIIe-XVIIe s.). Les murs de pierres bien appareillées, ou recouverts d'enduits aux couleurs estompées, donnent, tout comme les toits de tuiles rondes à génoises, une belle et harmonieuse unité architecturale au village. Quelques enseignes, quelques belles portes – notamment la splendide porte XVIIe de l'hôtel de la Broussière – montrent fièrement l'ancienneté de la bourgade. C'est aussi un lieu de rencontres animées, particulièrement le mercredi, jour du marché, lorsque les petits producteurs déballent joyeusement leurs bons produits. Le parfum du miel et du nougat se mêle alors aux parfums plus poivrés des herbes et des fromages de chèvre. En toile de fond, le paysage, quadrillé de champs de blé et de lavande, est baigné d'une lumière éblouissante. C'est, comme le disait Giono, le "pays du ciel"... Et puis, à deux pas, il y a le territoire immense, sauvage et préservé du mont Ventoux...

1 200 habitants, 766 m d'altitude **Accès :** (carte 33) à 42 km E de Carpentras **À voir :** le musée municipal (ouvert juillet-août) ; le Centre de découverte de la nature **Aux alentours :** Monieux, Aurel (belle église fortifiée), Saint-Christol (église romane à nef XVIIe s.) et Saint-Trinit ; les gorges de la Nesque **Foires, festivités :** marché le mercredi matin ; foires pour les Rameaux et en juin, août, novembre ; brocante en juillet ; Fête votive le 2e week-end d'août ; fête de la Lavande le 15 août **Hôtel :** *Hostellerie du Val de Sault* (tél. 04.90.64.01.41), hôtel de charme, 11 chambres 97-198 € en demi-pension **Mairie** (tél. 04.90.64.02.30) **O. T.** (tél. 04.90.64.01.21).

SÉGURET

84110 (Vaucluse)

Des maisons empilées les unes sur les autres, la tour d'un ancien château médiéval émergeant des pins, une butte calcaire aux crêtes découpées forment le décor du joli village de Séguret. Un circuit fléché invite à la visite : on passe d'abord sous un porche voûté, la porte Reynier construite au XIIe siècle, on poursuit par des rues au pavage de pierres qui montent jusqu'à la ravissante fontaine des Mascarons (XVIIe s.), le lavoir et le beffroi (XIVe s.) ; enfin, nous voici devant l'église Saint-Denis (Xe s.) qui comporte une belle nef romane. De la place, le panorama s'étend sur la plaine du Comtat et sur les Dentelles de Montmirail. De jolies boutiques d'artisans – potiers, santonniers – égaient la promenade, et, si l'on est courageux, on se lance sur le sentier escarpé qui monte jusqu'aux ruines de l'ancien château. Ensuite, on peut déjeuner sur une terrasse : pourquoi pas celle du charmant restaurant *Le Mesclun*, dans la pittoresque rue des Poternes ?

912 habitants, 250 m d'altitude **Accès :** (carte 33) à 9 km S de Vaison-la-Romaine **Aux alentours :** les villages de Sablet, Gigondas, Beaumes-de-Venise **Foires, festivités :** Fête votive fin juillet ; nombreuses manifestations musicales en été ; Journée du livre en août ; marché des potiers fin août ; "Li Bergié de Séguret" (représentation de la Nativité et Messe de minuit en provençal) le 24 décembre **Restaurants :** *Le Mesclun* (tél. 04.90.46.93.43) **Mairie** (tél. 04.90.46.91.06).

VAISON-LA-ROMAINE

84110 (Vaucluse)

Vaison-la-Romaine se joue des siècles. Tandis que la ville moderne se prélasse dans le soleil estival autour des vestiges du théâtre et des villas romaines, il suffit de traverser la rivière, de passer le pont, pour revivre au Moyen Âge et se retrouver dans un monde oublié. Découvrez avec bonheur la Haute-Ville, joyau médiéval de la rive gauche de l'Ouvèze. Ici, le temps semble s'être arrêté. La création de la vieille cité remonte au XIIe siècle, lorsque la population, irritée par les nombreux conflits opposant le comte de Toulouse à l'archevêque de Vaison, se réfugia sur les hauteurs, à l'abri du château perché (XIIe-XVe s.). Les archevêques régnaient en seigneurs sur la ville, qui devint État pontifical en 1274. Elle le resta jusqu'à la Révolution, ce qui explique le nombre important de riches édifices des XVIe et XVIIe siècles. Portes fortifiées, vestiges de remparts, placettes avec fontaines, hautes maisons forment un décor unique et pittoresque. La cité médiévale est, aujourd'hui, le fief d'artistes et d'artisans pour le plus grand bonheur des visiteurs qui continuent de lustrer de leurs pas les galets des calades.

300 habitants, 210 m d'altitude **Accès :** (carte 33) à 47 km N-E d'Avignon **À voir :** les vestiges romains ; le théâtre antique ; le musée archéologique ; la cathédrale N.-D.-de-Nazareth **Foires, festivités :** marché le mardi matin ; Festival de Vaison, Festival des chœurs lauréats et Semaine théâtre en juillet ; "Blues & Jazz in Vaison" et Choralies en août (tous les 3 ans, a lieu en 2010) ; Festival de la BD mi-septembre (les années paires) ; Festival des soupes en octobre ; Journées gourmandes et Festival d'automne (théâtre) en novembre **Hôtels :** *Hostellerie Le Beffroi* (tél. 04.90.36.04.71), hôtel de charme, 22 chambres 75-150 €, restaurant ; 3 maisons d'hôtes de charme : *Bastide La Combe* (tél. 04.90.28.76.33), 5 chambres 90-140 € ; *La Calade* (tél. 04.90.46.51.79), 4 chambres 75-85 € ; *L'Évêché* (tél. 04.90.36.13.46), 5 chambres 100-135 € **Restaurants :** *Le Moulin à Huile* (tél. 04.90.36.20.67) ; *Le Brin d'Olivier* (tél. 04.90.28.74.79) **Mairie** (tél. 04.90.36.50.00) **O. T.** (tél. 04.90.36.02.11).

VENASQUE

84210 (Vaucluse)

Venasque est accroché à un rocher abrupt, surplombant les vallées de Carpentras et de la Nesque. Le site fut occupé dès les temps anciens, de nombreux vestiges celtes et romains en témoignent. De son passé, le village conserve des ruines de remparts et trois tours dentelées dont les éléments ont servi, en partie, à la construction des maisons. Ces habitations en pierre dorée, édifiées du XIVe au XVIIe siècle, bordent de ravissantes ruelles escarpées qui conduisent à une place pimpante, avec son ancien hospice (XVIIe s.), transformé en hostellerie de charme, et sa fontaine du XVIIIe siècle. La mairie se situe dans l'ancienne chapelle des Pénitents-Blancs. Mais il y a aussi un trésor... l'exceptionnel baptistère du VIe siècle, remanié au XIe siècle, qui comporte une salle carrée entourée de quatre absidioles ! Les voûtes sont en ogive, chaque arcature reposant sur des colonnes ornées de chapiteaux sculptés de feuilles d'acanthe, de motifs entrelacés ou de cannelures. Une œuvre très simple et très belle. Le baptistère est relié à l'église Notre-Dame, édifice du XIe siècle plusieurs fois remanié entre le XVe et le XVIIIe siècle. À l'intérieur, retable en bois sculpté et magnifique Crucifixion de 1498, de l'école d'Avignon. Ce très beau village médiéval est resté bien authentique.

980 habitants, 320 m d'altitude **Accès :** (carte 33) à 12 km S-E de Carpentras **Aux alentours :** la chapelle Notre-Dame-de-Vie (XVIIe s.) ; Pernes-les-Fontaines ; La Roque-sur-Pernes ; l'abbaye de Sénanque ; les gorges de la Nesque **Foires, festivités :** fête des Cerises début juin ; "Chasse aux œufs" et concours de boules à Pâques ; expositions en juillet-août ; Fête votive et animations la semaine du 15 août **Hôtel :** *La Maison aux volets bleus* (tél. 04.90.66.03.04), maison d'hôtes de charme, 5 chambres 75-125 € **Restaurant :** *Auberge de la Fontaine* (tél. 04.90.66.02.96), avec chambres **Mairie** (tél. 04.90.66.02.93) **O. T.** (tél. 04.90.66.11.66).

La région Rhône-Alpes présente des aspects très divers. Située en position charnière, entre le Nord et le Midi, ses paysages sont contrastés : des oliviers de la Drôme aux neiges éternelles des massifs savoyards, des rives du Rhône aux gorges de l'Ardèche, elle est dotée d'un riche patrimoine naturel. Ses villages sont le reflet de cette variété. Ils constituent un précieux patrimoine, un conservatoire des traditions où chacun puisera un plaisir toujours renouvelé. Le fervent du passé y déchiffrera les traits historiques caractéristiques, et le touriste s'enchantera de la subtile harmonie avec laquelle les constructions des hommes s'intègrent au milieu environnant.
Terre d'émigration, cette région constitue un pôle d'attraction pour une population venue des quatre coins de France et d'Europe, attirée par le dynamisme et l'attrait du cadre de vie de ses départements. Les villages et l'habitat ancien ont été affectés par les nombreuses transformations du monde moderne, mais, heureusement, la préservation de l'architecture rurale est devenue une préoccupation constante pour les administrateurs et les habitants. Il est temps d'admirer ces villages, témoignages de la richesse de notre passé et de l'art de vivre d'autrefois. Ils ont conservé intacte leur authenticité.

PÉROUGES

01800 (Ain)

Déployée sur une colline, encerclée de remparts, Pérouges offre une vision touchant à la perfection, l'illustration de la rencontre heureuse de l'art médiéval et de l'architecture Renaissance. La cité aurait été fondée, bien avant l'occupation romaine, par une colonie venue de Perugia en Italie. Au début du Moyen Âge, elle subit les assauts des souverains du Dauphiné et des princes de Savoie. Au XVIIe siècle, elle devient française et profite de la paix pour démanteler sa forteresse. Elle est riche, active, de nombreux tisserands y prospèrent. Mais, au début du XIXe siècle, isolée, à l'écart des grandes voies de communication, elle dépérit, et ses habitants détruisent en partie les maisons anciennes. Le massacre est heureusement arrêté en 1911 grâce à la création du comité du Vieux-Pérouges : des artistes, des notables aidés par les Beaux-Arts la sortent de sa torpeur et participent à sa reconstruction. Maintenant, on admire un ensemble architectural exceptionnel de magnifiques vieilles demeures des XVe-XVIe siècles s'étirant le long de rues étroites aux pavés inégaux. La place de la Halle encadrée de superbes maisons – en particulier l'Ostellerie de Pérouges du XIIIe siècle –, la rue des Princes (c'était la rue commerçante de la ville), la rue des Rondes, la porte d'En-Haut, tout évoque le raffinement et le talent des bâtisseurs d'autrefois. Juste ce qu'il faut de splendeur et de simplicité pour rendre la vie d'aujourd'hui plus douce. Sachez encore que le célèbre grammairien Vaugelas naquit ici en 1585.

1180 habitants, 290 m d'altitude **Accès :** (carte 26) à 30 km N-E de Lyon **À voir :** le musée du Vieux-Pérouges (ouvert avril-octobre) **Aux alentours :** l'église de Saint-Maurice-de-Gourdans (14 km) ; les châteaux de Richemont et de Genoud **Foires, festivités :** Marché d'art le 1er mai ; Fête médiévale début juin ; Salon du vin le 3e week-end d'octobre ; marché de Noël début décembre **Hôtel :** *Ostellerie du Vieux-Pérouges* (tél. 04.74.61.00.88), hôtel de charme, 28 chambres 87-248 €, restaurant **Mairie** (tél. 04.74.61.01.58) **S. I.** (tél. 04.74.61.01.14).

ALBA-LA-ROMAINE

07400 (Ardèche)

Ancienne capitale des Helviens, *Alba Augusta Helviorum* était une belle cité gallo-romaine qui connut ses heures les plus riches sous l'empereur Auguste. On remarquera, au pied de l'actuel village, sur la rive gauche de l'Escoutay, de nombreux vestiges de cette époque : les thermes, le forum, le théâtre... Entre le Ve et le VIe siècle, la ville est désertée peu à peu, puis renaît au Xe siècle, sous l'impulsion des seigneurs d'Aps qui entreprennent la construction d'une nouvelle agglomération fortifiée. Aujourd'hui, depuis la mise au jour en 1964 des premiers éléments gallo-romains, Alba-la-Romaine connaît un regain d'activité. Constituée de deux hameaux, Alba et La Roche, distants de cinq cents mètres, la petite bourgade s'étend au pied d'un piton volcanique, ce qui explique la couleur sombre des murs de certaines maisons. Il faut arpenter à pied les petites rues pavées de basalte qui ont gardé tout le charme pittoresque de l'époque médiévale. Levez le nez vers les belles génoises des toits, engouffrez-vous sous les passages voûtés, musardez sur les placettes ombragées. Les habitations, souvent agrémentées d'escaliers extérieurs, se chapeautent de tuiles rousses et brunes et s'enorgueillissent parfois de jolies portes à linteaux. Pour finir sur une note culturelle, on ira voir les expositions de peinture organisées au château (XIIe-XVIIe s.) qui domine le village et la rivière.

1 149 habitants, 218 m d'altitude **Accès :** (cartes 26-33) à 17 km O de Montélimar **Aux alentours :** le hameau de La Roche et sa chapelle (XVIIe s.) **Foires, festivités :** marché le dimanche matin ; brocante le dernier dimanche de juillet ; Festival du cirque mi-juillet ; marché de la laine le 15 août ; Festival de musique classique, théâtre et expositions au château (tél. 04.75.52.42.90) en été ; Fête votive le 1er week-end de septembre **Mairie** (tél. 04.75.52.43.52) **Infos** (tél. 04.75.52.45.86).

ANTRAIGUES-SUR-VOLANE

07530 (Ardèche)

L'éruption de deux volcans est à l'origine de la masse rocheuse basaltique qui sert de piédestal à Antraigues et permet au village de dominer la région depuis ses 470 mètres d'altitude. C'est au détour d'une petite route sinueuse qu'il vous apparaîtra dans toute sa splendeur. Nous sommes ici en pleines Cévennes ardéchoises, parcourues de rivières bouillonnantes. Les eaux de la Volane (que l'on peut descendre, l'hiver, en kayak), de la Bise et du Mas se rencontrent là, un peu plus bas. Les restes du château nous rappellent l'importance passée du bourg, ancien fief des comtes d'Antraigues, dont un descendant, Emmanuel de Launay, défraya la chronique politique de la Révolution et de l'Empire. Tout comme ceux de la forteresse, les murs des maisons sont en granit. Les tuiles canal des toits, les ruelles escarpées, la jolie place avec sa fontaine donnent un petit air méridional au village. Enfin, et surtout, des activités variées font d'Antraigues un lieu plein de vie : restaurants, marché aux puces, foire à la brocante, marché aux châtaignes créent des échanges fructueux, sans oublier, pour les plus audacieux, les nombreuses possibilités sportives.

512 habitants, 470 m d'altitude **Accès :** (carte 25) à 14 km N d'Aubenas **Aux alentours :** la vallée de la Volane ; les villages de Mézilhac (15 km) et de Burzet (17 km) ; la cascade du Ray-Pic ; Saint-Julien-d'Aizac ; le château de Craux ; l'église de Saint-Andéol-de-Vals **Foires, festivités :** brocante le 15 août ; fête de la Châtaigne fin octobre **Restaurant :** *La Remise* (tél. 04.75.38.70.74) **Mairie** (tél. 04.75.38.70.10) **S. I.** (tél. 04.75.88.23.06).

BALAZUC

07120 (Ardèche)

Depuis les berges de l'Ardèche, la belle rivière aux eaux claires, Balazuc offre la vision saisissante de ses logis imbriqués les uns sur les autres, comme rivés aux parois abruptes d'une falaise calcaire. C'est de la rive opposée que l'on en a la meilleure vue d'ensemble. Le village, occupé aux VIIIe et IXe siècles par une colonie sarrasine, présente des constructions s'étalant du XIIIe au XVIIIe siècle. Des puissantes fortifications, il ne reste pas grand-chose, quelques pans écroulés, mais les maisons, intactes et bien restaurées, se regroupent autour du château féodal, plusieurs fois remanié, qui a conservé une portion de tour du Xe siècle. À côté, l'église romane aux épais murs de pierre se dresse en à-pic sur le rebord de la falaise, pointant vers le ciel un clocher à plusieurs arcades surmonté d'un clocheton. Pour la rejoindre, il faut grimper par des petites rues tortueuses et escarpées, animées de-ci, de-là d'anciennes échoppes d'artisans. Merveilleux cheminement où se succèdent arcs-boutants, passages voûtés, murs de pierres jointives, portions d'escaliers parsemés de fleurs et de plantes grimpantes échevelées... En bas, après le pont, au pied du village, un chemin mène jusqu'au hameau du Vieil-Audon, actuellement reconstruit et restauré par une association.

337 habitants, 150 m d'altitude **Accès :** (carte 32) à 14 km S d'Aubenas **Aux alentours :** les gorges de la Ligne ; les gorges de la Beaume ; le village féodal de Rochecolombe **Foires, festivités :** petit marché des producteurs locaux le mardi soir en juillet-août ; concerts et expositions dans l'église d'avril à septembre ; Balades contées en juillet-août **Hôtel :** à Beaulieu (30 km), *Hôtel de la Santoline* (tél. 04.75.39.01.91), hôtel de charme, 7 chambres 75-130 €, restaurant **Mairie** (tél. 04.75.37.75.08).

LABEAUME

07120 (Ardèche)

Le village est magnifiquement situé au pied des sauvages gorges de la Beaume. De loin, ses maisons se confondent avec la falaise et les rochers qui l'entourent. Elles se reflètent dans les eaux miroitantes de la rivière qui, ici, offre de larges berges propices aux baignades en été. La vaste place ombragée de platanes est le lieu favori des touristes et des joueurs de pétanque ; la flânerie dans Labeaume procure des émotions, on se faufile le long de ruelles empierrées, on lève le nez vers l'appareillage de pierres jointoyées des vieilles maisons, des arcades, on s'avance sous des passages voûtés, on remarque le linteau sculpté d'une porte. L'église s'orne d'un curieux portail-clocher agrémenté de colonnes. On atteint le haut du bourg par une rue pavée de petits galets, assez raide ; peu à peu, les constructions laissent place à la végétation, et la venelle se transforme en chemin de terre. De là, la vue sur la cascade des toits des maisons ramassées au bord de la rivière aux eaux transparentes est très jolie. Les deux rives sont reliées par un magnifique et robuste pont de pierres, sans parapet. Le village a conservé l'attrait simple et paisible des bourgades d'autrefois. On peut seulement regretter la présence de pavillons modernes le long de la route qui y conduit.

500 habitants, 105 m d'altitude **Accès :** (carte 32) à 30 km S d'Aubenas **Aux alentours :** les gorges de la Beaume, les gorges de l'Ardèche **Foires, festivités :** Festival de musique classique en juillet-août ; visites guidées du village et des dolmens en été **Hôtel :** à Beaulieu (20 km), *Hôtel de la Santoline* (tél. 04.75.39.01.91), hôtel de charme, 7 chambres 75-130 €, restaurant **Mairie** (tél. 04.75.39.64.23).

LAGORCE

07150 (Ardèche)

Dans cette partie de l'Ardèche, le paysage est sauvage et éclatant. La blancheur de la pierre calcaire partout présente – murs des maisons, murets des enclos, banquettes de soutènement des terrasses cultivables – se marie au vert olive de la végétation et au bleu gitane lumineux du ciel. Lagorce est haut perché et ressemble aux villages de Provence, avec ses ruelles pentues coupées d'arceaux et d'escaliers, ses maisons de pierres jointives aux beaux encadrements de fenêtres, ses portes cintrées, ses toits de tuiles canal rosées. Des murs couverts de vigne vierge, des géraniums sur le pas des portes et des figuiers sauvages poussant un peu partout rehaussent la beauté minérale de la bourgade. Certaines habitations sont reliées entre elles au niveau du premier étage par des passages couverts. Ces "couradous", comme on les appelle ici, étaient utilisés pendant le dévidage des cocons de soie, lorsque cette industrie était florissante dans la région. Aujourd'hui, on s'en sert toujours, mais pour se protéger du soleil ou faire sécher les fromages de chèvre ! Sur la place, admirez le beau beffroi du XIIIe siècle orné d'un cadran solaire. Le village est heureux et animé "juste ce qu'il faut".

719 habitants, 116 m d'altitude **Accès :** (carte 33) à 5,5 km N de Vallon-Pont-d'Arc **À voir :** le musée de la Soie "Ma Magnanerie" **Aux alentours :** les gorges de l'Ibie ; les gorges de l'Ardèche ; le village médiéval de Rochecolombe (9 km) ; l'église romane de Sauveplantade (12 km) **Foires, festivités :** fête de la Soie le 1er mai ; Festival d'art contemporain en juin ; expositions et concerts en juillet et août ; fête du Livre le 1er dimanche d'août ; Fête votive le 15 août **Mairie** (tél. 04.75.88.00.25).

MIRABEL

07170 (Ardèche)

Nous sommes ici dans le Coiron, plateau basaltique de l'Ardèche parsemé de villages abandonnés à leur solitude. Mirabel se trouve à la limite sud du rebord et domine un vaste paysage brodé de plaines, ourlé de petits plateaux, tailladé de failles rocheuses, barré par les crêtes du Tanargue. Cette position stratégique lui donna, autrefois, un rôle de place forte, point de contrôle de la route entre Rhône et Cévennes. Son valeureux château fut démoli lors des guerres de Religion, seuls un donjon carré aux épais murs de basalte et des vestiges de fondations témoignent de sa puissance. Du sommet de la tour, la vue s'étend à 180 degrés sur tous les alentours. Le village, lui, est tout petit, superbement austère et d'une grande unité de construction. Pour accéder à la rue de la Tour, on passe sous le porche d'une grosse maison rose, mais la plupart des constructions sont en basalte volcanique, une sévère pierre gris-noir, rehaussées parfois de calcaire couleur craie. Quelques habitations en ruine, des ruelles pentues et dallées, entrecoupées de voûtes, donnent à l'ensemble un cachet d'une émouvante simplicité.

335 habitants, 600 m d'altitude **Accès :** (cartes 26-33) à 14 km E d'Aubenas **Aux alentours :** la promenade du Bomier **Foires, festivités :** manifestations diverses en été (théâtre de rue, marché) ; "La Vogue" (fête du village) le 1er week-end de septembre **Mairie** (tél. 04.75.36.72.02).

ROCHEMAURE

07400 (Ardèche)

Dominant le Rhône, à deux pas de Montélimar, on voit de très loin les tours du vieux château ruiné de Rochemaure, bâti au XIIe siècle sur un roc de basalte. Le lieu est impressionnant, et la forteresse devait être inexpugnable : son donjon massif était haut de 40 mètres et ses remparts crénelés dévalaient la pente jusqu'à la plaine pour protéger le bourg. On traverse le village "moderne" avec ses maisons provençales assoupies autour de la place de la Mairie (où l'on se gare) pour gagner le village ancien qui s'allonge le long de la rue du Faubourg. On y découvre de belles demeures médiévales et Renaissance qui se parent de jolies fenêtres à meneaux, de colonnettes et de nombreux détails sculptés (blasons, statuettes). Leurs murs, comme ceux du château, présentent un appareillage de pierres calcaires et de moellons de basalte qui mêlent avec bonheur leurs tons noirs, dorés et blancs. En suivant les calades – ces pittoresques ruelles en galets –, on rejoint la chapelle romane Notre-Dame des Anges, toute simple et charmante avec son clocher-mur. De-ci, de-là, on trouve des fontaines où l'on peut se désaltérer car il y a de nombreuses sources, ici. L'une d'elles, la source de la Bernarde, est toujours exploitée. Et puis, si vous êtes courageux et si vous voulez du spectaculaire, vous grimperez encore plus haut, jusqu'au donjon, pour découvrir les toits ocre-rose du village et le panorama époustouflant sur toute la vallée.

1 870 habitants, 80 m d'altitude **Accès** : (carte 33) à 6 km N-O de Montélimar **Aux alentours :** nombreux sentiers de randonnée (GR 41) ; le pic de Chenavari (4,5 km) **Foires, festivités :** spectacle son et lumière au château en été **Hôtel** : à Malataverne (14 km), *Domaine du Colombier* (tél. 04.75.90.86.86), hôtel de charme, 22 chambres 110-240 €, restaurant **Restaurant** : *L'Auberge* (tél. 04.75.49.12.69) **Mairie** (tél. 04.75.49.08.07) **O.T.** Le Theil (tél. 04.75.49.10.46).

SAINT-MONTAN

07220 (Ardèche)

Au cœur des splendides gorges arides et pierreuses de la Sainte-Baume, Saint-Montan apparaît, sauvage et isolé, posé en équilibre sur un piton rocheux au bord d'un ravin. La vision est magnifique : un empilement de maisons médiévales, écrasées par les ruines impressionnantes d'une forteresse. C'est un ermite, Montanus, qui serait venu, au Ve siècle, chercher la solitude et le recueillement dans ce val perdu. Le château, construit entre le XIe et le XIIIe siècle et entouré d'une triple enceinte, sera détruit au cours des guerres de Religion par l'amiral de Coligny, mais le village sera préservé. Aujourd'hui, quelques ruelles pentues et pavées, des voûtes, des constructions resserrées aux murs ocre tirant sur le roux, des toits de tuiles roses patinées par le temps, des marches de pierres forment un ensemble d'une grande et belle homogénéité. Le bourg est bienheureusement resté hors du temps et des déprédations de la vie moderne, mais, bien qu'isolé, il reste gai : un petit café ici, une épicerie là, des fleurs surgissant d'un peu partout... Enfin, vous apprécierez la beauté des deux églises romanes, San Samonta et Saint-André-de-Mitroys, très bien restaurées. Tout ce riche patrimoine fait de Saint-Montan l'ensemble médiéval le plus intéressant du Bas-Vivarais.

1 420 habitants, 130 m d'altitude **Accès :** (carte 33) à 8 km N de Bourg-Saint-Andéol **Aux alentours :** les gorges de la Sainte-Baume, le défilé des Lieux **Foires, festivités :** Fête votive le 1er week-end de juillet ; marché africain en juillet ; concerts et expositions toute l'année **Mairie** (tél. 04.75.52.62.09) **Infos** (tél. 04.75.52.56.62, en saison).

SAINT-THOMÉ

07220 (Ardèche)

Saint-Thomé s'est mis à l'écart sur les hauteurs d'une butte pour contempler, de loin, l'agitation du monde. On l'a un peu oublié, solitaire au cœur du calme pays ardéchois. L'histoire du village se perd dans la nuit des temps : une inscription sur l'église indique que le site était déjà habité en 487. La rue principale grimpe fortement, fait le tour du bourg et butte sur la place où se trouve l'église Saint-Thomas, reconstruite au XIIe siècle sur des fondations du VIe siècle, accolée à la chapelle Saint-Sébastien, du XIIe siècle. En contrebas, le château arbore des toits de tuiles canal et des tourelles tronquées. De là dévale un joyeux désordre de ruelles en terre ou pavées de galets, bordées de maisons des XVIIe et XVIIIe siècles, au bel appareillage de pierres ou aux murs crépis de tons clairs. Elles sont gaies, avec leurs jardinets de curé et leurs potagers. Quelques habitations en ruine, envahies par une végétation ébouriffée – figuiers, fleurs sauvages – attendent qu'un amoureux des vieilles pierres vienne les relever. Saint-Thomé est aujourd'hui classé et protégé ; il mérite la visite pour sa beauté âpre et son charme nostalgique.

363 habitants, 245 m d'altitude **Accès :** (carte 33) à 6 km N-O de Viviers **Aux alentours :** le village médiéval de Valvignères **Mairie** (tél. 04.75.52.74.89).

VINEZAC

07110 (Ardèche)

Construit à l'écart des routes touristiques, Vinezac est un charmant village blotti dans les vignes et les oliviers. Autrefois entouré de fortifications dont on peut voir encore certains vestiges (portail principal, barbacane), il a conservé ses trois châteaux, une magnifique église romane et un dédale de ruelles où se pressent une succession de maisons médiévales. Du château féodal construit au sud il ne reste que le donjon, les autres bâtiments datent des XIVe-XVIIe siècles. Admirez, à l'intérieur, la salle dite des "Saisons". Un peu plus loin, une magnifique demeure du XVIIe siècle aux fenêtres à meneaux – l'ancien château de Charbonnel de Chauzon – abrite un hôtel. La promenade le long des rues, parfois voûtées et entrecoupées de volées de marches patinées, se poursuit jusqu'à l'autre extrémité du bourg, où l'on découvre les éléments d'un second château (XIIe-XVe s.) incorporé dans un ensemble de constructions de différentes époques. Mais le joyau architectural de Vinezac, c'est l'église, bâtie au XIIIe siècle en pierre jaune doré, fortifiée au XVe siècle, puis complétée au XVIIe siècle (entrée à fronton) et au XVIIIe siècle (clocher à gargouilles). À l'intérieur, magnifique voûte à arcs-doubleaux ornés de chapiteaux sculptés de motifs végétaux, animaux ou humains. L'appareillage de pierres de différentes couleurs de la nef ajoute un certain raffinement à la simplicité du décor. Un village de charme, qui a conservé son authenticité et dont la municipalité s'active à améliorer l'esthétique.

1 200 habitants, 250 m d'altitude **Accès :** (carte 32) à 10 km S-E d'Aubenas **Foires, festivités :** vide-greniers en mai ; fête des Classards en juillet ; fête du Terroir et du Patrimoine le 3e week-end de septembre **Mairie** (tél. 04.75.36.81.20).

VOGÜÉ

07200 (Ardèche)

L'Ardèche s'étire paresseusement dans son lit de graviers, irrigue Vogüé, avant de s'engouffrer, impétueuse, dans ses gorges célèbres, ses flots fougueux faisant alors la joie des amateurs de canoë-kayak. Vogüé, petite cité médiévale adossée à une haute falaise calcaire, se mire, tranquille, dans les eaux de la rivière qui scintille de reflets mordorés. Dans les premiers temps, une rude citadelle moyenâgeuse dominait les toits du village. Reconstruite au XVe siècle, réaménagée aux XVIe et XVIIe siècles par ses seigneurs – la puissante famille de Vogüé toujours propriétaire du château –, on l'admire, immuable, aujourd'hui. Flanquée de quatre tours rondes, percées d'élégantes fenêtres à meneaux, elle présente un aspect agréable, à la fois forteresse et demeure d'agrément. Le village, lui, égrène ses maisons de pierre jusqu'aux bords de la rivière. La plupart datent du Moyen Âge, mais certaines sont plus antiques encore ; d'autres, plus raffinées, ont conservé des détails Renaissance. De gracieuses arcades, des volées de marches, des murets rompent le rythme, apportant un peu de fantaisie à la rigueur de l'architecture. Vogüé est un ensemble très homogène, adouci, déjà, par les chaudes tonalités méridionales.

800 habitants, 150 m d'altitude **Accès :** (carte 26) à 10 km S d'Aubenas **À voir :** l'exposition permanente au château (tél. 04.75.37.01.95) ; le Jardin suspendu **Aux alentours :** les villages de Rochecolombe (5,5 km), de Saint-Maurice-d'Ardèche et de Sauveplantade (4 km) ; les gorges de l'Ardèche **Foires, festivités :** marché le lundi matin en juillet-août ; brocante le 1er samedi d'août ; petit train touristique de mai à septembre (tél. 04.75.37.03.52) **Mairie** (tél. 04.75.37.72.48) **O. T.** (tél. 04.75.37.01.17).

LA GARDE-ADHÉMAR

26700 (Drôme)

Ce village perché domine un magnifique paysage cerné, au loin, par les monts du Vivarais. Très anciennes, ses maisons offrent une belle unité de construction : murs en pierres du pays, toits de tuiles romaines à génoises. Elles s'alignent le long de charmantes ruelles pavées parfois entrecoupées de quelques marches et surmontées de passages voûtés, d'arcades. De nombreux détails d'architecture attirent le regard : dates gravées dans la pierre, encadrements de portes... La rue principale emprunte le tracé des anciens remparts – dont il ne reste que la porte nord – et grimpe jusqu'aux vestiges d'un château Renaissance bâti par Antoine Escalin, baron de La Garde. En bordure du bourg, à la limite de la falaise, se dresse une exceptionnelle église romane à clocher octogonal. En contrebas on peut flâner dans le ravissant et odorant "Jardin des Herbes", où plus de cent cinquante variétés régionales sont répertoriées (visite guidée sur demande). Toute proche, la chapelle des Pénitents (XVIIIe s.) faisait jadis partie intégrante du château. À l'intérieur, admirez une fresque représentant deux pénitents agenouillés. Village resté authentique et préservé, La Garde-Adhémar offre au visiteur de délicieux instants de calme et de bonheur.

1 100 habitants, 185 m d'altitude **Accès :** (carte 33) à 23 km S de Montélimar **À voir :** l'exposition sur le patrimoine local à la chapelle des Pénitents **Aux alentours :** la chapelle du Val-des-Nymphes (2 km) ; Suze-la-Rousse (16 km) **Foires, festivités :** fête des Moissons début juillet ; fête de la Saint-Michel en septembre ; marché de Noël le 1er week-end de décembre ; Messe de minuit provençale à Noël **Hôtel :** *Les Esplanes* (tél. 04.75.49.04.16), maison d'hôtes de charme, 5 chambres 90-130 € **Mairie** (tél. 04.75.04.41.09) **S. I.** (tél. 04.75.04.40.10).

GRIGNAN

26230 (Drôme)

Grignan... le temps qui passe n'a rien ôté à la noblesse de cette cité de la Drôme provençale, qui déploie ses jolies maisons et ses ruelles escarpées au pied d'un château bâti au Moyen Âge, remanié au XVIe puis au XVIIe siècle, l'un des plus beaux exemples de l'architecture de la Renaissance du Sud-Est. Sa façade, rythmée par d'élégantes fenêtres à meneaux, est remarquable. Le manoir (privé) et le village sont d'autant plus célèbres qu'ils furent le lieu de séjour de la marquise de Sévigné quand elle venait voir sa fille, la comtesse de Grignan. L'intérieur de la bâtisse est superbement meublé et mérite absolument d'être visité. De la terrasse, on jouit d'une vue splendide sur le mont Ventoux, les Dentelles de Montmirail et les Alpilles. La bourgade est charmante et animée, de nombreuses boutiques proposent les bons produits gourmands de la région, miel, lavande, etc. L'été, un parcours botanique, fleuri de plusieurs centaines de variétés de roses anciennes, est organisé dans la vieille ville. Mais ne quittez pas Grignan sans avoir admiré l'ancienne porte de ville (XIIe s.), transformée en beffroi au XVIIe siècle, et l'église du XVIe siècle dans laquelle se trouve le tombeau de Mme de Sévigné.

1 368 habitants, 192 m d'altitude **Accès :** (carte 33) à 20 km S-E de Montélimar **À voir :** le musée-atelier de la Typographie ; le village provençal miniature **Foires, festivités :** marché le mardi matin, marchés nocturnes costumés (juillet-août) ; concerts classiques au printemps ; foire en mai ; Festival de la correspondance et Fête du village en juillet ; Fêtes nocturnes en juillet-août ; jazz en novembre ; pastorale et crèche en décembre **Hôtels :** *Au Clair de la Plume* (tél. 04.75.91.81.30), hôtel de charme, 12 chambres 98-175 € ; *La Maison du Moulin* (tél. 04.75.46.56.94), maison d'hôtes de charme, 5 chambres 70-150 € **Mairie** (tél. 04.75.46.50.06) **O. T.** (tél. 04.75.46.56.75).

MIRMANDE

26270 (Drôme)

Village médiéval d'une unité parfaite, Mirmande coiffe les courbes arrondies d'une colline dominant des vergers. Lorsqu'on s'approche, le regard bute sur les imposants remparts construits au Ve siècle, qui n'empêchèrent pas les pillages et les incendies durant les guerres de Religion. Au XVIIe siècle, le bourg connut une ère de prospérité grâce à la fabrication de toile de chanvre et de soie, mais, au XIXe siècle, l'avènement de techniques modernes entraînera le déclin de la cité. Dans les années 1930, le peintre André Lhote la découvre, en tombe amoureux, fait classer l'église Monument historique et le village "site pittoresque". Avec la guerre, nouvel oubli jusqu'aux années 1960. Mirmande alors renaît et retrouve vie et beauté. Les maisons, admirablement rénovées, offrent de belles façades de pierres, de vieilles portes, des fenêtres Renaissance. On flâne le long des remparts et des ruelles dallées de pierre, on entrevoit des jardinets plantés d'iris et de plantes aromatiques. Çà et là, des trouées laissent le regard s'échapper vers le magnifique paysage. Enfin, tout en haut du bourg, l'église romane et son petit cimetière offrent une impression de paix et de sérénité. La beauté est toujours là, intacte, mais on regrette que les petits commerces ferment tous les uns après les autres... Seule la boulangerie résiste, mais pour combien de temps encore ?

522 habitants, 170 m d'altitude **Accès :** (carte 26) à 30 km S de Valence **Aux alentours :** Cliouscat **Foires, festivités :** expositions et concerts à l'église Sainte-Foy de mai à septembre ; Foire aux plantes rares le 2e dimanche d'octobre **Hôtel :** *Hôtel de Mirmande* (tél. 04.75.63.13.18), hôtel de charme, 9 chambres 70-140 € **Mairie** (tél. 04.75.63. 03.90) **O. T.** (tél. 04.75.63.10.88, en saison).

MONTBRUN-LES-BAINS

26570 (Drôme)

L'antique village médiéval de Montbrun domine une petite plaine semée de lavande, cernée au loin de contreforts montagneux. Tassées les unes contre les autres, les vieilles maisons en pierre ont gagné en hauteur la place qu'elles ne trouvaient pas au sol. Les rues convergent vers l'église du XIIe siècle, qui est intégrée aux anciens remparts ; à l'intérieur, on admire un très beau retable de Bernus et de remarquables tableaux. Plus haut encore, quatre tours rondes sont les seuls vestiges du château construit, au XVIe siècle, par Charles Dupuy-Montbrun. Puissamment fortifié, il alliait une élégance Renaissance à l'efficacité militaire. Ce ne sont pas les guerres de Religion qui l'abattirent, mais la Révolution de 1789. Ces revers de fortune n'ont rien enlevé au pittoresque du village qui nous séduit avec sa place de l'Horloge étagée en terrasses, son gros platane, sa tour du XIVe siècle surmontée d'un campanile, ouvrage défensif, l'une des quatre portes de l'ancien bourg. De par sa situation haut perchée, Montbrun offre de multiples points de vue sur la plaine et le mont Ventoux. Ce beau village dynamique a remis en exploitation ses thermes, alimentés par deux sources d'eau sulfureuse.

470 habitants, 600 m d'altitude **Accès :** (carte 33) à 55 km N-E de Carpentras **Aux alentours :** les villages d'Aurel et Séderon (16 km), Reilhanette ; le château d'Aulan ; les gorges d'Aulan, de la Nesque et du Toulourenc **Foires, festivités :** marché le samedi matin ; marché aux fromages en avril ; Journée du bien-être naturel le 1er week-end de septembre ; Fête du village le 2e dimanche de septembre ; marché de Noël en décembre **Mairie** (tél. 04.75.28.80.42) **O. T.** (tél. 04.75.28.82.49).

LE POËT-LAVAL

26160 (Drôme)

Le nom latin de Poët-Laval, *Pogetum Vallis*, signifie "mont dans la vallée", une ravissante vallée où le blé alterne avec la lavande, le long de la petite rivière du Jabron. Le village domine fièrement ce paysage provençal. Édifié au XIIe siècle autour du château et de la chapelle Saint-Jean, il est ceint de murailles directement bâties sur le rocher. Le bourg a abrité, jadis, une très importante commanderie de Saint-Jean-de-Jérusalem. La plupart des maisons datent de la fin du XVe siècle, période pendant laquelle Le Poët-Laval fut reconstruit et prospéra grâce à la puissance grandissante des chevaliers de l'ordre. Les demeures se resserrent le long des ruelles, et leurs façades s'ornent de médaillons et de linteaux ouvragés. La rue couverte de la "Chalanque" est très pittoresque. De l'ancienne église du bourg, il ne reste que le clocher et l'abside romane. Au XIXe siècle, le village fut peu à peu déserté et pillé. Aujourd'hui, il revit grâce à l'Association des amis du Vieux-Poët-Laval. Les habitations ont été rénovées, les vieux murs écroulés rebâtis et les anciennes échoppes accueillent à nouveau des artisans, tisserands et potiers.

845 habitants, 300 m d'altitude **Accès :** (cartes 26-33) à 25 km E de Montélimar **À voir :** le musée du Protestantisme dauphinois (ouvert Pâques-septembre) **Aux alentours :** Dieulefit (église Saint-Pierre, vieux quartier de la Viale) ; Châteauneuf-de-Mazenc ; Comps (église romane) ; Aleyrac (prieuré du XIIe s.) ; La Bégude-de-Mazenc **Foires, festivités :** Fête votive le dernier week-end de juillet ; concerts et expositions en été **Hôtel :** *Le Mas des Alibeaux* (tél. 04.75.46.35.59), maison d'hôtes de charme, 5 chambres 73 € **Mairie** (tél. 04.75.46.44.12).

SAINT-RESTITUT

26130 (Drôme)

Saint-Restitut est un beau village médiéval installé en promontoire sur le Rhône, au cœur de la Drôme provençale. Ses hautes maisons, abritées sous des toits de tuiles roses, entourent la magnifique église du XIIe siècle de style roman provençal, dédiée à saint Restitut, premier évêque du Tricastin. Elle présente, côté sud, un superbe portail à fronton triangulaire encadré de colonnes à chapiteaux. Tout à côté, à l'ouest, la tour funéraire (XIe s.) est surmontée d'un clocher à arcades. Saint-Restitut était autrefois ceint de remparts ; il n'en reste que des vestiges, les Barris, et la *Porto dis Auro* ou porte des Vents. À l'intérieur du tracé de l'ancienne enceinte médiévale, on admire une belle demeure Renaissance en pierre de taille, ornée de fenêtres à meneaux et de décorations sculptées, et des maisons plus simples, mais tout aussi jolies, aux portes anciennes. Il y a des placettes fleuries, une fontaine et même une vieille ruelle moyenâgeuse à rigole centrale, avec des pavés de guingois. Le tout a beaucoup de charme, le village est resté vraiment homogène, restauré simplement et avec goût.

1 243 habitants, 130 m d'altitude **Accès :** (carte 33) à 9 km N de Bollène **Aux alentours :** la chapelle du Saint-Sépulcre (XVIe s.) ; le village médiéval de Barry (3 km) ; les caves cathédrales du Cellier des Dauphins (visite guidée) et belvédère ; Saint-Paul-Trois-Châteaux ; Suze-la-Rousse **Foires, festivités :** omelette aux truffes en février ; Foire artisanale le 1er mai ; fête des Sources en juin (les années impaires) ; "Les Carrières musicales" début juillet ; bal des Tilleuls mi-juillet ; Fête votive le 1er week-end de septembre ; marché de Noël en décembre **Mairie** (tél. 04.75.04.71.71) **Infos** (tél. 04.75.49.81.80).

CRÉMIEU

38460 (Isère)

Implanté en position stratégique sur le rebord de la plaine du Lyonnais, Crémieu était, au XIIIe siècle, une importante place militaire protégée par un château fort. Elle se développa du XIVe au XVIe siècle et devint une riche cité de commerçants grâce aux franchises accordées par le dauphin Jean II et à sa situation privilégiée sur la route de l'Italie. Plus tard, des couvents s'y installeront. Aujourd'hui, le bourg a perdu un peu de son caractère, mais la promenade reste agréable. On visite l'hôtel de ville, installé dans l'ancien couvent des Augustins (XVIe s.), le cloître des Augustins (XVIIe s.), pavé de pierres tombales, et l'ancienne chapelle qui est maintenant l'église de Crémieu. Les imposantes halles ont été construites au XIVe siècle et témoignent de l'important rôle de la ville à cette époque. Elles ont conservé une magnifique charpente et de vieilles auges en pierre. Dans le vieux Crémieu on peut voir les anciennes portes fortifiées (XIVe et XVIe s.) et de belles maisons Renaissance aux fenêtres à meneaux et aux toits de lauzes. Par une rue pentue, on gagne le château Delphinal, d'où l'on peut admirer l'ensemble des toits du village.

3 209 habitants, 282 m d'altitude **Accès :** (carte 26) à 30 km E de Lyon **Aux alentours :** le circuit de l'île Crémieu (55 km) **Foires, festivités :** marché le mercredi matin ; "Mineralium" en avril ; Foire aux antiquités à l'Ascension et le 14 juillet ; Festival de l'artisanat à la Pentecôte ; "Jazz en fête" fin juillet ; Fête médiévale le 2e week-end de septembre ; Salon des produits régionaux en octobre ; Salon des antiquaires le dernier week-end de novembre ; marché de Noël le 8 décembre ; Foire aux dindes mi-décembre **Hôtel :** à Pérouges (25 km), *Ostellerie du Vieux-Pérouges* (tél. 04.74.61.00.88), hôtel de charme, 28 chambres 87-248 €, restaurant **Mairie** (tél. 04.74.90.70.92) **O. T.** (tél. 04.74.90.45.13).

SAINT-ANTOINE-L'ABBAYE

38160 (Isère)

C'est au creux de verdoyantes collines, dans un pays producteur de noix et de fromages (le célèbre saint-marcellin) que se blottit Saint-Antoine. Étonnante vision que ce petit village assoupi au pied de l'immense abbaye qui le protège ! Commençons la visite par le lieu saint, dont l'histoire remonte au XIe siècle lorsque Jocelyn de Châteauneuf rapporta de Terre sainte les reliques de saint Antoine l'anachorète. Un premier monastère sera élevé pour les abriter, puis une abbaye, construite du XIIIe au XVe siècle, que l'on peut admirer, intacte, aujourd'hui. On pénètre sur l'esplanade par une porte du XVIIe siècle pour découvrir une église gothique à portails flamboyants, un hôpital et des jardins. L'intérieur est exceptionnel et richement décoré : tapisseries d'Aubusson, autel-mausolée en marbre, bronze et argent et rare Christ en ivoire du XVIe siècle. Mais cette merveille de l'art religieux ne doit pas faire oublier le village, car Saint-Antoine est un petit bijou : demeures de notables des XVe-XVIIe siècles construites en belle pierre de la région, maisons d'artisans, plus simples, en moellons ou à colombages, placettes pittoresques, fontaines, le tout relié par un entrelacs de ruelles pavées qui descendent jusqu'à la rivière. Le bourg est patiemment restauré et reprend vie grâce aux boutiques d'artisans et d'antiquaires qui se sont installées (notamment dans l'ancien hôpital).

900 habitants, 550 m d'altitude **Accès :** (carte 26) 24 km N-E de Romans **À voir :** le musée départemental (ouvert mars-octobre) **Aux alentours :** la chapelle Saint-Jean-de-Fromental (Xe s.) ; l'église romane de Marnans ; le Palais idéal du facteur Cheval à Hauterives **Foires, festivités :** Foire aux fleurs en mai ; brocante en juin ; Festival "Textes en l'air" en juillet ; brocante et Fête votive le 15 août ; vide-greniers en septembre ; Foire bio et marché à l'ancienne en octobre ; foire de la Sainte-Catherine en novembre ; marché de Noël en décembre **Restaurant :** *Auberge de l'Abbaye* (tél. 04.76.36.42.83) **Mairie** (tél. 04.76.36.42.08) **O. T.** (tél. 04.76.36.44.46).

SAINT-HAON-LE-CHÂTEL

42370 (Loire)

Situé dans la plaine roannaise, Saint-Haon-le-Châtel (prononcez "Han") est perché sur un promontoire de porphyre rose, pierre qui fut employée pour construire les remparts et certaines maisons du village. Le bourg était prospère. Construit au croisement du chemin du Forez et de la route de Clermont, il contrôlait les flux commerciaux. Une première enceinte, "les petits remparts", est construite au XIIe siècle puis, le développement se poursuivant, une seconde, "les grands remparts", au XIVe siècle. Pas moins de quatre portes et de dix-sept tours cerclaient la ville. Sept sont toujours debout. La bourgade a conservé son plan moyenâgeux : ruelles et placettes bordées de maisons à pans de bois ou de logis plus nobles comme l'hôtel du prévôt Jean Pelletier (XVe s., aujourd'hui mairie) avec tourelle polygonale, porte sculptée et puits entouré de buis, qui rappellent sa richesse passée. Par la porte de l'Horloge, qui a conservé ses vantaux de bois cloutés, on rejoint la belle Maison du cadran solaire (XVIe s.). Quelques marche, et l'on atteint l'église, ancienne chapelle du château, à clocher roman, agrandie aux XVIIe et XVIIIe siècles (à l'intérieur peintures murales du XVIe s.). Le village est gai, des jardins cachés derrière de vieux murs de pierres, des rosiers partant à l'assaut des façades crépies, des pots de fleurs ici et là lui apportent un charme bucolique.

611 habitants, 363-463 m d'altitude **Accès :** (carte 25) à 14 km O de Roanne **Aux alentours :** Le Crozet, l'église d'Ambierle ; le circuit des abbayes **Foires, festivités :** "Saint-Haon aux temps d'antan" en août ; "Noëlines" le 2e week-end de décembre **Hôtel :** à Renaison (2,5 km), *La Ferme d'Irène* (tél. 04.77.64.29.12), maison d'hôtes de charme, 4 chambres 70-75 € **Restaurant :** à Roanne, *Maison Troisgros* (tél. 04.77.71.66.97), restaurant gastronomique **Mairie** (tél. 04.77.64.40.62) **Infos** (tél. 04.77.64.28.25).

SAINT-JEAN-SAINT-MAURICE

42155 (Loire)

Deux villages, Saint-Jean-le-Puy, bâti autour d'un prieuré de Bénédictins et Saint-Maurice-sur-Loire, regroupé au pied de sa citadelle en ruine, ont été réunis pour ne former, aujourd'hui, qu'un seul bourg qui domine les gorges de la Loire et les eaux calmes du lac de Villerest. Du prieuré construit au XIIe siècle, il ne reste que le superbe clocher-porche incorporé au clocher carré (XVIIIe s.) de l'église Saint-Jean. Saint-Maurice, lui, était autrefois fortifié, mais de son château fort médiéval ne demeurent que le donjon et quelques ruines ; depuis la butte du château, la vue sur tout le panorama est superbe. Le long des rues bordées de murets de pierres – certaines ont conservé leurs vieux pavages et des passages voûtés –, on admire de belles maisons des XVe-XVIe siècles, notamment le manoir de La Mure (XVIe s.) à tourelle, qui présente une belle porte en plein cintre à linteau sculpté et des fenêtres géminées, ou encore une maison du XVIIe siècle aux murs de pierres ornés d'un cadran solaire. Dans l'église (XIIe s.) toute simple, magnifique décor de peintures murales (chef-d'œuvre classé du XIIIe s.).

1 052 habitants, 300-750 m d'altitude **Accès :** (carte 25) à 12 km O de Roanne **Aux alentours :** Villerest ; Saint-André-d'Apchon (château XVe-XVIe s. ; Saint-Haon-le-Châtel ; Ambierle ; l'arboretum de Renaison ; le château, l'église et la ferme de Saint-Vincent-de-Boisset (XVIIIe s.) **Foires, festivités :** "La Loire en couleurs" (peintres dans la rue et vente aux enchères) le week-end de Pentecôte ; expositions et concerts en été **Hôtel :** *L'Échauguette* (tél. 04.77.63.15.89), maison d'hôtes de charme, 4 chambres 58-78 € **Mairie** (tél. 04.77.63.14.04) **Infos** (tél. 04.77.63.10.10).

SAINTE-CROIX-EN-JAREZ

42800 (Loire)

C'est Béatrice de Roussillon qui fonda,en 1280, au creux d'un paysage vallonné, la chartreuse de Sainte-Croix. Celle-ci subit plusieurs remaniements au cours des siècles, notamment au XVIIe siècle. Après le départ des moines – le monastère fut vendu comme bien national à la Révolution –, des agriculteurs vinrent s'installer dans les bâtiments conventuels et les transformèrent en habitations. De nos jours, le village a conservé un aspect harmonieux et paisible. Un porche, ouvert dans le mur d'enceinte à quatre tours rondes, donne sur une première cour, immense, entourée de maisons. On emprunte un passage dallé qui longe l'ancien cimetière des chartreux et l'église, pour arriver dans la deuxième cour (l'emplacement du cloître détruit en 1840) bordée par les anciennes cellules des moines. Ce qui était autrefois la cuisine du monastère a été restauré par l'Association de sauvegarde de la chartreuse. L'église (XVIIe s.) contient des stalles (XVe s.) et des boiseries (XVIe-XVIIe s.). De l'édifice primitif, il ne reste que quelques vestiges, peintures murales, Crucifixion, groupe de chartreux en prière (visite sur demande). Les corps de bâtiments et les deux cours s'étendent sur une superficie de deux hectares et sont entourés de jardins. Un village étonnant empreint de sérénité.

354 habitants, 420 m d'altitude **Accès :** (carte 26) à 9 km S de Rive-de-Gier **Aux alentours :** le parc naturel régional du Pilat ; le village de Malleval **Foires, festivités :** marché de producteurs et artisans d'art le dimanche en juillet-août (1 fois par mois) ; "Un soir à la Chartreuse" le vendredi soir de juin à septembre ; Soirée à thème le jeudi soir en juillet-août ; Journée des arts le 2e dimanche de juin ; "Les Musicales" (musique de chambre) en juillet ; crèche provençale mi-décembre-fin janvier **Hôtel :** à Chonas-l'Amballan (20 km), *Domaine de Clairefontaine* (tél. 04.74.58.81.52), hôtel de charme, 27 chambres 56-130 €, restaurant **Restaurant :** *Le Prieuré* (tél. 04.77.20.20.09), avec chambres **Mairie** (tél. 04.77.20.20.01) **O. T.** (tél. 04.77.20.20.81).

OINGT

69620 (Rhône)

Oingt est perché sur un rocher entouré des vignes du Beaujolais, au cœur du pays des "pierres dorées". Pour pénétrer dans la bourgade, il faut emprunter la porte nord, dite porte de Nizy : on découvre alors l'ensemble harmonieux des maisons construites avec la même roche calcaire ocre jaune. Elles sont bâties sur voûtes : les pièces d'habitation, desservies par un escalier extérieur, sont au-dessus des caves. Il faut absolument voir, dans la rue Causeret, la Maison commune, du XVe siècle. On peut ensuite monter jusqu'à l'ancienne chapelle du château, devenue église paroissiale en 1660. À gauche, un sentier caillouteux la contourne et mène à l'emplacement des bâtiments effondrés de l'ancien château. De là, le point de vue sur la vallée d'Azergues est superbe. Autre promontoire, la tour du XVe siècle ; on s'élance jusqu'au sommet par un escalier à vis pour découvrir au loin, par temps clair, toute la chaîne des Alpes. Le village garde toujours très présent le souvenir de Marguerite d'Oingt, qui vécut au XIVe siècle, et fut le premier écrivain lyonnais de langue franco-provençale. Au pied du bourg, le château de Prony contient des souvenirs du botaniste et explorateur Claude Riche. Oingt est classé parmi les plus beaux villages de France.

560 habitants, 550 m d'altitude **Accès :** (carte 26) à 35 km N-O de Lyon **Aux alentours :** les villages de Chessy, Châtillon-d'Azergues, Theizé et Ternand **Foires, festivités :** marché le vendredi matin ; Festival de musique mécanique le 1er week-end de septembre ; "Oingt en crèche" de mi-décembre à l'Épiphanie **Mairie** (tél. 04.74.71.21.24) **O. T.** Châtillon-d'Azergues (tél. 04.78.47.98.15).

ALBIEZ-LE-VIEUX

73300 (Savoie)

Dans la très belle vallée des Arves, qui a su conserver ses traditions et sa vie montagnarde, on découvre avec plaisir le pittoresque bourg d'Albiez-le-Vieux, bâti sur un plateau, en contrebas des hautes et noires aiguilles d'Arves surplombant l'Arvan. Les maisons paysannes, avec leur grenier abrité sous un hangar, sont de solides bâtisses aux façades soulignées d'une galerie de bois. Là, une longue cheminée de pierre émerge d'un toit à deux pans, couvert jadis de chaume. La simplicité et la noblesse des matériaux se conjuguent harmonieusement avec la nature environnante. À deux pas, les villages d'Albiez-le-Jeune et de Montrond illustrent, eux aussi, parfaitement la vie traditionnelle en montagne. L'église de Montrond a été construite au XVIIe siècle (à l'intérieur, beau mobilier de la même époque) sur un promontoire d'où l'on jouit d'une vue magnifique. Les trois villages proposent un intéressant circuit de visite des chapelles baroques de la commune. Très touché par la crise de l'économie traditionnelle de montagne – exploitation des forêts, carrières d'ardoise et de gypse, agriculture, tissage du chanvre, coutellerie, façonnage de sabots et d'ustensiles en bois, élevage du bétail –, Albiez trouve maintenant un second souffle dans le tourisme d'été et le ski.

386 habitants, 1 500 m d'altitude, station de sports d'hiver **Accès :** (carte 27) à 15 km S de Saint-Jean-de-Maurienne **À voir :** l'écomusée "Le Temps d'antan" au Mollard **Aux alentours :** le musée de l'Opinel à Saint-Jean-de-Maurienne ; la route de la Toussuire ; le village de Fontcouverte **Foires, festivités :** marché le jeudi matin en saison, marché artisanal le mardi en hiver ; Festival de la gourmandise savoyarde, fête des Jeux et Festival des contes et légendes de montagne en juillet ; fête du Patrimoine le 2e week-end d'août ; brocante le 15 août ; Fête médiévale le 3e week-end d'août **Mairie** (tél. 04.79.59.30.93) **O. T.** (tél. 04.79.59.30.48).

ARÊCHES

73270 (Savoie)

Petit massif montagnard, le Beaufortain est un monde demeuré longtemps clos et qui a pu, ainsi, conserver l'authenticité de ses paysages et de sa vie savoyarde. La large vallée, surmontée au midi par la masse du Grand-Mont (2 687 mètres), montre les traits typiques du paysage de Savoie avec des versants verdoyants, quelques champs, d'épaisses forêts et, au-dessus, les alpages. Arêches groupe ses maisons autour de l'église néoclassique Saint-Jean-Baptiste, reconstruite au XIXe siècle. Tout autour, on trouve un extraordinaire pullulement de constructions : dans le village, la demeure permanente au toit d'ancelles ou de tavaillons – petites lattes de bois, généralement en sapin ou mélèze –, mais chaque propriétaire possède aussi ses "maisons de remue" : plus haut, dans les prés de fauche, les granges, où le bétail consomme le foin pendant l'hiver, et plus haut encore, les chalets d'alpage, échelonnés jusqu'à 2 070 mètres. Arêches, détaché de Beaufort en 1803, est un village très vivant, qui complète les ressources de l'élevage et de la production du gruyère de Beaufort – le prince des gruyères – par le tourisme d'été et le ski.

900 habitants, 1 080 m d'altitude, station de sports d'hiver **Accès :** (carte 27) à 25 km E d'Albertville **Aux alentours :** les chapelles rurales ; la vallée du Doron ; le barrage de Saint-Guérin ; arboretum, sentier sylvestre, le col du Pré (sentier botanique) **Foires, festivités :** Festival du rire en avril ; Fête folklorique le 2e dimanche d'août **Hôtel :** *Auberge du Poncellamont* (tél. 04.79.38.10.23) **Mairie** (tél. 04.79.38.11.62) **O. T.** (tél. 04.79.38.37.57).

AUSSOIS

73500 (Savoie)

Le plateau où est bâti Aussois est un magnifique escarpement ensoleillé, ouvert sur la nature, un site privilégié, qui fut occupé dès les temps préhistoriques. La vie agricole et pastorale a bienheureusement échappé au déclin général qui l'a frappée en Maurienne. Ici, la prospérité matérielle s'est unie à la foi : en témoignent les nombreuses croix, les deux chapelles rurales et la splendide église baroque de 1648 qui possède un riche mobilier et une rare "poutre de gloire" en bois sculpté, doré et peint. L'habitat traditionnel du village est parfaitement adapté au climat : murs épais, petites fenêtres profondément enfoncées dans les murs, pas d'ouverture au couchant, pas de balcons ; tout est fait pour conserver la chaleur et lutter contre le froid. Autour de la place, où l'on peut voir une façade ornée d'un cadran solaire, les maisons jointives se serrent le long des ruelles animées par des fontaines et un lavoir. Aussois, porte de la Vanoise, est une station de ski en plein essor et un centre de tourisme historique très intéressant grâce au formidable ensemble des forts de l'Esseillon (4 forts et 1 redoute, construits de 1818 à 1830).

653 habitants, 1 500 m d'altitude, station de sports d'hiver **Accès :** (carte 27) à 7 km N-E de Modane **À voir :** La Maison du patrimoine, "l'Arche d'Oé" (musée agro-pastoral) **Aux alentours :** le parc national de la Vanoise ; les forts de l'Esseillon ; le monolithe de Sardière (2 km) ; les grands cols alpins **Foires, festivités :** marché le mardi matin ; Semaine culturelle et vide-greniers en juillet ; fête du Pain le 3e dimanche de juillet ; vide-greniers en août ; Fête traditionnelle du village le 15 août **Hôtel :** *Le Soleil* (tél. 04.79.20.32.42) **Mairie** (tél. 04.79.20.30.40) **O. T.** (tél. 04.79.20.30.80).

BEAUFORT

73270 (Savoie)

Beaufort se trouve au confluent de trois cours d'eau : le Dorinet, descendu du val d'Hauteluce, le Doron de Roselend et l'Argentine. Cette contrée, dénommée au Moyen Âge "vallée de Luce", était peut-être le vaste domaine – démembré après les invasions – d'un Gallo-Romain. Le Beaufortain féodal va être tiraillé entre les dynasties qui l'entourent : les sires de Faucigny, les comtes de Genève et de Savoie et le puissant archevêché de Tarentaise. Beaufort doit son nom à ses châteaux ; centre administratif et commercial, il fait figure de petite capitale. Il garde les vestiges de quatre tours et les ruines des châteaux de La Salle et de Randens, l'actuelle mairie. L'église baroque, avec son clocher de style roman de 48 mètres de haut, conserve une chaire en bois sculpté de 1722. Le bourg ancien, avec ses ruelles aux maisons serrées et aux larges toits, s'élève sur la rive gauche du Doron qu'enjambe un pont de pierres en dos d'âne. Gai et animé, le village a conservé son charme montagnard. Il a donné son nom à un savoureux fromage, le beaufort, fabriqué à partir de lait cru et entier. Mais goûtez aussi le délicieux reblochon et la tomme de Savoie.

1 036 habitants, 750 m d'altitude **Accès :** (carte 27) à 20 km N-E d'Albertville **À voir :** la Coopérative laitière du Beaufortain (tél. 04.79.38.33.62) **Aux alentours :** le barrage de Roselend ; le Cormet-de-Roselend (col permettant de rejoindre à ski Bourg-Saint-Maurice) **Foires, festivités :** marché le mercredi matin ; Salon des sites du goût le 2e week-end d'octobre **Hôtel :** *Le Grand Mont* (tél. 04.79.38.33.36) **Restaurant :** *Refuge du Plan-de-la-Laie* (Club alpin français, tél. 04.79.89.07.78, ouvert en été seulement) **Mairie** (tél. 04.79.38.33.15) **O. T.** (tél. 04.79.38.37.57).

BONNEVAL-SUR-ARC

73480 (Savoie)

Jusqu'à l'arrivée des touristes, liée à l'ouverture de la route de l'Iseran et à la création du parc de la Vanoise, Bonneval était au bout du monde, isolé dans le bassin des sources de l'Arc entouré de ses hauts sommets glacés. Les habitants vivaient de leurs troupeaux et du maigre produit de l'agriculture. L'habitat – dont le hameau de l'Écot, plus en altitude, véritable conservatoire de la maison de Haute-Maurienne, montre un exemple parfait – était adapté aux conditions naturelles particulièrement rigoureuses. Pour maintenir la chaleur en hiver, les paysans cohabitaient avec le bétail. Le logis se présentait donc comme une "habitation-étable" à demi enterrée, qui ne comprenait en général qu'une seule pièce et, parfois, une ou deux chambres à l'étage. La grange voisine, avec son matelas de foin, formait une parfaite couche isotherme. Entièrement bâties en pierre, les maisons, merveilleusement préservées dans l'ensemble, sont protégées par un toit de lourdes lauzes de schiste, à deux pans de faible pente. En hiver, on voit juste émerger le clocher pointu de l'église au-dessus des toitures enneigées. L'été, la vie est plus douce et plus riante, les couleurs plus subtiles, les lauzes s'harmonisant admirablement avec les tons gris-beige des murs de pierre et le vert pomme des prés. Bonneval est resté authentique et préservé, en parfaite symbiose avec la belle nature environnante.

245 habitants, 1 800 m d'altitude, station de sports d'hiver **Accès :** (carte 27) à 80 km E de Saint-Jean-de-Maurienne **Aux alentours :** le parc national de la Vanoise (tél. 04.79.62.30.54) ; le cirque naturel des Évettes ; le col de l'Iseran ; le hameau de l'Écot **Foires, festivités :** "Les Artisanales d'art" en août **Hôtels :** *À la Pastourelle* (tél. 04.79.05.81.56), restaurant ; *La Bergerie* (tél. 04.79.05.94.97), restaurant **Mairie** (tél. 04.79.05.94.94) **O. T.** (tél. 04.79.05.95.95).

BOUDIN

73270 Arêches (Savoie)

Boudin est l'un des villages les plus caractéristiques du Beaufortain. Ce massif, demeuré longtemps à l'écart des grandes voies de communication, a gardé des aspects traditionnels, modifiés rapidement par l'installation, dans ces sites alpestres, de nouvelles stations de sports d'hiver. Tout le massif, très anciennement et fortement peuplé, constitue une prairie d'alpages d'une richesse exceptionnelle. Le lait de la race tarine sert à la production du beaufort, le plus célèbre des gruyères savoyards. On arrive à Boudin, l'un des vingt "écarts" de la commune de Beaufort, par la route qui, en amont d'Arêches, empile ses lacets en direction du col du Pré (1 703 mètres) et du lac de Roselend. Le village est fait de cinq ou six rangées de maisons, étagées en espaliers, sur un bel adret, entre 1 230 et 1 380 mètres d'altitude. Au pied de la pente, la classique chapelle du XVIIe siècle, avec son clocher à deux bulbes et sa flèche aiguë. La dispersion de l'habitat est accentuée par la prolifération des greniers, des "maisons de remue" utilisées lors des déplacements du troupeau, et des granges où l'on amasse le foin pour l'hiver.

30 habitants, 1 300 m d'altitude **Accès :** (carte 27) à 26 km N-E d'Albertville **Aux alentours :** la vallée du Doron **Hôtel :** à Arêches (2 km), *Auberge du Poncellamont* (tél. 04.79.38.10.23) **Mairie** Arêches (tél. 04.79.38.11.62) **O. T.** Arêches (tél. 04.79.38.37.57).

CONFLANS

73200 Albertville (Savoie)

Perchée sur un éperon défensif au confluent de l'Arly et de l'Isère, Conflans fut, dès l'Antiquité, la plaque tournante des communications de la Savoie vers l'Italie. À son apogée, aux XVIIe et XVIIIe siècles, la cité était un important centre commercial et administratif. Délaissée après la Révolution pour son faubourg de l'Hôpital, situé dans la plaine fluviale, Conflans devint une ville-musée et l'un des lieux historiques les plus visités de la Savoie : places et ruelles, fontaines fleuries, vestiges de remparts avec les portes médiévales Tarine et de Savoie, tour sarrasine du XIIe siècle, château Rouge et maison Rouge du XIVe siècle aux belles façades de briques à l'italienne, château Manuel de Locatel d'époque Renaissance, maison Perrier du XVIIe siècle, église Saint-Grat – avec sa chaire et son retable sculptés – chef-d'œuvre du baroque alpin... la liste est longue de toutes ces merveilles architecturales à admirer. Ayant reçu en 2003 le label "Art et Histoire", la cité s'active à mettre en valeur son patrimoine. L'ensemble, très bien rénové, offre un magnifique retour dans le passé.

518 habitants, 412 m d'altitude **Accès :** (carte 27) à 49 km N-E de Chambéry **À voir :** le musée d'Art et d'Histoire (tél. 04.79.37.86.86) **Aux alentours :** l'église romane de Cléry (10 km) ; le fort et l'abbaye de Tamié (15 km) ; le château féodal de Miolans (20 km) ; le musée archéologique de Viuz-Faverges (20 km) **Foires, festivités :** "Les Estivales de Conflans" (concerts, balades contées et expositions) en juillet-août ;"Le Grand Bivouac" en octobre **Hôtel :** *Hôtel Restaurant Million* (tél. 04.79.32.25.15), hôtel de charme, 26 chambres 93-195 €, restaurant gastronomique **Mairie** (tél. 04.79.10.43.00) **O. T.** (tél. 04.79.32.04.22).

HAUTELUCE

73620 (Savoie)

La vallée d'Hauteluce est l'une des plus belles de Savoie : un paysage de prés vallonnés parsemés de chalets de bois, un village traditionnel avec son clocher à bulbe et, pour toile de fond, le majestueux mont Blanc. Située à 1180 mètres d'altitude, Hauteluce est l'une des plus anciennes paroisses du Beaufortain, elle fut mentionnée dès le XIIe siècle. Ses habitants ont vécu, pendant des siècles, de l'exploitation des forêts et de l'élevage des vaches laitières tarines. Le clocher du bourg est le point de repère de la vallée : haut de 55 mètres, orné de bulbes, lanternes et lanternons, avec son carillon de cinq cloches, c'est l'un des plus beaux de la région. L'église, bâtie au XVIe siècle, renferme un retable baroque, de magnifiques fresques et une chaire de bois sculpté. Les maisons paysannes évoquent celles des Préalpes, en moins opulentes, avec leurs murs de pierres ou de maçonnerie, leurs toits d'ancelles, leurs balcons, et le grenier, à l'écart. Dans le soubassement, les étables et les caves à fromage ; à l'étage, en bois, le logis : cuisine, pièce à vivre (le "pèle") et les chambres, le tout surmonté d'une vaste grange à foin. Le séjour dans ce petit village est agréable aussi bien l'été que l'hiver, les pistes enneigées du col des Saisies étant toutes proches. L'un des plus beaux villages savoyards.

873 habitants, 1180 m d'altitude **Accès :** (carte 27) à 30 km N-E d'Albertville **À voir :** l'écomusée d'Hauteluce **Aux alentours :** la route du Signal de Bisanne (11 km) ; le château de Beaufort **Foires, festivités :** Foire agricole fin mai ; fête des Costumes en août ; crèche vivante à Noël **Hôtel :** *La Ferme du Chozal* (tél. 04.79.38.18.18), hôtel de charme, 10 chambres 100-225 €, restaurant **Mairie** (tél. 04.79.38.80.31).

ABONDANCE

74360 (Haute-Savoie)

Dans toute la vallée de la Dranse, l'organisation sociale et économique a été l'œuvre de l'abbaye d'Abondance, l'une des plus anciennes de Savoie. Filiale de Saint-Maurice-d'Agaune, en Bas-Valais, ce sanctuaire de la dynastie de Savoie apparaît en 1108 et devient rapidement une abbaye de l'ordre des chanoines réguliers de Saint-Augustin. L'église abbatiale (XIIIe s.) a été en partie reconstruite après un incendie. Elle a conservé de nombreuses parties anciennes, un cloître (XIVe s.) avec de remarquables fresques, des statues et des peintures. Plus loin, le village s'étend de part et d'autre de la route qui suit la Dranse. Des forêts, puis des alpages, s'étagent sur les versants dominés par les sommets des monts de Grange et Chauffé. Les villageois se consacrent toujours à l'élevage des vaches laitières et à la production du délicieux fromage d'Abondance. On peut d'ailleurs visiter une ferme traditionnelle et assister à la fabrication du fromage (tél. 04.50.73.50.01). De nombreuses activités sont offertes aux visiteurs : ski de piste, ski de fond en hiver, excursions en été. C'est dans cette haute vallée d'Abondance qu'on trouve les plus belles demeures paysannes des Alpes françaises, vastes maisons-chalets au soubassement de pierres et aux murs de bois, agrémentées de balcons ouvragés et de larges toits d'ardoises ou d'ancelles, ces petites tuiles plates de bois typiques de la région.

1353 habitants, 934 m d'altitude, station de sports d'hiver **Accès :** (carte 20) à 27 km S-E de Thonon-les-Bains **À voir :** la maison du Val, le musée d'Art religieux **Aux alentours :** La Chapelle-d'Abondance ; le vallon du Malève ; les plagnes de Charmy **Foires, festivités :** marché le dimanche matin ; fête des Bûcherons le dernier dimanche de juillet ; fête des Chardons bleus le 15 août ; Foire agricole avec concours de bovins le 1er dimanche d'octobre ; marché de Noël début décembre **Hôtel :** *Les Cornettes* (tél. 04.50.73.50.24), restaurant ; *Les Gentianettes* (tél. 04.50.73.56.46), restaurant **Mairie** (tél. 04.50.73.00.16) **O. T.** (tél. 04.50.73.02.90).

ALBY-SUR-CHÉRAN

74540 (Haute-Savoie)

Alby est l'un des plus anciens bourgs de la province du Genevois. Le village s'étage le long des rives en pente raide du Chéran, enjambé par un pont déjà signalé au Moyen Âge. Marché rural, réputé pour ses artisans cordonniers, Alby, doté de franchises en 1297, était entouré de puissants remparts percés des portes du Pont, de Chambéry et de Rumilly. Dans l'enceinte et aux environs, on ne dénombrait pas moins de sept châteaux, dont subsiste, au-dessus de la vallée, la belle maison forte de Montpont, édifiée au Moyen Âge et embellie au XVIIIe siècle. Le vieux bourg, en dépit de nombreux incendies, a gardé son cachet très "vieille Savoie", avec sa petite place en pente, dallée de menus pavés ronds, sa fontaine et ses maisons fleuries à arcades du XVIe siècle. Dans cet ensemble, la récente église de Notre-Dame-de-Plainpalais, ornée en 1978 de magnifiques vitraux de Manessier, met une touche de modernisme du meilleur aloi.

1 830 habitants, 399 m d'altitude **Accès :** (carte 27) à 12 km S-O d'Annecy **À voir :** le musée de la Cordonnerie (tél. 04.50.68.39.44) **Aux alentours :** le pont de l'Abîme **Foires, festivités :** Fête médiévale début août ; foire de la Saint-Martin le 11 Novembre **Mairie** (tél. 04.50.68.10.10).

ARGENTIÈRE

74400 (Haute-Savoie)

Majestueusement dominées par le glacier d'Argentière, enserré entre le massif de la Verte (4122 m), les aiguilles d'Argentière (3902 m) et celles du Chardonnet (3824 m), les maisons du bourg se pelotonnent autour de l'église. Oubliez les constructions navrantes éparpillées ici et là, passez le pont sur l'Arve pour découvrir le vieux hameau, ses quelques chalets, ses chemins pittoresques partant à l'assaut de la montagne, son cimetière et son église du XVIIIe siècle. Les villageois l'ont bâtie de leurs mains, fournissant matériaux et corvées. La flèche élancée de son bulbe aux écailles de fer-blanc mordoré s'élève sur une tour à pans ciselés, ceinturée d'un balcon de bois finement ajouré. L'intérieur s'illumine des ors d'un retable baroque rapporté d'Italie au XVIIIe siècle, s'enrichit d'un beau décor d'autel et d'un grand panneau peint, l'Adoration des Mages. C'est l'un des plus beaux sanctuaires du pays du mont Blanc. Construit à une altitude plus élevée que Chamonix, Argentière profite d'un meilleur ensoleillement et c'est, bien sûr, un important centre d'alpinisme et de sports d'hiver.

1100 habitants, 1250 m d'altitude, station de sports d'hiver **Accès :** (carte 27) à 8 km N-E de Chamonix **Aux alentours :** à Chamonix, le Musée alpin, la mer de Glace, la vallée Blanche **Foires, festivités :** marché le dimanche matin en juillet-août ; "Les Choralpines" (chants chorals) en juillet ; fête des Guides le 14 août ; marché de Noël en décembre **Hôtels :** *Les Grands Montets* (tél. 04.50.54.06.66), hôtel de charme, 43 chambres 120-260 € ; au Lavancher, *Hôtel du Jeu de Paume* (tél. 04.50.54.03.76), hôtel de charme, 22 chambres 135-230 €, restaurant ; à Chamonix, *Hameau Albert Ier* (tél. 04.50.53.05.09), restaurant gastronomique **Mairie** (tél. 04.50.54.03.06) **O. T.** Chamonix (tél. 04.50.54.02.14) **Bureau des guides** (tél. 04.50.54.17.94).

CHÂTEL

74390 (Haute-Savoie)

Châtel offre l'un des paysages les plus séduisants des Préalpes savoyardes – falaises escarpées, verts alpages, eaux bondissantes, sombres forêts – avec une variété et une originalité qui n'appartiennent qu'au Chablais. Le bourg est surplombé par les 2 438 mètres de la pointe de Grange et, sur la rive droite de la Dranse, par le mont Chauffé, qui culmine à plus de 2000 mètres. Bien que le nom de la commune semble évoquer la présence d'un château, l'existence d'un tel édifice n'est pas attestée, on ne trouve ni ruines, ni documents anciens. Châtel fit tout d'abord partie de la paroisse de La Chapelle-d'Abondance et possédait, dès 1422, sa propre chapelle. En 1723, les hameaux furent érigés en paroisses autonomes et, un peu plus tard, le village s'éveilla au tourisme avec l'ouverture d'un premier hôtel vers 1880. Le grand succès vint ensuite avec les sports d'hiver, dans les années 1950. Châtel a, aujourd'hui comme toujours, un charme tout helvétique, avec ses fermes fleuries et ses gros chalets de bois traditionnels. Cela justifie parfaitement son slogan : "La plus suisse des stations françaises." De nombreuses activités sportives et culturelles, en hiver comme en été, agrémentent le séjour des visiteurs.

1 208 habitants, 1 200 m d'altitude, station de sports d'hiver **Accès :** (carte 20) à 40 km S-E de Thonon-les-Bains **Aux alentours :** la vallée d'Abondance ; le lac de Vonnes **Foires, festivités :** marché le mercredi matin ; concerts en été ; fête de la Saint-Laurent le 1er dimanche d'août ; "La Belle Dimanche", fête des Alpages à Plaine-Dranse le 3e dimanche d'août **Hôtels :** *Fleur de Neige* (tél. 04.50.73.20.10), restaurant ; *Hôtel Macchi* (tél. 04.50.73.24.12), restaurant **Mairie** (tél. 04.50.73.23.98) **O. T.** (tél. 04.50.73.22.44).

LE CHINAILLON

74450 Le Grand-Bornand (Haute-Savoie)

Le territoire du Grand-Bornand s'étend sur deux vallées : celle du Bouchet et celle du Chinaillon. Le village du Chinaillon, entouré de tous côtés par les constructions touristiques d'une station de ski, demeure le témoin d'une civilisation alpestre traditionnelle en voie de rapide transformation. Le petit bourg frappe par l'harmonieuse intégration de son habitat au site. Dans un verdoyant paysage préalpin, il étage ses maisons et ses chalets de bois sur la rive droite du torrent qui descend du col de la Colombière. Les vieilles demeures de bois brun entourent la chapelle, au classique clocheton à petit bulbe, fondée le 8 novembre 1677 par des religieux du lieu sous le vocable de Notre-Dame-des-Neiges, Sainte-Barbe, Saint-Just et Saint-François-de-Sales. Parmi les superbes demeures du massif des Bornes, celles du Grand-Bornand, dont Le Chinaillon conserve des exemples intacts, se signalent par leur originalité et leur parfaite adaptation au paysage et au climat.

344 habitants, 1300 m d'altitude, station de sports d'hiver **Accès :** (carte 27) à 18 km S de Bonneville **À voir :** la maison du Patrimoine au Grand-Bornand **Aux alentours :** le col de la Colombière ; à 12 km, la chartreuse du Reposoir (XIIe-XVIIe s.) ; le village de Romme ; Le Grand-Bornand et La Clusaz **Foires, festivités :** vide-greniers fin juillet ; "Les Montgolfiades" le 1er week-end de juillet ; Marché potier début août ; fête de l'Alpage le 1er dimanche d'août ; festival "Au bonheur des mômes" fin août **Hôtels :** *Hôtel des Cimes* (tél. 04.50.27.00.38), hôtel de charme, 10 chambres 80-159 € ; au Grand-Bornand, *Le Chalet des Troncs* (tél. 04.50.02.28.50), hôtel de charme, 4 chambres 142-216 €, restaurant ; *Les Fermes de Pierre et Anna* (tél. 04.50.51.54.99), hôtel de charme, 8 chambres 82-124 €, restaurant **Mairie** Le Grand-Bornand (tél. 04.50.02.78.20) **O. T.** Le Grand-Bornand (tél. 04.50.02.78.00).

SAMOËNS

74340 (Haute-Savoie)

Les habitants de Samoëns ont adopté, dès le XVIe siècle, des armoiries qui allient à la pourpre et à l'or du Faucigny un sapin vert surmontant sept sommets, les sept montagnes qui entourent le bourg. Sa vocation touristique a été facilitée par la rapidité des accès vers une station qui, à 714 mètres d'altitude, dessert un très vaste domaine skiable. La petite cité a gardé son cachet traditionnel, et la vie locale anime la jolie place agrémentée d'une fontaine et d'un lavoir. On y admire la collégiale du XVIe siècle, au clocher roman carré et massif, qui arbore un superbe porche armorié et un baptistère gothique flamboyant. À l'intérieur, bénitier de marbre noir, chaire du XVIIe siècle et statue en bois polychrome de la même époque. Tout à côté, le presbytère, dont la façade s'orne d'un savant cadran solaire, les halles de la Grenette (XVIe-XVIIIe s.) et, transformée en mairie, l'ancienne maison forte des seigneurs de Gex. Samoëns s'enorgueillit aussi de ses belles maisons de pierres construites par les maçons du village – à la renommée méritée et reconnue depuis le XVIIe siècle – et de son vieux tilleul qui ombrageait déjà la place à la fin du Moyen Âge. Tout autour, dans les hameaux avoisinants, on peut admirer de nombreuses constructions remarquablement conservées et décorées de balcons et d'ornements en bois ouvragé.

2 368 habitants, 714-2 500 m d'altitude, station de sports d'hiver **Accès :** (carte 27) à 57 km E de Genève **À voir :** le Jardin botanique alpin La Jaysinia ; la ferme-écomusée du clos Parchet (ouverte mi-avril-septembre) **Foires, festivités :** marché le mercredi matin ; Journées botaniques en juin ; "Les Ateliers de Samoëns" en juillet et août ; fête des Guides début août ; "La Rioule de Samoëns" fin août ; "Village de Noël" en décembre **Mairie** (tél. 04.50.34.42.38) **O. T.** (tél. 04.50.34.40.28).

SIXT-FER-À-CHEVAL

74740 (Haute-Savoie)

Sixt se blottit au cœur d'une nature grandiose : 9200 hectares de réserve naturelle, englobant le cirque du Fer-à-Cheval et la cascade du Rouget classés "Grand Site national". C'est l'abbé Ponce de Faucigny qui défricha cette vallée sauvage au XIIe siècle et bâtit l'abbaye. De ces temps anciens, de cette ferveur religieuse, il reste des témoignages : l'église (nef du XIIIe s.) et son trésor, des bâtiments du XVIIe siècle (dont l'un est transformé en hôtel), sept chapelles et quarante oratoires éparpillés dans la vallée. Les maisons ont de larges toits pentus, des murs cuirassés de bois, des soubassements de pierres, certaines sont ornées de linteaux gravés. Sur la place, un gros tilleul, une fontaine, toute la douceur de vivre d'un petit village d'autrefois. Sixt est aussi le paradis des sportifs (centre d'alpinisme, station de ski), des randonneurs et de tous les amoureux d'une nature immense, magnifique et préservée. Mais n'oublions pas les gourmands qui se régaleront des délicieux fromages, des charcuteries et des vins de Savoie.

712 habitants, 760-3100 m d'altitude, station de sports d'hiver **Accès :** (carte 27) à 28 km E de Cluses **À voir :** expositions sur la faune et la flore à la maison de la Réserve et au Fer-à-Cheval en été **Aux alentours :** le cirque du Fer-à-Cheval, le cirque des Fonds, la cascade du Rouget, les gorges des Tines **Foires, festivités :** marché des produits du terroir le mardi après-midi en juillet-août ; fête de la Terre fin juillet (fête costumée sur les métiers d'antan, tous les 5 ans, a lieu en 2010) ; Salon de la carte postale ancienne le 15 août **Mairie** (tél. 04.50.34.44.25) **O. T.** (tél. 04.50.34.49.36).

TALLOIRES

74290 (Haute-Savoie)

Tout concourt à faire de Talloires un de ces lieux qui suscitent l'enchantement. L'écrin des montagnes enferme, entre les Préalpes des Bornes et des Bauges, la nappe du lac dont les ondes, les plus pures d'Europe, baignent le rivage de la baie. Au-dessus du village, le massif de la Tournette. Rien d'étonnant à ce que Talloires soit une des terres savoyardes les plus anciennement chargées d'histoire. On y a découvert des objets de l'âge du fer et des monnaies celtiques. Il ne reste rien de l'abbatiale romaine, sauf quelques chapiteaux décorant le petit oratoire du Toron, sur le bord de la route qui mène du village au lac. Les bâtiments conventuels, transformés en hôtel de luxe, ont subsisté. Ils conservent un cloître du XVIe siècle et une galerie offrant une des plus belles vues sur la baie. À côté, le logis du Prieur et, dans le bourg, près de l'église de 1780, de solides maisons bourgeoises.

1 471 habitants, 447 m d'altitude **Accès :** (carte 27) à 13 km S-E d'Annecy **Aux alentours :** le château de Duingt ; le Roc de Chère (conservatoire botanique) **Foires, festivités :** marché le jeudi matin de juin à septembre ; Marchés d'art et d'artisanat en saison ; "Les Pyroconcerts de Talloires" fin août **Hôtels :** *Auberge du Père Bise* (tél. 04.50.60.72.01), restaurant gastronomique ; *L'Abbaye* (tél. 04.50.60.77.33), restaurant **Restaurant :** *Villa des Fleurs* (tél. 04.50.60.71.14), avec chambres **Mairie** (tél. 04.50.66.76.54) **O. T.** (tél. 04.50.60.70.64).

TANINGES

74440 (Haute-Savoie)

Le versant ensoleillé de l'Endroit fut occupé par les hommes dès le néolithique. Au Moyen Âge, Taninges était un bourg prospère, et plusieurs familles nobles y construisirent leur demeure. Aujourd'hui, la jolie rue des Arcades et la rue du Saint-Esprit ont gardé leur atmosphère d'autrefois avec leurs maisons des XVe et XVIe siècles bien restaurées. Sur la place, on peut admirer la chapelle Sainte-Anne (XVIIe s.) et son clocher à bulbe, transformée en habitation, et une fontaine baroque du XVIIIe siècle. Taninges et ses habitants, les Jacquemarts – qui doivent leur nom à un de leurs ancêtres qui mena une jacquerie contre les ducs de Savoie en 1492 –, sont très attachés aux traditions ; le jacquemart, c'est aussi le nom du sonneur du prestigieux carillon de vingt et une cloches de l'église Saint-Jean-Baptiste, de style néoclassique sarde. Un peu plus loin, depuis le vieux pont à dos d'âne sur le Foron, on peut admirer les maisons anciennes à auvent, bordant la rivière. Taninges a su conserver le charme des bourgs savoyards traditionnels. Située à l'écart de la cité, la chartreuse de Mélan, nécropole de la maison de Faucigny (1285, sanctuaire et cloître de 1528) mérite une visite.

3 140 habitants, 642 m d'altitude **Accès :** (carte 27) à 63 km N-E d'Annecy **Aux alentours :** la chapelle et le lac de Flérier ; les alpages du Praz-de-Lys et de Loëx (vue magnifique sur le mont Blanc) **Foires, festivités :** marché le jeudi matin ; raclette géante le 13 juillet ; "Baptême jacquemart" le 21 juin ; concerts de carillons et grandes orgues à l'église toute l'année ; concerts et exposition d'art contemporain à la chartreuse du Mélan en été ; Rassemblement de voitures anciennes début août ; démonstration de sculptures sur pierre le 15 août ; messe en plein air et cuisson du pain à l'ancienne le 15 août à Flérier ; concours d'attelages en septembre **Restaurant :** au lac de Flérier, *La Crémaillère* (tél. 04.50.34.21.98) **Mairie** (tél. 04.50.34.20.22) **O. T.** (tél. 04.50.34.25.05).

THÔNES

74230 (Haute-Savoie)

Au confluent du Fier et du Nom, voici Thônes, la capitale du massif des Bornes. Sous la Révolution, son attachement à la foi catholique lui valut l'appellation de "Vendée savoyarde", et elle fut, autour du proche plateau des Glières, un des hauts lieux de la Résistance. Thônes, qui relevait au XIIe siècle de l'abbaye de Talloires, reçut, en 1350, du comte du Genevois une charte lui accordant une large autonomie, et fut érigé en marquisat en 1681. Centre traditionnel de foires aux fromages – c'est la capitale du reblochon – et au bétail, Thônes a belle allure, avec sa place entourée d'anciennes demeures à arcades et sa fontaine. Quelques jolies échoppes accueillent des artisans, comme celle du sabotier qui fabrique ses sabots comme autrefois. Mais l'édifice le plus prestigieux est l'église Saint-Maurice, construite en 1687 et dotée, en 1818, d'un haut clocher à balustrade et bulbe. Le joyau de la décoration intérieure est un retable baroque, qui compte parmi les plus remarquables de toute la Savoie. On jouit d'une très belle vue sur le village depuis le calvaire, que l'on atteint en franchissant le vieux pont romain qui enjambe le Nom. Mais ne partez pas sans avoir goûté le fameux reblochon savoyard à la Coopérative.

5 000 habitants, 650 m d'altitude **Accès :** (carte 27) à 20 km E d'Annecy **À voir :** le musée du Pays de Thônes ; l'écomusée du Bois et de la Forêt ; les musées de la Résistance et de la Déportation ; la Coopérative du reblochon (tél. 04.50.88.12.50) ; le musée de la Pomme à Serraval **Foires, festivités :** marché le samedi matin ; fête de la Montagne en juillet ; "Thôn'Arts récup" en août ; Salon gastronomique le 1er week-end de septembre ; foire de la Saint-Maurice le dernier samedi de septembre ; fête de la Pomme et de l'Âne en octobre ; Rencontres des films de Résistance en novembre ; marché de Noël en décembre **Hôtel :** à Manigod (6 km), *Les Chalets-Hôtel de la Croix Fry* (tél. 04.50.44.90.16), hôtel de charme, 10 chambres 150-430 €, restaurant **Mairie** (tél. 04.50.02.91.72) **O. T.** (tél. 04.50.02.00.26).

YVOIRE

74140 (Haute-Savoie)

Yvoire est la perle touristique du Léman. Ce beau village fortifié est construit sur le "bec d'Yvoire", promontoire situé à la limite du Grand et du Petit Lac. En 1306, le comte Amédée V le Grand acquiert Yvoire. C'est lui qui crée le "bourg muré". Pendant plusieurs années, on agrandit le château et on entoure le bourg de remparts. L'église (1308), remaniée à plusieurs reprises, est dotée d'un clocher à bulbe de style préalpin en 1856. L'enceinte extérieure, aux fossés aujourd'hui comblés, a gardé deux tours carrées percées de portes en ogive du XIVe siècle, celle de Rovorée, à l'est, et de Nernier, au couchant. Dominant le lac de ses 40 mètres de hauteur, l'ancien donjon quadrangulaire est tout ce qu'il reste de la puissante masse du château. Yvoire était essentiellement un port de bateliers et de pêcheurs avant de se vouer au tourisme. Le village a conservé un habitat de maisons simples, aux murs de pierres ou crépis de teintes douces, certaines à balcons de bois et escalier extérieur, coiffées de larges toits. Les façades alignées le long des ruelles qui descendent vers la petite jetée du port sont couvertes de glycine et de géraniums, exubérance végétale favorisée par la douceur du microclimat lémanique. Les fleurs, partout présentes, égaient cette ravissante bourgade paisiblement posée au bord du lac.

792 habitants, 380 m d'altitude **Accès :** (carte 20) à 26 km N-E de Genève **À voir :** le jardin des Cinq Sens (au château, ouvert en été, tél. 04.50.72.88.80) ; la maison de l'Histoire (ouverte juillet-août) **Aux alentours :** Nernier ; la plage d'Excenevex ; le château de Ripaille à Thonon **Foires, festivités :** "Les Jeud'yvoiriens" (représentations théâtrales, concerts et spectacles pour enfants) en juillet-août ; fête des Ânes le 1er week-end d'octobre **Hôtel :** *Les Flots Bleus* (tél. 04.50.72.80.08), hôtel de charme, 14 chambres 110-160 €, restaurant **Restaurants :** *La Vieille Porte* (tél. 04.50.72.80.14), *Le Port* (tél. 04.50.72.80.17) **Mairie** (tél. 04.50.72.80.36) **O. T.** (tél. 04.50.72.80.21).

INDEX

C

D

T

U/V

W/Y/Z

Achevé d'imprimer en France
Impression et brochage : I.M.E., Baume-les-Dames
en janvier 2010

Dépôt légal : février 2010